21 世 纪 本 科 金 融 学 名 家 经 典 教 科 书 系

"十二五"普通高等教育本科国家级规划教材

风险管理

（第六版）

Risk Management

主　编　许谨良

副主编　曾旭东

中国金融出版社

责任编辑：王　君
责任校对：孙　蕊
责任印制：丁淮宾

图书在版编目（CIP）数据

风险管理/许谨良主编. —— 6 版. —— 北京：中国金融出版社，2024. 9. —— （21 世纪本科金融学名家经典教科书系）. —— ISBN 978 – 7 – 5220 – 2567 – 4

Ⅰ. F272. 35

中国国家版本馆 CIP 数据核字第 20242GA355 号

风险管理（第六版）

FENGXIAN GUANLI（DI-LIU BAN）

出版
发行　**中国金融出版社**

社址　北京市丰台区益泽路 2 号
市场开发部　（010）66024766，63805472，63439533（传真）
网上书店　www. cfph. cn
　　　　　（010）66024766，63372837（传真）
读者服务部　（010）66070833，62568380
邮编　100071
经销　新华书店
印刷　北京七彩京通数码快印有限公司
尺寸　185 毫米 × 260 毫米
印张　18. 25
字数　403 千
版次　1998 年 7 月第 1 版　2003 年 1 月第 2 版　2006 年 8 月第 3 版
　　　2011 年 3 月第 4 版　2015 年 8 月第 5 版　2022 年 1 月第 5 版修订本
　　　2024 年 9 月第 6 版
印次　2024 年 9 月第 1 次印刷
定价　55. 00 元
ISBN 978 – 7 – 5220 – 2567 – 4
如出现印装错误本社负责调换　联系电话（010）63263947
编辑部邮箱：jiaocaiyibu@126. com

主编简介

许谨良，男，1944 年 2 月出生，浙江省鄞县人。1966 年毕业于上海财经学院财政金融系金融专业，先后在工厂财务部门和地区人民银行工作。1979—1982 年在上海财经大学金融系攻读金融专业研究生，获经济学硕士学位，毕业后留校任教，先后担任过保险教研室副主任、金融系副主任、保险系主任。1983—1984 年在美国 Temple 大学和北美洲保险公司进修保险，是新中国成立后首批被派往国外进修的保险教师之一。曾为上海财经大学教授、博士生导师。

许谨良长期从事保险教学和科研工作，讲授"保险学原理""风险管理""财产保险""人身保险"等课程，撰写和编写过《保险学原理》《财产和责任保险》《人身保险原理和实务》《风险管理》等十余部教材和专著，发表论文和译文 200余篇，担任《辞海》（1999 年版）编委和保险分科主编。参加和主持过"上海保险业发展研究"、"七五"社科基金"中国保险业发展"、"九五"社科基金"保险中介产业发展研究"等课题研究。致力于保险教学与国际接轨的工作，在上海财经大学创办了精算教学，引进了美国寿险管理师（LOMA）、美国财产和意外险承保师（CPCU）、英国特许保险学会会员（CII）等国际认可的保险资格考试。

第六版修订说明

自 1998 年首版问世以来，《风险管理》一书历经近三十年的沉淀与发展，在许谨良教授及众多学者的不懈努力下，始终保持与时代同步。这本书不仅见证了我国保险行业和风险管理学科的蓬勃发展，也与行业实践的不断进步相辅相成，为我国高等教育领域风险管理人才的培养作出了重要贡献。

遗憾的是，许谨良教授于 2016 年与世长辞。他在上海财经大学度过了近四十年的时光，为上海财经大学保险专业的建设和发展作出了杰出贡献。《风险管理》教材是许教授留给上海财经大学宝贵的精神财富。受许谨良教授之子许之恩先生的委托，本书第六版由上海财经大学金融学院的教师团队精心修订，以期传承并发扬光大。

本次修订秉承着尊重原著精神的原则，力求在保留前版特色的基础上进行必要的更新。修订工作主要分为两大类：一是引入反映当前保险行业状况的最新案例和资料，比如，补充了汶川大地震的相关数据；加入了《中华人民共和国证券法》最新修订内容及典型案例；引入了保险科技的最新发展；探讨了风险管理领域的新现象，如通过人工干预天气来减少自然灾害风险。二是对文字表述、专业术语、定义等进行调整，以确保其与当前的行业实践和表述习惯保持一致，比如，采用了更为规范的区间表述，明确界定了上下限；将"偏态""偏差"的表述统一为"偏度"；纠正了部分符号错误和数据不一致问题；优化了部分口语化的表达方式。

本书第六版由曾旭东教授负责总纂定稿，其他参与修订的学者依次为杨步青、冯玉林、方明浩、周正怡、杨天禹、徐炜。具体分工如下：曾旭东负责修订第一、第二章；杨步青负责修订第七、第八章；冯玉林负责修订第十四、第十五章；方明浩负责修订第三、第五章；周正怡负责修订第四、第九章；杨天禹负责修订第六、第十、第十六章；徐炜负责修订第十一、第十二、第十三章。

在保持原版本精髓的同时，团队进行了细致的修订工作，但难免会有疏漏。我们衷心期待广大读者和专业人士不吝赐教，提出宝贵的反馈和建议。

曾旭东
2024 年 9 月 1 日
于上海

第五版修订本编写说明[①]

本教材系"十二五"普通高等教育本科国家级规划教材。

《风险管理》是根据全国普通高等学校金融学教学的实际需要和学科建设的要求，按照教学大纲编写的高等学校保险专业课教材，可供高校教学和干部培训以及自学之用。

风险管理起源于 20 世纪 50 年代的美国，经过半个多世纪的实践和理论探索，现已被公认为管理领域内的一项重要职能，并在此基础上形成了一门新的管理学科。风险管理的概念、原理和实践已在世界各国广为传播，各大学也纷纷开设了风险管理课程。我国在恢复国内保险业务后也开始重视风险管理的研究，并翻译、编写和出版了数本教材。本教材在编写时参考了这些教材，并力求提高一步，在编写时还借鉴了一些外国的风险管理教材中有益的内容。本教材立足于我国金融保险业发展的新形势，适应培养我国新型风险管理和保险人才的需要，结合我国风险管理实践，并参照世界上保险发达国家风险管理的理论和实例，对风险管理进行了详细阐述，以拓宽保险专业学生的知识面。

《风险管理》第一版系"九五"规划重点教材，由中国金融教材工作委员会审定，由中国金融出版社于 1998 年 7 月出版发行。2003 年 1 月修订出版第二版。2006 年 8 月根据教学需要和风险管理理论与实践发展情况，再次修订，出版第三版。这次修订，增加了"保险经纪人"、"专业自保公司"和"非传统风险转移和整体化风险管理"三部分内容，以使教材与时俱进，反映最新的国际风险管理实践和学术成果。2011 年 3 月修订出版第四版，增加了"危机管理"的内容，并局部更新了其他章节的内容和数据。2015 年 8 月修订出版的第五版，增加了"巨灾风险管理"的内容，也局部更新了其他章节的内容和数据。

本教材共十七章。第一章风险管理导论，概括介绍风险、风险管理的基本概念，风险分类，风险管理的发展和程序。第二章至第十一章，系统阐述风险管理的程序：风险

[①] 本次修订由许之恩做了差错校正和部分数据更新。

1

分析（含风险识别和风险衡量）、对付风险的方法、风险管理决策；同时，介绍保险经纪人和专业自保公司的相关内容。这部分是本教材的核心内容，大量使用数理方法来阐明风险管理的诸环节。另外，在第三章企业损失风险分析中对企业所面临的各种风险作了详细分析。第十二章、第十三章和第十四章介绍了国外风险管理课程的新领域：风险管理的信息系统、跨国公司的风险管理与非传统风险转移和整体化风险管理。第十五章对巨灾风险管理的核心内容（含巨灾风险分析和损失管理、巨灾保险制度）作了总括介绍，先以洪水为例说明巨灾风险识别和衡量的基本方法，再以地震为例说明巨灾风险损失管理方法，最后探讨如何建立我国由政府主导、市场化运作的巨灾保险制度。第十六章对危机管理的框架和基础知识作了简明扼要介绍，并与风险管理作一些比较。第十七章对国内外具有代表性的数个风险管理案例进行实证分析。

本教材第一版由上海财经大学许谨良教授、湖南大学周江雄教授任主编，对外经济贸易大学王平副教授任副主编，许谨良教授总纂定稿。编写分工是：上海财经大学许谨良编写第一章、第六章、第十一章和第三章的第一节、第二节、第四节；上海财经大学许谨良、黄雅丽、余国峰共同编写第七章、第九章；湖南大学周江雄编写第二章、第十二章；上海财经大学章琪编写第三章的第三节、第五节和第十章；湖南大学易雁青编写第四章；对外经济贸易大学王平编写第五章、第八章。

本教材第二版由上海财经大学许谨良主编，并由许谨良总纂定稿。编写分工是：上海财经大学许谨良编写第一章、第六章、第十一章和第三章的第一节、第二节、第四节；上海财经大学许谨良、李蓓、黄姝育、黄雅丽、余国峰共同编写第二章、第四章、第七章、第九章；上海财经大学章琪编写第三章的第三节、第五节和第十章；对外经济贸易大学王平编写第五章、第八章；湖南大学周江雄编写第十二章。

本教材第三版由上海财经大学许谨良主编，并由许谨良总纂定稿。具体编写分工如下：许谨良编写第一章、第六章、第七章、第八章、第十三章、第十四章和第三章的第一节、第二节、第四节；许谨良、李蓓编写第二章；许谨良、黄姝育编写第四章；许谨良、黄雅丽编写第九章；许谨良、余国峰编写第十一章；章琪编写第三章的第三节、第五节和第十二章；王平编写第五章和第十章；周江雄编写第十五章。

本教材第四版由上海财经大学许谨良主编，并由许谨良总纂定稿。具体编写分工与第三版相比较仅有如下变动：许谨良编写第十五章；周江雄编写第十六章。

本教材第五版由上海财经大学许谨良主编，并由许谨良总纂定稿。具体编写分工与第四版相比较仅有如下变动：许谨良编写第十六章；周江雄编写第十七章。

许谨良

2015 年 4 月

目 录 Contents

第一章
风险管理导论

本章知识结构

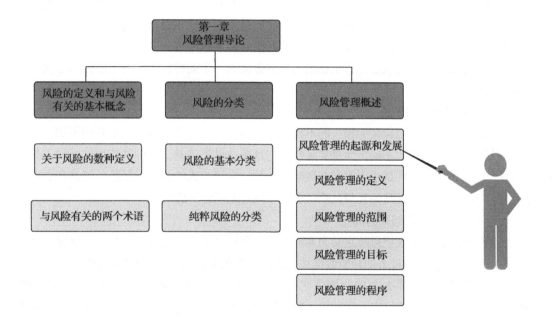

本章学习目标

- 理解风险与风险管理的基本定义和有关的基本概念；
- 了解风险的分类；
- 掌握风险管理的目标和程序。

第一节 风险的定义和与风险有关的基本概念

一、关于风险的数种定义

对风险这一基本概念，在经济学、统计学或者保险学 **风险的基本含义是损失的**
的研究中尚无一个一致公认定义。目前有如下几种不同的 **不确定性。**
定义。

（一）损失机会和损失可能性

把风险定义为损失机会，这表明风险是一种面临损失的可能性，也表明风险是在一定状况下的概率。当损失机会（概率）是 0 或 1 时，就没有风险。对这一定义持反对意见的人认为，如果风险和损失机会是同一件事，风险大小和概率大小应该总是相等的。但是，当损失概率是 1 时，就没有风险，因为风险总应该是有些结果不确定的。

把风险定义为损失可能性是对上述损失机会定义的一个变种，但损失可能性的定义意味着风险是损失事件的概率介于 0 和 1 之间，它更接近于风险是损失的不确定性的定义。

（二）损失的不确定性

决策理论学者把风险定义为损失的不确定性，这种不确定性又可分为客观的不确定性和主观的不确定性。客观的不确定性是实际结果与预期结果的离差，它可以使用统计学工具加以度量。主观的不确定性是个人对客观风险的评估，它同个人的知识、经验、精神和心理状态有关，不同的人面临相同的客观风险时会有不同的主观的不确定性。

（三）实际与预期结果的离差

长期以来，统计学家把风险定义为实际结果与预期结果的离差度。例如，一家保险公司承保 10 万幢住宅，按照过去的经验数据估计火灾发生概率是 0.1%，即 1 000 幢住宅在一年中有 1 幢会发生火灾，那么这 10 万幢住宅在一年中就会有 100 幢发生火灾。然而，实际结果不太可能会正好是 100 幢住宅发生火灾，它会偏离预期结果，保险公司估计可能的偏差域为 ±10，即在 90 幢和 110 幢之间，可以使用统计学中的标准差来衡量这种风险。

（四）风险是实际结果偏离预期结果的概率

有的保险学者把风险定义为一个事件的实际结果偏离预期结果的客观概率。在这个定义中风险不是损失概率。例如，生命表中 21 岁的男性死亡率是 1.91‰，而 21 岁男性实际死亡率会与这个预期的死亡率不同，这一偏差的客观概率是可以计算出来的。这个定义实际上是实际与预期结果的离差的变换形式。

此外，保险业内人士常把风险这个术语用来指所承保的损失原因，如火灾是大多数财产所面临的风险，或者指作为保险标的的人或财产，如把年轻的驾驶人员看做不好的风险，等等。

二、与风险有关的两个术语

与风险概念有关的两个术语是损失原因（Peril）和危险因素（Hazard）。这两个术语经常与风险概念互换使用。但严格地说，应该把风险与损失原因和危险因素加以区别。

（一）损失原因

损失原因，诸如火灾、暴风、盗窃等，都是造成财产损失的原因。在指定险保单的保险责任中，保险人总是列明赔偿哪些原因造成的损失。在一切险保单的除外责任中，保险人会列明不赔偿哪些原因造成的损失。

（二）危险因素

有时，损失原因和危险因素是同一的。例如，疾病是造成经济损失的原因，它又是增加过早死亡损失机会的一个危险因素。危险因素一般分为以下三类：

> **危险因素是指引起或增加某种损失原因产生的损失机会的条件。**

1. 物质危险因素（Physical Hazards）。它是引起或增加损失机会的物质条件。例如，建筑结构的种类、财产所在的场所、建筑物的使用性质、消防设施等。

2. 道德危险因素（Moral Hazards）。它是指由于被保险人怀有犯罪意图或不诚实品质而引起或增加损失机会的条件。例如，被保险人纵火，或者夸大损失，以骗取保险赔款。

3. 心理危险因素（Morale Hazards）。它一般是指被保险人因有了保险而对防损和施救工作产生疏忽。有了保险后保险公司会负责赔偿损失，较之没有保险由自己承担损失，这容易使被保险人对防损和施救工作产生疏忽。对于心理危险因素，保险人要在保险条款和费率上加以防范。

第二节　风险的分类

一、风险的基本分类

风险可以用多种方式加以分类，但基本分类如下。

（一）经济风险和非经济风险

以风险是否会带来经济损失来划分，可以把风险分为经济风险和非经济风险。这里阐述的主要是涉及经济损失后果的风险。

（二）静态风险和动态风险

静态风险（Static Risk）是一种在经济条件没有变化的情况下，一些自然行为和人们的失当行为形成的损失可能性。例如，自然灾害和个人不诚实的品质会造成经济损失。静态风险对社会无任何益处，但它们具有一定的规律性，是可以预测的。动态风险（Dynamic Risk）则是在经济条件变化的情况下造成经济损失的可能性。例如，价格水平和技术变化可能会使经济单位和个人遭受损失。从长期来看，动态风险使社会受益，它们是对资源配置不当所作的调整。与静态风险相比较，动态风险因缺乏规律性而难以预测，保险较适合于对付静态风险。

（三）重大风险和特定风险

重大风险（Fundamental Risk）和特定风险（Particular Risk）之间的区别在于损失的起因和后果不同。重大风险所涉及的损失在起因和后果方面都是非个人和单独的，它们属于团体风险，大部分是由经济、巨大自然灾害、社会和政治原因引起的，影响到相当多的人，乃至整个社会。失业、战争、通货膨胀、地震、洪水都属于重大风险。特定风险所涉及的损失在起因和后果方面都是个人和单位的。住宅发生火灾和银行被盗窃属于特定风险。

既然重大风险或多或少是由遭受损失的个人无力控制的原因所引起的，社会而非个人对处理这类风险负有责任。例如，失业是使用社会保险来处理的重大风险。对付地震和洪水灾害也需要动用政府基金。对付特定风险主要是个人和单位自己的责任，一般使用商业保险、防损和其他方法加以处理。

（四）纯粹风险和投机风险

一个人购买了一辆汽车后，就会面临着汽车遭受损失和给他人人身、财产带来损害的损失可能性，结果是发生损失或不发生损失，即纯粹风险。而购买股票既有可能损失也有可能盈利，所

> 纯粹风险（*Pure Risk*）是一种只有损失机会的风险。相反，投机风险是一种既有损失可能性也有盈利可能性的风险。

以属于投机风险。除了赌博以外，大多数投机风险属于动态风险，大多数纯粹风险属于静态风险。一般而言，纯粹风险具有可保性，而投机风险是不可保的。

二、纯粹风险的分类

个人和企业面临的纯粹风险可以分为以下几类。

（一）人身风险

人身风险是指由于死亡或丧失工作能力而造成收入损失可能性的风险。其损失原因包括死亡、老年、疾病、失业。

（二）财产风险

与财产风险相关的损失有两种类型：财产直接损失和间接损失或后果损失。间接损失也可以分为两类：财产丧失使用损失或其收入损失和额外费用开支。例如，企业的设备遭受损失，这不仅使设备的价值丧失，而且也丧失了使用设备所带来的收入。又如，住宅发生火灾后需要修复，宅主需要去他处居住，这就会发生额外的居住费用开支。

（三）责任风险

按照法律规定，当一个人因疏忽或过失造成他人人身或财产损失时，过失人负有损害赔偿责任。因此，责任风险是指因侵权行为而产生的法律责任使侵权行为人的现有或将来收入遭受损失的可能性。

（四）违约风险

违约风险是指一方不履行合同规定的义务而造成的另一方经济损失。例如，承包商未按计划完成一项工程，债务人未按规定支付款项。

第三节　风险管理概述

一、风险管理的起源和发展

风险管理（Risk Management）起源于美国。在 20 世纪 50 年代早期和中期，美国大公司发生的重大损失使高层决策者认识到风险管理的重要性，其中的一次工业灾难是（1953 年 8 月 12 日）通用汽车公司在密歇根州得弗尼的一个汽车变速箱工厂因火灾损失了 5 000 万美元，它曾是美国历史上损失最为严重的 15 次重大火灾之一。自从第二次世界大战以来，技

术至上的长期信仰受到挑战。当人们利用新的科学和技术知识来开发新的材料、工艺过程和产品时，也面临着技术是否会破坏生态平衡的问题，三里岛核电站爆炸事故、1984 年 12 月 3 日美国联合碳化物公司在印度博帕尔经营的一家农药厂发生毒气泄漏重大事故都说明了这一点。由于社会、法律、经济和技术的压力，风险管理运动在美国迅速开展起来。

在以往 70 余年中，对企业的人员、财产和自然、财务资源进行适当保护已形成了一门新的管理学科，这门学科在美国被称为风险管理。风险管理已被公认为管理领域内的一项特殊职能。文献显示，风险管理这个术语出现在 1956 年。在 20 世纪六七十年代，许多美国主要大学的工商管理学院都开设了风险管理课程，传统的保险系把教学重点转移到风险管理方面，保险仅被作为一种风险筹资的工具加以研究，有的工商管理学院甚至把保险系改名为风险管理和保险系。美国大多数大企业都设置了一个专职部门进行风险管理。虽然企业的人事部门单独或部分地管理雇员的福利计划，但就处理社会保险金、养老金、医疗保险金、死亡和残疾的抚恤金等而言，这些仍属于风险管理的职能。从事风险管理工作的人员被称为"风险经理"（Risk Manager）。大多数企业的风险经理是"风险和保险管理学会"（RIMS）这一全国性职业团体的会员，该学会的宗旨是传播风险管理知识，并出版了一份《风险管理杂志》月刊，定期举行全国性的学术会议。

在 20 世纪 70 年代，风险管理的概念、原理和实践已从它的起源地美国传播到加拿大和欧洲、亚洲、拉丁美洲的一些国家。在欧洲，日内瓦协会（又名保险经济学国际协会）协助建立了"欧洲风险和保险经济学家团体"，该学术团体的会员都是英国和其他欧洲国家大学的教授，讨论风险管理和保险学术问题。英国大学开设风险管理课程已有 40 多年历史，日本的一些大学也开设了风险管理课程。之后，在亚洲地区，我国台湾和香港的部分学者也先后对风险管理进行理论研究和应用。我国在恢复国内保险业务后也开始重视风险管理的研究，并翻译和编写出版了数本教材。国务院国资委制定了《中央企业全面风险管理指引》，明确指出企业应该结合自己的实际情况，编制风险评估、风险策略、风险监管及预警流程，明确风险管理目标、原则、内容和方法。2006 年 1 月 6 日，经国务院国有资产监督管理委员会商业技能鉴定中心批准，"风险管理师职业资格认证管理委员会"（CCRM）在北京成立。同年 12 月 10 日，举行了首届风险管理师认证考试，标志着我国风险管理事业进入正规化阶段。

二、风险管理的定义

风险管理可以定义为有关纯粹风险的管理决策，其中包括一些不可保的风险。处理投机性风险一般不属于风险管理的范围，它由企业中的其他管理部门负责。企业的活动大致上可分为六类：

> 风险管理的本质是应用一般的管理原理去管理一个组织的资源和活动，并以合理的成本尽可能减少灾害事故损失和它对组织及其环境的不利影响。①

（1）技术活动，包括生产、制造、更新改造；（2）商业活动，包括买卖和交换；（3）财务活动，寻求资本最优化使用；（4）安全活动，对财产和人员的保护；（5）会计活动，包括财务报表、成本核算和统计资料；（6）管理活动，包括计划、组织、指挥、协调、控制。由

---

① 在国际上，风险管理的范畴已扩展到金融风险，诸如利率风险、信用风险、外汇风险、资产组合风险以及对作为金融期货和期权的衍生性金融产品的风险管理，这些不属于本教材讨论范围。

此可见，风险管理，即安全活动，是企业管理的主要职能之一，也是企业所有管理部门的一个共同责任。因此，对大企业来说，设置专职的管理纯粹风险的部门是合理的。

三、风险管理的范围

风险管理既是一门艺术也是一门科学，它提供系统的识别和衡量企业所面临的损失风险的知识，以及对付这些风险的方法。但风险管理人员还在很大程度上依靠直觉判断和演绎法作出决策，科学的、使用数量方法的风险管理仍处在初级阶段。在一些国家，专职的风险经理的职责范围包括以下内容：

1. 识别和衡量风险，决定是否投保。如果决定投保，则拟定免赔额、保险限额，办理投保和安排索赔事务。如果决定自担风险，则设计自保管理方案。

2. 损失管理工程。设计安全的机械系统操作程序，以防止或减轻灾害事故造成的财产损失。

3. 安全保卫和防止雇员工伤事故。

4. 雇员福利计划，包括安排和管理雇员团体人身保险。

5. 损失统计资料的记录和分析。

显然，从这些活动中可以看出，风险经理是企业经理队伍中的重要一员。根据《财富》杂志对美国 500 家最大公司的一次调查，84% 的公司是由中层以上的经理人员负责风险管理，通常是企业的高级财务主管人员，大多数风险经理是专职的。然而，并非所有的风险经理都介入上述所有活动，如大多数企业由人事部门主管雇员福利计划，有些企业依靠外界提供损失管理工程的咨询服务，少数企业的风险经理只限于购买保险，又被称为保险经理。

风险管理不应该与保险相混淆，风险管理着重识别和衡量纯粹风险，而保险只是对付纯粹风险的一种方法。风险管理中的保险主要是从企业或家庭的角度讲怎样购买保险。在现代风险管理计划中，也广泛使用避免风险、损失管理、转移风险和自担风险等方法。如今，美国大多数大公司、政府单位和教育机构都有了自己的风险管理计划。风险管理也不等同于安全管理，虽然安全管理或损失管理是风险管理的重要组成部分，但风险管理的过程包括在识别和衡量风险之后对风险管理方法进行选择和决策。总之，风险管理的范围大于保险和安全管理。①

四、风险管理的目标

风险管理的目标可以分为损失发生之前和损失发生之后两种。

（一）损前目标

1. 经济目标。企业应以最经济的方法预防潜在的损失。这要求对安全计划、保险以及防损技术的费用进行财务分析。

2. 减轻企业和个人对潜在损失的烦恼和忧虑。

3. 遵守和履行外界赋予企业的责任。例如，政府法规可以要求企业安装安全设备以免发生工伤。同样，一个企业的债权人可以要求贷款的抵押品必须被保险。

---

① 在国外，风险管理教材中用相当篇幅从企业和家庭的角度介绍保险。鉴于我国普通高校教材的特点，这部分内容从略，可参阅其他保险教材。

（二）损后目标

1. 企业生存。在损失发生之后，企业至少要在一段合理的时间内能恢复部分生产或经营。

2. 保持企业经营的连续性。这对公用事业尤为重要，这些单位有义务提供不间断的服务。

3. 收入稳定。保持企业经营的连续性便能实现收入稳定的目标，从而使企业保持生产持续增长。

4. 社会责任。尽可能减轻企业受损对他人和整个社会的不利影响，因为企业一旦遭受一次严重的损失，就会影响到员工、顾客、供货人、债权人、税务部门乃至整个社会的利益。

为了实现上述目标，风险管理人员必须识别风险、衡量风险和选择适当的对付损失风险的方法。

五、风险管理的程序

风险管理的程序分为以下六个步骤。

（一）制订风险管理计划

制订合理的风险管理计划是风险管理的第一步。风险管理计划的主要内容除了风险管理目标以外还有以下内容：

1. 确定风险管理人员的职责。虽然风险管理工作涉及其他各个部门，风险管理人员对风险管理仍负有主要责任。风险管理计划上要列明风险管理人员和所涉及的各个部门人员的职责，并规定风险管理部门向上级和有关部门的报告制度。

2. 确定风险管理部门的内部组织结构。在规模小的企业里，从事风险管理的人员也许只有一个人，但规模大的企业则要设置专职的风险管理部门。大型企业的风险管理部门的内部组织结构见图 1-1。

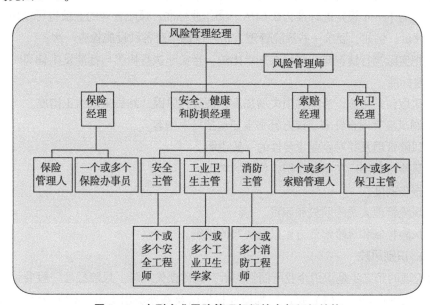

图 1-1　大型企业风险管理部门的内部组织结构

3. 与其他部门合作。风险管理部门一般需要与以下部门进行合作。

（1）会计部门。会计部门能提供估计潜在的财产和净收入损失程度的数据。此外，会计部门存在的贪污风险也不容忽视。会计部门的财务记录为制订保险或自保计划提供有用的数据，如动产和不动产的价值、工伤保险的工资金额、营业中断保险的营业收入、产品责任保险的销售收入等数据。风险管理部门一般会同会计部门处理财产和责任保险以及员工福利计划的索赔事务。

（2）数据处理部门。首先，数据处理部门的设备、数据和产品耗费大，甚至是难以复制的，风险管理部门和数据处理部门的人员应尽力合作减少其财产、净收入和责任风险。其次，计算机已成为现代管理的重要工具，它有助于风险管理部门编译和分析经营和损失的数据，模拟不同损失情况的后果，预测损失趋势，比较各种风险控制和筹资方案的成本和效益，以及评价风险管理计划的成功和不足之处。

（3）法律事务部门。该部门的人员能提供关于责任风险的情况，有助于风险管理人员识别责任风险。此外，他们在工作中的疏漏也会给企业带来严重的责任损失，这要求风险管理部门和法律事务部门人员配合来减少这方面的损失风险。

（4）人事部门。该部门对处理人员损失风险至关重要。人事部门一般在风险管理部门的配合之下负责管理员工福利计划。

（5）生产部门。在一个企业里，生产部门面临众多的损失风险，诸如由于生产设备损毁或发生故障造成停工、生产中发生工伤、产品缺陷给用户造成伤害等。因此，风险管理人员应与生产部门人员紧密合作，识别和消除或减少这些危险因素。

4. 风险管理计划的控制。它包括以下三个方面的工作。

（1）制定业绩标准。风险管理的业绩有两种标准：①效果标准。风险管理的业绩可以用金额、百分比、比率、损失或索赔次数来加以评价。例如，当年企业的风险成本是销售收入的 0.65%，为下一年设定的标准为 0.64%。②作业标准。风险管理的业绩也可以用其作业标准来加以评价。例如，要求一些风险管理人员至少每年对各种设施检查一次。

（2）把实际执行情况与业绩标准加以比较，当实际执行情况与标准发生偏离时，根据其结果来调整标准。

（3）采取纠正措施。当某种损失增加后，调查其原因，然后采取纠正措施。

5. 编制风险管理方针书。该方针书主要包括以下内容。

（1）风险管理及其对企业重要性的一般说明。

（2）风险管理部门在企业组织机构中的地位。

（3）报告制度。

（4）风险管理人员的职权和职责。

（5）风险控制和风险筹资方案以及决策的规则。

（二）识别风险

风险管理的第二步是识别企业所面临的所有纯粹损失风险。风险经理一般要设法识别下列五种类型的潜在损失：（1）财产的物质性损失以及额外费用支出；（2）因财产损失而引起的收入损失和其他营业中断损失以及额外费用支出；（3）因损害他人利益引起的诉讼导致企业遭受的损失；（4）因欺诈、犯罪和雇员不忠诚行为对企业造成的损失；（5）因企业高级主管人员的死亡和丧失工作能力对企业造成的损失。风险经理可以使用保险公司及保险出版机构提供的潜在损失核查清单来识别本企业面临的各种纯粹风险。此外，还可以使用下列方法识别风险：

1. 对企业财产和生产经营进行定期或经常性的实地检查，及时发现事故隐患。

2. 使用内容广泛的风险分析征求意见表，收集在生产和经营第一线人员对损失风险的意见。

3. 编制生产和经营的流程图，分析每个环节中的潜在损失风险。它可以描述从原材料入库到制成品售给顾客的全部经营过程，也可以描述单个制造过程：原材料从供货商的仓库运输到制造厂，经过储存、制造、包装等阶段，再把制成品搬运到自己的仓库。现代的安全系统工程使用故障树分析（Fault Tree Analysis）等方法详细描述生产和经营过程中的事故因果关系，这些方法可以被用来进行定性和定量分析。

4. 使用财务报表、以往的损失报告和统计资料识别重大的损失风险。例如，按会计科目分析重要资产的潜在损失及其原因。

5. 请保险公司、保险代理人和经纪人提供风险评估咨询服务，包括分析企业外部环境的风险因素。

（三）衡量风险

在识别损失风险之后，下一步是衡量损失风险对企业的影响。这包括衡量潜在的损失频率和损失程度。对损失频率的测定可以估算某一风险单位因某种损失原因受损的概率，如用一幢建筑物因火灾受损的概率，也可以估算几幢建筑物因火灾受损的概率，或者估算某一风险单位因多种损失原因受损的概率，其概率高于因单种损失原因受损的概率。单个风险单位同时遭受几种损失的概率相对遭受一种损失的概率要低。在得不到精确资料的情况下，可以对损失频率进行粗略估计，如分为：几乎不会发生，不大可能发生，频度适中，肯定发生。

损失频率是指一定时期内损失可能发生的次数。损失程度是指每次损失可能的规模，即损失金额大小。

对损失程度的衡量可分为每次事故造成的最大可能损失和每次事故造成的最大可信损失。最大可能损失是估计在最不利的情况下可能遭受的最大损失额。最大可信损失则是估计在通常情况下可能遭受的最大损失额，如考虑到消防设施等其他因素的火灾损失。后者通常小于前者。最大可信损失对风险衡量很有价值，但也最难估计。

风险经理必须估计每种损失风险类型的损失频率和程度，并按其重要性分类排队。风险经理之所以要衡量潜在的风险是为了今后能选择适当的对付损失风险的方法，损失频率和程度不同的风险需要采用不同方法对付。与损失程度相比，损失频率对损失程度的估计更为重要。巨灾使一个企业毁灭，然而其损失频率很低。相反，某些损失风险，如汽车损坏，损失频率很高，但每次损失的金额相对要小。汽车碰撞损失的机会大于因碰撞而被起诉的机会，但汽车责任风险的潜在损失程度大于自己汽车受损的程度。当然对损失频率的重要性也不可忽视。此外，对损失的时间性也要加以区别，持续20年的每年1 000元的损失就不如立即发生一次20 000元损失那么严重，这是由于货币具有时间价值，用损失频率乘以平均的损失程度得出预计的平均损失总额，它可以用来与企业交付的保险费进行比较，为购买保险提供依据。

（四） 选择对付风险的方法

在衡量风险以后，风险经理必须选择最适当的对付风险的方法或综合方案。对付风险的方法分为两大类：一类是改变风险的措施，如避免风险、损失管理、转移风险；另一类是风险补偿的筹资措施，对已发生的损失提供资金补偿，如保险和包括自保方式在内的自担风险。对付风险的主要方法有：

1. 避免风险。避免风险有两种方式，一种是完全拒绝承担风险，另一种是放弃原先承担的风险。换言之，避免风险是不取得某种损失风险或消除现存的损失风险。例如，一个企业不在洪水区域建造工厂就可以避免洪灾损失。然而，这种方法的适用性很有限。首先，避免风险会使企业丧失从风险中可以取得的收益。其次，避免风险方法有时并不可行，例如，避免一切责任风险的唯一办法是取消责任。最后，避免某一种风险可能会产生另一种风险，某企业以铁路运输代替航空运输就是一例。

2. 损失管理（Loss Control）。损失管理计划分为防损计划和减损计划。防损计划旨在减少损失发生频率，或消除损失发生的可能性。建造防火建筑物、质量管理、驾驶技术考核、颁布安全条例、提供劳动保护用品、检查通风设备、产品设计改进等均是减少损失频率的措施。减损计划可再分为尽可能减轻损失后果计划和损后救助计划，两者均设法控制和减轻损失程度。轮换使用机器设备、限制车速、安装自动喷水灭火系统和防盗警报系统，对工伤者及早治疗、建立内部会计监督、限制保险柜内的现金数量等均是减轻损失程度的措施。有一些损失管理措施既是防损措施又是减损措施。

损失管理的技术传统上分为工程管理和人为因素管理两种，有些管理措施同时涉及这两方面的管理。工程管理方法强调事故的机械或物的因素，如有缺陷的电线、高速公路交叉口设计不当。但现代的损失管理越来越重视人为因素。过失是许多火灾的重要原因，人的不安全行为，如超速操作、注意力分散、滥用设备、安全装置失灵等，是工伤事故的主要原因。近年来，对人为因素的重视已扩大到对易出事故的个人进行心理研究。损失管理还包括损失管理方案的可行性研究，要比较损失管理的成本和效益。

损失管理是风险管理的一项重要职能，但企业的风险管理部门只是从事这方面活动的一个部门，也许只是一个商议和咨询部门。大公司的安全委员会成员包括劳动管理、设备管理、安全管理、医疗部门、防火部门和风险管理部门的经理，由他们一起共同制定损失管理方针。

3. 非保险方式的转移风险。在风险管理中较为普遍使用的非保险方式转移风险的方式有合同、租赁和转移责任条款。例如，一家公司在与某建筑承包商签订新建厂房的合同中可以规定，建筑承包商对完工前厂房的任何损失负赔偿责任。又如，计算机的租赁合同可以规定租赁公司对计算机的维修、保养、损坏负责。再如，一个出版商在出版合同中可加入转移责任条款，规定作者对剽窃行为自负法律责任。

4. 自担风险。自担风险分为被动的和主动的，即无意识、无计划的和有意识、有计划的。当风 **自担风险是指企业使用自有资金或借入资金补偿灾害事故损失。**

险管理人员没有觉察到所面临的风险，或者觉察到风险的存在，但没有作出对付风险的决策，这样的自担风险是被动的。当风险管理人员觉察到风险存在，并相应采取了对付风险的办法，这种自担风险是主动的。自担或保留风险的方法主要适用于下列情况：（1）在其他对付损失风险的方法不可取的情况下，自担风险是最后一种办法。例如，企业因战争造成的财产损失可归入自担风险。（2）在最大可信损失并不严重的情况下，也能使用自担风险的方法。例如，一家大企业拥有一支庞大的车队，如果汽车停放在多个场所，不太可能同时受损，企业对车损险可以采取自保方式。（3）在损失能被较精确地预测的情况下，自担风险也是适当的方法。例如，工伤事故就属于这类可预测的损失风险。

企业的风险经理在决策时经常在保险和自担风险中进行选择。下列因素有利于企业自担风险：（1）自担风险的管理费用比保险公司的附加费用低；（2）预期的损失比保险人估计的数字低；（3）最大可能损失和最大可信损失低，企业的财力在短期内能够承受；（4）保险费的支付和损失赔偿在相当长的时期内延续，导致机会成本大量增加，并且企业有着高收益的投资机会；（5）企业内部具有自保和损失管理的优势。至于企业自担风险的水准则要根据财务状况、近年的损失资料以及保险费用而定。风险经理应确定单次意外事故和每年总的损失风险的自担水平。作为一般规则，企业每年自担风险最高额应为公司纳税前年收入的5%。自担风险的财务补偿方式可采用当年净收入的直接补偿、设立专用基金、借入资金以及建立专业自保公司。

截至 2016 年底，全球有 7 056 家专业自保公司，年保费规模超过 500 亿美元。全球 500 强企业中已有 70% 的企业建立了专业自保公司，设在百慕大的居多。其主要原因是当地有着有

> **专业自保公司（Captive Insurer）** 一般是由母公司为保险目的而设立和拥有的保险公司，它主要向母公司及其子公司提供保险服务。

利于外资的环境，资本要求和税收均较低。[1] 专业自保公司的主要优点是：（1）减少企业的保险费用。专业自保公司以较商业性保险公司更经济的办法提供保险业务。（2）容易参加再保险。这是因为许多再保险公司只与保险公司做交易，而不与被保险人打交道。（3）企业盈利的一项来源。专业自保公司除了向母公司及其子公司提供保险外也向其他单位提供保险业务。（4）税收考虑。向专业自保公司交付的保险费可从公司应税收入中扣除。

自保是自担风险的特殊方式，它必须具有商业性保险的某些特点：一是必须有大量同质的风险单位存在，从而可根据大数法则较精确地预计损失；二是损失必须由专用基金或专业自保公司补偿。

自担风险既有优点也有不足之处。其主要优点首先是节省保险费开支，保险公司除了赔付损失外还要支付理赔、代理人和经纪人的佣金、税收等费用，而且要保留一定的利润。其次，自担风险增加企业对防损工作的内在动力。其主要不足之处是企业有可能遭受高于保险费支出的损失，尤其在短期内，企业受损的可能性难以捉摸。另外，企业有可能增加费用支出，如聘请安全工程师和防损专家，保险公司则以低廉的收费向企业提供防损服务。

---

① 有资料显示，到 2023 年，全球自保公司共有 6 000 余家，较 2022 年增加 50 家。其中，美国佛蒙特州以 659 家自保公司超越百慕大（633 家）和开曼群岛（658 家），跃居全球第一。

5. 保险。保险是一种转移风险的办法，它把风险转移给保险人。保险也是一种分摊风险和意外损失的方法，一旦发生意外损失，保险人就补偿被保险人的损失，这实际上是把少数人遭受的损失分摊给同险种的所有投保人。由于少数投保人遭受的损失由同险种的所有投保人分担，所有投保人的平均损失就代替了个别投保人的实际损失。保险人一般承保纯粹风险，然而并非所有的纯粹风险都具有可保性。可保的风险（可保风险）要满足下列条件：

（1）大量同质的风险存在。据此，保险人能比较精确地预测损失的平均频率和程度。

（2）损失必须是意外的。如果故意制造的损失能得到赔偿，则道德的危险因素会明显增加，保险费就会相应提高。

（3）损失必须是确定的或可以测定的。具体地说，损失的原因、时间、地点和金额具有确定性。死亡就具有这种确定性。

（4）保险对象的大多数不能同时遭受损失。如果保险对象的大多数同时遭受损失，保险分摊损失的职能就会丧失。但实际情况并不尽如人意，洪水、飓风、地震等自然灾害经常造成巨灾损失。保险公司可采用两种方法来对付这种损失：一是再保险；二是把保险业务分散到广大地域，从而避免风险的集中。

（5）保险费必须合理，被保险人在经济上能承担得起。唯有保险费经济、合理，保险公司才能拓展其业务。

根据上述条件，人身、财产和责任风险均能由保险公司承保，而市场、生产、财务和政治风险一般都不能由商业保险公司承保。

在风险管理中，风险经理经常使用保险这一重要工具。企业的保险计划主要分为以下四个方面：

（1）选择保险的范围。企业的保险需要可根据轻重缓急分为基本的保险、合意的保险和适用的保险三种。基本的保险包括那些由法律或合同规定的保险项目，如劳工保险，还包括那些威胁企业生存的巨灾损失保险，责任保险属于这一范畴。合意的保险是补偿那些能造成企业财务困难，但不会使企业濒临破产的损失。适用的保险补偿那些仅使企业感到不便的轻微损失。

风险经理还要决定是否使用免赔额及其大小。免赔额可以消除小额索赔及其理赔费用，从而降低保险费。免赔额在本质上是一种自担风险的形式。大多数风险管理计划是自担风险和商业保险相结合。另外一种自担风险的技术是购买超额损失保险。一个经济实力雄厚的大企业可以自担相当大部分的损失风险。根据超额损失保险计划，保险公司只赔偿实际损失超过企业自担金额以上的那部分损失。自担限额可按最大可信损失确定。例如，对一家资产价值为 2 500 万元的工厂，可以确定单次火灾损失的自担限额为 100 万元，这 100 万元被看做是最大可信损失。

（2）选择保险人。首先，风险经理必须选择一家或数家保险公司。有几项重要因素必须考虑，这包括保险公司的财务实力、所提供的风险管理服务，以及保险的费用。保险公司的财务实力由下列因素决定：投保人盈余的大小、承保和投资的结果、未偿债务的准备金、保险种类和管理质量。保险公司提供的风险管理服务包括协助识别风险、损失管理和理算。其次，风险经理还必须考虑到某保险公司是否愿意提供合意的保险责任范围。最后，如果其他因素相同，风险经理自然偏好从几家保险公司竞争性的保险费出价中以最低廉的价格取得保险。

（3）保险合同条件谈判。如果使用印制好的保险单、批单和附属保险单，风险经理与保险公司必须对这些文件达成一致意见，以此作为合同的基础。如果使用特约保险单，合同条款的语言和文义必须清楚。如果投保人是大企业，企业可与保险公司就保险费和条款进行谈判。即使保险费不可商谈，风险经理也应该设法使本企业纳入一个低费率的承保类别。

（4）定期检查保险计划。风险经理必须检查索赔是否及时得到赔偿，评估保险公司损失管理服务的质量，以便决定是否还要继续购买这家公司的保险。

下面用一个简单的例子说明风险经理是如何选择适当的对付风险的方法的（见表1－1）。

对第一种风险采用自担风险的方法最为适宜。对第二种风险应该加强损失管理，并辅之以自担风险和超额损失保险。保险方法最适用于对付第三种风险，损失程度严重意味着巨灾可能性存在，而低的损失频率表明购买保险在经济上承担得起。这种类型的风险包括火灾、爆炸、龙卷风、责任诉讼等。风险经理也可结合使用自担风险和商业保险来对付这类风险。对付第四种风险的最好方法是避免风险，因为自担风险的办法不可行，也难以取得商业保险，即使能取得也得交付高额保险费。

表1－1 风险类型		
风险的类型	损失频率	损失程度
1	低	小
2	高	小
3	低	大
4	高	大

（五）贯彻和执行风险管理的决策

把所选择的对付风险的方法付诸实施是风险管理的第五步。在贯彻和执行风险管理决策这一阶段，风险管理人员一般对所选择的对付风险的方法有直线职权（Line Authority），即作为主管可以直接命令，而对管理方面只有参谋职权（Staff Authority），即作为参谋提供咨询。例如，一旦对某一损失风险作出使用保险方法的决策，风险管理人员就可以去选择保险人，设定适当的保险责任限额和免赔额，以及就投保事项与保险人商谈。又如，一旦选择自担风险的方法，风险管理人员则需要确定是否使用专用基金的方法。如果确定使用专用基金的方法，则要制定专用基金积累的管理程序。再如，如果选择防损方法，风险管理人员则要制订防损计划，并贯彻和执行这一计划。以上这些事务的处理一般都属于风险管理部门的直线职权范围，但风险管理人员应该向其他部门的经理说明这些决策措施，以便取得他们的合作。至于管理方面，风险管理人员只有建议权。例如，对火车出轨风险选择了防损方法，在防损措施中有一项是在经过市区内的铁轨下坡地段安装限速装置，风险管理人员本人不能直接命令工人在什么时候和怎样安装这些装置，这是其他部门经理的直线职权。

（六）检查和评价

在风险管理的决策贯彻和执行之后，就必须对其贯彻和执行情况进行检查和评价。其理由有两点：一是风险管理的过程是动态的，风险是在不断变化的，新的风险会产生，原有的风险会消失，上一年度对付风险的方法也许不适用于下一年度。二是有时作出的风险管理的决策是错误的，这需要通过检查和评价来加以发现，然后加以纠正。

对风险管理工作业绩的检查和评价有两种标准：一是效果标准。例如，意外事故损失的频率和程度下降、责任事故损失降低、风险管理部门经营管理费用减少、责任保险费率降低、因提高企业自担风险水平而减少财产保险费用，这些都是效果标准。二是作业标准。它注重对风险管理部门工作的质量和数量的考核。例如，规定设备保养人员每年检查的次数和维修的台数。单纯使用效果标准来检查和评价风险管理工作会有不足之处，因为意外事故损失发生具有随机性。同样，单纯使用作业标准来检查和评价风险管理工作也有缺陷，因为它没有把风险管理工作对企业的经济贡献或影响表现出来。因此，对风险管理工作业绩的检查和评价应该综合使用这两种标准。

确定了检查和评价的标准后，就要把风险管理工作的实际结果与效果标准和作业标准加以比较，如果低于标准，就要加以纠正，或者调整标准。例如，安全检查的次数低于作业标准，就应该增加检查次数；如果企业自担风险的损失增加很多，就应该对自担风险的水平重新加以核定，即调整不适当的效果标准。

本章重要概念

风险　危险因素　静态风险　纯粹风险　风险管理　损失频率　损失程度
自担风险　专业自保公司　保险　可保风险

思考题

1. 比较风险的数种不同的定义。
2. 简述三类危险因素。
3. 简述风险的分类和纯粹风险的分类。
4. 概述风险管理的程序。
5. 概述企业所面临的纯粹损失风险的主要类型和识别风险的方法。
6. 概述对付风险的方法。
7. 自担风险主要适用于哪些情况？哪些因素有利于企业自担风险？
8. 可保风险要满足哪些条件？
9. 企业保险计划的主要内容有哪些？

第二章
风险分析

本章知识结构

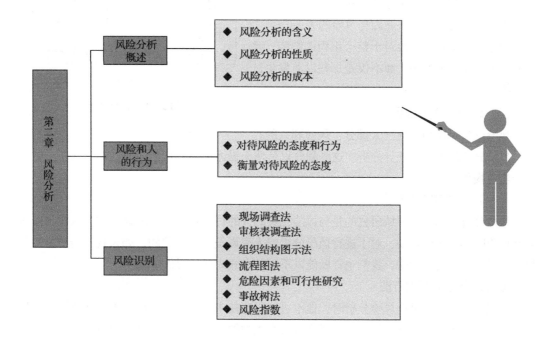

本章学习目标

● 了解风险分析的含义、范围和方法；

● 理解人们应对风险的两类行为方式：风险偏好和风险回避，以及衡量对待风险态度的两种方法；

● 重点掌握风险识别的七种方法。

第一节　风险分析概述

一、风险分析的含义

图 2-1 简单描述了风险分析的各个阶段。

第一，分析潜在的损失原因。风险分析要求对未知的损失原因进行分析，而不能仅局限于识别已知的损失原因。例如，我们应高度重视检测新化学制品及其他危险品的使用过程，应该严格仔细地检查建筑工程上新的工序或方法。

第二，分析已知损失原因与风险的关系。

第三，分析评价风险对于整个组织的影响。我们必须识别所有的结果，而不仅是那些以前发生过的结果。

> 风险分析不仅仅是指风险识别或风险衡量，它是一项包含了风险管理这两方面在内的更为复杂的任务。

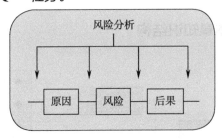

图 2-1　风险分析

二、风险分析的性质

风险分析可以划分为三大部分：风险和人的行为、风险分析的方法和统计分析。这种划分只是便于描述风险分析的所有内容，而不一定有助于实务操作。

（一）风险和人的行为

风险分析的第一大领域研究的是与风险相关的人的行为特点。了解他人如何认识风险及面临风险时如何采取行动，对于进行风险分析的人来说是十分重要的。如果我们能更好地了解人们是如何应对风险的，我们也许就能以不同的方式为他们提供建议。

（二）风险分析的方法

当风险经理开始进行风险分析时，他不可能脱离技术的帮助。一种技术方法不可能解决所有的问题，事实上一种方法也不可能适合所有类型的行业。风险经理需要一系列方法，其中包括定量分析方法和定性分析方法。这些方法通常用于解决实务中的问题，并且在实务中得到了全面推广。具体包括现场调查法、审核表调查法、组织结构图示法、流程图法、危险因素和可行性研究、事故树法、风险指数。

（三）统计分析

毫无疑问，基于数据的统计分析变得越来越重要。现在的电脑及软件就可以轻松地解决许多计算问题，而这并不需要太多的专业技术。在获得风险管理所需要的数据之后，关键问题在于一个现代的风险经理应当懂得如何运用统计方法分析这些数据。

风险分析的三部分不应被看做是彼此孤立的组成部分，对它们进行划分只是便于学习理解，在实务中，三者是相互渗透、不可分割的。

三、风险分析的成本

研究风险分析的成本并且合理地安排成本是十分重要的。风险分析的收益在于通过风险分析能够发现那些尚未被识别的风险，并有助于敦促人们采取控制措施以减少损失，最终降低损失成本。但风险分析的收益并不能立竿见影，甚至在短期至中期内都难以见效。结果就是风险经理很难确定在什么时候风险分析不再产生收益，而这个时候，在风险分析上每多花费一元钱实际就意味着在浪费。

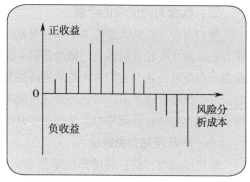

如图 2 - 2 所示，随着风险分析成本的增加，风险分析的收益也由正值变为负值。风险经理必须时刻记住这幅图，以确保风险分析始终在合理的财务范围内进行。

图 2 - 2　风险分析成本与收益的关系

第二节　风险和人的行为

一、对待风险的态度和行为

风险影响着人们生活的方方面面，面对无所不在的风险，我们每个人都必须对自己的行为作出选择。应对风险的方式多种多样。例如，有些人参加一些危险的运动自愿承担风险，有些人选择危险的职业。也有些人很少冒险，他们选择稳定的工作，购买保险。在保险的专业术语中，上述两类人分别被称为风险偏好者和风险回避者。简而言之，对待风险的态度因人而异。各人应对风险均有自己的行为方式，这些行为方式没有优劣对错之分。同样，用风险偏好者和风险回避者来形容企业也是恰当的。一些银行承担的贷款风险比另一些银行承担的要高，一些石油公司在钻井决策上比别的公司更倾向于冒险，一些出口商与那些高风险国家进行贸易，而另一些出口商却不愿与这些国家有贸易往来。

在风险管理中，应该把个人行为和企业行为结合起来考察。例如，从个人角度出发，由于面对人身伤害风险，个人必须决定是否使用保护设施，是否戴安全帽，是否使用安全屏障等。而从企业角度出发，企业不仅要考虑员工受到的人身伤害，还必须要考虑企业全部的风险成本。

行为是人们的态度与所处环境相互作用的结果。如果环境允许我们做想要做的事，那么我们的行为就能准确地反映态度。否则，环境可能引起人们的行为和态度不一致。就风险管理而言，我们可以设想一个对人们的态度不会产生太大影响的环境。

不论发生什么风险，我们都要以某种方式加以解决，因而预先确定人们面对风险采取何种态度是有意义的。如果我们能做到这一点，我们就可以避免将那些想要规避风险的人置于需要承担风险的位置。换句话说，一家企业应该认识到员工在通常情况下对待风险的态度，并运用这些信息安排适合个人的具体工作。

员工如何对待风险的信息也有助于企业推动安全教育工作。

二、衡量对待风险的态度

我们至少可以从大量的关于如何衡量对待风险的态度的文献中找到两种衡量方法。第一种方法是建立在标准赌博这一概念基础上的，它从经济上衡量对待风险的态度。第二种方法是指一些衡量技术，它们并不是从经济的角度来衡量。它们更注重研究个人是如何认识风险的。对于风险管理来说，后一种方法可能更为重要。但鉴于研究人们对待风险的态度的重要性，我们也将对标准赌博的含义作简要介绍。

（一）标准赌博衡量法

假定抛硬币打赌：若硬币出现正面，则可赢得 40 元；若出现反面，则什么也得不到。这是一个简单的 50 对 50 的赌博，也即是赢得 40 元和什么也得不到的概率各占 50%。再假定现在用一笔钱来代替这个赌博。换句话说，要么参与这个赌博，要么获得一笔钱，二者择其一。

问题是要放弃赌博，至少应获得一笔多大数额的钱呢？对每个人来说都有一个特定的数额，接受这笔数额的钱和参加赌博对他们来说是无差别的。如图 2－3 所示。

数额为 Z 的这笔钱是赌博的等价物，它通常被称为确定等价物。在上述例子中，赢得 40 元和什么也得不到的可能性各占 50%，数额 Z 是由个人决定的。例如，一个人也许认为保证能获得 10 元钱和参加一个要么赢得 40 元，要么什么也得不到，且两种结果概率相等的赌博是没有差异的。

我们根据不同的人对同一个问题的回答所得出的确定等价物的数额把这些人进行归类。除此之外，我们还可以估测出每个人在多大程度上背离了

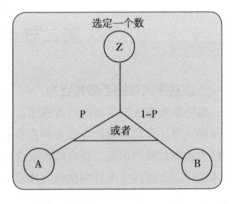

一个结果只可能为 A 或 B 的赌博，
A、B 发生的概率分别为 P，1－P

图 2－3　标准赌博

数学上的合理答案。这个数学上的或者客观的正确答案是以期望值为基础的。上例赌博的期望值为 20 元，也就是说有 50% 的机会可赢得 40 元，另外有 50% 的机会什么也得不到，因此在长期内就可期望获得 20 元。如果一个人愿意接受的数额小于这个期望值，那么他就更偏好于稳定，而如果一个人要求的数额大于这个期望值，那么他就属于风险承担者。

以两个极端的情况为例：如果一个人认为保证能获得 1 元钱和参与这个赌博对他而言没有差异，那么他是极其厌恶风险的；如果一个人认为要他放弃这个赌博，他至少应获得 39 元钱，那么他是极喜欢冒险的。

另一个例子可说明标准赌博衡量法与风险管理的联系。假设一个员工或第三者为向公司索要损害赔偿费而提起诉讼。诉讼书上写明他要求获得 10 000 元的赔偿。通常，个人更愿意通过庭外和解获得一笔赔偿金而不愿诉诸法庭。站在公司的立场，公司必须决定庭外和解赔偿金的最大限额。简而言之，公司必须确定一个数额，并认为支付这个数额和承担应诉面临的风险没有差别。公司应诉所面临的风险是，原告可能从公司获得 10 000 元的赔偿，也可能得不到公司的赔偿或从公司得到小于 10 000 元的赔偿。如果律师认为原告胜诉的机会是 50%，那么我们就

可以通过期望支出 5 000 元来判断公司是风险偏好风格还是风险回避风格。如果公司是风险回避风格，那么它愿意支付超过 5 000 元的数额进行庭外和解；如果公司或风险经理更倾向于承担风险，那么它也许不愿支付超过 3 000 元的数额。原告也会面对同样的问题，他也必须决定他能接受的庭外和解的最低赔偿金。

（二）技术衡量法

标准赌博衡量法在风险管理中的运用是有限的，而技术衡量法对于风险管理就有更多的实践指导意义。许多技术都是通过考察个人对某个事件发生的可能性的判断，来研究个人对风险的态度。例如，列举各种可能致死的原因，要求人们判断有多少人死于这些原因。这样我们不仅可以发现哪些原因没有得到正确的评价，还可以发现哪些人的估计不准确。

与风险管理关系密切的有两种技术，下面各举一个简单的例子加以说明。

1. 技术 1。在某个工厂中，风险经理发现工人们不愿意使用机器防护装置。工人们的这种行为就会使意外事故发生率上升。风险经理认为工人们并没有重视他们所使用的机器存在的潜在危险。他收集了该工厂七种机器的资料，并且统计了上年每一台机器发生事故的数量，如表 2 - 1 所示。

表 2 - 1　机器发生事故数	
机　　器	事　　故
A	15
B	10
C	21
D	4
E	7
F	8
G	17

风险经理制作了一张简单的表格，用来调查机器使用者对上年每一种机器发生事故的数量的估测，如表 2 - 2 所示。

为了避免串通的可能性，最好是发给每人一张表，并当场完成填写。一旦所有的表格返回给风险经理，风险经理就能计算出每台机器事故发生的平均估测数。从 250 名员工的表格中得到的事故发生数的平均估测值如表 2 - 3 所示。

表 2 - 2　风险认识调查表	
机　　器	你估测的事故发生数量
A	
B	
C	
D	
E	7
F	
G	

❶ 说明：请你估测在上年 12 个月当中上列每一台机器发生事故的数量。机器 E 的实际事故发生数量作为范例已经填写。

表 2 - 3　机器发生事故数的平均估测值	
机　　器	事故发生数的平均估测值
A	13
B	16
C	25
D	3
E	7
F	15
G	16

风险经理立即发现在六个估测值中，有三个值被低估了，而另外三个值被高估了。如图 2 - 4

所示，用一条斜率为1的直线来表示事故发生估测值与实际值完全一致的情况。在风险经理得到的一组平均估测值中，三个被高估的值在直线上方，而三个被低估的值在直线下方，事先给出的机器 E 的实际值正好落在直线上。

现在风险经理了解到员工是如何估计机器引发意外伤害事故的可能性。从总体上看，他们是低估了有关的风险。但是以机器 B 为例，它引发的意外伤害事故又被高估了。从图2-4 中可看出，人们认为机器 B 和机器 G 引起事故的数量是一样多的，事实上，发生在机器 B 上的事故要比发生在机器 G 上的事故少 7 起。

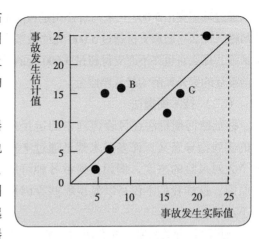

图 2-4　事故发生估计值与实际值的比较

这些信息有助于风险经理提出使用机器防护设置的倡议，并且决定首先关注那些事故发生可能性被低估了的机器。

2. 技术 2。第一种衡量技术是通过人们估计意外事故发生的实际数目来描述他们对风险的认识，而第二种衡量技术更加简化，它只要求每个人根据各种意外事故发生的可能性大小对风险进行排序，而不需要对具体数值进行估测。

一个大型企业的风险经理要关注雇主的责任风险，他要从过去几年对这种事件的记录中获得有用的信息。

不过这里不再要求工人们凭他们的感觉去估测这些事故发生的具体数量，只要求工人按照这 8 种不同类型的事故发生的可能性大小进行排序（见表 2-4）。因此，如果一个人认为超负荷运转发生危险的可能性最大，他就会将它排在第一位，他也会将他认为最不可能发生的事故排在最后一位。显然，风险经理已经知道这些意外事故发生概率的正确排位，因为他掌握了上面提到的一些数据。而工人对这些意外事故的排序可以帮助风险经理了解他们如何认识这些意外事故的。表 2-5 就是一个简单的调查样表。

表 2-4　事故类型及发生数量	
事　故	发生数量
在平地上跌倒或摔跤	180
被物体击中	101
从高处跌落摔伤	97
超负荷运转	45
被物体压伤或夹伤	20
与物体相撞	11
被物体擦伤	5
被电流击中	2

表 2-5　风险排序调查样表	
事　故	排　位
被物体擦伤	
被物体击中	
被电流击中	
与物体相撞	
被物体压伤或夹伤	
超负荷运转	
从高处跌落摔伤	
在平地上跌倒或摔跤	

⬆ 说明：该表中列有许多不同的意外事故原因。请你根据自身的经验描述每种事故原因的重要性。请在你认为能引起最多事故的原因后面标上 1，在你认为引起次多事故的原因后面标上 2，依此类推，直至在你认为最不可能引起事故的原因后标上 8。

所有的表格填完后，风险经理就可以计算出每种意外事故的平均排位。假设结果如表 2-6 所示。

通过对该工厂 500 名工人的答案进行统计平均，得出最可能引起事故的原因是从高处跌落摔伤，而最不可能引起事故的原因是被物体擦伤。现在风险经理就要检验人们对风险的认识在多大程度上与现实情况相一致。一种方式是风险经理制作一张表格，表格上列有该公司实际的风险排序，以及风险经理通过调查得到的工人们估计的风险排序，如果可能的话，还应列有该行业范围内的风险排序，再对三者进行比较，如表 2-7 所示。

表 2-6 各种类型事故排位	
事　故	排　位
从高处跌落摔伤	1
超负荷运转	2
与物体相撞	3
被物体击中	4
被电流击中	5
在平地上跌倒或摔跤	6
被物体压伤或夹伤	7
被物体擦伤	8

表 2-7 公司、员工、行业层面风险排序			
事　故	公司的排位	员工的排位	行业的排位
在平地上跌倒或摔跤	1	6	4
被物体击中	2	4	1
从高处跌落摔伤	3	1	3
超负荷运转	4	2	2
被物体压伤或夹伤	5	7	6
与物体相撞	6	3	5
被物体擦伤	7	8	7
被电流击中	8	5	8

从表 2-7 中，风险经理得知工厂最常见的事故原因是在平地上跌倒或摔跤，但它并不是工人们所认为的最常见的事故原因。这说明工人们所认识的意外事故的发生概率和实际的事故发生概率并不完全一致。了解这一点就可为安全工作或事故防范工作提供目标。

经验数据和行业的经验数据之间的比较显示出二者有相似的地方，但同时也揭示了二者的区别，这就为我们提出了一系列需要研究的问题。

第三节　风险识别

特定的风险识别方法对一些企业比对另一些企业更有用。以流程图为例，对一个涉及许多产品或原料在不同环节上流动的生产过程来说，流程图是一个合适的风险识别方法。而在一个不是以流动为主要特征的地方（如办公室），使用其他形式的风险识别工具可能会更好。风险识别的方法可以以不同的方式分类。按工作方式分类，可以分为案头工作和现场调查工作；按时间先后分类，可以分为损前的风险识别和损后的风险识别；按分析的方式分类，可分为定量分析的风险识别和定性分析的风险识别。不论怎样分类，关键问题都在于识别风险。为了帮助我们理解风险识别技术，并且掌握如何实际运用这些方法，我们先虚构一家公司，这家公司会运用到我们所要研究的技术方法。这里为了揭示出风险识别技术的主要特点，实际的生产过程被简化了。下面就对该虚拟公司作一个简略的介绍。

泰康橡胶公司是一家具有悠久历史的企业，地处上海市郊区，规模大、占地广、交通便利。该公司主要从事橡胶加工制作。公司从三个国家进口原橡胶，加工成品主要有三条销路：第一，销售给汽车制造厂或飞机制造厂等订货单位。第二，直接销售给零售商。公司生产大量供家庭和企业使用的橡胶产品，这些产品是通过该公司所属的众多零售网点以及一家名为大众弹力公司的零售商来销售。第三，销售给两个子公司，即泰康橡胶工程公司和泰康橡胶管公司。这两家子公司专门生产工业用橡胶产品，其原料完全是由母公司泰康橡胶公司提供的。

橡胶的加工过程十分复杂，并且工艺也在不断更新。简言之，原料橡胶被输送到车间，经过滚压成浆，再加入各种化学物品，在高温高压下进行硫化，使橡胶更富有弹力和韧性。制造的产品经过打磨、切割，再被送到大众弹力公司，或被送到车间按订单进行再加工。最终产品通常是供应给大众弹力公司和订货的客户。

下面以该公司为例介绍主要的风险识别方法。

一、现场调查法

（一）调查前的准备工作

1. 时间安排。首先要安排调查时间。一方面，要确定参与一项调查需要的时间，另一方面，要确定何时实施调查最合适。

2. 制作调查项目表。风险经理应对调查本身作一个详细的计划。即使是小规模的工厂，也存在着潜在风险。风险经理应确保采取合理的风险识别技术，以防遗漏某些重要事项。有一种方法就是在调查的同时对调查项目填写表格或做记录（如表2-8所示）。

这不仅为现场调查提供了指导，也节省了调查时间，同时还降低了重要问题被忽视的可能性。然而不是所有的调查都能用这种方法处理，即使采用了这种形式，它也不一定适用于调查对象的每个部门。

3. 参考过去的记录。如果风险经理不是第一次调查工厂，那么他就应该参考过去的记录，检查一下是否存在仍然没有解决的问题，或者某些需要再检查一遍的地方。表2-9就是一张上次填写的调查项目表。

表2-8 调查项目表	
名　　称	
功　　能	
使用年数	
状　　态	
故　　障	
措　　施	

表2-9 前次调查项目表	
名　　称	泰康碾压橡胶公司471号机器
功　　能	硫化工序中滚压橡胶
使用年数	14年
状　　态	较差，需要维修
故　　障	自动安全栓损坏，没有引起重视
措　　施	书面通知安全经理和车间主任

4. 选择重点调查项目。通过查阅过去的报告，风险经理可发现他曾告知安全部负责人关于某台机器的保护设备已经损坏，这次可以检查该问题是否得到了妥善的处理。如果在过去的调查中没有发现问题或者这是第一次现场调查，那么最好是准备一张风险清单，上面应列明风险经理这一次调查的重点项目。例如，热处理过程中化学物品的使用、保护工人安全的措施及其实施情况等。

5. 明确负责人。在现场调查前，风险经理必须熟悉工厂的管理结构，并且明确各部门的风险和保险事务的负责人。

（二）现场调查

现场调查的实际做法是一言难尽的。有关现场调查的技巧不能仅通过阅读教科书就能获得。经验是最重要的，只有从更多的现场调查中才能获得更丰富的经验。另外，创造力和灵活性也十分重要。

（三）现场调查的后续工作

现场调查之后，风险经理就必须着手采取行动。除了采取一些特别的措施外，风险经理还必须关注许多日常事务。例如，对所有需要续保的保险合同进行评估；将经营场所或工厂的重要变动通知保险人。关键是这些工作要在调查结束后及时完成，风险经理可能不得不事事亲为。

（四）现场调查法的优缺点

优点：风险经理通过现场调查可以获得第一手的资料，而不必依赖别人的报告。现场调查还有助于风险经理与基层人员以及车间负责人建立和维持良好的关系。

缺点：现场调查耗费时间多，这种时间成本抵减了现场调查的收益。而且，定期的现场调查可能使其他人忽视风险识别或者疲于应付调查工作。

二、审核表调查法

一种可以代替现场调查的方法就是填写审核表或其他形式的调查表。风险经理制定的审核表，既可以由工厂其他人员填写，也可以在现场调查时由他亲自填写。在大多数情况下，审核表是由工作现场的人填写，因此审核表的细节要清晰，内容要明确，以确保人们能准确地回答问题。另外，风险经理为了完善审核表，还需要请其他部门负责人提供指导意见。

（一）审核表类型

第一种类型的审核表适用于简单的调查，如表 2 – 10 所示。这种审核表实际上是简要的项目清单，只要求填写人按图索骥，而无须具备过多有关风险的知识。不足之处是，由于审核表未能给填写者提供明确的提示，因而填写者认为满意的不一定能符合风险管理者的意愿。

表 2 – 10 泰康橡胶公司安全审核表

请务必认真调查审核表中列明的各项。 当您认为各项都符合要求时， 请在表上签字并送交风险管理部。

经营场所：
    报警系统
    警报器检测
    钥匙管理人
    锁和栓子
    屋顶
    外部围栏和围墙
货物：
    原材料库
    存货检查
    成品库
    发货仓库
货币：
    现金
    运输中的货币
    保险箱

签名： （车间主任/厂长）
　　　　（会计）
填写时间：

第二种类型的审核表是对第一种审核表的改进。整张表是以提问的形式列出各个待检项目，这样风险经理不仅能为填写人提供提示，而且也有助于督促填写人认真思考。表 2 – 11 是以火灾风险为例制作的这种审核表。

表 2 –11　泰康橡胶公司火灾风险审核表

审核表由车间主任填写，并请在本月月末前送交风险管理部门。如填表过程中遇任何疑问，请致电风险管理部门。

如果您的回答是否定的，请在"措施"栏注明您准备采取的措施或您建议风险管理部门采取的措施。

发货仓库	是	否	措　施
1. 所有的防火门是否标示清楚？			
2. 所有的紧急出口是否都能使用？			
3. 消防水龙头到顶架上货物的距离是否有 1.8 米？			
4. 所有的货物是否堆放整齐？			
5. 所有的暖气设备是否受到保护，且处于安全状态？			
6. 所有的废料是否都定期处理？			
7. 所有的货物是否都不放在地面上？			
8. 所有未使用的货架是否都放在工厂外？			
9. 所有的易燃原料是否都存放在砖制防火仓库内？			
10. 所有的灭火器都安置在安全手册规定的地方吗？			
11. 所有的灭火器是否都检测合格？			
12. 所有的沙桶或水桶都是满的吗？			
13. 所有的防火门都能使用吗？			
14. 所有的消防水龙头都合格吗？			
15. 所有的火灾警报器都合格吗？			
16. 所有的消防演习都按安全手册完成了吗？			

您是否认为应在审核表中增添一些内容？

您是否建议对审核表进行修改？

签名：（车间主任）

（会计）

填写日期：

表 2 –12　泰康橡胶公司责任风险审核表

请仔细阅读下列活动或事件以及对其的各种描述，并选出您认为最恰当的描述。三种描述分别标有字母 A、B、C。如果您认为某项事件用 A 描述最恰当，请在"评审"栏填写 A。

填写过程中，若有任何疑问，请尽快与风险管理部门联系。表格完成签字后，请务必在本月月末前送交风险管理部。

活　动	评审	A 低于标准	B 正常	C 高于标准
机器防护装置的使用		很少使用防护装置，甚至时常违反操作规定	大多数时间使用防护装置，并且按规定操作	一直能有效使用防护装置
防护面具和其他呼吸装置的使用		很少使用，且放在不易拿取的地方	经常使用，并且拿取方便	向员工提供面具，并要求工作时一直佩戴
安全告示和其他预防事故的资料		很少张贴安全告示，且大部分已过时	张贴了常规性安全告示	除了常规的安全告示，还有许多具体的告示

第三种类型的审核表完全不同于前面两种类型。首先这种审核表描述了某种活动的情况或某种财产的状况，然后填表者必须从中选择出最符合实际情况的描述。审核表中会提供三种状况，即低于标准的情况、高于标准的情况和正常情况（见表2－12）。

如果该公司中有其他工厂，那么就可以通过这种审核表对它们进行比较。风险经理在收到审核表后，就应该对那些不符合标准的活动、机器或工序采取措施。

这种审核表的缺点是编制比较困难。从例子中可看出要简单描述出活动的状况，并把它们进行归类并不是一件容易的事，这常常需要借助于过去的现场调查资料或其他调查表资料。这种表格实际上成为风险经理的预警系统，使他能对潜在风险作出快速反应。完成这种审核表的另一个难处是基层管理者不希望暴露自己的弱点，从而影响了调查的真实性。因此在着手进行这项工作前，有必要使当地的管理者认识到风险识别有利于增强企业经营的效率和安全性。

（二）审核表调查法的优缺点

优点：第一，它是一种能获取大量风险信息且成本合算的方法。与现场调查相比，它在时间和费用上都更为节省。第二，执行起来简单、迅速。第三，它有利于对企业进行逐年的有效的跟踪监测。第四，审核表易于修改，其内容能随企业的变动而调整，或考虑到审核表本身的改进而进行修订。

缺点：由于制定审核表的标准难以确定，可能造成描述不清，填写不准确、不客观，以及回复率低和难以控制表格完成过程的现象。

三、组织结构图示法

组织结构图示法与审核表调查法一样，是一种以案头工作方式为基础的风险识别方法。

这些组织结构图用于描述公司的活动及结构的不同组成部分。审核表调查法和现场调查法的目的在于识别实际的风险，而组织结构图示法旨在描述风险发生的领域。

（一）绘制集团结构图

第一步是绘制一幅集团的组织结构图（见图2－5）。

图2－5描述了集团三方面的经营活动：合同销售、零售以及子公司的经营活动。绘图的方式多种多样，关键是要清晰描述出集团的整个活动领

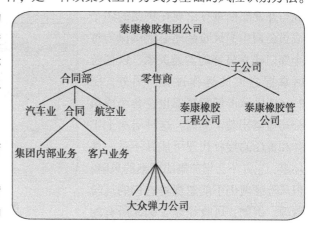

图2－5 集团的组织结构图

域。绘制集团的组织结构图是分析一个集团的经营活动时极为重要的开端，它不仅具有风险识别的价值，还有助于认识复杂的集团组织结构。

（二）绘制管理结构图

图2－5描绘的是整个集团的组织结构。风险经理应该绘制一张更适用于识别风险的管理结构图。

图 2 - 6 主要描述了组成集团的各公司以及它们的管理结构。以泰康橡胶集团公司的管理董事为开端，紧接着是各种职能部门，包括市场营销部、研究与开发部、财务部、采购部、生产部及公司秘书处。会计部单独设置。再接下来是集团的四个成员，契约部、大众弹力公司以及两家子公司。每个经营单位都有自己的总经理，下面再设工程部、研究与开发部、生产部和市场营销部等。

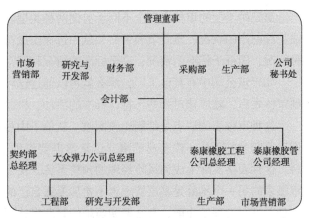

图 2 - 6 管理结构图

（三）绘制集团的综合图表

绘制集团的综合图表有两个步骤。第一步，绘制集团中每一个成员的结构图。例如，我们为泰康橡胶管公司绘制结构图。对于集团中的所有成员，都可以绘制类似的结构图。第二步，把这些不同的结构图表结合起来，形成一张反映整个集团经营管理的综合图表。

（四）识别风险范围

组织结构图主要不是用来识别个别风险，而是考察风险可能发生的范围。上述的组织结构图至少揭示了三种形式的潜在风险：重复性、依赖性、集中性。下面通过分析组织结构图来识别三种潜在风险的存在范围。

风险经理可以从图 2 - 6 中看出研究与开发部门重复出现在集团的四个成员公司中，风险经理必须确保与每个部门建立良好的沟通关系，以便及时掌握它们的运作过程。另外，图 2 - 6 还显示市场营销部也在各个成员公司重复出现。然而，这种层次上工作和责任的授权代理可能并不是一件坏事，它并不会增加集团面临的风险，但风险经理仍不能忽视对它们的风险管理。例如，风险经理应确保所有的

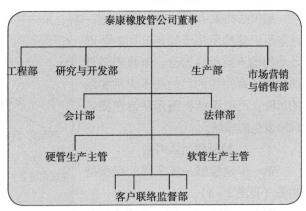

图 2 - 7 泰康橡胶管公司结构图

市场营销部门都清楚了解产品责任险的承保人所要求的在产品上标有的特别说明。

部门之间的相互依赖关系也在图中有所反映。图 2 - 7 说明硬管部的生产和软管部的生产都依赖于一个生产部门，这可能会造成风险增加。

图 2 - 6 还揭示出一种潜在的由集中引起的风险。从该图中可看出，集团内所有部门的会计记录都集中存放在一个地方。这可能是管理上的统一安排，但风险经理必须要确保这样不会增加风险。例如，两个子公司所需原材料全部来源于母公司——泰康橡胶集团公司。这显然十分冒险，风险经理应作进一步调查，它可能是因为没有其他的供应商能满足两个子公

司的原料需求，也可能是因为这是母公司的主要收入来源。

最后，我们要在图表上添加一些数据。例如，可以在图上标明每个部门的收入和利润。如图2－8所示，泰康橡胶集团公司内部业务收入占集团总收入的27%，这是集团内各部门中最高的收入贡献率。这些数据能帮助风险管理人员更清楚地看到各个部门所承担的责任和风险。

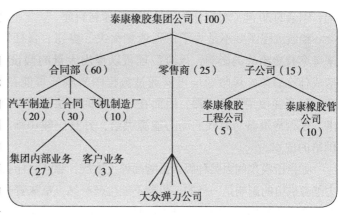

图2－8　各部门收益图

四、流程图法

流程图法是一种识别公司面临的潜在风险的常用方法。它可以用来描绘公司内任何形式的流程，比如产品流程、服务流程、财务会计流程、市场营销流程、分配流程等。对风险经理来说，最重要的应该是生产流程。从生产流程图中，风险经理可以看到原料的来源、加工、包装、存储、装配、运输等不同的生产阶段和产品的最终销路。绘制生产流程图就是为了便于风险经理对每一个生产环节的风险因素、风险事故及可能的损失后果进行识别和分析。下面简要介绍流程图法的分析步骤。

（一）识别生产过程的各个阶段

首先通过与专业技术人员进行讨论，明确生产流程的细节，然后绘制出一幅描述生产过程的草图。我们仍以泰康橡胶公司的部分生产活动为例介绍流程图法。

经高温硫化处理的橡胶原料被压制成特定产品，其中一部分被送到成品库以备进一步加工使用，余下的绝大部分被运到大众弹力公司，最后剩下的部分都库存在泰康橡胶集团公司。每一次压模，都有10%的原料浪费，并被送回原料库，以备再加工。压模工序的主要动力能源是燃气和电力，二者皆由当地工厂供给。

（二）设计流程图

在我们的例子中，只有一个生产过程，而现实中会有许多生产过程同时并存，并且相互交织成复杂的内部关系网。流程图并没有固定的模式，风险经理可以根据自己的偏好来绘制。但为了区分生产的不同阶段，要求遵循一个简单的规则：用方框表示投入，如原材料储备，用圆圈表示生产阶段，如压模，如图2－9所示。

从图2－9中可以看出，300吨的原材料送到压模车间，90%的原材料制成成品，其中的60%（162吨）送往成品库，40%直接送到大众弹力公

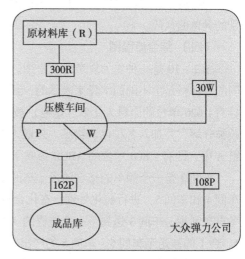

注：R为原材料；P为产品；W为废品。

图2－9　流程图

司，剩余的 30 吨原材料作为废品回收到原材料库。

绘制流程图并不是为了识别诸如火灾、盗窃、责任等损失的具体原因，它主要是用来考察特定事故的影响，风险经理可以提出大量的假设。例如，如果电力供给中断，会造成什么后果？风险经理可以通过流程图来解释可能存在的后果。如果电力供给中断，我们就不能使用压模机器，因而在这段时间无法进行任何生产。这种询问会引发我们思考：是否应准备可替代的动力能源供给，并且比较中断生产的成本和提供备用动力能源供给的成本。

如果压模车间因某种因素影响而停止生产，会产生什么样的后果呢？实质上这与失去动力能源供给的影响是一样的。机器不能生产产品，意味着产品供给中断，我们不得不考察它对整个公司的影响。由于安排生产时，已经考虑了压模车间的产品供给，既然这种供给中断了，对公司的经营会产生什么影响呢？大众弹力公司是否有可替代的供应商呢？我们从前面的描述中得知大众弹力公司所有的供给都来自泰康橡胶集团公司，因此一旦集团公司的供给中止就会给大众弹力公司的销售带来严重的后果。

（三）解释流程图

通过一系列询问来解释流程图的方法，可能因为缺乏某种构架，而忽略了一些潜在的问题。这就需要对流程图进行另一种方式的解释。一种有效的方法是在阅读流程图的同时填写一张简单的表格。我们可按照每个阶段依次填写生产过程中可能发生的损失事故，以及事故的原因和后果。我们以压模车间为例进行说明（见表 2-13）。

表 2-13 流程图解释

阶 段	压 模
潜在的损失事故	压模机停止运转
事故的原因	火灾、爆炸、电力中断、工业故障
可能的后果	产品损失、原料积压、大众弹力公司收入损失、泰康橡胶集团公司库存减少

另外，我们还可以增加"可能采取的措施"一栏，或者简单记录下我们打算采取的对付风险的措施。值得注意的是，我们运用流程图法是识别风险可能发生的范围，而不是识别个别的具体的风险。

（四）综合流程图

图 2-10 是一种更为复杂的流程图。它描绘了泰康橡胶公司的整个运作过程。图示中不同的原材料是由不同的字母来表示的，其数量标注在旁边。自上而下分析流程图，图表顶部标有 1 620 单位的原料 A（单位是吨）被平均分配给车间 1 和车间 2。在这两个车间，原料橡胶被分解，并加入各种化学物品。总量为 180 单位的三种不同的化学物品 B、C、D 被加入原料 A 中，即有 1 800 单位的 ABCD 流向下一个生产阶段——车间 3。

车间 3 是一个简单的化合阶段。车间 1 和车间 2 的产品在这里进行化合，然后被分送至车间 4 和车间 5，进行硫化处理。在化合过程中产生的残余原料 A 被送回原料 A 储存库，以备再次利用。车间 3 送到下一个流程的 ABCD 总量为 1 700 单位，其中 1 000 单位被送至车间 4，余下的被送至车间 5。车间 5 的产出为 700R，其中 400R 送至车间 6 进行滚压，产成品分发到泰康橡胶集团公司的合同部，余下的 300R 运送到泰康橡胶工程公司和泰康橡胶管公司。

车间 4 加工的 1 000 单位的 ABCD 按照 400、300、300 的数量分别被配发到车间 7、车间

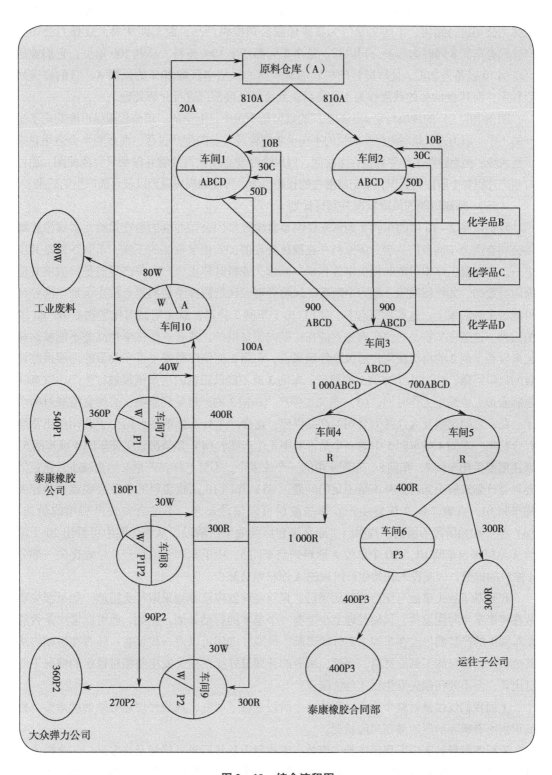

图 2 – 10 综合流程图

8、车间9。这三个车间都生产产品1和产品2。产品1供泰康橡胶公司使用，而产品2由大众弹力公司进行销售。车间7专门为泰康橡胶公司提供产品，而车间9为大众弹力公司生产，只有车间8同时为两家公司供货。每个车间都产生10%废料，总共100单位，它们被送至车间10以备再加工。处理废料的机器能从所得的残渣中获取20%的原料A，它们被送回原料库，而其余80%的残渣作为工业废料送到废料处理部门进行分解处理。

图例中的工厂的规模与现实中的工厂的规模是不可同日而语的。该流程图尽可能简化了生产的工序，因为这里绘制流程图的目的不在于掌握橡胶工业的生产过程，而是要学会运用它来识别风险。虽然这些工作要耗费许多时间，但风险经理必须认真绘制并仔细研究流程图，通过对生产过程各个阶段的认识，来识别潜在的损失事故、可能的损失原因以及可能产生的后果。

（五） 预测可能的风险状况并制订计划

我们以图2-10中的车间2为例来说明泰康橡胶集团公司面临的潜在风险。泰康橡胶集团公司有两个车间专门从事分解原料并在硫化处理前加入化学物品的工作，车间2就是其中之一。在这套工序中可能的损失事故包括车间永久或暂时停止生产。停产可能是火灾或其他原因导致的，如机器故障、电力中断等。风险经理应该把流程图法的重点放在识别车间停产可能带来的后果上。这些后果包括：（1） 由于车间2停产，就会削减对化学物品B、C、D的需求。这些化学物品的供应商是否能在短期内调整供给，或者这些化学物品能不能被储藏起来以待车间2的再次使用？对风险经理来说，车间2的停产带来了许多类似的需要跟踪调查的风险问题。（2） 由于车间2的停产，车间3就不能以正常的生产规模进行生产，这意味着解雇员工或缩短工作时间。（3） 车间2停产，车间3的产量受到影响，必然会缩减对两个子公司、合同部以及大众弹力公司的产品供应。这会产生什么影响呢？两个子公司能正常履行合约吗？车间4或车间5中的一个是否要中止生产呢？（4） 如果决定关闭车间4或车间5，就还需要关闭车间7、车间8、车间9中的一个或多个。不管怎样，产量必然会减少。这就需要制订计划来解决如何弥补产量不足的问题。（5） 车间10回收废料的数量会锐减，最好关闭车间10，直到车间2恢复生产。那些废料可以储藏起来，不过会失去再利用的价值。（6） 生产初始阶段所需的一些原料实际是来自后续的生产阶段。从流程图中可看出20个单位A原料来自车间10，100个单位A原料来自车间3，由于车间2的停产，导致丧失一部分A原料的供给，因此投入初始生产阶段的A原料也会减少。

在列举了损失事故可能造成的后果后，风险经理就应该计划采取什么措施。如果损失事故在将来某个时间发生，风险经理至少要有一个基本的行动计划。例如，他可以考虑是否能使车间1的产量翻倍或在车间1实行轮班制。风险经理还可以进一步调查：能否在短期内从其他供应商那里购买到原材料。当然，所有的计划最好能在损失发生前相对稳定的情况下制订出来，而不要在损失发生后才匆忙制订。

上面我们仅仅是对整个生产过程的一个阶段进行了研究，风险经理还必须继续考察，直到识别所有重要阶段的潜在风险状况。

流程图解释简表中所列出的损失事故、事故原因及其后果可能涉及许多部门，这样人们就会对风险经理的职权范围提出质疑。在实际工作中，一些特定的风险识别工作确实是由其他部门负责的。但风险经理不能因此就忽视它们，过去许多重大的工业事故发生就是因为高层管理者认为别的部门会做风险管理工作。既然风险经理的唯一职责就是管理风险，他对各种风险的识别、分析、管理等工作就责无旁贷。

（六）流程图法的优缺点

优点：流程图法能把一个问题分成若干个可以进行管理的部分。虽然这是一件烦琐的工作，但一旦一个大问题被划分成若干个小部分，工作就容易开展了。流程图法可以使风险经理通过一幅图就认识到整个生产过程。要描述一个复杂的生产过程可能需要多个流程图，但它至少可以使风险经理免去阅读大量冗长的描述生产过程的文字资料。

缺点：流程图法的主要缺点首先在于其需要耗费大量的时间。从了解生产过程到绘制图表需要相当多的时间，随后还要对图表进行解释。如果一幅图过于复杂，以至于对潜在风险状况描述不清，那么流程图法就不是最优选择。其次，流程图可能过于笼统，它描述了整个生产过程，但它却不能描述任何生产的细节，这就可能遗漏一些潜在风险。最后，流程图无法对事故发生的可能性进行评估。对于那些不善于定量分析的人来说，流程图法不失为一种有用的风险识别方法，但缺乏定量分析是它的一个缺点。

前面我们已经介绍了一系列风险识别的方法，包括现场调查、审核表、组织结构图及流程图等。这些技术提供了风险识别的一般方法，但并未涉及识别具体的风险源，而且缺乏对可能性的量化。以下我们讨论可以克服以上缺点的风险识别方法。

五、危险因素和可行性研究

危险因素和可行性研究是项目计划期采取的风险识别的定性方法。它是从风险的角度对工厂的生产经营进行研究。遵循的原则是：将许多极端复杂的问题分解为可以处理的部分，然后对每一部分分别进行仔细研究，以发现所有与之相关的风险。整个研究过程主要解决四个问题：受检部分的目的、与目的之间的偏差、偏差产生的原因及偏差产生的后果。具体地说，第一步，选择工厂的一个部分，明确其目的，这是至关重要的，如果目的表述不准确，将影响偏差的可信度。这项工作最好由一个工作小组来完成。当该部分的工作完成之后，再转入下一个，直至整个工厂被检查完毕。第二步，列出与目的之间的偏差，这些偏差是危险因素和可行性研究的中心。我们可以使用一些指导性文字对偏差进行研究。第三步，找出偏差产生的所有可能原因，而不仅仅是最可能的原因或者已经发生过的原因。第四步，列出偏差会导致的后果及相应对策，用于研究结束后对风险的控制。

我们举一个例子具体说明其应用。假设泰康橡胶公司有一个为其车队储存燃料的地下油库，如图 2 – 11 所示。我们看到汽油被储存于地下，通过油泵抽到地表，整个工作原理和一般加油站类似。假设它是我们研究的一个完整的系统。

首先要明确系统的目的是为车队储备汽油。工作小组需要研

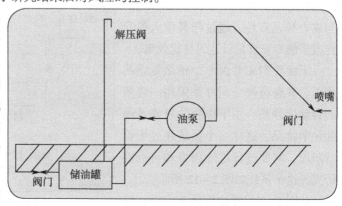

图 2 – 11　地下油库流程图

究系统的流量、压力和其他属性，这里我们仅以流量为例加以讨论。接着识别偏差，我们规定了一些指导性文字，最大限度地考虑所有的可能性，这些文字如表2-14所示。然后再分析可能产生的后果及对策，结果以表格形式列出。

表2-14 指导性文字

指导性文字	含 义	具 体 解 释
无	对目的完全否定	目的完全没有实现，也无其他事件发生
多/少	属性在量上的增减	比目的流量多或少
附加	属性在质上的增加	预定目的实现，但发生了其他事件，如水流入车辆油箱
部分	属性在质上的减少	只有部分目的实现
相反	与目的相反	比如汽油反方向流动
替代	实现其他目的	预定目的完全没有实现，但发生其他事件，如其他液体流入油罐

我们用图2-11的例子来进行分析（见表2-15）。

表2-15 地下油库系统分析

指导性文字	偏 差	原 因	后 果	对 策
无	无流量	1. 油箱是空的； 2. 输入阀门关闭； 3. 油泵故障； 4. 其他阀门关闭； 5. 软管阻塞	1-5. 无汽油加入汽车； 4. 汽油渗出管道； 5. 软管爆裂	1. 定期检查油箱； 2-4. 每天检查阀门； 3. 定期维修油泵； 5. 定期检查软管
多	流量过多	油泵故障	汽油溢出	定期维护
少	流量过少	1. 油泵故障； 2. 阀门未开； 3. 软管部分阻塞	1-3. 加油时间过长	对策同无流量情况
附加	水混入汽油	储油罐进水	水伴随汽油加入汽车	定期清理储油罐

从这个简单的例子我们可以看出危险因素和可行性研究的总体思路：规定一个小的系统的目标，找出各种可能的偏差，研究导致偏差的原因、后果及相应对策。显然这个方法适合于工厂或加工的设计阶段。包括风险经理在内的设计小组可以在实际开工之前对所有的可能性进行考察。做这类工作需要一定的想象力和适应性，通过与其他人的合作或采纳专家意见以达到最优效果。

下面我们来考虑一个稍微复杂的例子。泰康橡胶公司打算采用一套新的自动化系统，用于橡胶的粉碎及添加化学物品。这样一个系统还处于设计阶段，需要进行危险因素和可行性研究。这个系统如图2-12所示。

从图2-12可知具体工序是：橡

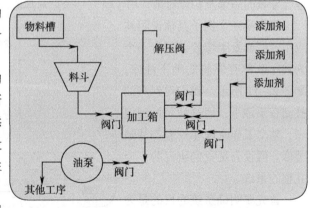

图2-12 橡胶加工流程图

胶原料在物料槽进行部分粉碎，然后由输送带送入料斗磨成精细粒子，再送入加工箱与添加剂混合，完成之后再由输出管道传送到下一个加工阶段。

我们可以根据图 2 - 12 列表进行分析（见表 2 - 16）。

指导性文字	偏　差	原　　因	后　　果	对　　策
			表2 -16　加工橡胶系统分析表	
无	无流量	1. 物料槽为空； 2. 料斗为空； 3. 传送带断裂； 4. 阀门关闭； 5. 输出口阻塞； 6. 无吸力； 7. 罢工	1 - 7. 加工箱中无橡胶原料； 1 - 7. 加工箱中添加剂过多； 1 - 7. 混合物可能爆炸； 1 - 7. 原料供应跟不上	1 - 3. 现场检查并填写审核表； 3 - 4. 现场检查和定期维护； 5. 测试； 6. 安装计量器
多	流量过多	1. 橡胶原料过量； 2. 吸力过大； 3. 传送过快	1 - 3. 加工箱配料有误； 1 - 3. 产品损失，货物污染； 2. 吸力系统故障； 3. 传送带过热	1. 数量检验； 2. 安装计量器； 3. 安装计速器
少	流量过少	1. 吸力不正常； 2. 管道阻塞； 3. 阀门部分关闭； 4. 加工箱已满； 5. 物料槽内原料数量较少； 6. 传送太慢	1 - 6. 产品损失，加工箱内配料有误，货物污染，加工箱内添加剂过多	1 - 6. 同流量过多情况
附加	其他原料混入	1. 物料槽装载错误； 2. 物料槽和料斗中混入灰尘或碎片； 3. 供应商送料有误	1 - 3. 货物污染； 1 - 3. 产品损失	1. 实地检查； 2. 在物料槽和料斗中装隔离装置； 3. 抽查运料
相反	吸力相反	1. 橡胶原料被送回料斗； 2. 添加剂被送入料斗	1. 料斗过满； 1. 橡胶损失； 2. 污染橡胶； 2. 料斗内混合物可能爆炸； 1 - 2. 产品损失	1 - 2. 在管道上安装不可返回的阀门
替代	橡胶以外的物质在系统中流动	物料槽内原料有误	产品损失	对所有运输工序进行检查

在进行上述研究之前，首先，确定研究的顺序，把图 2 - 12 分解成许多小的部分进行研究，以防遗漏任何重要部分。其次，明确属性，并逐个研究。可以先挑选部分工序如从料斗到加工箱这一段进行研究，完成之后在图上做一定的标记，然后进入对下一个部分的研究。最后，我们就会得到一个关于损失可能原因、后果及相应对策的列表，如表 2 - 16 所示。

研究工作开展之后，为了防止遗漏任何一个部分，特别像这个例子是一个有许多容器、加工箱和管道的复杂系统，我们可以借助一个简单流程图来指导研究工作。

图2-13简单地表示出研究的各个阶段，这样可以减少任何遗漏。整个研究工作完毕后，这些包含所有信息的图表可用于日后的查阅，并对采取的措施作相应的日常记录。

危险因素和可行性研究的优点在于：以一种广阔的思路识别所有可能的风险而极少会忽略任何重要事件；风险识别工作由小组共同完成，可以发挥集体的智慧；通过事先的组织安排，能对复杂系统的所有部分开展细致的研究工作。

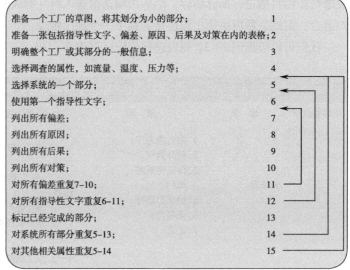

准备一个工厂的草图，将其划分为小的部分；	1
准备一张包括指导性文字、偏差、原因、后果及对策在内的表格；	2
明确整个工厂或其部分的一般信息；	3
选择调查的属性，如流量、温度、压力等；	4
选择系统的一个部分；	5
使用第一个指导性文字；	6
列出所有偏差；	7
列出所有原因；	8
列出所有后果；	9
列出所有对策；	10
对所有偏差重复7-10；	11
对所有指导性文字重复6-11；	12
标记已经完成的部分；	13
对系统所有部分重复5-13；	14
对其他相关属性重复5-14	15

图2-13　研究流程图

不足之处：一是花费时间很多，包括风险经理和小组其他成员的大量工作时间；二是为了画出指导工作的图表，必须将系统简单化，这势必会忽略某些风险。权衡其利弊，危险因素和可行性研究不失为风险识别的一项重要技术。风险经理必须熟练掌握该方法，努力跟上现代风险识别技术的发展，而不囿于传统的现场调查、审核表等信息来源。

六、事故树法

我们知道流程图法的两个缺陷是：首先，它是一般意义上对风险的识别而不考虑系统的具体细节；其次，它不能对事件发生的可能性进行量化。危险因素和可行性研究方法克服了第一个缺点，我们现在讨论能量化风险的方法——事故树法。

事故树法最早是由美国贝尔电话实验室在20世纪60年代从事空间项目时发明的，现在对这一领域的研究已经取得了长足的进展，其被广泛应用于国民经济各个部门。事故树法用图表来表示所有可能引起主要事件（事故）发生的次要事件（原因），揭示了个别事件的组合可能会形成的潜在风险状况。

我们还是用一个例子加以说明。当加工箱内的压力上升和安全阀不能正常工作时，爆炸就会发生。

爆炸事件位于树的顶端，可能导致该事件发生的两个事件作为树的两个分支并通过一个节点连接。因为只有当两个事件同时发生时爆炸才会发生，我们称此节点为"与门"（见图2-14）。但是，也有可能是两个或多个事件中的一个事件就能导致主要事件发生，这时我们需要引入另一

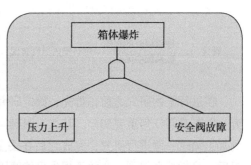

图2-14　事故树（与门）

个节点——或门。图 2 - 15 是一个或门的例子。

这里讨论加工箱的压力上升问题，油泵不能正常工作使橡胶粒子不能从加工箱中被提炼出来，或者加入加工箱的原料过量，都会导致压力上升。

构造事故树时必须遵循的逻辑是：我们关注的事件位于树的顶端；从主要事件出发，再考虑事件发生的所有原因；树的分支表示事件发生的所有原因，使用"门"进行连接；"门"只有"与门"和"或门"两种。

我们在以上两棵树中加入相应的数值，来讨论事件发生的可能性大小。

我们以一年为考察期，并取历年的平均数据，如图 2 - 16 所示。事件发生概率的计算规则是：与门连接的则相乘，或门连接的则相加。图 2 - 16（a）中压力上升为 2 次/年，安全阀故障概率为 1×10^{-4}，二者同时发生箱体才会爆炸，所以爆炸概率为 0.0002 次/年。这个数值可以作为公司决定是否投保的依据。图 2 - 16（b）中，油泵故障和原料输入过量只要有一个发生则压力就会上升，所以压力上升的概率为 2 次/年。我们将两棵树合并在一张图中，如图 2 - 17 所示。

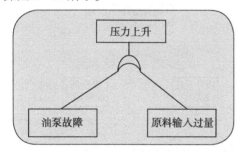

图 2 - 15　事故树（或门）

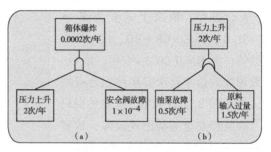

图 2 - 16　事故发生概率计算

我们以这棵树为例来讨论事故树方法的优点。

第一，事故树方法可以很好地描述一个复杂的系统或加工过程。

第二，事故树方法在一开始就考虑了风险的识别，有助于发现内在的风险。在上述例子中，我们先找出会导致箱体爆炸的所有事件，然后分析这些事件发生的所有途径。

第三，事故树方法可以用于考察对系统变化的敏感性，确定系统中的哪些部分对风险的影响最大。为了减少爆炸风险，我们有两种方法，使用

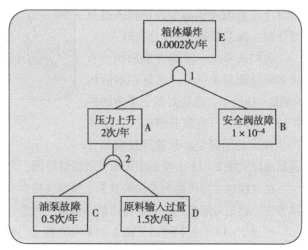

图 2 - 17　事故发生概率计算（合并）

新的油泵或新的安全阀。假设新油泵的故障率为 0.25 次/年，则压力上升变为 1.75 次/年，则爆炸概率降至 $1.75 \times (1 \times 10^{-4}) = 0.000175$ 次/年，即每 5 714 年发生一次爆炸，比现在的

0.0002 次/年即 5 000 年发生一次要小。但是，若新的安全阀故障率从老的安全阀的 1×10^{-4} 下降到 1×10^{-6}，则爆炸概率将从每 5 000 年发生一次减少到每 500 000 年发生一次。显然改用新的安全阀对于减少事故发生更为有效。我们还可以根据油泵和安全阀的故障率同等减少来作一个比较。假设新的油泵和安全阀的故障率都是老的一半，那么使用新的安全阀的爆炸概率为 0.0001 $[2 \times (0.5 \times 10^{-4}) = 0.0001]$，即每 10 000 年发生一次爆炸，较之使用新的油泵每 5 714 年发生一次爆炸的概率要小。由此可知，次要事件风险程度的同等减少对于主要事件的影响不一定相同，事故树提供了对系统变化敏感性的计算方法。

第四，事故树方法可以考察所有导致主要事件发生的次要事件，更重要的是可确定导致主要事件发生的最小量的次要事件组合。系统或加工过程的不同部分都会产生复杂的树形结构，主要事件由一系列的次要事件引发。当我们发现了导致主要事件发生的最小量的次要事件组合，就知道哪些事件组合是最有可能发生的，哪些事件组合对主要事件具有最大影响，也知道系统的哪些变化是最有效的。以图 2 – 17 为例，主要事件为 E，当 A 和 B 同时发生就会导致 E，则 E = AB。而 C 或 D 发生时，A 会发生，所以上式变为 E = (C + D)B，即 E = CB + BD。代入相应的数值，为 E = 0.0002 次/年。所以，导致爆炸的最小量次要事件组合有两个，为 C 和 B 或 D 和 B，也就是说只有当油泵和安全阀都出现故障，或者原料输入过量且安全阀出现故障时，爆炸才会发生。我们也看到，D 和 B 事件组合发生的可能性更大，所以在设计上进行改变以减少原料输入过量对于减少加工箱爆炸将十分有效。

我们来考虑一棵综合事故树，看看如何处理复杂系统。该复杂事故树如图 2 – 18 所示。这是对以上事故树的扩展，加入了一些额外事件，如油泵产生故障的原因是油泵速度过快和计速器故障。图 2 – 18 中我们用圆圈代表最终原因，表示不再需要进一步调查了。

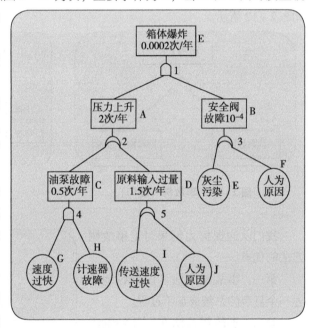

图 2 – 18　综合事故树

在这棵树中用代数的方法来找最小量事件组合有一定的难度。但是我们可以借助一种矩阵方法，通过对所有门的计算得出最小量事件组合。我们可以先列出表 2 – 17。

在表 2 – 17 中我们列出了图 2 – 18 中的各个门号、门的类型、分支个数、分支代号。如 1 号门是与门，有两个分支 2 号门和 3 号门，而 3 号门是或门，有 E 和 F 两个分支。可以根据这个表格列出矩阵图（见图 2 – 19）。

表2-17	最小量事件组合表		
门号	类 型	分支个数	分支代号
1	与门	2	2 3
2	或门	2	4 5
3	或门	2	E F
4	与门	2	G H
5	或门	2	I J

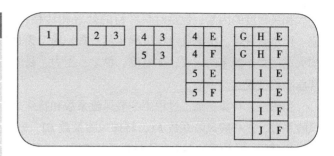

图2-19 矩阵图

图2-19中，1号门放在最左上边的矩阵中；第二个矩阵中1号门由2号门和3号门代替，由于1号门为与门，所以2号门和3号门从左至右排列；在第三个矩阵中2号门由4号门和5号门代替，由于2号门是或门，所以4号门和5号门从上至下排列；注意4号门和5号门与3号门有联系，因为2号门和3号门由一个与门连接。依此类推，可以得出第四个和第五个矩阵。导致主要事件发生的最小量事件组合的路径就一目了然，有GHE、GHF、IE、JE、IF、JF。

从上述讨论中我们很容易看出事故树方法在风险识别时的突出优点，包括对风险识别的结构方法、将复杂系统简单化、对事故原因及影响的描绘等。但是，我们也应该看到该方法的缺点。一个是和其他技术同样的缺点，就是掌握该技术和使用其进行研究需要大量的时间。另一个主要的缺点在于概率数据的偏差。如果概率数据不精确，那么计算的主要事件发生的概率就值得怀疑了。因此，我们要把好数据来源关，包括公司自己内部的经验数据；行业或职业机构的相关数据；制造商对设备故障率的记录数据；根据公司员工职业判断得出的主观概率。

七、风险指数

风险指数是用具体的数值来表示风险程度的方法，最常用的是道氏火灾与爆炸指数（简称道指）。它的基本原理是：衡量损失可能性并以数值表示出来，用于比较并对每年的变化进行管理。

使用表2-18介绍指数编制及分析步骤如下：

步骤一，确定对火灾有最大影响或者最可能导致火灾或爆炸的那些加工单位，分别计算出其原材料系数。原材料系数是对加工单位中使用的特定化学物或物质的能量释放程度的衡量。我们可以根据一张列有所有化学物或物质的清单，计算原材料系数，其数值在1~40。

步骤二，考虑一些额外风险。第一类是加工过程中的一般风险，指那些能

表2-18 道氏火灾与爆炸指数		
原材料系数		
加工过程中一般风险		
原材料处理和转移		
化学反应类型		
排水装置		
传送通道		
一般风险系数		
加工过程中特殊风险		
加工温度		
较低压力		
在可燃范围附近的操作		
粉尘爆炸		
特殊风险系数		
单位风险系数		
火灾与爆炸指数		

扩大损失程度的因素，包括对原材料的处置和转移、加工过程中化学反应的类型、传送通道、排水装置等。根据危险程度确定其系数。第二类是加工过程中的特殊风险，指那些能增加火灾或爆炸概率的因素，如温度、粉尘、压力、易燃物质的数量及加热设备等。我们也按其危险程度规定其系数。

步骤三，计算出加工过程中一般风险系数和特殊风险系数后，将二者相乘，就得到单位风险系数。设一般风险系数 $F1$，特殊风险系数 $F2$，则单位风险系数 $F3 = F2 \times F1$。

步骤四，单位风险系数和原材料系数相乘，就得到火灾和爆炸指数。假设一个特定加工单位的原材料系数为30，一般风险系数2，特殊风险系数1.5，则单位风险系数为 $2 \times 1.5 = 3$，火灾和爆炸风险指数为 $3 \times 30 = 90$。

步骤五，引入损害系数的概念，损害系数表示火灾或爆炸可能造成的损失程度，它可以用来对风险进行衡量。表2-19中加工单位二的损害系数远远小于加工单位一，主要原因是加工过程中所使用的原材料不同，从而原材料系数显著不同。

表2-19 损害系数比较		
	加工单位一	加工单位二
单位风险系数	3	3
原材料系数	30	14
损害系数	0.74	0.32
火灾和爆炸指数	90	42

步骤六，上述两个加工单位的火灾和爆炸指数不同，该指数可以用来发现火灾或爆炸可能影响的地区范围。一般来说，二者呈正向关系。当加工单位一的指数为90时，受灾半径大约为76米，所以受灾范围为 $\pi r^2 = 3.1416 \times 5\ 776 = 18\ 152$（平方米）。同理可以计算加工单位二的受灾范围。可以粗略地将火灾和爆炸指数范围与风险程度之间的关系表示为表2-20。

步骤七，如果我们已经算出受灾范围的财产价值，就可以对一次事故可能造成的损失有个大致的了解。损失用加工单位的重置价值乘以损害系数得出。假设加工单位一的重置价值为280 000元，则最大可能财产损失为 $280\ 000 \times 0.74 = 207\ 200$（元）。

步骤八，最大可能财产损失是考虑所有可能增加风险的因素后得出的。但在一般情况下，实际损失往往小于最大可能财产损失。可以使用置信系数对最大可能财产损失作一定的扣除。这些置信因素包括：添置消防器材、建立紧急事故控制系统、保持排水装置状况良好、合理的操作程序等。这些置信因素扣除的值在0~1，所有的扣除相乘就得到置信系数。将置信系数与最大可能财产损失相乘就得到最大可信损失。它反映出工厂在防损工作中的情况。在上面的例子中，我们假设置信系数为0.45，则最大可信损失为 $207\ 200 \times 0.45 = 93\ 240$（元）。

总结以上八个步骤可得出表2-21。

表2-20 火灾和爆炸指数与风险程度的关系	
火灾和爆炸指数范围	风险程度
1~60	微小
61~96	较小
97~127	中
128~158	较大
159 及以上	严重

表2-21 加工单位总结表	
火灾和爆炸指数	90
受灾半径	76 米
受灾范围价值	280 000 元
损害系数	0.74
最大可能财产损失	207 200 元
置信系数	0.45
最大可信损失	93 240 元

很明显，在编制指数方面，相关经验十分重要，小组共同开展工作也是不可或缺的。但是，指数方法并不能识别各个具体的风险，它只能衡量工厂活动所产生的可能的风险程度。风险经理能使用指数对本公司内各个工厂或车间进行比较，并对每年的变化进行管理。

本章重要概念

流程图　事故树　道氏火灾与爆炸指数　损害系数　最大可能财产损失　置信系数
最大可信损失

思考题

1. 简述风险分析的含义。

2. 概述两种衡量个人对待风险态度的方法。

3. 试述现场调查法的优缺点。

4. 试述审核表调查法的优缺点。

5. 简述组织结构图示法与现场调查法、审核表调查法的区别，以及组织结构图示法可揭示的潜在风险形式。

6. 简述流程图法的分析步骤。

7. 试述流程图法的优缺点。

8. 简述危险因素和可行性研究过程的一般步骤及其优缺点。

9. 举例说明事故树的构造所遵循的原则及事件发生的概率计算。

10. 概述事故树方法的优点。

11. 如何使用矩阵方法得出综合事故树的一个主要事件发生的最小量事件组合？

12. 概述风险指数的编制步骤。

第三章
企业损失风险分析

本章知识结构

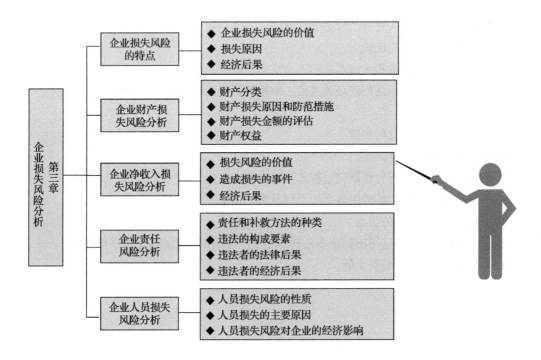

本章学习目标

- 了解企业损失风险的特点;
- 掌握企业物质财产直接损失和企业净收入损失风险分析的基本内容;
- 熟悉主要灾害事故的防范措施;
- 理解企业责任风险分析和人员损失风险分析的特殊性。

第一节　企业损失风险的特点

任何企业损失风险的特点可以从三个方面进行分析：企业损失风险的价值、损失原因、经济后果。

一、企业损失风险的价值

企业损失风险的价值分为以下四大类。

（一）财产价值

财产可分为两大类：有形财产和无形财产。有形财产易受损坏和被盗窃，而无形财产不易遭受物质损坏，但也会被盗窃，如窃取商业秘密。而且，无形财产的价值会因有关的有形财产遭受损坏而减少。例如，铁路塌方会使铁路经营部门的运输权利受到损害。

> 有形财产可再分为不动产和动产。不动产是指土地及其附属的建筑，除了不动产以外的所有有形财产都是动产。无形财产包括信息和法定权益，诸如版权、专利权、营业执照、租赁权益等。

当财产遭受损失后，财产所有人或用户除了财产本身价值丧失外，还会丧失使用该财产所得的收益。因此，在分析财产损失风险时还需要考虑以下损失。

1. 场地清理费。

2. 拆除建筑物未遭受损坏部分的费用。

3. 增加建筑费用。

其中，第 2 和第 3 两项费用损失是由于要遵守地方建筑法规所引起的。

4. 部件损失使整件价值明显减少。例如，汽车发动机损坏使车身价值大为减少。

5. 继续经营价值损失。在企业资产遭受一次严重损失之后，剩余资产的价值较之原来能产生收益的资产的价值减少。

（二）净收入价值

一家企业在一定时期内的净收入等于其在该时期内的收入减支出。净收入这一概念对营利单位和非营利单位同样适用。损失风险会造成企业收入减少或费用增加，致使企业净收入损失。

1. 收入减少。它可以分为以下几类。

（1）营业中断。造成企业营业中断的原因通常是其场所遭到损坏。

> 营业中断损失等于营业中断造成的利润减少加上营业中断期间必须继续开支的费用。

营业中断期间是从企业部分或全部停业开始到企业恢复到正常营业额时为止。有时商场在重新开张时并不能恢复到其正常营业额，这是因为有些老顾客尚未再来购物。非营利单位同样面临营业中断和其他净收入损失风险，只是在财务名称上要作些调整，首先把利润和亏损改为盈余和赤字，其次非营利单位一般不缴纳所得税，还可以免缴其他一些税。

（2）间接营业中断。当其他企业发生损失或停业事故，造成本企业收入损失或费用增加以致净收入损失的，称为间接营业中断损失。间接营业中断损失的金额也是用利润减少加上继续开支的费用的方式来计算。例如，原材料主要供应商的厂房或一个重要客户的设施遭到损毁，依赖它们供应或销售的企业的正常生产就会中断，造成企业收入减少。如果间接营业中断损失风险来自供应商场所的损失，则被称为供应商间接营业中断风险，如果来自销售商场所的损失，则被称为销售商间接营业中断风险。

上述直接和间接营业中断损失也可能不是由于本企业或外企业的场所遭受损坏所造成的，例如，罢工、外界电力供应中断、市政修路等都能造成直接和间接营业中断损失。

（3）制成品利润损失。当商品或制成品遭受损失时，销售商或制造商不仅遭受财产损失，而且也遭受净收入损失。对销售商来说，这一净收入损失是其销售价与购买成本的差额。对制造商来说，这一净收入损失是其销售价与生产成本的差额。

（4）租金收入减少。当出租给他人的不动产或动产遭受损失时，如果租约规定承租人可以不继续支付租金，那么出租人就会遭受租金收入损失。

（5）应收账款减少。企业应收账款记录损毁一般会减少其应收账款，因为有些客户不收到发票不会支付货款，另一些则会拖欠货款。这一减少的应收款项超过其正常的坏账损失也是一种净收入损失。这一净收入损失还会导致因借入资金而发生的利息支出。但这一净收入损失有别于复制应收账款记录的费用，后者属于一种财产损失。

2. 费用增加。它一般分为以下两类：

（1）经营费用增加。有些企业在财产遭受损失后，为了维持正常经营，宁可发生额外费用而不停止营业。属于这类企业的有报社、银行、牛奶厂等，因为它们提供的产品或服务的持续性对企业的生存来说至关重要。

（2）租金增加和加急费用。在场所遭受损坏后，企业需要租用临时场所和设施，这就会发生额外的租金支出。为了尽快恢复营业，企业还会发生抢修、设备快运等费用。

（三）法律责任

法律责任可以使企业遭受沉重的经济负担，甚至破产。因此，企业对他人的法律责任也是需要提供保障的。企业的法律责任可能因损害他人被起诉而产生，也可能因违约而需赔偿他人遭受的损失而产生。企业的责任损失由损害赔偿金、调查费用、辩护费用、违约金等组成。

根据违反法律责任所涉及的损害方分类，企业的责任损失分为刑事责任和民事责任。违反对社会所承担的责任引起的公诉属于刑事责任，违反对某个人所承担的责任，受损害方提起诉讼的属于民事责任。民事责任由合同责任和侵权责任组成。合同责任是由于违约而引起的，有时合同责任是由于使用合同方式转移而产生的，由受让人来赔偿转让人的损失。其他民事责任属于侵权责任。

另外，违反不成文法和成文法也可以使企业承担刑事、合同和侵权责任。不成文法是未经国家有权机关制定，但经国家认可而赋予法律效力的行为规则，而成文法是由立法、行政和管理机构颁布的法律。

（四）员工服务

企业会因其员工的辞职、丧失工作能力、退休、死亡而丧失他们提供的服务。当其中的一些员工对企业所提供的服务价值大于企业所付给他们的报酬时，这些员工服务的丧失对企业是一种经济损失。除了服务丧失之外，员工丧失工作能力、死亡和退休会使企业增加开支，即要向员工或其家属提供福利。福利金的支付是企业的一项重要开支。

二、损失原因

损失原因可以分为以下三大类。

（一）自然原因

自然原因包括暴风、冰雹、地震、洪水、虫灾、疾病、腐烂等，这些原因的发生频率及其损失程度在很大程度上归因于自然，人类难以控制，但可以采取有效的减损措施来控制其损失程度。

（二）人为原因

人为原因，如盗窃、谋杀、恶意行为、疏忽、不诚实等，其发生频率和损失程度在一定程度上能人为地加以控制。

（三）经济原因

经济原因一般是由众多的人或政府的行为所产生的，如联合抵制、罢工、技术变化、失业、经济衰退、战争。经济原因所造成的损失一般不由风险管理人员处理。

这三种损失原因有时会出现一些重叠。例如，火灾既可能是雷击这一自然原因造成的，也可能是人们的疏忽这一人为原因造成的。

三、经济后果

损失发生的经济后果取决于损失频率和损失程度。损失频率是指在一定时期因某种原因发生损失的次数，而损失程度则是因同一原因造成每次损失的金额，两者均难以精确地预测，因此在一定时期内某种损失原因造成的损失总额在一个相当大的范围内变动。对损失频率和损失程度可以使用非数学方法作粗略估计。如第一章所述，对损失频率的粗略估计可以分为四种：几乎不会发生、不大可能发生、频度适中、肯定发生。对损失程度的粗略估计可分为三种：轻微损失、明显损失、严重损失。至于使用数学方法对损失频率和损失程度的预测将在下一章作详细介绍。损失频率和损失程度两者往往相反，即严重的损失往往发生的频率低，而轻微的损失往往频繁发生。在一定时期内损失总额是损失频率和损失程度的乘积。

第二节　企业财产损失风险分析

一、财产分类

（一）不动产

不动产包括以下两类：

1. 未改良的土地。这类土地未被使用，但因其将来会被使用而具有价值，可以通过地役权来获得其财产所有权。不动产价值难以确定，因为这种土地包含：（1）湖泊、河流、泉水、地下水等水资源；（2）煤、铁、铜、沙石等矿藏；（3）山洞、古迹、温泉等景观；

（4）生长中的植物；（5）野生动物。此外，这类土地的价值还取决于其所在的地理位置。使未改良的土地遭受损失的原因有：森林火灾、虫害、旱灾、土壤侵蚀等。

2. 建筑物和其他建筑。其损失风险主要取决于它们的建筑结构、占用性质、防损措施和险位。正在施工的建筑物会有一些特殊的危险因素，例如，安全保卫制度不如完工建筑物，防损装置尚未安装，工地上堆放易燃物资，在同一工程项目中可能有数个分包商在施工。

（二）动产

动产可以分为有形财产和无形财产两类。

1. 有形财产。它可以分为以下几类：

（1）货币和证券。它包括现金、银行存款、存款单、证券、票据、汇票、债务凭证等所有货币资产，其损失风险程度因企业而异。例如，商店一般会持有大量现金和支票，而一家大型生产厂家却持有少量现金，但都会面临遭受巨额贪污损失的风险。造成货币和证券损失的主要原因是内部员工的贪污、挪用和外部的盗窃。

（2）应收账款记录。这些记录会遭受损坏或盗窃，一般难以复制，或者要花相当大的费用去复制。对付这一损失的合理风险控制措施是在其他地方保存这些记录的复印件。

（3）存货。它包括待售货物、原材料、在制品、制成品等。存货的价值经常在变动，难以估价，而且使之遭受损失的原因很多，特别是在运输过程中容易受损。

（4）办公用具、设备和用品。这类动产的一个特点是种类繁多，单位价值相对低，而且其总的价值难以精确估计。

（5）机器。它们一般具有较高价值，但会迅速折旧。机器除了会遭受通常的损失之外，还会遭受一些特殊原因造成的损失。例如，由于不适当使用或保养引起的机器故障、电器故障、内在缺陷、锈损、过热，技术进步引起的设备落后。

（6）数据处理的硬件、软件和媒体。许多企业已配备了电子数据处理设备，因此也把它作为一类财产。由于计算机的特性及其环境风险，使计算机可能遭受某种特别损失，诸如由电子脉冲造成的损坏、解调器失灵造成的数据损失、计算机犯罪。有些计算机为用户所有，有些则是用户租赁来的。租赁协议一般会规定出租人负责计算机及其设备的保养和承担其遭受意外损失的责任，但情况并非都是如此，这需要对租赁协议加以仔细审阅，以明确双方的责任。由于新型、快速、小型和廉价的计算机不断投入市场，计算机较之大多数其他设备会很快过时，所以重置旧的型号计算机几乎不可能，要使用"功能重置成本"来对其估价。

（7）重要文件。它包括会计、财务和统计资料，影片，照片，地图，契据等。这类财产容易损坏或遗失，而且难以确定其价值，通常也难以复制。

（8）运输工具。汽车、飞机、船舶等运输工具的特点是价值一般都较高，发生碰撞的风险最大。

2. 无形财产。商誉、版权、专利权、商标、租赁权益、营业执照、商业秘密等都是无形财产。其主要特点是难以确定价值，一般只能根据比同类和拥有相同金额有形财产企业持续获得更多的利润额来加以评估，把它的一部分利润看做是由无形财产产生的。

二、财产损失原因和防范措施

（一）财产损失原因分类

如前所述，财产损失原因分为自然、人为和经济三大类，如表3-1所示。

表3-1中的许多损失原因属于保险责任范围，但也有不少属于除外责任。例如，作为人为原因的爆炸属于保险责任范围，而由于声震、水击作用，火山爆发引起的爆炸属于除外责任。

（二）财产损失原因和防范措施

1. 火灾。火灾是一种发生频率很高、对人的威胁较大的风险，它一直被认为是财产损失的主要原因。火灾的发生是由于燃烧并快速蔓延形成的。燃烧的基本条件是点火源、可燃物、助燃物、空气并存，在此基础上只要达到一定温度就会发生燃烧。如果能控制其蔓延，燃烧并不可怕。从保险承保的角度来看，有善意之火和恶意之火的区分：将能够被控制的火称为善意之火；当火超出控制范围形成灾害，造成了财产和人员的损失时，就变成了恶意之火。从我国的火灾统计资料看，火灾的起因主要有以下几种。

（1）由于人们的思想麻痹，缺乏知识，或者不遵守必要的防火安全制度引起的火灾。例如，建造的炉灶、防火墙等存在问题；厨房瓦斯爆炸；玩火；吸烟；使用灯火不慎；余烬复燃；机器摩擦；违反操作规程；线路老化；电焊不慎；烘烤；电器设备安装不合理或老化；照明灯具设置使用不当；静电放电；等等。

表3-1 损失原因的一般分类		
自然原因		
塌方	山崩	沉降
倒塌	雷击	温度过高
腐蚀	流星	潮汐
干旱	霉	海啸
地震	梅雨	野生植物
蒸发	严寒	虫灾
侵蚀	狂风	火山爆发
膨胀性土壤	流冰	水灾
洪水泛滥	波浪	杂草
真菌	沙洲	风灾
雹灾	暗礁	湿度过高
腐烂	冰冻	生锈静电
人为原因		
纵火	爆炸	皱缩
温度变化	火灾和烟熏	声震
化学品泄漏	错误	恐怖行为
玷污	溶化物质	盗窃、伪造、欺诈
变色	污染	空中物体坠落
歧视	电力中断	恶意行为
灰尘	放射性污染	震动
超负荷	骚乱	水锤
贪污	故意破坏	串味
经济原因		
消费者嗜好	征用、没收	股市下跌
币值波动	通货膨胀	罢工
萧条	过时	技术进步
衰退	战争	

（2）由于自燃和雷电引起的火灾。①自燃。自燃物质按自燃的难易程度和危险性大小区分，大体有两类：一类是本身会自燃起火的物质，如新烧的木炭、焦煤和泥煤，没有晒干的或含水量较大的稻草、原棉、烟叶、油菜籽、豆饼、麦芽以及粘有植物油、动物油的棉纱、棉手套、木屑、金属屑等，都能自燃起火；另一类是与其他物质接触时能自燃的物质，如钾、钠、钙等金属物质与水接触时，或者木屑、刨花、稻草、棉花、松节油、石油产品、甲醇、乙醇、丙酮、乙醚、甘油等有机物与硝酸接触时，都能引起自燃。②雷电。雷电引起的

火灾原因大体有三种：第一种是雷电直接击在建筑物上发生的热效应作用、间接相互作用以及由于直接雷击而引起的其他雷电作用；第二种是雷电的二次作用，即雷电流产生的静电感应和电磁感应作用；第三种是由于雷电沿着电器线路或金属管道系统传入建筑物内部的高电位引起的火灾。

（3）纵火。例如，犯罪分子纵火，精神病患者纵火。

在火灾的防范方面，除了要注意向人们宣传防火知识、提高防火意识、学会使用灭火器械外，在各种场所，如厂房、居民楼等，都要明确防火条例或操作规则。另外还需注意建筑物的防火设施建设，如选择合适的防火门和防火墙等。在建造房屋时，要根据不同的建筑物的用途确定建筑物之间的最小防火距离，严禁违章建筑。

在对火灾损失的控制方面，首先要建立火情的识别和报警系统。火情识别系统主要根据火焰的特征，如烟雾、热量、火光或紫外线等，来设计火情探测器。常见的有热量探测器，它主要是用来识别不正常的高温或温度上升的速度；烟雾探测器，它主要是识别可见或不可见燃烧后出现的微粒；火光探测器，它可以用来探测因燃烧出现的闪光、紫外线或可见射线等。这些探测器的运用要根据场所和防火要求来选择，或选择多种探测器综合识别火情。探测器发现火情后一般会通过报警系统发出报警信号。人工可使用灭火器来灭火，这就需要人们掌握使用灭火器械的方法。也有的探测器直接和灭火系统连接，如自动喷水系统，这些系统一旦发现火情马上自动灭火。灭火剂有液体、气体、固体之分，这要根据场所的情况来选择，例如，可燃液体火灾和带电设备火灾一般选用特卤代烷或不燃气体灭火器，而对于木柴等一般火灾则可选用水溶性和泡沫型灭火器。

2. 爆炸。所谓爆炸通常是指存储在密闭容器内的可燃性气体的一小部分着火时，随着火焰传播，容器内温度急剧上升，压力增加，当此容器无法承受其压力时即引起爆裂，这种现象就是爆炸。在前面列出的起火原因中，爆炸是造成火灾的重要原因之一。火的燃烧与爆炸的后果完全不同。燃烧不存在瞬间将物品破坏的现象，而爆炸是在瞬间产生巨大的力量，因而如果爆炸失去控制和目的，瞬间即可夺去人的生命并酿成惨剧。爆炸的类别一般分为以下几种。

（1）物理性爆炸。压力容器、锅炉、中空空气的破裂以及电线爆炸等。

（2）化学性爆炸。气体、粉尘、液滴、火药及其他爆炸物，以及两种以上物质化合所引起的爆炸。

（3）核子爆炸。如核子分裂、核聚合。

如按爆炸形式分类又可分为以下几种。

（1）单独爆炸、复合爆炸、继起爆炸。

（2）开放下爆炸、密闭下爆炸。

（3）弱爆炸、猛烈爆炸。

尘爆是一种容易发生但又容易被人们忽视的爆炸。简单地说，尘爆就是由于空气中的尘埃经氧化后，释放大量的热量而引发的爆炸。下面以某饲料公司的尘爆事件为例，说明可能引起尘爆的原因。该公司的产品为单纯的禽犬饲料，并非易燃易爆产品。在爆炸事件发生后，据专家分析尘爆的可能性最大，而造成尘爆的可能原因有：静电引燃饲料生产时产生的粉尘；机械摩擦产生的尘爆；电线走火引起尘爆；烟蒂引燃尘爆。对尘爆来说，一般的防范措施有：尘埃的清除，空气的稀释，热量的驱散，制定防爆建筑的特殊标准。

3. 洪水。世界上水灾造成的损失占自然灾害总损失的比重很大。我国历史上的洪涝灾害严重破坏人民生活的安定，对社会经济发展有巨大的破坏作用。洪涝成因有自然条件、洪水自然变异强度超过防洪能力、社会原因、人类活动对灾害的加剧等，例如，地理位置与季风、地形、地势，降雨时空分布不均，河道特点与历史变迁等因素。人类改变自然的同时也存在着促使洪水灾害增加的负效应，例如掠夺性垦殖。目前的洪涝灾害类型主要有暴雨洪水、山洪、融雪洪水、冰凌洪水、溃坝洪水、热带气旋、风暴潮、涝灾。

当前主要的防洪措施是：通过自然灾害综合调研组、水利部减灾研究中心、防汛抗旱总指挥部等快速而准确地获取洪水信息作出洪水预报，加强堤坝与河道整治和分滞洪区建设与管理，组织好防汛抢险工作。为了进一步提高防洪能力和抗洪能力，应做好以下几项工作。

（1）适当提高防洪标准。城市防洪应着重加强环境建设，长期推广水土保护的基本方针，警惕水利的环境灾害。

（2）从人口、资源、环境总体协调来统一规划社会发展是防洪减灾的重要法则。

（3）建立防洪检查的制度化。检查的主要内容有：企业离开水体，包括海岸的距离和它们之间的相对高差，企业是否在值得怀疑的洪水泛滥区内，水灾历史，附近的地形、地势和地貌，是否有一些开发项目将影响地势、排水系统和排水能力。

（4）制订洪水应急计划。有关部门和领导参与和监督灾前的准备工作以及灾后的抢救措施。

4. 地震。地震是由于地球内部的能量积累到一定程度时，地壳内部介质快速断错形成了地震波，传播到地表引起地表附近物质的震动。震动作用于地表的建筑物上，达到一定程度就会造成震害。常用的两个衡量地震强度的指标是地震震级和地震裂度。

（1）地震震级。地震震级表示地震本身大小程度和地震释放能量的多少。震级越大，释放能量也越多。一次地震释放的能量是一定的，所以震级只有一个。在一般情况下，小于3级的地震人们感觉不到；3级以上的地震人们有感觉，称为有感地震；5级以上的地震能造成破坏，称为破坏性地震或强烈地震。根据震级又可将地震分为微震（1～3级）、弱震或小震（3～5级）、强震或中震（5～7级）以及大地震（7级以上）。目前世界上仪器记录到的最大地震为8.9级（1960年5月22日智利南部，2004年12月26日印度尼西亚苏门答腊海岸）。我国历史仪器记载的最大地震为8.5级（1920年12月16日宁夏海原大地震，1950年8月15日西藏墨脱地震，2001年11月14日昆仑山大地震），而1976年7月28日的唐山大地震和2008年5月12日的汶川大地震的震级分别为7.8级和8.0级。

（2）地震裂度。地震裂度反映地震时地面受到的影响和破坏的程度。裂度除了和震级有关外，还和距离震源深度、距震中远近以及地震波通过的地质条件（如岩石的性质、构造）等多种因素有关，因此一次地震在各地裂度并不相同。首先，强烈地震的破坏力能造成房屋、桥梁、水坝等建筑物毁坏；其次，由于地面产生裂缝和位置的错动造成沉降隆起、喷沙冒水，这也会破坏房屋、道路和田园；再次，地震能造成山崩、滑坡、泥石流、海啸；最后，地震还会引起火灾、水灾、疾病等次生灾害。

地震的防范方面，首先应做好地震预测。利用地震仪可以测量地震时地面震动的加速度、速度和位移。这些地面震动的特征可以用振幅、频谱和持续时间去描述。同时建立地震资料库，分析裂度和地面震动参数之间的关系。在现代，可以充分利用计算机来建立模拟系统，加强对地震的动态预测能力。其次，根据地质情况确定房屋建筑的抗震要求。最后，要加强立法，注意地震知识的宣传，使人们有识别地震现象的知识，学会地震应急的办法。

5. 盗窃。盗窃是引起财产损失的常见原因。所以，对于风险管理人员来说，对盗窃的防范应该是防止财产损失的主要任务。盗窃与抢劫、夜盗两种事故不同。盗窃是指故意地非法侵犯、夺取或转移他人的动产。通常它具备四个特点：（1）必须故意地夺取；（2）非法侵犯他人而夺取；（3）转移，这是指物的移转；（4）夺取的是动产。

由此可见，盗窃主要是指侵犯他人财产的犯罪行为。抢劫是指违背他人意志，借暴力或恐怖手段夺取他人占有的动产。抢劫属于侵犯人身的犯罪行为。夜盗是指故意于夜间破坏且进入他人的场所的犯罪行为。盗窃损失的原因相当复杂，有社会的、经济的等多种因素。企业风险管理人员不能忽视对这种损失的防范措施。按照不同的需求，选择安全和经济的防范措施，如建立防盗监视系统、购置保险柜、安装防盗门、配备专职警卫等。

三、财产损失金额的评估

在评价财产损失风险的经济后果时，风险管理人员必须注意选择适当的估价标准。可以选择的估价标准有下列几种。

（一）原始成本

原始成本或原值是购置某项财产时所付的价格。会计报表上使用原始成本显示大多数资产的价值。由于通货膨胀、技术变化和其他因素，使用原始成本记录会产生不适时的问题。例如，如果建筑物以原始成本来估价，就没有考虑到以后对建筑物进行装修的费用。又如，对存货估价有后进先出法（LIFO）和先进先出法（FIFO）。当通货膨胀使物价上涨时，后进先出法会低估存货价值，因为剩余的存货仍以较低的原始成本估价。相对来说，使用最近购置价估计剩余存货价值的先进先出法较为合适。但是，对存货估价的最合适的方法是重置成本。制造商的存货重置成本是生产成本，批发商的存货重置成本是购买价，零售商的存货重置成本是批发价。

（二）账面价值

账面价值或净值是用资产的原始成本减去累计的折旧金额得出的，累计的折旧金额是根据会计假设的资产使用年限已过去的比例来计算的。因此，一项长期资产的价值一般都比其原始成本低。财产的折旧方法因会计假设的折旧率和税法规定不同而不同。一般分为两种方法：直线折旧法和加速折旧。政府支持的产业一般采用加速折旧法，以减轻其税负。在通货膨胀时期，风险管理中使用账面价值的意义不如原始成本大。

（三）重置成本

从风险管理角度来看，重置成本是衡量财产损失的经济影响最有用的估价标准之一。但从会计角度看，由于重置成本与财务报表中报告的价值不直接有关而显得无特别意义。

> **重置成本是以相同材料和质量标准置换受损财产项目所需要的金额。**

1. 不动产的重置成本。例如，建筑物的重置成本的计算过程在理论上是相当简单的，由一个估价人测量建筑物的平方面积，然后乘上当地承包商建造类似建筑物收取的每平方米的建筑成本。但在实际操作时，其计算过程是很富有技术性的，风险管理人员必须依靠合格的房地产估价人来估计重置成本。

2. 动产的重置成本。根据重置成本来评估受损的动产是比较合适的，因为为了恢复经营必须置换受损的动产。虽然估计动产的重置成本不像不动产那么困难，但由于涉及的动产项目众多，所以也是费时和需要专门知识的。风险管理人员需要编制一份完整的动产清单，并加以分类，然后确定其重置成本，对一些特殊项目则需要由估价人或专家进行估价。

（四）　复制成本

不动产和动产的复制成本是使用相同的材料和技艺复制原物的成本，较之其他估价标准，其成本更高，一般适用于对历史文物、艺术品和重要文件的估价。

（五）　功能重置成本

功能重置成本这一估价标准注重功能的价值，而不是财产本身的价值，最适合对处于技术迅速变化年代的财产的估价。例如，数年前购买的计算机，今日已经完全过时，而且不再生产那种型号的计算机，以功能重置成本来衡量的价值，即是履行与原有的计算机相同功能的计算机的价格，这一功能重置成本很可能比原有的计算机的原始成本低。

> 不动产和动产的功能重置成本（Functional Replacement Cost）是与置换财产并不相同的重置成本，但在置换后能以同等效率执行相同的功能。

（六）　市价

资产的市价是某项资产在其专门市场上的购买价格或销售价格，诸如小麦、石油一类的商品最适宜用其市价来估价，它们都在交易所内交易，有一个可以确定的每天市价。其他财产如汽车也可以用市价来估价。

（七）　实际现金价值

风险管理人员经常使用的一个估价标准是实际现金价值，它是重置成本减去折旧后得出的金额，它适用于对不动产和动产的估价。使用这种方法得出的估价金额比较接近市价。假如一幢建筑物的使用年限是100年，已使用了10年的折旧率为10%，只使用了5年的折旧率为5%，如果是新的建筑物，则折旧率为0，该幢建筑物的重置成本为200万元，实际现金价值分别为如下金额：

已使用年数	重置成本	折旧金额	实际现金价值
10 年	2 000 000 元	200 000 元	1 800 000 元
5 年	2 000 000 元	100 000 元	1 900 000 元
0 年	2 000 000 元	0 元	2 000 000 元

衡量实际折旧的另一种方法是根据一项资产预定的总产量来对其估价。例如，一台复印机在设计时定为可复印50万张，如果已复印了20万张，那么它的实际现金价值是其现时重置成本的60%。

商品的实际现金价值通常是其市场价格，对零售商来说是批发价，对批发商来说是出厂价，当存货周转很快时几乎没有折旧。

（八）　经济或使用价值

对用于生产过程中的财产项目估价的另一种标准是其经济或使用价值。例如，一台生产金属产品的钻床每年可以带来 5 万元的净收益，如果它的预期剩余使用年限还有 10 年，那么它的经济或使用价值是以后每年 5 万元的现值，由于货币时间价值的影响，该现值要明显小于 5 万元。从风险管理角度来看，在衡量财产损失对企业将来净收入的影响时使用经济或使用价值这一估价标准是恰当的。

四、财产权益

对财产拥有合法权益的任何个人或组织会因财产损毁而遭受经济损失，这些合法权益主要有以下几类。

（一）所有人权益

财产损失最通常的后果是所有人的所有权遭受损失。风险管理人员在调查财产风险时把所有的财产列为第一类财产。财产可以由单个实体拥有，也可以由数个实体共有。当共有财产遭受损失时，损失在数个实体中按照它们权益的比例分摊。

（二）放款人权益

财产有时是使用借入资金购置的，如果借款人没有偿还贷款，那么放款人对该项财产具有担保权益，即保留该项财产的产权。如果该项财产被盗窃或遭受损毁，放款人潜在的损失是未偿贷款余额。

（三）卖方和买方权益

当购买财产时，销售价格条件规定了在什么时候财产产权从卖方转移到买方。例如，货物从卖方运输到买方，销售价格条件是离岸价（FOB），卖方安排货物安全运送到买方指定的船上。因此，在货物尚未装载在船上时，卖方仍承担损失风险。风险管理人员必须了解财产在运输过程中由哪方承担风险。一般而言，在财产被运输以前买方已付清全部货款的，表明货款付清后产权已转移到买方，卖方很少再关心损失风险，除非另有约定。在运输过程中，其他方也可能面临损失风险。例如，卡车运输公司、铁路和航空承运人对运输货物承担责任，但这些属于承运人的责任风险。

（四）受托人权益

受托人是按照委托合同从另一方（委托人）取得财产的人。委托合同一般规定把财产交给受托人，为一个特定目的由受托人托管财产，当这一目的实现后，再把财产交还给委托人。在修理、仓储和运输等交易中经常出现委托。根据法律规定受托人对所保管的财产有合理注意的责任。例如，仓库保管人要负责安全归还财产。因此，受托人对托管财产所承担的风险实际上是一种责任风险。然而，由于承担这一责任的代价等于财产的重置成本，所以风险管理人员在评估受托人这一责任风险时把它视做受托人拥有这些财产。法律对受托人所托管的财产规定了责任，风险管理人员应该仔细了解受托人法定的注意程度和经济赔偿责任。

（五）出租人和承租人权益

财产所有人可以把财产出租给他人一定时期，并从承租人处取得租金。这样，财产的一部分价值是其租赁价值（Rental Value），即出租期间今后净租金收入的现值，一定时期的净租金收入等于该时期内向承租人收取的租金减去出租人在该时期内为了使财产可以出租而发生的费用。例如，一台机器出租 8 年，每年的租金是 10 000 元，该台机器的租赁价值 = 10 000 + 10 000 × 4.564 = 55 640（元）。系数 4.564 是今后 7 年的每年末收到 1 元的现值，贴现率为12%。为了简便起见，上述例子中未考虑出租人所发生的费用。

　　承租人并不拥有其所使用的财产，但在规定时期内继续使用该财产享有受法律保护的权益，承租人也有义务在使用期满后归还该财产。承租人的权利和义务取决于租赁协议中的条件。承租人在租赁协议中承担的义务是一种法定责任风险。此外，承租人也有一种称为租赁权益（Leasehold Interest）的财产权益。当市场上的租金高于承租人按租约所支付的租金时，承租人就有了租赁权益。如果租赁财产变得不可使用或者出租人有权终止租约，承租人则会丧失这种租赁权益。这种租赁权益的价值是市场上租金与租约中规定的租金两者差额的现值。

　　承租人对租赁财产所进行的改良具有财产权益。这些改良是为了使所租赁的财产更适用。例如，商场承租人一般会在所租场所加建玻璃橱窗，以陈列样品。又如，餐馆承租人通常会把所租场所分隔为多个房间。大多数租约规定，出租人对承租人所进行的改良遭受损失不负责任。评估承租人这一损失风险时需要区分这一改良是否是可以搬迁的。如果是可以搬迁的，改良的损失就如同承租人在租赁场所放置的其他动产一般。如果是不可以搬迁的，承租人的损失风险取决于在租约剩余期限内改良的价值。因此，承租人的损失是一定比例的改良价值，该比例等于租约期中未到期的比例。例如，租约期为5年，不可搬迁的改良价值为10万元，在第三年末遭受损毁，承租人的损失为40%的改良价值，即4万元。在上述例子中，假定租约不会展期，而且使用财产的原始成本评估损失。如果租约可以展期，使用重置成本评估损失是颇为恰当的。

第三节　企业净收入损失风险分析

　　净收入损失风险是指由于意外事故引起企业收入减少或费用增加的风险。净收入损失的一个显著特征就是正常的企业活动被中断了一段时间。所有的净收入损失都在一定程度上降低了在既定成本基础上生产和获利的能力。

一、损失风险的价值

　　估计净收入损失风险需要预测将来在不发生意外事故造成生产或营业中断情况下的正常收入和费用。净收入损失风险的价值是预期的收入减去预期的费用，即是将来一定时期内预期收入与预期费用之间的差额。由于风险管理注重意外损失风险而不是与经济周期相关的不确定性，所以风险管理人员在估计净收入损失风险时通常不考虑经济风险，除非另有充分理由的假设，否则他们一般都假定将来的收入和费用与以往的相同。但是，可以根据设定的通货膨胀率和企业营业额的增减趋势对将来的收入和费用作一些适当的调整。因此，如果一个企业现在全部停产，那么它今后12个月内的净收入损失风险的价值一般被假定为等于前12个月的净收入总额。对于短期的生产或营业中断，如3个月或6个月，那么可以把以前12个月的净收入总额的1/4或1/2作为这3个月或6个月净收入损失风险的价值。

　　如果企业生产是季节性的，那么可以把一年前相同月份的净收入作为净收入损失风险的价值。

二、造成损失的事件

　　之所以称造成损失的因素是"事件"而不是称"原因"，因为这里指造成的是净收入损失而不是物质损失。造成净收入损失的事件有以下三类。

1. 财产损失。可能造成企业净收入损失的财产分为以下两种。

（1）本企业控制的财产。它包括本企业拥有、租赁或使用的财产。例如，工厂的机器损坏会使工厂的净收入受到影响。

（2）他人控制的财产。它包括主要供应商、客户、吸引公众的场所、公用事业和其他市政部门控制的财产。例如，许多小商店的经营依靠附近吸引公众的大商场，一旦大商场因发生火灾而停业，小商店的净收入也会受到影响。

2. 法律责任。企业面临的实际或潜在的法律责任需要支付律师、咨询、诉讼等费用，它导致企业净收入减少。例如，新颁布的法律禁止某企业排放污水，并被起诉，该企业除了支付法律费用以外，还得停产或支付大量防污工程的费用，为此该企业的净收入明显受到影响。

3. 人员损失。企业因其员工死亡、丧失工作能力、退休、辞职而丧失他们的服务，从而遭受人员损失。特别是那些具有特殊技艺和才能的人员的丧失会减少企业收入和增加开支。

三、经济后果

衡量净收入损失程度需要考虑以下六个因素：

1. 停产或停业时间。停产或停业时间的长短取决于恢复受损财产所需要的时间。修复时间是较难估计的，实际修复时间往往比预期的长，因为在估计时主要是根据以往的经验，没有考虑其他偶然不测事件，诸如天气、设备未按时到达、自然灾害等。

2. 停产或停业程度。它分为全部停工和各种程度的部分停工。

3. 收入减少。可供风险管理人员选择计算收入减少的标准有下列三种。

（1）销售收入。商业企业的净收入风险是预期的正常销售收入与停业期预期销售收入之间的差额。

（2）生产销售价值。对制造企业收入减少的估计是较为复杂的，衡量收入减少的标准是生产销售价值，它是假设生产继续正常进行情况下的产值。生产销售价值是用来衡量生产能力的，而不是前一时期实际生产的金额。为了计算这一价值，必须作出以下几种会计调整。

①出发点是一个代表期的销售账面价值。第一个调整是加上企业正常经营中所获得的其他收入，诸如购买原材料所获得的回扣或佣金、出租场所的租金、营运资金的利息收入。

②对销售账面价值的第二个调整是从销售账户上扣除给客户的回扣、报酬、备抵、坏账、预付运费，目的是使销售账面价值变为净值而不是总值。如果这些项目是分开记账的，就不必进行调整。

③第三个调整是对一定时期内存货变动进行调整，即减去期初以销售价计算的制成品的存货，再加上期末也以销售价计算的制成品的存货。如果存货增加了，表明该企业在这一时期生产的比销售的多；如果存货减少了，则表明销售的比生产的多。存货损失被视做直接财产损失的一部分。存货增减表明生产活动的增减，也表明将来一段时期可供销售的产品数量。

对销售账面价值进行以上三项调整后，可以显示假如在不发生停工的情况下在一定时期内将会产生的收入金额。

（3）预期的投资收益。尽管投资项目在建时并无收益而只有支出，但预期将来会有收益。投资项目在建成之前遭受损失会使投资者丧失预期的投资收益。

4. 停产或停业期间的费用。它包括以下三种。

（1）继续开支的费用。尽管企业全部停产或停业，某些费用必须继续开支，它包括部分人员的工资、租金、法律和会计费、保险费、税收等。

（2）为了继续经营而发生的额外费用。有些企业即使发生生产或营业中断事故，但仍需继续经营，这就发生了超过其正常经营的费用。这些额外费用包括租借临时替代场所和设备的租金、交通费、广告费等。

（3）为了减少损失发生的加急费用。企业为了尽快恢复生产或营业，宁可发生一些加急费用，它包括加快处理受损财产和重建或修复受损财产的溢价、加班工资、快件运费等。

5. 净收入正常水平。一个净收入正常水平高的企业在停产或停业后会遭受大的净收入损失。对季节性生产和销售的企业来说，如果旺季发生停产或停业，则会比淡季遭受更大的净收入损失。

6. 恢复到正常经营状况所需要的时间。恢复期不仅包括停产或停业的时期，还包括重新生产或营业后到恢复至正常经营的一段时期。这里的正常经营是指收入金额已恢复到停产或停业前的状况。

第四节　企业责任风险分析

一、责任和补救方法的种类
（一）责任的种类

如前所述，法律责任可分为刑事责任和民事责任两大类，民事责任又可分为合同责任和侵权责任两种。按照合同（如销售合同、聘用合同）规定，一方要对另一方承担责任，如果一方未履行合同，违约方要承担合同责任。侵权责任包括所有其他违反对某个人或组织所承担的义务。规定这些责任是为了保障个人或组织的权益。

（二）补救方法的种类

《中华人民共和国民法典》第一百七十九条规定，承担民事责任的方式主要有：停止侵害；排除妨碍；消除危险；返还财产；恢复原状；修理、重作、更换；继续履行；赔偿损失；支付违约金；消除影响、恢复名誉等。以上承担民事责任的方式，可以单独适用，也可以合并适用。

（三）责任损失

一家企业因责任事故而被起诉会发生责任损失，即发生各种费用开支。这些费用包括辩护费用、诉讼费、赔偿金、罚款、遵守法院命令的支出等。造成上述损失的原因是诉讼，即使赔偿案在法院正式开庭之前已和解，仍会发生一些损失。不当行为或不法行为是责任损失的危险因素，它增加了责任损失发生的可能性。

二、违法的构成要素
（一）保障的权益

保障的权益是指受民法和刑法保护的权益，诸如履约、人身安全、财产安全、隐私权等。

（二）非法侵犯权益

非法侵犯权益包括故意侵权、疏忽和严格责任。

（三）非法行为和所导致的损害有着近因关系

如果存在这种近因关系，受害方才有权向肇事方要求损害赔偿。

三、违法者的法律后果

（一）违约

对违约的法律制裁包括损害赔偿金、特别履约指令、修订合同等。

（二）侵权行为

侵权行为的法律后果如同违约，但损害赔偿金种类包括特定损害赔偿金、一般损害赔偿金和惩罚性损害赔偿金。

（三）刑事行为

刑事行为的法律后果包括刑罚和罚款。

四、违法者的经济后果

（一）遵守特别履行指令和命令的费用

民事诉讼中的一种法律补救办法是，由法院命令违法者进行或停止某项活动。例如，一家建筑公司在建筑过程中因遇到未预料到的困难而没有完成一个建筑项目，从而违约。该建筑公司还因燃烧建筑垃圾产生有毒的烟雾危害附近居民的生活。法院可以命令该建筑公司按照合同完成该项工程（特别履约），同时禁止它在工地上燃烧垃圾。这两项法律补救办法都会增加该建筑公司的费用，这属于它的责任损失。

（二）损害赔偿金、罚款

在民事诉讼中，法院对违法者可判以各种损害赔偿金。即使双方在法庭外和解，违法者也要赔偿一定的损失。在刑事诉讼中，法院对违法者可以处以罚款。2019 年修订的《中华人民共和国证券法》引入集体诉讼制度，康美药业财务造假案成为中国资本市场首例集体诉讼案。2021 年 11 月，法院判决康美药业股份有限公司因年报等虚假陈述侵权，赔偿证券投资者损失 24.59 亿元。

（三）法律费用

当一家企业面临诉讼时，它必须调查和准备法律辩护，这需要花费大量时间来对控告进行反驳。在复杂的诉讼案中，聘请证人和提供证据也是一笔不小的开支。此外，在诉讼未决时，法院一般会要求被告负责支付所有费用，这包括陪审员费、档案费、保证金等。

（四）名誉损失和市场份额丧失

当一家医院因发生重大医疗责任事故或一家商场因未保证场所安全致使顾客受伤害而被起诉时，这些单位会遭受名誉损失。名声不佳比法院裁决更可怕，一些个人和企业为了保护自己的名誉，设法避免诉讼。名誉损失自然会导致企业的市场份额减少。

第五节　企业人员损失风险分析

一、人员损失风险的性质

如以货币来衡量，企业人员损失有两种影响：一是人员服务价值的损失；二是由该损失引起的特殊费用支出。例如，企业的几个主要销售人员因飞机失事死亡会给企业带来收入损失，一个主要的演员生病会推迟影片拍摄进程，从而发生额外费用。

> **企业员工的死亡、丧失工作能力、退休、辞职和失业都会导致人员损失。人员损失是由收入损失和额外费用开支这两部分组成。**

二、人员损失的主要原因

如前所述，造成企业人员损失的主要原因包括死亡、丧失工作能力、退休、辞职和失业。以下主要从这些损失原因在损失频率、损失程度和可预测性方面的差别来加以分析。

（一）死亡

1. 损失频率。对中小企业员工的死亡率难以精确地预测。按照大数法则，随着企业规模增大，实际死亡率与预期死亡率之间的差异会缩小。

2. 损失程度。死亡总是一种全部损失。对一个家庭来说，家庭成员的死亡意味着其为家庭的挣钱能力和服务能力的丧失，另外还会发生丧葬等费用。对一个企业来说，员工死亡表示其对企业将来服务功能的全部丧失，另外还会发生替换其工作岗位的人的聘用和培训等额外费用。从风险管理角度来看，衡量一个员工的死亡损失程度应注意其给企业带来的经济损失。

（二）丧失工作能力

1. 损失频率。丧失工作能力对一个企业和家庭有着双重不利影响，它既减少或终止了收入，又发生额外的医疗费用。丧失工作能力的损失频率大于死亡率。在大中型企业中，员工病假工资是日常的开支，而且医疗费用开支也增加很快。

2. 损失程度。丧失工作能力和死亡在损失程度方面的一个明显区别是，丧失工作能力几乎总会引起持续和相当多的费用。因此，分析丧失工作能力的损失程度时不仅要注意身体伤害程度，还需注意医疗费用的多少。丧失工作能力可分为长期的和暂时的丧失工作能力、完全的和部分的丧失工作能力，可再分为暂时完全丧失工作能力、长期完全丧失工作能力、暂时部分丧失工作能力、长期部分丧失工作能力。不过，有些长期完全丧失工作能力所引起的医疗费用并不多，如双目失明，而有些暂时部分丧失工作能力则会产生很多的医疗费用，如心脏外科手术。

3. 可预测性。由于企业员工丧失工作能力的损失程度变动范围很大，加上损失程度严重的丧失工作能力的损失频率低、医疗费用上涨、医疗条件和技术的改善，所以对丧失工作能力的损失总额难以精确地预测。

（三）退休

与死亡和丧失工作能力相比较，退休的一个重要特点是，退休一般是有计划的。但对企业来说，员工退休仍有两个不确定性：一是企业提供退休员工的养老金和其他福利的成本是多少；二是员工达到退休年龄后是否还会被聘用。

（四）辞职和失业

对企业来说，员工辞职是否属于人员损失取决于辞职者是不是一个重要人物或一个重要部门的人员。但是，企业解雇员工一般是有利于本企业的。

三、人员损失风险对企业的经济影响

人员特别是处于重要工作岗位上的人员损失对企业的经济影响可以按照下列两种方式加

以评价。

（一）暂时与长期损失

人员损失对企业的经济影响取决于该人员对企业是暂时的损失还是长期的损失。

1. 暂时的损失。如果该人员损失是暂时的，可用下列问题评价其对企业的经济影响：

（1）该人缺勤时间的长短。

（2）找到合适的替代人员需要的时间。

（3）寻找和培训一个合适的替代人员的成本。

（4）合适的替代人员在工资和福利方面对企业增加的负担。

（5）一个替代人员需要多长时间达到他前任的水平。

（6）当一个替代人员达到前任水平时，企业由于新手工作上的错误或不熟练而导致的额外费用和收入减少多少。

2. 长期的损失。当一个企业失去一个处在重要岗位上的人员，评价其对企业的经济影响时只需对上述问题作一些修正。上面第一个问题无须回答。此外，还需要了解企业经营程序是否会有所改变，是否需要放弃一些特殊项目。

（二）正常或非正常损失

所谓正常损失是指企业在总体上能够预测到其频率和程度的损失。非正常损失一般是超出预测的频率和程度的损失。风险管理所要处理的大多数损失是相对少的、意外的和不可预测的。但是，对于人员损失风险来说，却是可以预测的，疾病、伤害以至于死亡都是不可避免的，其不确定性在于是谁和在何时发生损失。例如，无论企业的规模大小，每天都有人请病假，每年都有人辞职、退休、死亡，这些都属于正常的损失，虽然在个案上难以预测，但在总体上是可以预测的。

正常或非正常人员损失的主要区别是对它们产生的经济影响的管理难易程度不同。对正常的人员损失可以作准确的预算和进行有效的风险控制，因此，对正常的人员损失应更注重风险控制措施。而对由于随机事件造成的非正常的人员损失应注重风险筹资措施。

本章重要概念

有形财产　无形财产　继续经营价值　营业中断损失　间接营业中断损失
民事责任　重置成本　功能重置成本　租赁价值　租赁权益

思考题

1. 简述损失原因的分类。

2. 概述火灾、爆炸、洪水、地震、盗窃等财产损失原因及其防范措施。

3. 简述财产损失的估价标准。

4. 如何衡量企业净收入损失风险？

5. 简述违法的构成要素及其经济后果。

6. 简述造成企业人员损失的主要原因。

第四章
风险统计和概率分析

本章知识结构

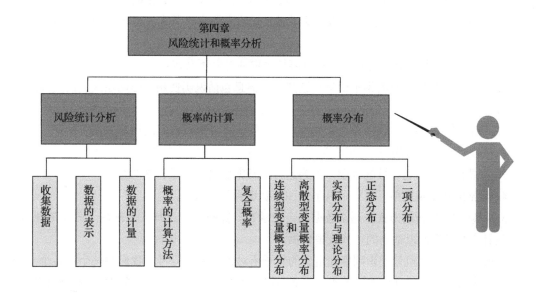

本章学习目标

● 运用统计和概率论的一些基础知识来分析风险管理中的一些实际问题,进行风险统计分析;

● 依据大量经验数据计算出特定灾害事故发生的概率和联合或复合事件的概率;

● 分别使用正态分布和二项分布来描述连续型变量和离散型变量概率分布,作为风险管理决策的依据。

在第二章中我们已讨论了风险分析,它包括了风险识别,但较偏重风险的定性分析。一旦风险被识别,我们就能掌握大量的信息用于统计和概率分析。本章讨论风险统计和概率分析,介绍一些与风险管理相关的统计和概率的基本概念,然后用它们来分析一些实际问题。

第一节　风险统计分析

一、收集数据

风险统计分析的第一步是收集数据。通常数据都是日常积累而非刻意收集的，只有在特殊情况下，风险经理才会从头做起，决定收集什么样的信息。收集信息是十分重要的，假如没有对事故发生期内的雇员伤亡情况作一定的记录，就无法对其进行分析；同样，收集不必要的信息就是浪费时间。

收集数据的方法很多。在风险管理的情况下，信息一般是已经存在的，很少需要风险经理另行设计收集数据的方法，风险经理所需要做的只是对收集的数据格式作一些调整。以索赔信息为例，风险经理要确保索赔报告除了满足保险人的信息需求，也包括他本人可以用于分析的信息。

收集信息的表格设计十分重要。设计表格时要注意以下几点：

1. 表格必须包括所有的指示信息。这些指示信息包括说明使用表格的原因、目的及怎样使用等。

2. 尽量避免模糊点。如果存在着模糊点，回答人可以根据自己的理解来作出回答，这样的数据往往是没有价值的。

3. 不要出现任何诱导性的问题。因为这样的答案仅仅代表设计者的意愿。

4. 表格应该尽量简单。这样可以迅速和准确地填写表格。

5. 明确信息分析的方式。通常数据都会记录在计算机上，这样大大提高了分析的速度，表格设计者必须据此以适当的方式收集数据。

一般来说，计算机只能识别事先定义的句子所对应的数字符号。我们举一个在各个上班时间发生事故的例子。我们可以要求回答者在以下事故发生的上班时间的数字符号后相应空格里打上记号。

每个格子里有一个数字，当计算机反馈问题的答案时，它将提示格子中的数字。当100张表格中有55次答2时，表明日班发生事故占比为55%。此外，计算机还能从这些都回答2的表格中提炼出其他的信息。例如，依据另外一个设有五个地点的问事故发生地点问题的表格，计算出日班事故发生的地点。

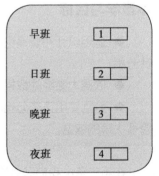

我们下面将以一家经营旅馆业务的公司为例进行说明，这家公司旗下有两家旅馆，一家在上海，另一家在杭州。其索赔记录只涉及旅客的人身伤害和财产损失。这里假设所有索赔都由旅馆赔付。

二、数据的表示

假如我们已有了这家公司的索赔记录，有赔款数据和四个变量：地点、损失种类、年龄和性别。我们第一个任务是按照我们的目的以最合适的方式表示数据。有若干种表示数据的方法，关键是所选择的方法必须符合当时的需要。我们依次介绍这些方法。

（一）　频数分布

这是最简单、最普通的表示数据的方法。我们根据索赔值将数据进行分组，得到的频数分布如下：

索赔值（元）	索赔数
(0，600]	15
(600，1 200]	12
(1 200，1 800]	12
(1 800，2 400]	10
(2 400，3 000]	11
	60

（二）　频数分布比较

频数分布使我们对数据一目了然，当比较其他一些数据或者比较数据内子项目时，该方法十分有效。例如，我们可以比较杭州和上海两地的频数分布。

索赔值（元）	全部	杭州	上海
(0，600]	15	14	1
(600，1 200]	12	10	2
(1 200，1 800]	12	7	5
(1 800，2 400]	10	3	7
(2 400，3 000]	11	1	10
	60	35	25

从数据分布我们可以看出，杭州的索赔数明显多于上海；索赔值很高时，杭州的索赔数就比上海少得多。

（三）　相对频数分布

为了使数据更便于解释，我们可用百分比来表示以上的数值。

索赔值（元）	全部（%）	杭州（%）	上海（%）
(0，600]	25	40	4
(600，1 200]	20	28	8
(1 200，1 800]	20	20	20
(1 800，2 400]	17	9	28
(2 400，3 000]	18	3	40
	100	100	100

这是个相对频数分布，其中索赔额大于2 400元的索赔数占全部索赔数的18%。虽然在杭州索赔额为1 200 ~ 1 800元的索赔数为7次，而在上海为5次，但二者的相对频数都是20%。在杭州索赔额低于600元的索赔数占比为40%，而在上海这一索赔额范围的索赔数占比仅为4%。

（四）累积频数分布

我们还可以以低于或高于一定成本的累积分布来表示。

赔付成本（元）	索赔数 （升序）	累积频数 （降序）	
(0, 600]	15	15	60
(600, 1 200]	12	27	45
(1 200, 1 800]	12	39	33
(1 800, 2 400]	10	49	21
(2 400, 3 000]	11	60	11

这里有两栏累积频数。第一栏采取升序法，索赔额小于等于 600 元的索赔有 15 次，索赔额在 600 元与 1 200 元之间的索赔有 12 次，因此，索赔额小于等于 1 200 元的索赔有 27 次，依此类推。第二栏采用降序法，索赔额大于 0 元的索赔有 60 次，大于 600 元的索赔有 45 次，依此类推。当然，我们也可以用相对累积频数来表示，100% 的索赔额小于等于 3 000 元，75% 的索赔额大于 600 元，25% 的索赔额小于等于 600 元。

（五）直方图

我们也可以用画图的方式来表示数据。

图 4 - 1 是所有索赔频数分布的直方图。所测变量以横轴表示，变量发生的频数以纵轴表示。从这个直方图可以清楚地看到索赔数相当均衡地散布在 0 ~ 3 000 元的值域。我们再来对比图 4 - 2（a）和图 4 - 2（b）。这里可以很清楚地看到这两家旅馆的索赔构成与总体有相当大的差别。比较这两张直方图可以发现大多数杭州旅馆的索赔值小，而大多数上海旅馆的索赔值高。

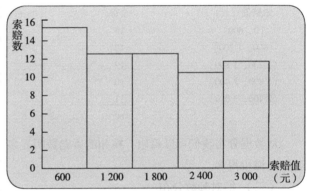

图 4 - 1　所有索赔的频数分布

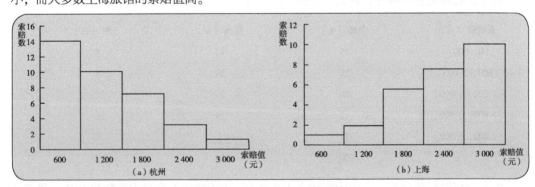

图 4 - 2　杭州和上海的索赔数分布

（六）饼状图、柱状图和曲线图

以上各种数据表示方法是基于频数分布的。我们还可以采用多种图形化方法。选择哪种特定的数据表示方法取决于这些数据的用途。下面这些方法经常被用于公司报告、报纸、杂志等，它们提供了一种更易于理解和直观的数据表示方式。我们先看饼状图（见图4-3）。该图表示了男性和女性索赔的比例，整个圆圈表示所有的索赔值，其中男性的索赔值占26%（22 050元），女性的索赔值占74%（60 750元）。

第二种方法是柱状图，通常用于公司的出版物中。它的一个最大优点在于能说明变量一种以上的特征。我们讨论过的直方图能表示一个变量发生的频率，而柱状图能表示多个变量，如图4-4所示。该图分别表示了两家旅馆的人身伤害和财产损失的索赔情况。在同一张图上有索赔、索赔类型和索赔地点。这种方法对于表示各种形式的风险的损失数据十分有用。

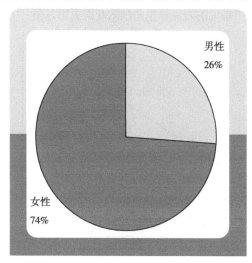

图4-3 男性和女性索赔者的索赔额
在赔付总成本中所占比例

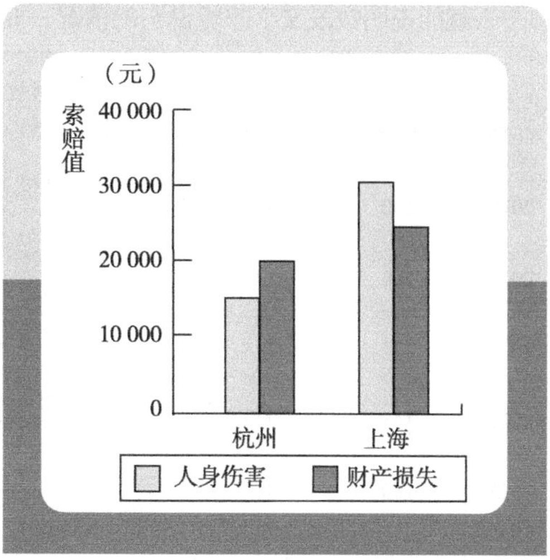

图4-4 赔付总成本的分布

最后，我们讨论曲线图方法。画出一张曲线图，表示2019—2023年两家旅馆的索赔值情况。

根据图4-5中的索赔趋势我们很容易得出结论：上海的旅馆比杭州的旅馆更处于劣势的地位，其索赔额大，且索赔数在增加；而后者虽然索赔数也增加，但索赔额较小。但是，这仅仅是一个表面现象。我们来看与图表相关的索赔记录。

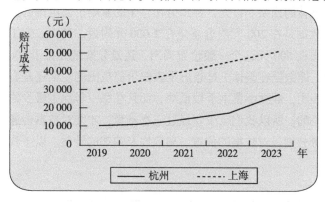

图4-5 2019—2023年杭州、上海旅馆索赔趋势及索赔记录

年份	杭州（元）	上海（元）
2019	10 000	30 000
2020	11 000	35 000
2021	14 000	40 000
2022	20 000	45 000
2023	32 000	50 000

从这些数据我们可以看到另一个结果，杭州的索赔额增长率明显高于上海。为了更好地显示这样一种情况，我们可以先选定一个年份作为基数，以后各年数据用前一年基础上的增长率来表示。如杭州，设其 2019 年的数据为 100，则 2020 年为 11 000/10 000 × 100 = 110，同理，2021 年为 127，依此类推。

将这些数据用曲线图的形式表示出来，就得到图 4 – 6。

从图 4 – 6 可以看到杭州的索赔增长率远远超过上海。由此可见，所要表示的内容和所需达到的目标决定了我们要采取什么样的数据表示方式。

使用曲线图、柱状图及其他的图形化数据表示方式已经变得越来越重要了，通常一个简单的图表就能说明数段文字才能说明的情况，而计算机辅助图表设计也使画图变得更加方便。

年份	杭州	上海
2019	100	100
2020	110	117
2021	127	114
2022	143	112
2023	160	111

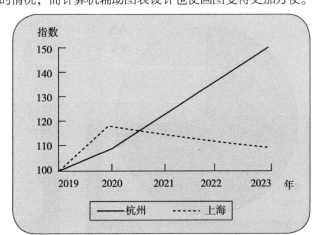

图 4 – 6 2019—2023 年杭州、上海索赔增长率比较

三、数据的计量

我们已经探讨了收集信息、表示信息的基本步骤，分析了一些实用的方法，每种方法有其特殊的用途，需根据目标确定使用什么样的方法。但表示数据时，我们并没有对所掌握的数据进行计量，而是仅仅考虑以适当的方式表示数据。现在我们进行数据的计量，以发现隐藏在数据背后的信息。

我们将作一些计算，对数据进行整体的描绘。首先，要知道在整个的索赔价值范围内数据所处的位置，即在我们的例子中，数据是在 200 元附近还是在 2 000 元附近。其次，要了解数据的离散程度，数据是紧密地分布在 500 元这个一般位置周围，还是分散地分布于 500元周围。最后，计量这种离散的性质，即数据在整体上是趋近于索赔价值范围的左端还是右端。大多数关于索赔的保险统计资料表明，数据都集中于较低端，而且在每一年除了极少的大额索赔外，大多数的索赔额都是很小的。所以我们至少经过三次计量，才能对数据传递的信息有一个大致的了解，这三次计量分别是对数据的位置、离散性及偏态的计量。以下我们一一加以讨论。

（一）位置的计量

计量位置的一般方法是以平均形式表示数据。数据至少有三种平均形式，依次为平均数、中位数和众数。

1. 平均数。我们对算术平均数是十分熟悉的，加总所有的变量值再除以变量个数即可。

$$算术平均数 = \frac{变量总值}{变量个数}$$

在上述旅馆例子中，共有 60 次索赔，总值为 82 800 元，则平均数为 82 800 ÷ 60 = 1 380元。所以，我们可以确定索赔的价值范围在 1 380 元附近。以上的计算可以归纳为一个简单的公式：

$$\bar{x} = \frac{1}{n} \sum x$$

赔付成本（元）	索赔数
(0, 600]	15
(600, 1 200]	12
(1 200, 1 800]	12
(1 800, 2 400]	10
(2 400, 3 000]	11
	60

可见，计算算术平均数很简单。但这里面临的一个问题是，我们无法取得所有变量的值，只能取得分组的频数分布。我们回顾一下前面例子中索赔的频数分布。

在频数分布下，我们无法知道每一个变量的值，但我们可以计算出一个能代表一组数的数值。通常的做法是，选取一组数的中点值，如第一组是 300 元，第二组为 900 元，依此类推。用 x 代表索赔分组后各组的中点值，f 代表索赔数，fx 为二者乘积，则索赔平均数计算公式如下：

$$\bar{x} = \sum fx \div \sum f$$

赔付成本（元）	中点数 x	索赔数 f	fx
(0, 600]	300	15	4 500
(600, 1 200]	900	12	10 800
(1 200, 1 800]	1 500	12	18 000
(1 800, 2 400]	2 100	10	21 000
(2 400, 3 000]	2 700	11	29 700
		60	84 000

$\bar{x} = 84\ 000/60 = 1\ 400$

即分组频数分布的算术平均数为 1 400 元。它与我们用原始数据算出的结果有一定的差距，说明将索赔额分组会造成数据的欠准确性。

使用算术平均数存在两个比较明显的问题：第一个问题是算术平均数对特定类型的数据不一定适用，特别是当数据之间有一定的比例关系时。

我们看这样一组数据：

年份	索赔（元）	增长率（%）
2021	20	—
2022	30	150
2023	60	200

可得两年的平均增长率为：$\dfrac{150+200}{2}=175$

代入实际数字检验得：

年份	索赔（元）
2021	20
2022	$20\times175\%=35$
2023	$35\times175\%=61.25$

上述计算得出一个不正确的结果，2023 年的实际数字是 60，而不是 61.25。这种情况说明算术平均数不适用这类数据的计算。几何平均数公式为：$\bar{x}=\sqrt[n]{x_1\cdots x_n}$，在这个例子中我们得出 $\bar{x}=\sqrt[n]{x_1\cdots x_n}=\sqrt{150\times200}=173.21$，代入数字后，结果如下：

年份	索赔（元）
2021	20
2022	$20\times173.21\%=34.642$
2023	$34.642\times173.21\%=60$

可见，用几何平均数算出的结果和实际数值一致。

第二个问题是一些极大值或极小值会影响平均数。在旅馆这个例子中，共有 60 次索赔，总值为 82 800 元，得到的算术平均数为 1 380 元。假设有第 61 次索赔，索赔额为 20 000 元，则算术平均数变为 1 685 元。平均数由于这个比其他值大得多的值被拉高了。所以，如果在频数分布中，有一些值比其他的值大得多或小得多时，必须在结果中加以说明。

2. 中位数。在有奇数个数值的数列中，剩下的 50% 的数比它小，50% 的数比它大，如在数列 { **中位数是处于顺序数列中最中间的那个数。**

5，7，9，10，13，15，17 中，中位数为 10。在有偶数个数值的数列中，中位数为最中间的两个数的平均值，如在旅馆这个例子中，有 60 次索赔，第 30 次和 31 次索赔值为 1 300 元和 1 400 元，则中位数为 1 350 元，它非常接近算术平均数 1 380 元。

我们再来看中位数的有效性。前面提到的一个有第 61 次索赔 20 000 元的例子中，算术平均数由 1 380 元变成 1 685 元，而中位数为第 31 个数即 1 400 元。这就是中位数的有效性，它不易受分布中极值的影响，只取中间值而不考虑任何极值情况。

当数据分组时计算算术平均数会产生轻微的差异，中位数也有类似的情况，因为分组时我们无法将数据按序排列。让我们来看分组频数分布的中位数计算。

赔付成本（元）	索赔数	累积频数
(0, 600]	15	15
(600, 1 200]	12	27
(1 200, 1 800]	12	39
(1 800, 2 400]	10	49
(2 400, 3 000]	11	60

总共有 60 次索赔，我们可以用第 30 次索赔作为中位数。从累积频数分布可以看出，第 30 次索赔位于 1 200～1 800 元。又因为在 1 200～1 800 元有 12 次索赔，第 30 次为 12 次中的第三次，该组的组距是 600 元，所以可知中位数为 1 200 + 600 × 3/12 = 1 350（元）。

使用中位数给数据定位有时比算术平均数更为精确，但是中位数并不适合所有的情况，如数列 12，12，12，12，12，12，12，12，15，17，18，19，20，21，23，25。这里算术平均数为 16.12，中位数为 13.5。这里有一半的数据是同一个数字。

3. 众数。对上面的问题可以使用众数解决。假设我们要求 20 家不同工厂提供事故记录，当很多工厂的事故数极高或极低时，算术平均数毫无意义。这种情况下的数据分布被称为双峰分布，将有两个众数。

> 众数是指数列中最普通的数字，是以典型数据代替平均数的方法。

（二）衡量数据的离散性

确定数据所处的位置后，必须考虑该位置的离散性。我们来看两组数据 A 和 B。A：10，11，12；B：1，11，21。两组数的算术平均数和中位数都相等，都为 11，但是二者的离散程度明显不同，A 组数偏离平均数是 1，而 B 组数偏离平均数是 10。假如有两家工厂的索赔如 A 和 B 两组数据，那么哪家的风险更大呢？显然，如果要事先为风险筹资或参加保险，则 A 工厂的风险较小。保险公司也面临着同样的问题，如果能事先知道索赔都集中于平均数附近，那么它就可以据此收取一定的保费，使之足以支付可能面临的索赔。但是，如果索赔与平均值偏离较大，就很难确定保费，索赔值的高低也很难预测，保险经营会面临很大的风险。

对这种离差的最简单的计量方法，就是计算最大和最小的索赔值之间的差额。在旅馆这个例子中，是 2 900 - 25 = 2 875（元）。

一个更有价值的衡量数据离散性的方法是标准差，它表示数据偏离算术平均数的程度。有这样一组数据：4，7，11，12，15，23。其算术平均数为 12，可以得出各个数值偏离算术平均数的程度如下：

x	$\bar{x}$	$x - \bar{x}$	$(x - \bar{x})^2$
4	12	-8	64
7	12	-5	25
11	12	-1	1
12	12	0	0
15	12	3	9
23	12	11	121

把所有的偏差相加得 0，我们将偏差先平方后加总得到：64 + 25 + 1 + 0 + 9 + 121 = 220，再除以数据个数得出均方差：$\dfrac{\sum (x - \bar{x})^2}{n} = \dfrac{220}{6} = 36.667$，我们再取其平方根：$\sqrt{36.667} = 6.05$，即求出标准差。整个过程可以用公式表示为

$$s = \sqrt{\frac{1}{n} \sum (x - \bar{x})^2}$$

如果数据是以分组频数的形式，则计算标准差的公式为

$$s = \sqrt{\frac{\sum fx^2}{\sum f} - (\frac{\sum fx}{\sum f})^2}$$

让我们回到旅馆这个例子，看人身伤害和财产损失两类索赔数据的频数分布：

赔付成本（元）	人身伤害	财产损失
(0，600]	9	6
(600，1 200]	5	7
(1 200，1 800]	5	7
(1 800，2 400]	4	6
(2 400，3 000]	7	4

我们先来看人身伤害标准差的计算。

索赔中点值 x	索赔数 f	fx	x^2	fx^2
300	9	2 700	90 000	810 000
900	5	4 500	810 000	4 050 000
1 500	5	7 500	2 250 000	11 250 000
2 100	4	8 400	4 410 000	17 640 000
2 700	7	18 900	7 290 000	51 030 000
	30	42 000		84 780 000

把上述数据代入公式得：

$$s = \sqrt{\frac{84\ 780\ 000}{30} - (\frac{42\ 000}{30})^2} = 930$$

同理可得财产损失频数分布的标准差为791。标准差数值本身很难解释偏离程度，但比较两组不同分布的标准差，可以看出相对的偏离程度。在这个例子中，人身和财产两组分布的算术平均数是相等的，都是 $\frac{\sum fx}{\sum f} = 1\ 400$ 元，但是其离散程度是不同的，由于930 > 791，说明人身伤害索赔数据的离散程度比财产损失的要大。

我们知道，当两组分布平均数相等时，离散越大的组风险越大，离散程度的大小决定了分布的风险程度。当平均数相等时，这种直接比较是可行的。当两组分布的平均数明显不同时，平均数高的组，其标准差也应该大，这是由于数值大，而不是离散程度大。看这两组数据，A：4，7，9，10，其平均数为7.5，标准差为2.29。B：40，70，90，100，其平均数为75，标准差为22.9。B的数值是A的数值的10倍，则B的标准差也为A的10倍。在平均数不同的情况下，我们可以用标准差除以平均数的百分比来比较离散程度，这一百分比被称为变差系数，A的变差系数为2.29/7.5 × 100% = 30.53%，B的变差系数为22.9/75 × 100% = 30.53%。

在旅馆这个例子中，我们同样可以用变差系数来比较杭州和上海的人身伤亡索赔情况。二者的索赔额平均数分别为850元和2 069元，杭州的索赔平均数远低于上海。标准差分别为804和816，二者差别不大，但平均数差别大，则变差系数分别为804/850 × 100% = 94.59%和816/2 069 × 100% = 39.44%。通过计算可知，虽然杭州的索赔平均数比上海的小得多，但

是其离散程度却高得多。这意味着上海的索赔数处于平均数附近，而杭州的索赔数却很分散。

（三）偏度

假设杭州和上海索赔情况的重要统计资料如下：

杭州：平均数为 925 元，标准差为 696，变差系数为 75%。

上海：平均数为 2 019 元，标准差为 699，变差系数为 35%。

从中可以得出结论：虽然杭州的索赔值较小，但变差系数很大；上海虽然索赔值很大，但较集中于平均数附近，很容易预测。我们回顾一下图 4-2，杭州的索赔额聚集在分布的低值，频数越高索赔值越小；上海的索赔情况截然相反，频数越高索赔值越大。它们的这种聚集度称为偏度。

图 4-7 是一个没有偏度的分布，呈对称状态。其频数分布如下：

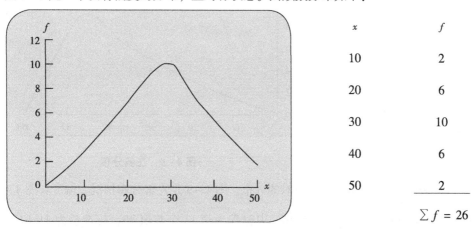

x	f
10	2
20	6
30	10
40	6
50	2
	$\sum f = 26$

图 4-7 对称分布

该分布中算术平均数为 30，中位数为第 13 个数和第 14 个数的平均值，也就是 30。平均数和中位数重合。

当分布有偏度时，即向左偏或者向右偏时，平均数与中位数就不会相等。当平均数与中位数一致，没有偏度，称为零偏度。当平均数大于中位数时，分布聚集于低值区。我们来看这样一组分布：

x	f
10	10
20	7
30	5
40	3
50	1
	$\sum f = 26$

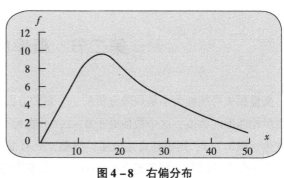

图 4-8 右偏分布

该分布中平均数为 $\frac{\sum fx}{\sum f} = \frac{560}{26} = 21.54$，中位数为 20 。所以，平均数大于中位数，分布偏向右边，如图 4 - 8 所示。

计算偏度的一个公式是：

$$皮尔逊偏度 = \frac{3 \times （平均数 - 中位数）}{标准差}$$

当平均数等于中位数时，上式结果为 0，即零偏度。当分布右偏时，平均数大于中位数，上式结果为 0。在图 4 - 8 的分布中，标准差为 11.67，偏度 = 3 × （21.54 - 20）/11.67 = 0.40。当上式结果为正数时，表明分布右尾较大。

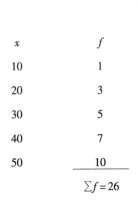

x	f
10	1
20	3
30	5
40	7
50	10
	$\sum f = 26$

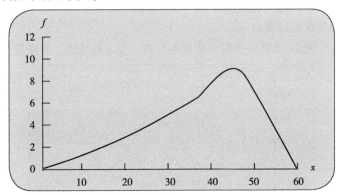

图 4 - 9　左偏分布

接下来我们来看偏度数值为负数时的分布。图 4 - 9 是左偏分布情况。偏度和图 4 - 8 正好相反。平均数 $= \frac{\sum fx}{\sum f} = \frac{1\,000}{26} = 38.46$，中位数为第 13 个数值 40，标准差为 11.67，则偏度 = 3 × （38.46 - 40）/11.67 = - 0.4。负的数值表明分布左尾较大。

现在我们回到旅馆这个例子。在图 4 - 2 分布中有下列数字。杭州：平均数为 925 元，中位数为 700 元，标准差为 696；上海：平均数为 2 019 元，中位数为 2 100 元，标准差为 699。代入偏度计算公式可得：

杭州偏度 = 3 × （925 - 700）/696 = 0.97

上海偏度 = 3 × （2 019 - 2 100）/699 = - 0.35

第二节　概率的计算

衡量损失可能性大小是风险分析的一个重要方面。概率论就试图为一个事件发生的可能性提供相匹配的数值，这个数值处于 0 ~ 1，不能大于 1 或者为负。概率为 0，表明事件不可能发生；概率为 1，则事件肯定发生。显然，只有很少的事件是完全不可能发生或肯定发生的，大多数事件的发生概率都介于 0 ~ 1。一个事件的概率为 0.001，说明该事件只有千分之一的发生机会，很不可能发生；当概率为 0.95 时，则表明很有可能发生。我们可以用比较概率大小的方法对不同事件发生的可能性按其大小进行排序。假设某一家工厂发生火灾的概率为0.2，四辆汽车中有一辆发生事故的概率为0.1，商店遇到盗窃的概率为0.01，则其中火灾发生的概率最大，而盗窃发生的概率最小。

一、概率的计算方法

（一）先验概率法

先验概率法易于理解，但最不具有实际操作性。该法源自一些射幸性的游戏，如在扑克牌游戏中抽到特定的牌，或者掷骰子得到特定的数字

> 根据概率的古典定义用数学的分析方法进行计算得到的概率称为先验概率。

的可能性。先验概率法的计算很简单，只要用希望得到的结果除以事件发生的所有可能结果即可。若想知道从一副扑克牌中抽到红色牌的概率，只要知道红色牌有26张，除以总的牌数52张，即得到所求的概率0.5。同样，掷骰子时得到一个三点数字的概率为0.1667。但是，用先验概率法计算必须满足两个条件：一是所有事件发生的可能性都相同，二是所有可能的结果都是可知的。在以上例子中这两个条件是满足的。

但是，在实际经济中，这两个条件显然是不现实的。首先，各种事件发生的可能性几乎很少相等。一个风险经理要对某一家企业进行损失成本估计，不仅各种损失发生的概率是不相等的，而且同种类型的损失发生的概率也是不同的。例如，严重的火灾损失与轻微的火灾损失发生的概率是不同的，前者较后者小。因此，当事件之间不具有相似性时，使用该种方法是不现实的。其次，在实际的风险管理中我们无法知道事件发生的所有可能的结果。例如，我们可以在一个期末计算出已经发生的火灾次数，但无法预知未发生的火灾次数，而可能发生的火灾总数则包括了已经发生和可能发生但未发生的次数。

（二）经验概率法

过去的类似事件的概率，对于现今及以后发生的事件的概率计算具有一定的借鉴意义。假设一个有100辆车的车队，风险经理要计算出其中任何一辆车明年遭受事故的概率，这就要借助过去一年的数据。如果说过去一年中有5辆车发生事故，则经验概率为0.05。同样对火灾事故发生概率也可以这样计算，若去年共发生50次火灾，分布如右：

> 依据大量的经验数据用统计的方法进行计算得出的概率称为经验概率。

损失（元）	次数
(0, 100]	25
(100, 200]	15
(200, 300]	6
(300, ∞)	4
	50

假定影响损失可能性的因素不变，可知明年大于或等于300元的损失发生的概率为4/50或0.08。

但是，经验概率法也存在问题，因为它需要有足够多的数据，如果关于过去的事故记录不存在或者不详细，就无法计算经验概率，何况影响损失可能性的因素是逐年发生变化的。这种情况在新的化工或建筑材料生产过程中很容易发生，因为新的化工或建筑材料的生产不存在以往相关的工伤、疾病、火灾等损失数据。

（三）主观概率法

当历史数据不精确或者不存在时，对事件发生的可能性可以尝试主观判断，通过自己的判断，或征询他人，得到相应的概率估计。在风险管理决策中，损失的概率分布有时就是使用这种方法来估计的。

二、复合概率

以上讨论了计算概率的三种方法。在已经取得将来发生一个或多个事件的概率后，需要以某种方式使用这些信息。在使用概率信息时，要遵循一定的规则，主要分为以下几种情况。

（一）择一事件

以上的概率讨论是针对单一事件的，如分别对火灾、工伤等的概率进行讨论。但在现实中，有必要计算一个事件或者另一个事件发生的概率。例如，一家商店遭受火灾损失或者盗窃损失的概率，位于杭州或者上海的工厂发生计算机故障的概率。我们称这样的概率为择一概率，计算时遵循加法法则。

下面举例说明。工厂的生产实行三班制，分别为早班、中班和夜班。我们想要了解在早班或中班期间发生事故的概率。根据统计数据，发生在早班、中班和夜班期间的事故分别占事故总数的20%、25%和55%，则发生在早班或中班期间的事故占事故总数的45%。以概率来代替这些百分比，设早班、中班和夜班期间发生的事故分别为 A、B、C，记其各自的概率为 $P(A) = 0.20$，$P(B) = 0.25$，$P(C) = 0.55$，三者之和为1。计算 A 或 B 发生的概率，只要加总单个的概率，即 $P(A\ 或\ B) = P(A) + P(B) = 0.20 + 0.25 = 0.45$。同样我们可以计算出发生在中班或夜班的事故概率，$P(B\ 或\ C) = P(B) + P(C) = 0.25 + 0.55 = 0.80$。

我们必须注意到，在例子中讨论的事件是互斥的，它们不可能同时发生，也就是说一个事故不可能既发生在早班又发生在晚班。互斥的概念也能运用于计算男性或女性员工的工伤概率、特定金额之上或之下的损害赔偿金的概率、员工受伤或死亡的概率等。然而，很多事件的发生并非互斥。

还是举员工工伤事故的例子。在上一年度300个员工中，熟练工即有5年相关工作经验的工人，发生了25次事故；而有过工伤事故记录的工人，发生了15次事故；在25个熟练工中，有5个过去发生过一次工伤事故。用图来表示这个工伤记录，其中方框表示所有的员工，圆圈表示工伤事故中两种类型的员工，如图4-10所示。

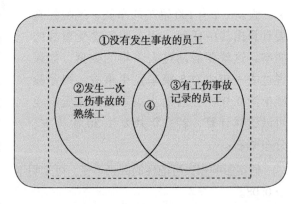

图 4 - 10　工伤事故分类

从图4-10中可以看出，所有员工可以分为四类：①没有发生工伤事故的员工；②发生一次工伤事故但无工伤事故记录的熟练工；③有过工伤事故记录，又发生一次事故的非熟练工；④有过工伤事故记录，又发生一次事故的熟练工。这四类员工能在图中得到反映，左边圆圈表示②类员工，右边圆圈表示③类员工，两圆相交部分表示④类员工，方框其余空白处为①类员工。现在要计算有过工伤事故记录或者是熟练工发生事故的概率，设熟练工和有工伤记录的员工分别为 A 和 B，按照上边讨论的加法法则，$P(A 或 B) = P(A) + P(B) = 25/300 + 15/300 = 40/300 = 0.13$。如果这个计算结果是正确的，则员工不发生事故的概率为 $1 - 40/300 = 260/300 = 0.87$。将相应的数据填入图 4 - 11 中，从图 4 - 11 中可以发现这个数字是错误的。

如图 4 - 11 所示，未发生事故的员工为 265 人，加法法则不适用于这个例子。出现这个错误的原因就在于各个事件非互斥。当我们将概率相加时二者有交集的 5 人的事故发生概率加了两次，所以这个多加的部分要减去，调整上面的公式计算得：

$$P(A 或 B) = P(A) + P(B) - P(A 和 B) = 25/300 + 15/300 - 5/300 = 35/300 = 0.12$$

可知，熟练工或有过工伤事故记录的员工发生事故的概率为 35/300，即 0.12。这就表明员工不发生事故的概率为 265/300，即 0.88。

图 4 - 12 显示，没有工伤事故记录的熟练工发生事故的概率为 0.07，而有过工伤事故记录的非熟练工发生事故的概率为 0.03，有过工伤事故记录的熟练工发生事故的概率为 0.02。

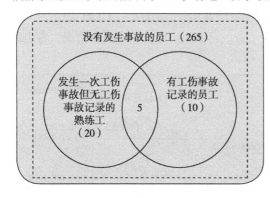

图 4 - 11

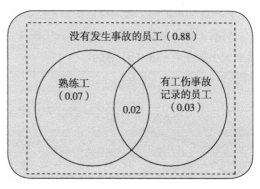

图 4 - 12

（二）联合事件

单个概率可以用于计算择一事件的概率，同时也可以用于计算联合事件的概率。假设要计算明年在上海和杭州的工厂都发生火灾的概率。基于过去的数据记录和主观判断，可以预测上海的工厂发生火灾的概率为 $P(S) = 0.04$，而杭州的工厂发生火灾的概率为 $P(H) = 0.02$，那么上海和杭州的工厂同时发生火灾的概率 $P(S 和 H)$ 怎样计算？我们发现，联合概率总是比单个概率小，即两家工厂发生火灾的联合概率要小于任何一家工厂发生火灾的概率。联合概率通过单个概率相乘得到。

$$P(S 和 H) = P(S) \times P(H) = 0.04 \times 0.02 = 0.0008$$

计算联合事件概率的法则称为乘法法则，公式是 $P(A 和 B) = P(A) \times P(B)$。该法则适用于相互独立的事件的计算。

相互独立是指一个事件的发生不会影响另一个事件发生的概率。

现实中有些情况不适用这样的法则。假设在很近的距离内有两幢建筑物，第一幢（A）发生火灾的概率为 0.05，另一幢（B）发生火灾的概率为 0.02。由于两幢房子靠得太近，以

至于只要其中一幢发生火灾，另一幢也难以幸免。据估计，若一幢发生火灾，另一幢也发生火灾的可能性为 0.85。计算两幢房子同时发生火灾的概率时，就要考虑到它们之间并不相互独立。上面的公式应改为：$P(A 和 B) = P(A) \times P(B|A)$。其中，$P(B|A)$ 表示在 A 已经发生的情况下 B 发生的概率。使用上面已知数据：$P(A) = 0.05$，$P(B) = 0.02$，$P(B|A) = 0.85$，$P(A|B) = 0.85$，计算得 $P(A 和 B) = P(A) \times P(B|A) = 0.05 \times 0.85 = 0.0425$，$P(B 和 A) = P(B) \times P(A|B) = 0.02 \times 0.85 = 0.017$。可以发现 A 楼和 B 楼一个先发生火灾，进而导致两幢楼同时发生火灾的概率是不同的，这是因为 A 和 B 各自发生火灾的概率是不同的。

（三）概率树

概率树是用来说明复合事件的一个很好的工具。我们通过一个简单的例子来解释一下概率树。

假设一个特定场所遭遇盗窃的概率为 0.2，被盗对象是固定设施的概率为 0.3，存货的概率为 0.5，厂房设备的概率为 0.2。而固定设施遭遇大规模盗窃的概率为 0.7，遭遇小规模盗窃的概率为 0.3；存货遭遇两种盗窃情形的概率分别为 0.5 和 0.5，厂房设备遭遇两种盗窃情形的概率分别为 0.1 和 0.9。我们可以通过概率树来表述这一问题，并从中得到一些有趣的结论。首先，画一棵简单的树，表示有盗窃和无盗窃两种情况及概率大小，如图 4 – 13（a）所示。

然后，加入被盗财产的种类，画出图 4 – 13（b）。当发生盗窃时，有三种情况，各自的概率大小如图 4 – 13（b）所示。

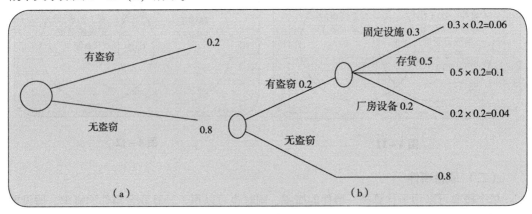

图 4 – 13　概率树图示

这里使用了乘法法则，计算出两个独立事件的联合概率。固定设施遭遇盗窃的概率为 $0.3 \times 0.2 = 0.06$，同理，存货遭遇盗窃的概率为 $0.5 \times 0.2 = 0.1$，厂房设备遭遇盗窃的概率为 $0.2 \times 0.2 = 0.04$。

最后，在概率树中加入盗窃的规模因素，得到图 4 – 14。大规模固定设施的盗窃率很高，这与设施的特点有关，主要是一些比较昂贵的微机、放映机等。所以，当盗窃率为 0.06，

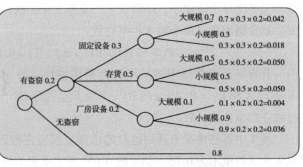

图 4 – 14　考虑多因素后的概率树

大规模的盗窃概率为 0.7 时，发生大规模的固定设施盗窃的概率为 0.06 × 0.7 = 0.042。同理，存货和厂房设备的相关概率如图 4 – 14 所示。

现在可以使用这棵概率树计算其他的概率，如发生存货以外的大规模盗窃的概率，它等于固定设施或者厂房设备的大规模盗窃概率之和，即 0.042 + 0.004 = 0.046。

在这棵树中，所有树的分支上的概率之和等于 1。这是因为我们讨论的是一系列的互斥事件，包括了所有的可能性。

第三节　概率分布

概率分布是显示各种结果发生概率的函数，它可以用来描述损失原因所致各种损失发生可能性大小的分布情况。根据损失的概率分布情况，风险经理可以得到很多管理决策的依据。

假设某公司车队有 100 辆车，过去一年中发生的交通事故记录如下：

事故次数	车辆数	相对频数
0	60	60%
1	20	20%
2	10	10%
3	7	7%
4	3	3%
	100	100%

在上面的频数分布中，有两栏频数。第一栏是绝对频数分布，从中可知在 100 辆车中有 60 辆未发生任何事故，有 20 辆发生 1 次事故，有 10 辆发生 2 次事故，有 7 辆发生 3 次事故，有 3 辆发生 4 次事故。第二栏是相对频数分布，从中风险经理可知，公司车队中有 60% 的车辆没有发生过事故，20% 的车辆发生 1 次事故，10% 的车辆发生 2 次事故，7% 的车辆发生 3 次事故，3% 的车辆发生 4 次事故。第二栏的相对频数分布可以视做概率分布。

这里设事故次数为 x，频数栏改为 x 发生的概率。使用这个历史数据作为我们要讨论的概率分布的基础。画出概率分布图（见图 4 – 15），其中横轴 x 为随机变量，纵轴 $p(x)$ 表示变量 x 发生的概率。

x（事故次数）	$p(x)$
0	0.60
1	0.20
2	0.10
3	0.07
4	0.03
	1.00

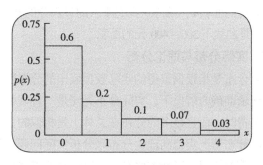

图 4 – 15　概率分布图

一、离散型变量概率分布和连续型变量概率分布

上面例子中的数据有一个特点，即只能取整数，如0、1、2、3、4，当变量只能取整数值时，我们称它是离散型变量。当变量能取非整数时，如工资、索赔额、重量、营业额等，我们称这些变量为连续型变量。在风险管理中，一年内发生的火灾次数是离散的，而每一次火灾的损失是连续的。我们已经讨论了一个离散型变量的概率分布，即车队每年发生事故的次数。下面我们以车辆事故损失修理费分布为例，来看一个连续型变量的概率分布。

已知共有73次事故，即 $20 \times 1 + 10 \times 2 + 7 \times 3 + 3 \times 4 = 73$。根据修理费用发票，以 x 表示修理费用支出，$p(x)$ 表示其概率，则分布如下。

修理费 x（元）	频数	概率 $p(x)$
$(0, 100]$	30	0.41
$(100, 200]$	23	0.32
$(200, 300]$	12	0.16
$(300, 400]$	5	0.07
$(400, 500]$	3	0.04
	73	1.00

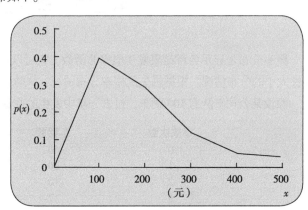

图 4 – 16　连续型变量概率分布

根据这个分布，可画出图 4 – 16。我们可以看出：图 4 – 16 和图 4 – 15 有很大不同。图 4 – 15 是一个离散型变量分布，对任意的整数 x 都有一个对应的概率值，如当 $x = 3$ 时，概率为 0.07。图 4 – 16 是连续型变量分布，修理费用可能是一个分数，显然要对每一个不同金额的费用支出显示其概率是不可能的，我们只能是对一定范围的数值来表示其概率大小。在这个例子中，我们将修理费用分成 5 组，分别是小于 100 元、100 ~ 200 元、200 ~ 300 元、300 ~ 400 元、400 ~ 500 元，我们可以表示其各自发生的概率。

要计算以上的概率，需要借助于曲线图形面积。如果曲线分界了所有的费用，则曲线下所有范围的面积为 1，即其概率为 1。我们能计算出曲线下任何部分的面积，再以某个部分面积除以总的面积 1，就得到我们所求的该部分的概率。在图 4 – 16 中，300 ~ 400 元费用支出的概率就是曲线下 300 ~ 400 元的面积。

二、实际分布与理论分布

实际分布是指根据取得的实际数据画出的分布图。以上我们讨论的都是实际分布。在假设所有记录准确的前提下，实际分布无疑是一种很好的表示现有数据的方法。但是，这样的过程不仅费时，而且很多的分布在总体上是相似的。这种相似的特点，使得我们可以利用一些与实际分布情况类似的理论分布来分析实际问题，从而简化分析的过程。

假如需要添置一套新的服装，可以选择在连锁商店购买现成的，也可以去裁缝那里量身定做。在前面一种情况下，制造商以标准尺寸来生产服装，可以满足大多数客户的需要。但是，假如你的体型、身高超过一般的标准，可能无法找到合适的现成的服装。而找裁缝定

做，就不会出现以上的问题。不过，这花费较高，也很费时。使用实际分布相当于找裁缝定做服装，花时较多，花费较高，但十分合适；使用理论分布就相当于购买现成的服装，根据一些主要的衡量标准来选择和使用分布，效果一般还可以，但不会完全合适。

这里有一个前提，就是存在一些和实际情况相匹配的理论分布，从而可以根据实际情况去进行选择。从广义上看，这些理论分布分成两类，即连续型概率分布和离散型概率分布。我们先从大家比较熟悉的正态分布开始讨论。

三、正态分布

正态分布属于连续型概率分布。例如，英国绝大多数成年男性的身高都差不多，相差都在 6 英寸左右，很少有过高或过矮的人。可以将这种情况画成如图 4 - 17 所示分布图。

这是正态分布的基本形状，绝大多数人的身高都差不多，在两端过高过矮的人较少，呈钟形，在均值左右对称分布，在图 4 - 17 中，众数、中位数和平均值重合。但同样是正态分布，一些细微的差异，就会使其适用于不同的问题。针对不同的问题，需要选择具有不同参数的正态分析。

我们以气温为例来讨论一些主要的参数。假定伦敦一年的平均气温是 55 ℉。一年里有些天极冷和极热，但大多数天的气温都均衡分布在该均值附近。当然，不同的地区气温差异很

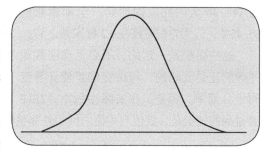

图 4 - 17　英国成年男性身高正态分布图

大。比如说，伦敦的气温与均值相差不大，标准差相对较小；而莫斯科的气温的均值和伦敦差不多，但是其分布的范围更大，虽然也是正态分布，但其分布图与伦敦的有很大的差异，如图 4 - 18 所示。

从图 4 - 18 中可以看到，二者的均值几乎相同，但温度变化范围差异显著。我们再来比较一下莫斯科和迈阿密的气温，得到一张完全不同的图。在图 4 - 19 中，莫斯科的气温分布较平坦，而迈阿密的气温分布较陡峭，后者主要集中在比莫斯科的气温均值要高的一个温度附近。比较这两张图，可以看到均值（见图 4 - 18）和标准差（见图 4 - 19）在决定正态分布的形状中起到很重要的作用。

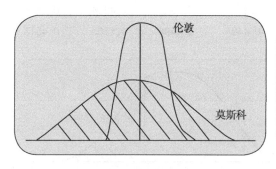

图 4 - 18　伦敦和莫斯科的气温分布

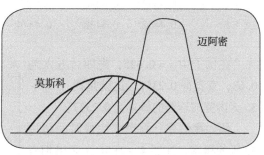

图 4 - 19　莫斯科和迈阿密的气温分布

对于不同的参数，正态分布图形有平有陡。

图 4-20 是一张均值为 30、标准差为 8 的正态分布图。它描述的是从车队提出事故索赔到理赔完成所需时间的分布。平均理赔需要 30 天，但标准差为 8。图 4-20 中对 x 轴有两种表示方法，上面是理赔的天数，下面是标准值，即衡量数值与均值之间相差的标准差的个数。假设这个标准值为 z。我们设均值处的 z 为 0，在 38 时，与均值之间相差一个标准差，即 $z = +1$。同理，在 14 时，$z = -2$。

这里要熟知三个面积：±1 标准差之间的面积占全部值的 68.27%，±2 标准差之间的面积占比为 95.45%，±3 标准差之间的面积占比为 99.73%。如图 4-20 所示，在 14~46 天内完成的理赔占全部索赔的 95.45%，因为它们正好在 ±2 标准差之间。

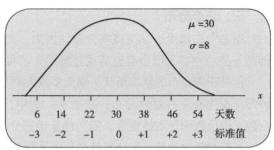

图 4-20 从提出索赔到理赔完成所需时间分布

这些面积是一定的，不必考虑曲线是平缓的还是陡峭的，利用它们将使计算变得十分简单。但是，在实际生活中，往往会碰到的情况是，数值与均值之间相差非整数个标准差。比如我们想知道一次索赔能在 30~35 天完成的概率。利用计算公式 $\frac{x-\mu}{\sigma}$（其中 x 为具体的数值，μ 为均值，σ 为标准差），可以得出有 $\frac{5}{8}$ 个标准差，即 $\frac{x-\mu}{\sigma} = \frac{35-30}{8} = \frac{5}{8} = 0.625$。这就意味着数值 35 偏离均值 0.625 个标准差，我们可以通过查阅标准正态分布统计表得到其概率。节选部分的表格如表 4-1 所示。

表 4-1 正态曲线下的面积						
z	0	0.01	0.02	0.03	0.04	0.05	0.06
0.5	0.1915	0.1950	0.1985	0.2019	0.2054	0.2088	0.2123
0.6	0.2257	0.2291	0.2324	0.2357	0.2389	0.2422	0.2454
⋮	⋮	⋮	⋮	⋮	⋮	⋮	⋮
1.5	0.4332	0.4345	0.4357	0.4370	0.4382	0.4394	0.4406
1.6	0.4452	0.4463	0.4474	0.4484	0.4495	0.4505	0.4515

在例子中 $z = 0.625$，先四舍五入为 0.63，查表得 0.2357。这就是说在 30~35 天内完成理赔的概率为 0.2357。

假如我们想计算理赔完成时间超过 42 天的概率，在图 4-21 中先画出相应的影线。

虽然无法知道超过 42 天的数的 z 值，

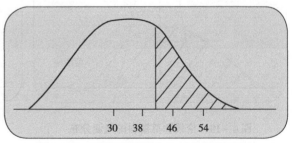

图 4-21 理赔时间超过 42 天的概率分布

但由于分布对称，大于 30 天的概率为 0.50，可以先求出 30 ~ 42 天完成理赔的概率，然后用 0.50 减去这个概率就是所要求的概率。$\frac{x - \mu}{\sigma} = \frac{42 - 30}{8} = 1.5$，查表得概率为 0.4332。所以，超过 42 天完成理赔的概率为 0.50 - 0.4332 = 0.0668。

四、二项分布

正态分布是适合于连续型变量的理论分布。在实际的风险管理中，离散型分布还是十分常见的。现在来讨论离散型变量的理论分布——二项分布。

假设有这样一支车队，每年有一半的车辆会卷入各种类型的事故中。其中一个特定部门有 3 辆车，现在要计算其中任何一辆车遭遇一次事故的概率。已知的条件是一辆车遭遇事故的概率为 0.5。设三辆车为 A1、A2、A3，那么其中只有一辆车发生一次事故的可能性有以下几种：①A1、$\overline{A2}$、$\overline{A3}$（即 A1 发生事故，而 A2、A3 不发生事故，以下解释同）；②$\overline{A1}$、A2、$\overline{A3}$；③$\overline{A1}$、$\overline{A2}$、A3。

只有一辆车发生事故有以上三种可能，但是还存在不发生事故或者两辆车一起发生事故等情况。在图 4 - 22 中我们画出了所有的可能性。

在八种可能发生事故的方式中，我们可以看到只发生一次事故的方式有三种：*LNN*、*NLN*、*NNL*。所以，只有一辆车发生一次事故的概率为 3/8 或 0.375，或者 0.125 + 0.125 + 0.125 = 0.375。

在这个例子中只有三辆车，我们能罗列所有的可能性，但倘若有 25 辆车呢？这就需要引入二项分布了。二项分布需要满足 3 个前提条件：（1）只有两种结果，如成功或失败，事故或无事故，火灾或无火灾；（2）各个事件相互独立，即一个事件发生并不影响其他事件的发生概率；（3）事件发生的概率不随时间等情况的变化而变化。和正态分布的均值与标准差类似，二项分布中使用参数 n 和 p，n 为试验次数，p 为成功的概率。

我们还是沿用上面的例子，已知 $n = 3$，$p = 0.5$，所有的八种可能结果如图 4 - 22 所示。其中有一种可能不发生事故，三种可能发生 1 次事故，三种可能发生 2 次事故，一种可能发生 3 次事故。将这些可能的情况画成直方图，如图 4 - 23 所示。

从图 4 - 23 中可知，一辆车发生一次事故的概率为 0.375，这和以前计算的结果一致。n 变大，即车辆增多时，分布的形状就会发生变化。n 越大，分布就越陡。例如，当有 5 辆车时，就有 32 种可能性，其中一辆车发生一次事故有 5 种可能性，5 辆车中任何一辆发生一次事故的概率为 0.156，如图 4 - 24 所示。当 n 越来越大时，分布将越来越趋向对称图形，最终将十分接近于钟形的正

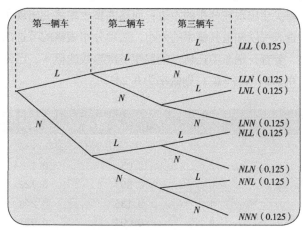

注：L 表示发生事故，N 表示不发生事故。

图 4 - 22　车辆发生事故的概率

态分布。

现在来看另一个参数 p，即事件的概率，假设 p 由 0.5 变为 0.1，即 $L = 0.1$，$N = 0.9$，则原来图 4 – 22 中的 8 种概率变为：$LLL = 0.001$，$LLN = 0.009$，$LNL = 0.009$，$LNN = 0.081$，$NLL = 0.009$，$NLN = 0.081$，$NNL = 0.081$，$NNN = 0.729$。只有一辆车发生一次事故的概率变为 $LNN + NLN + NNL =$

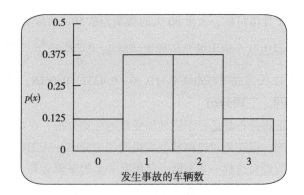

图 4 – 23　有三辆车时事故发生概率

$0.081 + 0.081 + 0.081 = 0.243$。我们可以画出新的分布直方图（见图 4 – 25），看其分布形状发生什么变化。

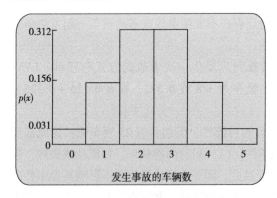

图 4 – 24　有五辆车时事故发生概率

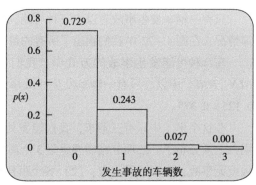

图 4 – 25　参数变化时五辆车发生事故的概率

图 4 – 25 中概率的变化说明不发生事故的可能性相当高，而所有车辆发生事故的概率极低。可以看到概率的变化仅仅影响分布的形状。低的事故率将产生如图 4 – 25 所示的正偏，即峰尖会出现在分布的左边；而高的事故率将会出现负偏，即峰尖会出现在分布的右边。通过查表可以知道其概率的大小。二项分布表格的节选部分如表 4 – 2 所示。

要查三辆车中任何一辆发生一次事故的概率，已知 $n = 3$，$r = 1$，若 $p = 0.5$，则查得概率为 0.375，若 $p = 0.1$，则概率为 0.243。

表 4 –2　二项分布表					
		p			
n	r	0.05	0.1	0.25	0.5
3	0	0.857	0.729	0.422	0.125
	1	0.135	0.243	0.422	0.375
	2	0.007	0.027	0.141	0.375
	3	*	0.001	0.016	0.125

		p			
5	0	0.774	0.590	0.237	0.031
	1	0.204	0.328	0.396	0.156
	2	0.021	0.073	0.264	0.312
	3	0.001	0.008	0.088	0.312
	4	*	*	0.015	0.156
	5	*	*	0.001	0.031

⬆ 注： n = 试验次数，即车辆数；r = 事件数，即事故次数；p = 概率。

本章重要概念

中位数　众数　标准差　变差系数　先验概率　经验概率　联合概率　互斥事件
独立事件　概率分布

思考题

1. 简述设计收集信息的表格应注意的几点原则。

2. 表示数据的方法有哪几种？分别举一个简单的例子加以说明。

3. 对上海某个区的商业企业进行随机抽样，选择样本容量为140，根据调查所得数据，整理列出它们的年缴财产保险费分布如下：

年缴财产保险费水平（元）	企业数
(0，100 000]	10
(100 000，200 000]	40
(200 000，300 000]	54
(300 000，400 000]	20
(400 000，∞)	16
	140

（1）试计算这140家商业企业年缴财产保险费的算术平均数和中位数［提示：组中值计算一般为，（上限值 + 下限值）/2；缺上限的为下限 + 上组组距/2；缺下限的为上限 – 下组组距/2］。

（2）计算分布的标准差及变差系数。

（3）计算偏度系数。

4. 假设某公司有两个分别储藏其原材料和产成品的仓库 A 和 B，A 仓库发生盗窃的概率为 0.09，B 仓库的相关概率为 0.07，由于该公司的产成品价格相比原材料高得多，所以 B 仓库发生大规模盗窃的概率为 0.7，而 A 仓库的相关概率只有 0.4，试问：该公司仓库发生大规模盗窃的概率是多少？

5. 离散型变量和连续型变量的区别是什么？表示这两种变量的最常用的理论分布分别是什么？概述这两种分布各自的主要参数。

第五章
对付风险的方法

本章知识结构

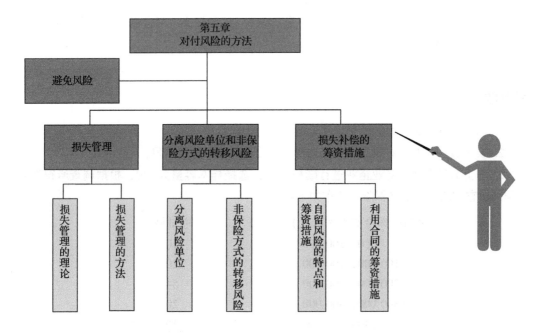

本章学习目标

● 掌握避免风险、非保险方式的转移风险和自留风险等对付风险的方法各自的特点及适用情形；

● 了解自留风险的筹资措施的资金准备形式及各自的适用范围。

第一节　避免风险

风险是可以避免的。例如，我国保险公司为了避免巨额赔偿的风险，将地震列为财产保险保单中的除外责任。又如，在城市规划、大型水库和堤坝的建设、核能利用设施的兴建等决策过程中，都在可行性研究中充分重视对风险的评价，如果发现建设方案中潜伏着引发巨大损失的风险时，必须慎重对待。如果没有有效的措施消除或转移风险，就应考虑放弃该项计划。例如，由美国联合碳化物公司建立的印度博帕尔农药厂因发生毒气泄漏事故造成 2 万

> 在风险识别和分析、风险衡量工作完成以后，若风险管理人员发现某些风险发生损失的可能性很大，或者一旦发生损失则损失的程度很严重时，可以采取主动放弃原先承担的风险或完全拒绝承担该种风险的行动方案，这就是避免风险。

人死亡、20 万人中毒的惨剧。后来的调查发现，把生产剧毒化学品的工厂建在人口稠密的地区本身就是个重大的决策错误。当初决策时，从避免风险的角度来看，该农药厂在选址时就应该避开人口密集区，从而避免这一场悲剧的发生。

如果单纯地从处置特定风险的角度来看，避免风险自然是最彻底的方法，避免风险可以将损失发生的可能性降为零，完全避免了可能造成的损失。当损失风险大而又无法转移时采取避免风险的措施无疑是明智之举。但需要注意的是，避免风险的决策应放在某项工作的计划阶段确定，以避免前期人工浪费或中途改变方案的不便。

避免风险是对可能造成损失的活动采取规避的态度，这种不作为的态度无疑有它的局限性，从而限制了避免风险这一处置风险方法的适用范围。具体来说，有以下几点原因：

1. 某些风险是无法避免的，如地震、海啸、暴风等自然灾害对人类来说是不可避免的。

2. 风险的存在往往伴随着收益的可能，避免风险就意味着放弃收益。在现代经济社会中商品经济相当发达，而任何一种经济行为都必然存在一定的风险。风险和收益一般是成正比例的，要获得巨额的收益，就必须承担很大的风险。

3. 在采用改变工作性质或方式的措施来避免某种风险时，很可能产生另一种风险。例如，某人为避免飞机坠毁的风险而改乘火车旅行，但从行驶相同路程的意外事故的死亡率来看，乘火车和乘飞机的风险是一样的。

从上述分析不难发现，避免风险适用于以下几种情形：损失频率和损失程度都有较大的特定风险；损失频率虽不大，但损失后果严重且无法得到补偿的风险；采用其他风险管理措施的经济成本超过了进行该项经济活动的预期收益。

第二节　损失管理

由于避免风险固有的局限性，它的使用在风险管理中受到很大的限制。作为风险管理的措施之一，损失管理得到非常广泛的应用和高度的重视。

一、损失管理的理论

损失管理的目标分为两种：一是在损失发生之前，全面地消除损失发生的根源，尽量减少损失发生频率；二是在损失发生之后努力减轻损失的程度。

> 损失管理是指有意识地采取行动防止或减少灾害事故的发生以及所造成的经济及社会损失。

由于着眼点不同，所采用的措施也有所差别。例如，对汽车司机加强安全教育和驾驶技能的培训可以有效地减少车祸发生的频率，而快速的紧急救援服务则是减轻车祸所致损失程度的

一种重要的手段。我们用一个链式过程说明损失管理的两个目标：

$$\boxed{\text{损失根源}} \rightarrow \boxed{\text{减少风险因素}} \quad \boxed{\text{减轻损失}} \rightarrow \boxed{\text{救助}}$$

在链中的第一环，损失管理可以从损失产生的根源入手。例如，在建筑物建设时就增加其防火性能，在机场或火车站等场所入口进行必要的票检。第二环强调对可能受损的标的物进行持续的检查以减少风险因素。例如，监督员工遵守安全规章制度。第三环说明一旦意外事故发生，应尽力使损失最小化，这包括准备必要的器械和设备及现场的快速有序反应。在最后一环中，有效的救助行动可在损害造成后达到损失管理的目的，如全力抢救受伤的人员，尽快运送救援物资。

（一）海因里希的人为因素管理理论

关于损失管理存在着不同的理论，其区别主要表现在对风险因素解释的侧重点有所不同。一种理论认为，损失管理应重视人为因素管理，即加强安全规章制度建设，向员工灌输安全意识，以杜绝容易导致事故的不安全行为。这种观点的代表人物是美国学者海因里希（H. W. Heinrich）。

海因里希研究了20世纪20年代发生在美国的许多工业事故，发现其中80%的意外事故都是由于工人的不安全行为导致的，而其余的则归因于其他因素，如有缺陷的机械设备。他把意外事故的发生图解为一系列因素的连续作用，提出了著名的多米诺骨牌理论（见图5-1）。

图5-1中的五张骨牌分别代表构成意外伤害的五个关键阶段。社会环境可能影响一个人的性格、工作态度及工作

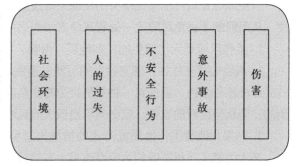

图5-1　多米诺骨牌理论

方式；人的过失是指因人的工作态度、认识能力局限可能造成的不安全行为；不安全行为则是人的过失的直接表现，也是造成意外事故的直接原因，最终导致伤害的后果。以上五个阶段的连续作用和相继发生是造成意外伤害的整个过程，缺一不可。如果消除前面几环中的任何一个，伤害即可避免。海因里希认为减少意外伤害事故的最容易的方法是消除人的不安全行为。

（二）哈顿的能量破坏性释放理论

另一种理论认为，损失管理应重视机械或物的因素的管理，即为人们创造一个更为安全的物质环境。1970年，美国公路安全保险学会会长哈顿（W. Haddon）提出了一种能量破坏性释放理论，他认为人员或财产损失基本上都是能量的意外破坏性释放的后果，如飓风、闪电、火灾、车祸等。为了预防或减少意外伤害，他列举了10种控制能量破坏性释放的策略：

1. 防止能量的聚集，如禁止工人爬到可能摔伤的高度。
2. 减少已聚集的可能引发事故的能量，如减少被允许爬到高处的工人的人数。
3. 防止已聚集能量的释放，如安装护栏防止从高处坠落。
4. 减慢能量释放的速度，如想办法降低工作位置的高度，使用限制能量释放速度的缓冲

装置。

5. 从时间或空间上把释放的能量与易损对象隔离开，如用道路护栏分隔行人与机动车辆、遇大雾天气时关闭机场和高速公路。

6. 用物质屏障达到能量与易损对象的隔离，如要求工人穿戴安全靴、护目镜。

7. 改变接触面的物质以减少伤害，如打磨毛边、尖点等。

8. 加强易损对象对所释放能量的抗护能力，如提高建筑物的防火性能、接种疫苗以增强人体的抵抗力。

9. 减轻发生的事故的损害，如安装自动喷水灭火系统、配备紧急医疗救护设备。

10. 事故后的恢复或复原措施，如残疾工人的康复、受损设施的修复或重置。

通过分析海因里希和哈顿的观点，可以看出他们是从不同的角度来认识同一对象。确实，大多数意外事故和损失涉及人的行为，把人的过失和不安全行为作为意外事故和损失的一个重要原因的说法是有道理的。但是，任何事情都具有两重性，人的活动不可能脱离物质环境，在研究意外事故和损失时，也不应该忽视物质因素在其中的影响。哈顿从不同种类的损失中归结出一种最具普遍性的因素或力量，即能量，继而以此为基础发展了他自己的理论。从风险管理的目标看，这两种观点并不矛盾。

二、损失管理的方法

（一）防损措施和减损措施并重

损失预防措施能够减少损失发生的频率，它可分为纯预防措施和保护措施，前者着重消除造成损失的原因，后者试图保护处于危险环境下的人或物。损失预防的措施多种多样，而且与所要防止的损失种类有关。例如，通过提高产品质量、选择信誉好的经销商、严格审查产品广告中的明示保证，就能减少产品责任损失。又如，消灭潜在的火源，以耐火、阻燃材料代替易燃材料则可以消除火灾隐患。

损失预防的观念应贯穿一个企业生产经营活动的全过程，在项目的计划、试验、投产、销售各个环节都必须加强防损工作，以期投入较少的费用获得较大的安全效益和经济效益。

在意外事故发生后，需要采用减损措施，以减轻损失的程度和不利后果，即尽力保护受损财产的价值和受伤人员的身体机能。例如，安装自动喷水灭火装置的目的是在火灾发生时立即控制火势蔓延，以减少火灾造成的损失。又如，营救遇难船只和打捞沉船都能减少海难造成的损失。

（二）人为因素和物质因素兼顾

经济活动的主体是人，绝大多数意外事故损失都与人的行为过失有直接或间接的联系。工作人员的粗心大意、缺乏专业技术知识、责任心不强、缺乏防灾防损意识等，都构成意外事故损失的风险因素，直接导致损失发生或增加损失程度。现代的损失管理越来越重视对人为因素的管理。其主要管理手段是加强对员工的安全教育，内容包括：安全法制教育，如宣传国家颁布的安全法规和企业自己制定的安全规章制度；风险知识教育，如讲解工作岗位上存在着哪些事故风险；安全技能教育，如通过实践掌握安全操作方法，养成良好和安全的作业习惯，掌握简单的施救技能。

除了加强安全教育外，风险的物质因素绝不容忽视，这需要加强安全工程管理。例如，置换有缺陷的电线、淘汰性能差的汽车、改进公路交叉口的设计。又如，导致油库爆炸的风险因素有油气浓度达到爆炸极限、火源存在、监测器失灵。为了防止油库爆炸，可采用的工程措施有：密封油罐减少汽油漏油，配足排风扇以保持油气的低浓度，定期检查可燃气体监测器，控制火源，杜绝明火等。

（三）加强系统安全的观念

应用系统安全这种概念，在风险管理工作中，一家企业将被视做一个完整的系统，而不是只把可能受损的标的物作为一个个割裂的分析对象。系统安全的概念最初是在 1962 年由美国空军当做工程规范提出的，旨在保证兵器系统的成功运作。系统安全要求把一家企业的各个工作部分同时纳入考察范围，如工厂坐落的位置、照明、噪声、通风排气、机器设计、保护措施及操作规范。安全系统工程应用系统工程的原理和数理方法，如事故树、概率统计和运筹学等工具，分析潜在的缺陷之间的关系及后果，作出定量和定性分析，预测事故发生的可能性，然后采取相应的安全措施。这样，大范围的损失管理方案就可以实施。显然，安全系统工程方法是从人为因素和物质因素两方面入手，以防止损失的发生和减轻损失后果。

第三节　分离风险单位和非保险方式的转移风险

分离风险单位（Segregation of Exposure Units）和非保险方式的转移风险也是对付风险的方法。

一、分离风险单位

风险可以定义为预期损失与实际损失之间的差异，可以延伸为预期损失越接近实际损失，风险就越小。如何增强预期损失的可靠性呢？概率论的大数法则从理论上提供了一种方法，即增加风险单位的数量。风险单位尤其是同质风险单位数量越多，对未来损失的预测就越接近实际损失。从具体实现的途径来区分，有两种分离风险单位的方法。

（一）分割风险单位

分割风险单位（Separation of Exposure Units）是将面临损失的风险单位分割，即"化整为零"，而不是将它们全部集中在可能毁于一次损失的同一地点，即"不要把你的鸡蛋放在一个篮子里"。例如，大型运输公司分几处建立自己的车库，巨额价值的货物要分批运送，在几家工厂生产同一部件，在一幢建筑物内建造防火墙。这种分割客观上减少了一次事故的最大预期损失，因为它确实增加了独立的风险单位的数量。

（二）复制风险单位

与分割风险单位的方法不同，复制风险单位（Duplication of Exposure Units）是增加风险单位数量，不是采用"化整为零"的措施，而是完全重复生产备用的资产或设备，只有在使用的资产或设备遭受损失后才会把它们投入使用。例如，企业设两套会计记录、储存设备的重要部件、配备后备人员，在不同区域建立数据中心，保护数据资产安全。

上述分离风险单位的两种方法一般都会增加企业费用开支，有时作为对付风险的方法并不实用。例如，中小企业很少会建造两个相同的仓库。虽然增加风险单位可以减少一次损失的损失程度，但也会增加损失频率。

二、非保险方式的转移风险

非保险方式的转移风险的承担者不是保险人，一般可通过以下三种途径转移风险。

（一）转移风险源

从风险来源分析，一般有两种情况：一是拥有的财产遭受损失；二是在从事生产或经营活动中使

> 转移风险是将自己面临的损失风险转移给其他个人或单位去承担的行为，非保险方式的转移风险的实现大多是借助于协议或者合同，将损失的法律责任或财务后果转由他人承担。

他人的财产遭受损失或人身受到伤害，要负赔偿责任。因此，转移风险源（财产或活动）的所有权或管理权就可以部分或全部地将损失风险转移给他人承担。具体来说，可以采用以下几种方式转移风险源。

1. 出售承担风险的财产，同时就将与财产有关的风险转移给购买该项财产的人或经济单位。例如，企业出售其拥有的一幢建筑物，该幢建筑物所面临的火灾风险也就随着出售行为的完成转移给它的新的所有人了。这种出售有些像避免风险的放弃行为，但区别在于风险有了新的承担者。还必须注意，有时出售行为不能完全转移与所售物品有关的损失风险。例如，家用电器出售给消费者后，并不能免除制造商或销售商的产品责任风险。

2. 财产租赁可以使财产所有人部分地转移自己所面临的风险。财产租赁是指一方把自己的房屋、场地、运输工具、设备或生活用品等出租给另一方使用，并收取租赁费。财产租赁过程中可能出现的损失一般包括：有关的物质损失；因财产受损而引起的租金损失或贬值；由财产所有权、使用权引起的对第三者的损失赔偿责任。如果租赁协议中规定租借人对因过失或失误造成的租借物的损坏、灭失应承担赔偿责任。那么，出借人就将潜在的财产损失风险转移给了租借人。

3. 建筑工程中的承包商可以利用分包合同转移风险。例如，如果承包商担心工程中电气项目的原材料和劳动力成本可能增加，就可以雇用分包商承接电气项目。又如，对于一般的建筑施工队而言，高空作业的风险较大，利用分包合同能够将高空作业的任务交给专业的高空作业工程队，从而将高空作业的人身意外伤害风险和第三者责任风险转移出去。

（二）签订免除责任协议

在许多场合，转移带有风险的财产或活动可能是不现实的或不经济的，典型的例子如医生一般不能因害怕手术失败的风险而拒绝施行手术，签订免除责任协议就是这种情况下的一种解决问题的方法。医院在给垂危病人施行手术之前会要求病人家属签字同意：若手术失败，医生不负责任。在这纸协议中，医生不转移带有风险的活动（动手术），而只转移可能的责任风险。对医生而言，风险被免除了。

在日常生活中，能够见到一些意欲免除责任的单方约定，它们是否合法合理可能会引起争议，也许无法达到免除责任的初衷。例如，一家公园在一处危险场地附近贴有告示："危险！"但由于告示不够醒目，而且未采取措施，如设置栅栏，以防止游人靠近，公园方面对发生在此场地的意外伤害事故还是要负一定责任的。

（三） 利用合同中的转移责任条款

在主要针对经济活动的合同中，变更某些条款或巧妙地运用合同语言，可以将损失责任转移给他人。例如，建筑工程的工期一般较长，承包方面临着设备、建材价格上涨而导致的损失。对此，承包方可以要求在合同条款中写明：若因发包方原因致使工期延长，合同价额需相应上调。这就是转移责任条款（Hold-harmless Agreement）。承包方使用这项条款把潜在的损失风险转移给发包方。

转移责任条款的运用相当灵活，无论哪一方都存在着利用此类条款转移责任的可能性。例如，《中华人民共和国民法通则》第一百二十六条规定："建筑物或者其他设施以及建筑物上的搁置物、悬挂物发生倒塌、脱落、坠落造成他人损害的，它的所有人或者管理人应当承担民事责任。"在所有人和管理人是不同的单位或个人时，双方都可以在协议中增加或修改条款，试图将对第三者造成的财产损失和人身伤亡的经济赔偿责任转移给对方。

转移责任条款在运用中的灵活性要求风险管理人员谨慎对待，并重视以下几方面问题：

1. 转移责任条款必须是一个合法、有效合同的有效组成部分。《中华人民共和国民法典》规定，有效的民事法律行为必须不违反法律、行政法规的强制性规定，不违背公序良俗；行为人与相对人以虚假的意思表示实施的民事法律行为无效；一方以欺诈手段，使对方在违背真实意思的情况下实施的民事法律行为，受欺诈方有权请求人民法院或者仲裁机构予以撤销。在运用合同条款转移责任时必须熟悉相关的法律条文，保证合同条款不与法律法规相抵触。例如，有些商场声明在商品售出后的保修期内，只负责对故障商品实行免费修理。而《中华人民共和国消费者权益保护法》中明确规定：在保修期内，若商品修理在两次以上，则顾客有权选择退货。因此，该商场的单方约定成为无效。

2. 可能的费用问题。在合同中使用转移责任条款，例如，把产品责任风险转移给经销商，制造商也许不得不降低供货价格，这可以被视做转移风险的成本。由于对文字含义的理解不同，有时可能会就合同条款发生纠纷或引起诉讼，这也将发生费用开支，而损失风险仍然存在。所以，最好事先就从费用支出和获得的保障两方面权衡利弊。

3. 风险是否真能被转移。转移责任条款主要应用于处理有关财产直接损失或净收入损失的经济责任，也有些是有关人身的伤害责任，而且相当一部分是试图转移对第三者应负的经济赔偿责任。如果合同双方是潜在风险的可能致害方和可能受害方，转移责任条款一旦被接受就意味着双方对未来权利和义务的承诺。如果欲转移的风险是合同一方或双方对第三者损害的责任，那么实质上被转移的是损害责任的财务后果而非法律责任。例如，一份合同规定：乙方在作业时，由于疏忽而造成第三者人身伤亡或财产损失，由乙方承担责任。当乙方接受此条款为甲方施工时，并不意味着能免除甲方对由于乙方疏忽而造成的第三者损害应负的赔偿责任。对甲方而言，要切实避免这种风险对自身财务状况的影响，应确认乙方有能力支付一旦发生损失后的赔偿金，否则转移风险就没有实际意义。有时甲方只有在赔偿受损害的第三者后再向乙方索赔，若乙方的财产少于赔偿金额，甲方最多也只能得到乙方的全部财产，其差额部分由甲方自己承担。

第四节　损失补偿的筹资措施

避免风险、损失管理、非保险方式的转移风险都属于"防患于未然"的方法，即在损失发生之前尽可能地减少损失发生频率及减轻损失程度。避免风险从根本上杜绝了风险的存在，而其他对付风险的方法不可能消除风险的存在。既然如此，风险管理的任务并未完成。一旦发生损失应如何应付以保证本企业的正常运行和继续发展呢？在经济损失由不确定变为确定的事实后，受损企业恢复正常运行的有效经济手段是获得足够的资金补偿。这是风险管理的另一类方法。

一、自留风险的特点和筹资措施

与避免风险、转移风险不同，自留风险是指面临风险的企业或单位自己承担风险所导致的损失，并做好相应的资金安排。

（一）自留风险的特点

1. 自留风险的实质是当损失发生后受损单位通过资金融通来弥补经济损失，即在损失发生后自行提供财务保障。

2. 自留风险也许是无奈的选择。任何一种对付风险的方法都有一定的局限性和适用范围，其他任何一种方法都无法有效地应用于处理某一特定风险，或者处理风险的成本太高，令人无法接受。在这样的情况下，自留风险就是无可奈何的唯一选择。例如，在航天技术发展初期，运载火箭的爆炸损失风险时刻威胁着人们，所有可能的安全措施并不能保证绝对安全，而统计资料的匮乏又使保险公司对火箭的爆炸风险望而却步，不愿接受投保，这时自留风险成为必然使用的方法。

3. 自留风险可分为主动的、有意识的、有计划的自留和被动的、无意识的、无计划的自留。风险管理人员识别了风险的存在并对其损失后果获得较为准确的评价和比较各种管理措施的利弊之后，有意识地决定不转移有关的潜在损失风险而由自己承担时，这就成为主动的、有计划的自留风险。

被动的、无意识的、无计划的自留风险一般有如下两种表现：一是没有意识到风险存在而导致风险的无意识自留；二是虽然意识到风险的存在，但低估了风险的程度，怀着侥幸心理而自留了风险。这种自留风险行为并没有预先作好资金安排。

4. 按自留风险的程度可分为全部自留风险和部分自留风险。损失频率高、损失程度小的风险最宜于主动采取全部自留风险，而部分自留风险应当和其他方法一起运用，例如，购买带有免赔额的保险。

（二）自留风险的筹资措施

在确定自留风险的资金安排时，主要考虑以下因素：资金的来源、对损失的补偿程度、损失时补偿资金来源的变现性等，下面介绍几种不同的资金准备形式。

1. 现收现付。对较频繁的小额损失，可将其在一个较短时期内摊入生产或营业成本，用现有的收入来补偿损失，而不做专门的资金准备。然而，当发生较大金额的意外损失时，需要考虑企业是否有足够的资金来应对，如果损失在不同年度里波动很大，企业可能被迫在不利的情况下变卖资产，以便获得现金来补偿损失。此外，企业的损益状况也有可能发生剧烈波动，因此现收现付方法有很大的局限性。

2. 非基金制的准备金。因为无法预测风险何时发生，且一旦发生损失程度较大的风险，现收现付方法无法提供足够的资金补偿，企业可以在会计年度初期预提一笔意外损失准备金，以备不时之需。企业每年能够拨出多少资金用做意外损失准备金，要根据历年损失资料来确定，并取决于企业的年净现金流量情况，即超过成本的收入盈余有多少。财务实力和管理者的主观判断也会影响到准备金提存的数量。

3. 专用基金。企业可以为不同的用途建立专用基金，如设备更新改造基金、坏账备抵。为了应付巨额损失风险，企业可以从每年的现金流量中提取一定金额，逐年累积，以形成意外损失专用基金。采取建立专用基金的方法，企业能够积聚较多的资金储备，因而能自留更多的风险。另外一个好处是，企业通过在利润"丰收年"提存较多的专用基金，来应付未来的巨额损失风险，以平稳度过损失较多所造成的利润"歉收年"。意外损失专用基金即是通常所说的"自保基金"，它有一个不足之处是，在许多国家这种基金是需要纳税的，而所交付的保险费却是税前列支的。

所以，建立此项专用基金的财源一般是税后的净收入。这一缺陷也说明了为什么许多大公司要设立自己的专业自保公司。

4. 专业自保公司。它原指由非保险企业拥有或控制的保险公司，向母公司及其子公司提供保险，后来的含义则有所扩大。虽然它的起源很早，但现在世界上6 000多家专业自保公司大多数都是在20世纪70年代开始由美国建立的，而且发展异常迅速。设立专业自保公司的公司一般都是规模很大的企业，而且集中在能源、石化、采矿、建筑材料等行业。关于专业自保公司的情况将在本教材第八章专门论述。

5. 借入资金。当意外损失发生后而企业又无法从内部筹措到足够的资金度过财务危机时，一种可能的选择是从外部借入资金，如使用应急贷款或特别贷款。

（1）应急贷款。在未发生损失时，可以与金融机构就未来可能发生的损失达成应急贷款的协议，放款人承诺一旦发生意外损失将及时提供必要的资金，贷款金额、还款条件在协议中预先商定。当某些风险投保的费率较高而事故发生的可能性较小时，应急贷款协议具有较保险更多的优点。然而，为了获得应急贷款，借款人必须支付较多的利息。当损失发生后造成借款人的资产减少时，如何偿还贷款和利息又将成为企业的沉重负担。

（2）特别贷款。它是在较大的损失事故发生后企业采取的临时借贷行为。受损后，企业的贷款信誉可能降低，这给借贷成功带来一定的困难。即使借贷成功，由于需求的迫切，也将导致贷款利率提高或附有其他苛刻的贷款条件。

（三）确定自留风险时所要考虑的因素

自留风险与保险各具特色，究竟选择哪种对策或者如何优化组合这两种方法，必须考虑以下因素。

1. 成本与服务相比较。购买保险可以达到转移风险的目的，但投保人必须支付保费，保费中除相当于期望损失的纯保费以外，还包含附加保费，如营业费用、利润等。选择自留风险，企业节约的是部分或全部的附加保费，但同时也部分或全部地失去了保险人所能提供的良好的服务，如防灾防损服务。风险管理人员需要在节省附加保费或获取保险人的服务这两个备选方案中作出选择。

2. 期望损失与财务实力相适应。选用自留风险的前提是预期损失值与企业的最大财务承受能力相适应。这就要求风险管理人员能够对两者作出较准确的预测，如果企业对未来的损失预测缺乏把握，或者预期损失超出财务能力，那么一个谨慎的对策还是投保商业保险。若企业对一定额度内的损失有较好的承受能力，可把超过额度的损失转移出去时，则可以购买超额损失保险，即将保险与部分自留风险结合起来。

3. 机会成本的影响。购买保险要求在年度初始就缴付保费，而损失发生的可能往往要滞后一段时间，这就使企业失去了在这段时间内的投资收益，即保险的机会成本。如果企业对投资回报有较大的信心，就可能选择自留风险。例如，某企业年初支付保费23.5万元，3个月、6个月、9个月后分别从保险公司获得赔偿8万元，总计获赔款24万元。但如果企业能够取得的资金年收益率为12%，那么各次损失赔付的现值分别为77 670元、75 472元、73 394元，现值总额为226 536元。因此，如果该企业不投保而是自己承担损失开支，那么保险公司赔款与保费的差额为8 464元。因此，机会成本是选择对付风险方法时所必须考虑的重要因素。

二、利用合同的筹资措施

当企业面临某些损失风险而又担心损失发生后自己无力筹集所需资金时，可以事先与其他企业签订合同，以期求得必要的损失保障，这种性质的财务安排有以下几种方式。

（一）保证合同

保证合同分为合同保证和忠诚保证。在建筑工程合同中，一方业主为转嫁另一方承包商因不履行其义务而使业主遭受损失的风险，可以要求承包商提供履约保证。忠诚保证是保证当被保证人发生不诚实行为，如盗窃、诈骗、隐匿、伪造，致使另一方雇主遭受损失时，由保证人负赔偿责任。

（二）商业保险合同

商业保险为风险管理人员提供了一种行之有效、用途广泛的转移风险的方法，鉴于它在风险管理中的重要作用，将在下一章加以专门论述。

（三）融资租赁合同

在财产租赁合同中，出租人和承租人经常会就出租物的质量责任、维修保养责任、损坏责任等问题发生纠纷。为了避免此类责任风险，出租人可以使用融资租赁合同，即出租人根据承租人的租赁要求和选择，出资向供货商购买租赁物，并租给承租人使用，承租人支付租金，并可在租赁期届满时，取得租赁物的所有权或续租或退租。

利用融资租赁合同，出租人的最主要义务是为承租人融通资金，购买租赁物，而对租赁物的质量责任、维修保养责任、损坏责任等一概不予负责。对承租人来说，主要是从其他渠道取得资金以保证正常经营。对出租方而言，既取得了租赁财产的租金收入，又避免了租赁财产的损失风险责任。

本章重要概念

避免风险　损失管理　转移风险　自留风险　分割风险单位　转移责任条款
融资租赁合同

思考题

1. 试比较避免风险、非保险方式的转移风险和自留风险各自的特点及适用情形。
2. 概述海因里希和哈顿的损失管理理论。
3. 如何减少人为因素造成的损失？
4. 自留风险的资金安排有哪些形式？各自的适用范围是什么？
5. 确定自留风险时要考虑哪些因素？

第六章
保　　险

本章知识结构

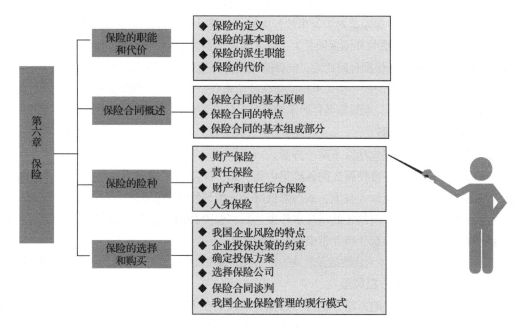

本章学习目标

● 了解保险的职能、保险合同、保险险种等一些保险的最基础知识；

● 掌握企业保险管理的一些最基本知识；

● 理解保险的运作原理。

第一节　保险的职能和代价

风险管理的程序包括识别、评估、应对和监控四个主要步骤。保险是风险管理应对这一环节 { *保险是一种通过转移风险来对付风险的方法。*

的重要方法之一，自然风险管理的范围大于保险。在风险管理中讲保险，主要是从企业或家庭的角度来介绍保险，以及怎样购买保险。

一、保险的定义

现代保险学者一般从两方面来解释保险：从经济角度上讲，保险是分摊灾害事故损失的一种财务安排。许多人把损失风险转移给保险组织，由于保险组织集中了大量同质的风险，所以能借助大数法则来正确预见损失发生的金额，并据此制定保险费率，通过向所有成员收取保险费来补偿少数成员遭受的意外事故损失。因此，少数不幸成员的损失由包括受损者在内的所有成员分摊。从法律意义上讲，保险是一方同意补偿另一方损失的合同安排，同意赔偿损失的一方是保险人，被赔偿损失的一方是被保险人。保险合同就是保险单，被保险人通过购买保险单把损失风险转移到保险人。这样对保险释义是比较完整的，因为它至少揭示了保险的三个最基本特点：（1）保险具有互助性质，这是就分摊损失而言的；（2）保险是一种合同行为，这是指保险双方订立合同；（3）保险是对灾害事故损失进行经济补偿，这是保险的目的，也是保险合同的主要内容。《中华人民共和国保险法》（以下简称《保险法》）把保险的定义表述为："本法所称保险，是指投保人根据合同约定，向保险人支付保险费，保险人对于合同约定的可能发生的事故因其发生所造成的财产损失承担赔偿保险金责任，或者当被保险人死亡、伤残、疾病或者达到合同约定的年龄、期限等条件时承担给付保险金责任的商业保险行为。"

二、保险的基本职能

保险的基本职能主要包括以下两个方面。

风险分担：通过将许多投保人的风险集中到一起，保险公司能够将单个投保人可能面临的巨大损失分散到所有投保人身上，从而降低每个人的风险负担。

经济补偿：在保险合同约定的风险事件发生后，保险公司根据合同规定给予投保人或受益人经济补偿，以减轻因意外事件带来的经济损失。

保险的基本职能可概述为用收取保险费的方法来分摊灾害事故损失，以实现经济补偿的目的。

（一）分摊损失或分担风险

保险是一种分摊损失的方法，这种分摊损失是建立在灾害事故的偶然性和必然性这种对立统一基础上的。对个别投保单位和个人来说，灾害事故的发生是偶然的和不确定的，但对所有投保单位和个人来说，灾害事故发生却是必然的和确定的。保险机制之所以能运转自如，是因为被保险人愿意以缴付小额确定的保险费来换取大额不确定的损失补偿。可用一个简单例子说明保险分摊损失的职能。假设有 500 个渔民联合组成一个风暴保险社。每个渔民的船只平均价值为 20 000 元。以往的年平均风暴损失总额为船只总价值的 2%。由此可知：

$$船只价值总额 = 20\,000 \times 500 = 10\,000\,000\ （元）$$

$$预计的损失总额 = 10\,000\,000 \times 2\% = 200\,000\ （元）$$

$$每个渔民分摊的损失额 = \frac{200\,000}{500} = 400\ （元）$$

$$\begin{aligned}每百元财产价值\\分摊的损失额\end{aligned} = \frac{损失总额}{以每百元财产价值表示的损失风险单位数}$$

$$= \frac{200\,000}{100\,000} = 2\ （元）$$

换句话说，500 个渔民每人缴付 400 元来分摊预计的 20 万元风暴损失。如果每艘船的价值不同，则每个渔民可以按 100 元船只价值缴付 2 元保费的标准来分摊预计的 20 万元损失。虽然上述例子是不现实的，它假定没有费用支出，实际损失等于预计损失，没有投资收入，但也能说明保险分摊损失的职能。若考虑其他因素，费率构成要素大致如下：预计的损失赔付 + 经营费用 + 未预料到的损失准备金 – 投资收益。

保险分摊损失职能的关键是预计损失，运用大数法则可以掌握灾害事故发生的规律，从而使保险分摊损失成为可能。大数法则是保险合理分摊损失的数理基础。

大数法则在保险经营中的意义是，风险单位数量越多，实际损失的结果会越接近无限风险单位数量的预期损失。因此，保险公司通过集合大

> 根据大数法则，当试验次数不断增加、事件发生的频率趋近某一个常数时，其差额逐渐接近于零。

量同质风险单位可以使在保险期内收取的保险费和损失赔偿及其他费用开支相平衡。换言之，当风险单位增加时，平均损失的标准差 $\sigma \overline{X}$ 会减少。用公式表示即

$$当\ n \rightarrow \infty\ 时, \sigma \overline{X} = \frac{\sigma X}{\sqrt{n}} \rightarrow 0$$

预期的损失将变为没有偏差的必然事件。这也意味着保险人对保险费的估计变得精确，个别和少数保险标的受损的不确定性变为多数保险标的可预见的损失。

（二）经济补偿

按照保险合同，对遭受灾害事故损失的单位和个人进行经济补偿是保险的目的。分摊损失是经济补偿的一种手段，没有分摊损失就无法进行保险补偿，两者相互依存。

需要说明的是，经济补偿职能主要就财产和责任保险而言，人身保险存在非补偿成分，因为人的生命价值不能以货币表示。再则，许多种人身保险具有返还的储蓄性质，人身保险的补偿一般称为给付保险金。

三、保险的派生职能

保险的派生职能也包括以下两个方面。

资金融通：保险公司通过收取保费积累资金，并将其用于投资，从而促进社会资金的有效配置和经济的发展。

社会保障：保险为个人和家庭提供了在意外或不确定事件发生时的经济保障，有助于维护社会稳定，提升整体社会福利水平。

（一）投资或资金融通

投资是保险经营的重要组成部分。保险资金运动大体上经过三个阶段：保险费收取、准备金的积累和运用、经济补偿。鉴于保险费是预付的，保险赔偿责任要在整个保险期内履行，加上损失发生与赔付之间存在间隔、历年赔付率波动、巨灾损失的可能性等因素，保险公司要提留各种准备金。运用暂时闲置的大量准备金是保险资金运动的重要一环，投资能增加收益和增强赔付能力，使保险资金进入良性循环。

（二）防灾防损或社会保障

从广义上说，防灾防损是社会的共同任务，社会上还有不少专职的防灾防损部门，如公安消防、交通安全、生产安全、劳动保护、防震、防汛和防洪部门。但防灾防损也是保险经

营的重要手段，保险公司参与防灾防损工作的特点是积极配合所有防灾防损主管部门和单位搞好这项工作，这是由保险经营的特点所决定的。首先，保险公司的日常业务，从承保、计算费率到理赔都是与灾害事故打交道，掌握了财产的设置分布和各种灾害事故损失的统计资料，对灾害事故的原因进行分析和研究，从而积累丰富的防灾防损工作经验，保险公司有积极参与各种防灾防损工作的社会责任。其次，减少灾害事故损失能相应减少保险的赔付，从而增加保险资金积累和降低费率，保险公司从自身的经济利益出发也会加强防灾防损工作，并乐于花费资金宣传防灾防损和向防灾防损部门投资。最后，保险公司可以通过业务经营来促使投保单位和个人重视防灾防损工作。例如，我国财产保险合同基本险条款规定：被保险人应当遵照国家有关部门制定的保护财产安全的各项规定，对安全检查中发现的各种灾害事故隐患，在接到安全主管部门或保险人提出的整改通知书后，必须认真付诸实施。除了保险合同条款外，保险公司还可以在费率上鼓励投保单位和个人加强防灾防损工作。

把防灾防损列为保险职能之一，有助于把防灾防损放到经营中的重要位置，使保险和防灾防损紧密结合。保险赔偿只是分摊灾害事故损失，但整个社会仍受到危害，只有防灾防损才能减少灾害事故给社会带来的损失。因此，保险经营不能仅着眼于"赔"字，以赔诱保，而是要在"防"字上大下功夫，保户参加保险的心理只是预防万一，他们宁可保险费白缴，也不希望灾害事故发生。保险公司既管"赔"又抓"防"，也有助于改变有些人对保险公司的偏见，使社会公认保险公司是防灾防损工作中不可缺少的一个综合部门。

在保险业发达的国家里，一些大公司除了经营传统的承保、投资业务外，还向投保的企业提供损失管理服务。这也与企业购买保险希望从保险公司取得管理服务的意向相吻合。某保险公司下属的损失管理服务公司所提供的损失管理服务如下。

某损失管理服务公司主要业务项目是风险管理的咨询，根据风险管理的基本原理，派员深入企业调查分析潜在的损失风险，评价企业的风险管理计划，提出费用合理的替代方案和损失管理措施。此外，该公司还使用电子计算机数据系统向客户提供用来分析损失原因和后果的信息，以及提供建筑物重置价值的计算服务。具体经营的项目如下。

1. **职业健康**。该公司通过使用先进的抽样检测设备，对工作场所的煤气、烟雾、灰尘、噪声等潜在健康危害因素进行检测。通过这些检测，公司能够评估环境中的有害物质和噪声水平。随后，公司会根据检测结果提出改善工作环境的建议，以减少员工的健康风险，提升工作场所的安全性。公司还拥有一个设备齐全的环境卫生实验室，占地370平方米，为检测和分析提供了强大的技术支持。这些服务有助于企业维护员工的健康，符合职业安全与健康管理的要求。

2. **火灾**。该公司提供火灾调查、纵火侦查以及灭火系统评价等服务，旨在帮助企业和机构有效预防火灾事故，并在事故发生后进行全面调查。火灾调查涉及确定火灾原因和发展过程，而纵火侦查则专注于识别和查明人为纵火的证据。灭火系统评价服务通过检查和测试现有的灭火设备和系统，确保其在紧急情况下的有效性。公司的防火专家都已取得国家消防协会的认证，这表明他们具备专业资质和能力，能够提供高标准的防火和应急服务，帮助客户降低火灾风险，保障人员和财产安全。

3. **产品责任**。该公司提供产品责任损失控制服务，配备各工程学科的专家，帮助企业评价厂址选择、生产规模，还能协助企业改进质量管理计划，从产品责任和安全角度设计和更新产品，检查合同、商标等。

4. 航空安全。该公司有懂得飞行、飞机构造及维修保养的驾驶员、工程师和技工，可向航空业提供损失管理的技术性服务，如机场安全调查、飞行训练设施评价、各种型号飞机的安全检查、航空事故调查和索赔管理。

5. 海洋运输。在海洋运输领域，该公司提供专门的防损服务，旨在减少海上运输中的损失风险。公司的防损专家分布在国内各主要港口，负责调查和评估与海上运输相关的潜在风险。他们为托运人和承运人提供一系列咨询服务，包括进出口货物的包装、装卸、储存的最佳做法，以确保货物在运输过程中安全无损。此外，防损专家还对船舶和码头设施进行评估，确保它们符合安全标准，减少事故发生的可能性。通过这些服务，公司帮助客户识别和降低运输过程中的各种风险，确保将货物安全高效地运抵目的地，进而减少赔付和损失，提高运营效率和客户满意度。

6. 机动车辆。该公司经营机动车辆损失管理服务已有多年历史。由于该国社会对汽车依赖程度太大，机动车辆损失管理仍是最重要的防损工作。因此，该公司提供的损失管理方案把重点放在驾驶人员的选择和训练、车辆检修和保养、事故调查上。

7. 建筑业。该公司的建筑业防损专家几乎来自所有种类的建筑部门，他们分别具有核电站、化工厂、污水处理厂、水坝、桥梁、购物中心和医院的建筑工作经历。损失管理的服务项目包括对工程承包人的建筑程序和施工进行检查，看是否符合全国安全委员会颁布的统一标准和中央、地方政府有关职业安全和健康的法规，还调查管理方针、雇员选择和训练、急救设施、车辆管理、重型设备操作、分包合同等。对承包人的各种责任风险也作出评估，并相应提出各种建议和纠正措施。

此外，该公司还为医疗机构、职业责任、劳工工伤等设计损失管理方案。

正因为保险还具有投资和防灾防损这两种派生职能，对保险公司人员要求的知识密集程度要高于其他行业，而且它在提供多种多样的就业机会方面也胜过其他行业，除了传统的推销、承保、理赔工作外，该行业还能向数学家、医生、护士、电脑专家、工程师、工业卫生学家、生物学家、化学家、生产和技术设备安全调研人员、建筑物和汽车安全设计人员、律师、会计师、投资专家和经济学家等提供就职机会，从而使保险业成为最吸引人的职业之一。

四、保险的代价

保险给社会带来很大效益，也使社会付出代价，但其社会效益大于代价，这些代价是社会为了获得保险效益而必须作出的一种牺牲。

（一）经营费用

保险公司的经营费用一般要占到保险费的20%左右，它包括销售、管理、工资、利润、税收等支出，投保人是以附加保费的形式缴付的。

（二）欺诈性索赔

由于道德危险因素的作用，保险有可能使某些人进行欺诈性索赔。最明显的例子是纵火造成的损失持续增加，此外，有些人谎报自己的珍贵财产被窃，有组织的犯罪集团以得到保险公司赔偿为目的而盗窃汽车。

（三） 对防损工作的疏忽

由于心理危险因素的作用，保险有可能使某些企业疏忽防损工作。心理危险因素比道德危险因素更具有广泛性，"躺在保险上睡觉""着火不救"不乏其例，这要求在保险条款和费率上加以防范。

（四） 漫天要价

保险使一些职业者索价过高。例如，在国外原告的律师在重大责任事故的诉讼案件中的索价经常超过原告的真实经济损失。又如，医生因病人有医疗保险而收取高额费用。

（五） 未投保的损失

有时保险保障范围有限，某些风险可能不在保单覆盖之内。如果发生未涵盖的风险，投保人将承担所有的损失。这种未投保的风险也可以看作是保险的一种代价。

第二节　保险合同概述

一、保险合同的基本原则

保险合同是反映法律通则的复杂的法律文件。保险合同的基本原则包括以下几个方面。

（一） 补偿原则

补偿原则是保险合同最重要的原则。大多数财产保险合同是补偿性合同。补偿性合同具体规定了

> 保险合同是投保人与保险人约定权利义务关系的协议，是保险关系双方订立的一种在法律上具有约束力的协议，协议一方支付对方保险费，另一方在保险标的发生约定事故时，或者约定的期限到达时，承担经济补偿责任或履行给付保险金义务。

被保险人不应该取得多于损失的实际现金价值（Actual Cash Value）的赔偿。规定补偿原则有三个基本目的：一是通过补偿原则，保险合同避免了投保人因索赔而获得额外的经济利益。保险的目的是弥补损失而非盈利，因此投保人在发生保险事故后，不应因赔偿获得超出损失的额外收益。二是减少道德危险因素。如果不诚实的被保险人能从损失中盈利，他们就会以骗取保险赔偿为目的故意制造损失。因此，如果损失赔偿不超过损失的实际现金价值，道德危险因素就会减少。三是激励风险管理。通过限制赔偿金额不超过实际损失，补偿原则激励投保人采取有效的风险管理措施，减少损失。这种激励作用促使投保人注重预防和减轻风险，而不是依赖保险获得超出实际损失的补偿。

实际现金价值 = 重置成本 - 折旧

这种方法考虑到通货膨胀和财产折旧因素。但重置成本减去折旧并不是确定损失金额的唯一方法，在有些情况下，可以使用合理市价（Fair Market Value）作为确定损失金额的基础。一幢建筑物的合理市价可能低于其实际现金价值，这是由于建筑物所在的地段不好，或者由于式样陈旧过时。其他险种也使用不同的补偿方法。在责任保险中，赔偿金额是被保险人在法律上有责任赔偿的实际损害。在营业中断险中，赔偿金额通常是根据利润损失加上企业停产或停业时照常需要的开支计算。在人寿保险中，死亡给付金根据保险单的面额确定。

补偿原则还有以下几种例外情况。

1. 定值保险单。它是一种特殊类型的保险合同，其中保险标的的保险金额在合同签订时

就已经确定，并且在保险事故发生时，无论实际损失金额如何，保险公司都会按合同约定的保险金额进行赔偿。这种保险单通常适用于那些难以准确评估实际损失的情况，或者在损失完全不可修复的情况下使用。定值保险单一般用于承保古董、珍贵的艺术品和祖传动产、遗产。因为有些财产难以确定其损失时的实际现金价值，被保险人和保险人在订立保险合同时就要商定财产的价值。

2. 重置成本保险。重置成本反映了通货膨胀因素。其中保险公司在发生保险事故后，按照修复或重新购买被保险标的物的实际成本来进行赔偿，而不考虑标的物的折旧或市场价值。这种保险的主要目的是确保投保人在损失后能够获得足够的赔偿，以恢复标的物到原有状态。这是因为按实际现金价值确定赔偿金额仍然会使被保险人受到明显的损失，很少个人会对自己的财产作折旧预算。对住宅、建筑物及个人和企业财产都可以采用重置成本保险的方法。

3. 人寿保险。人寿保险合同是一种定额的保险单，在被保险人死亡时，它向受益人给付一笔约定的金额。补偿原则很难应用到人寿保险中，这是因为实际现金价值在确定人的生命价值时毫无意义。

（二）保险利益原则

保险利益存在是保险合同的必要条件，也是保险学的一个基本原理。早期的海上保险法和人寿保险法就禁止签发保险单给没有保险利益的人。保险利益原则规定，投保人对保险标的要具有法律上认可的利益，否则保险合同无效。换言之，如果损失发生，被保险人必须在经济上遭受损失，或者必须遭受其他种类的损害。

鉴于下列原因，保险合同必须要求有一个保险利益。

1. 防止赌博。如果不要求保险利益，保险合同就会变成一个赌博合同。例如，为他人财产投保，并希望早日发生损失。规定保险利益显示了保险合同与赌博的区别。

2. 减少道德危险因素。在人寿保险中，保险利益的规定减少了以取得保险金为目的谋杀被保险人的动机，是对被保险人的保护。在财产保险中，如果任何人都可以对没有实际经济利益的标的物投保，就可能产生投保人故意制造事故以获得赔偿的风险。这个原则通过要求投保人对标的物具有实际的经济利益，有效减少了这种道德风险。

3. 衡量损失。在财产保险中，大多数合同是补偿性合同，赔偿的一个尺度是被保险人的保险利益，被保险人绝不能获得多于保险利益的赔偿金，因为这违反了补偿原则。

（三）代位求偿权原则

代位求偿权是指保险人取代被保险人向第三者索赔的权利。换言之，保险人有权从造成保险标的损害的第三者处取得对被保险人的补偿。例如，假设你在某一天驾车时，被另一辆车碰撞，导致你的车严重受损。经过调查发现，对方司机对事故的发生负完全责任。你的车险公司（保险公司 A）依据你的保险合同，支付了你车辆修理的赔偿金额，假设修理费用为10 000 元。在你获得赔偿后，保险公司 A 利用代位求偿权原则，代表你向造成事故的另一方（对方司机的保险公司 B）追索这 10 000 元的赔偿。保险公司 A 会向对方司机的保险公司 B 提出索赔要求。保险公司 B 审查后确认对方司机负全责，并支付了 10 000 元给保险公司 A。保险公司 A 成功从对方司机的保险公司 B 那里追回了全部赔偿金额。这笔款项用于弥补保险公司 A 之前支付给你的修理费用。保险人在没有作出赔偿之前不能行使代位求偿权，只有在损失已赔偿的情况下，被保险人才给予保险人从过失的第三者处取得补偿的法定权利。

规定代位求偿权的目的是：首先，代位求偿权防止被保险人在同一次损失中取得重复赔偿。在没有代位求偿权的情况下，被保险人从保险人和过失方取得重复赔偿是有可能的，但这违反了补偿原则。其次，代位求偿权使肇事者对损失负有赔偿责任，通过行使代位求偿权，保险人从过失方取得补偿。最后，当保险公司根据保险合同向投保人支付赔偿后，保险公司有权代位投保人向造成损失的第三方追索赔偿。通过这种方式，保险公司可以回收一部分或全部赔偿金额。

（四）最大诚信原则

保险合同是建立在最大诚信原则基础上的，保险合同双方应向对方提供影响对方作出签约决定的全部真实情况。最大诚信原则由三条重要的法理组成：

1. 陈述或告知。陈述是指投保人的陈述。其法律意义在于如果陈述时隐瞒了事实或虚报情况，保险人能宣布保险合同无效。这是因为，如果保险人知道了事实的真相就不会履行保险合同或者按不同的条件订立合同。

2. 隐瞒。隐瞒是投保人没能向保险人揭示重要事实，即投保人对重要事实保持沉默和故意不予泄露。对重要事实隐瞒的法律后果与一次错误陈述相同，保险人有解除合同的选择权。

3. 保证。保证是保险合同中的一项条款，它规定了一种影响风险的事实存在作为保险责任的一项条件。例如，作为减少保险费的条件，一家银行要保证每天 24 小时都有一个警卫值勤。保证一般都是明示保证。在海上保险中也有若干默示保证，如具有适航能力、不改变航道和航程合法性。

规定最大诚信原则的目的是：首先，确保信息全面准确。此原则旨在确保双方都能基于准确和全面的信息作出决策，避免因信息不完整或误导而导致的合同纠纷。其次，防止欺诈行为。该原则有助于防止投保人或保险公司通过隐瞒、虚报或提供误导性信息来获得不正当利益。通过要求完全的诚信，最大限度地减少了保险合同中可能出现的欺诈行为，从而维护了保险市场的公正性。最后，保障公平合理的理赔。

二、保险合同的特点

保险合同具有以下特点。

（一）射幸合同

保险合同是侥幸或碰运气的合同，又称射幸合同，而不是等价交换的合同。保险合同有赖于机会，一方的获益可能与其付出的代价完全不成比例。相反，其他合同是交换的合同，交换的合同是指双方交换的价值在理论上是相等的。

（二）单务合同

单务合同是指只有一方作出在法律上要强制执行的允诺。在保险合同中，只有保险人向被保险人作出在法律上要强制执行的赔付或提供其他服务的许诺。虽然被保险人必须缴付保险费，但在法律上不能强制他们缴付。相反，大多数商业性合同在性质上是双务合同，双方要对另一方作出在法律上要强制执行的允诺。如果一方没有履行许诺，另一方能坚持要求对方履行，或者要求赔偿损失。

（三）　有条件的合同

有条件的合同是指保险人的赔付责任取决于被保险人或受益人是否遵守保险单上的条件，条件是保险单中的条款，它逐条陈述了双方的权利和责任。

（四）　属人的合同

财产保险单是属人的合同，也就是说，它是被保险人和保险人之间的合同。财产保险合同并不承保财产，而是承保财产所有人的损失。既然合同是属人的，投保人必须得到保险公司认可，必须符合有关品质、道德和信用的承保标准。正因为财产保险合同是属人的合同，所以未经保险人同意不准把它转让给他人，如果财产出售给他人，新的财产所有人有可能不符合保险人的承保标准。相反，人寿保险单不必经保险人批准就可以转让给他人。财产保险的损失赔偿可以不必经保险人同意由被保险人转让给他人，但可以规定被保险人要通知保险人。

（五）　要式合同

要式合同是指被保险人必须全盘接受合同的条件，没有与保险人讨价还价的余地，而大多数商业性合同允许商谈合同条件。保险人拟订和印制保险单，被保险人必须接受全部单证，不能要求增加或删除某些条款。

三、保险合同的基本组成部分

（一）　声明事项

声明事项是保险合同的第一部分。它对被保险的财产或生命情况提供陈述，用来识别被保险的财产或生命，并作为承保和费率制定的依据。在财产保险中，它包括保险人的身份、被保险人的姓名、财产所在的地点、保险期、共同保险的比例、免赔额和其他有关的信息。人寿保险单的第一页一般有以下内容：被保险人的姓名和年龄、保险的种类和金额、保险费、出单日期和保险单的编号。

（二）　保险标的

保险标的是指保险合同中所涉及的对象或财产，是保险公司承担风险的基础。例如，如果你为汽车投保，那么汽车就是保险标的。如果你为房屋投保，那么房屋就是保险标的。

（三）　保险价值

保险价值是保险公司对保险标的的价值的刻画，是确定保险金额的前置条件。财产保险的保险价值可以提前约定也可以按重置价值进行衡量。人身保险由于人的生命的特殊性，一般不认为其具备保险价值，只有保险金额。

（四）　保险金额

保险金额是保险合同中约定的保险公司在发生保险事故时，需向投保人或受益人支付的最高金额。这个金额是保单的保障限度。保险金额通常基于投保人选择的保额、保险类型及保单条款来确定。它可以根据需要的保障范围、风险评估或财产价值来设定。

（五）　保险费

保险费是投保人为获得保险保障而定期或一次性支付给保险公司的金额。保险费的大小通常取决于多个因素，包括保险种类、保险金额、保险期限、风险因素、除外责任、附加条款等。

（六）保险协议

保险协议是保险合同的核心部分。该部分总括了保险人的承诺。例如，赔偿属于保险责任范围的损失，提供防损服务，同意在责任诉讼中为被保险人辩护。在保险协议中也载明了损失赔偿的条件。保险协议有两种基本形式：一种是指定保险责任范围。在指定险保单中，只有那些具体规定的损失原因以及损失属于补偿范围。另一种是一切险保险责任范围。在一切险保单中，除了那些具体排除的损失原因及损失外，其他损失都属于补偿范围。虽然一切险保单的费率较高，但它优于指定险保单，因为其保险责任范围广泛。

（七）除外责任

除外责任是指保险合同中明确规定的、保险公司在发生特定情况或条件下不予赔偿的责任范围。这些除外责任是为了限制保险公司的赔付范围，并且明确哪些风险或损失不在保障之内。不同类型的保险合同可能会有不同的除外责任，但一般来说，除外责任可以分为以下几类。

1. 自然灾害：如地震、洪水、台风等自然灾害可能会被排除在保障范围之外，特别是如果在保险合同中未明确包括这些风险的情况下。

2. 故意行为：如投保人故意制造损失或损害，保险公司通常不予赔偿。

3. 战争和恐怖活动：大多数保险合同会排除因战争、恐怖活动或其他政治事件造成的损失。

4. 自杀或自残：在寿险和某些健康险中，保险公司可能会排除因自杀或自残行为导致的损失。

5. 违规行为：如非法行为或违规操作所导致的损失，通常不在保险保障范围内。

除外责任之所以必要是出于下列原因。

1. 不可保的风险。有些损失明显不符合保险人的可保风险的规定，它们可能造成不可估量的巨灾损失。也有一些是被保险人能直接控制的损失，或者是可预料到的价值下降所造成的损失，因而它们也是不可保的风险。

2. 避免重复保险。例如，财产保险单排除了汽车保险，因为汽车是由汽车保险单承保。

3. 减少道德危险因素。如果对货币无限额地承保，欺诈性的索赔将会增加。

（八）条件事项

条件事项部分规定了合同双方的权利和义务，实际上，该部分主要规定了被保险人的义务，如果被保险人不履行这些义务，保险人将拒绝赔偿。保险合同的共同条件事项包括损后财产保护、填报损失证据、在责任诉讼中与保险公司合作等。

（九）其他条款

这些条款处理被保险人和保险人的关系，以及保险人同第三方的关系。这些条款也规定了执行合同的程序。例如，在财产和责任保险单中，这类条款包括解约、代位求偿权、保险单转让等。在人寿和健康保险单中有保险费缴付宽限期、失效保险单复效、误报年龄等条款。

第三节 保险的险种

保险的险种是按保险对象对保险业务作进一步分类。

一、财产保险

财产保险是以财产以及与其有关的利益为保险标的的保险，它主要有以下险种。

（一）火灾保险

1943 年的纽约标准火险单曾为美国大多数州采用，但它是一种保险责任范围不完全的合同，必须加上适当的附属保单和批单，以适合个人和企业对不同财产的保险需要。能加入标准火险单的附属保单和批单的种类多达 200 种以上。但近年来标准火险单作为一种单独保险合同的作用正在消失，而代之以综合保险单。我国开办的企业财产保险、家庭财产保险均以火灾保险为基础。

> 保险人对不动产和动产因火灾、雷击造成的直接损失以及搬迁财产损失赔偿责任，并能扩展保险责任，附加间接损失保险，如营业中断、额外居住费用、租金损失保险。

（二）海洋运输保险

保险人对特定的损失原因，如恶劣气候、碰撞、沉没、搁浅、投弃、船长或船员的恶意行为所造成的船舶及其运输货物的损失负赔偿责任，它还包括运费保险和责任保险。海上运输保险被认为是一种古老的险种。

（三）内陆运输保险

内陆运输保险是随着海洋运输保险的发展而产生的，各国对内陆运输的含义解释不同。美国作广义解释，内陆运输保险承保国内所有运输业装运的货物，包括陆上卡车、铁路运输、沿海船舶运输和航空运输，以及运输设施，如桥梁、隧道、管道，并包括受托人责任保险。日本作狭义解释，仅指陆上货物运输保险。

（四）盗窃保险

赔偿因抢劫和偷窃所造成的财产破坏或失踪的损失，包括货币和证券损失。盗窃保险现在一般包括在"一揽子"保险单中。盗窃保险可分为商业盗窃保险、银行盗窃保险和个人盗窃保险，有零售商店盗窃、保险箱盗窃、抢劫等多种保险单。盗窃保险还包括伪造保险，如伪造货币和信用卡、涂改支票的姓名和金额。

（五）忠诚保证保险

忠诚保证保险是对雇主因雇员的不诚实行为，如贪污、挪用、诈骗，所遭受的损失提供保障，旨在保障雇主免受员工或代理人不忠诚行为造成的经济损失。举例来说，如果一个公司的财务人员私自挪用公司资金，这种保险可以赔偿公司因此遭受的损失，前提是行为在保险合同保障范围内。

（六）确实保证保险

这是承保合同一方没有履约造成另一方的经济损失。确实保证保险和一般的保险有以下几点区别。

1. 一般的保险合同中只有双方，而确实保证保险合同有三方：履行特定义务的人（Principal），是要保人；权利人（Obligee），是得到补偿的人；保证人（Surety），可以是一家保险公司。

2. 在一般的保险中，保险费反映可能的损失赔偿；在确实保证保险中，保险费只是一项服务费，保证人预计损失不会发生。

3. 保险人一般没有权利从被保险人处取得损失补偿；而保证人有法定权利从违约方取得损失补偿。

4. 保险人旨在补偿被保险人不可控制的损失；而保证人保证要保人的品质、诚实和履约能力，这些均属于可以控制的损失。

确实保证保险种类繁多，最常用的是履约保证保险，保证被保证人履行所有合同责任。如果一幢建筑物没有按时完工，保证人要对项目完成和雇用另一个承包商的额外费用负责。另外还有支付保证、维修保证等。许可证保证、政府官员保证、司法保证等也属于确实保证保险。

（七）锅炉和机器保险

锅炉和机器保险是一种专门针对工业锅炉和机械设备的保险，保护这些设备因故障、损坏或意外事故导致的损失或修复费用。如果一家工厂的锅炉因设备故障发生爆炸，导致工厂停产和损坏，这种保险可以覆盖锅炉修复或更换的费用以及因停产造成的经济损失。这类保险通常适用于制造业、能源行业等需要大型机械设备的领域。企业购买锅炉和机器保险的一个重要原因是取得保险公司提供的防损服务，如派安全工程师定期检查锅炉和其他机械上的缺陷。

（八）玻璃保险

玻璃保险专门用于覆盖因玻璃损坏或破碎而产生的损失。它通常适用于商业建筑和住宅，尤其是那些有大量玻璃装置的地方，比如办公室大楼、商店和住宅窗户等。假设你拥有一家咖啡店，店面有大面积的玻璃窗户。一天，一场恶劣的风暴导致一块玻璃窗户被风吹破了。修理或更换破损的玻璃可能需要相当高的费用。如果你为咖啡店投保了玻璃保险，那么保险公司将会承担这笔修理费用，减轻你的经济负担。在一些情况下，玻璃保险还可能包括对因玻璃破损造成的间接损失的赔偿，比如业务中断期间的损失收入。

（九）电子数据处理保险

电子数据处理保险是一种专门为保护电子数据处理系统及相关数据提供保障的保险。它通常包括对计算机硬件、软件、数据和程序的保护，覆盖系统故障、数据丢失、黑客攻击、自然灾害等原因造成的损失。假设你拥有一家金融公司，公司的核心业务依赖于复杂的计算机系统和大量的客户数据。一天，你的系统遭遇了严重的网络攻击，导致数据被篡改或丢失，甚至影响了客户账户的安全。由于这些问题，你不得不花费大量时间和资源来修复系统、恢复数据，并且在恢复期间，你的业务运营受到严重影响。如果你为公司投保了电子数据处理保险，这种保险将帮助你覆盖因数据丢失或系统故障产生的修复费用、恢复数据的费用以及可能的业务中断损失。

（十）地震保险

鉴于某些地区易受地震造成的损失，地震保险可以单独承保，也可以作为附加险。日本的地震保险由私营保险公司经营，但政府提供再保险。我国的财产保险已把地震作为除外责任之一，正在研究单独开办地震保险的可行性。

（十一）农作物保险

承保雹灾和其他自然灾害，如冰冻、旱涝、病虫害等造成的农作物损失。各种农作物保险的共同特征是，保险责任在农作物出土后生效，保险责任限额以每单位农田面积表示，保险金额一般等于生产成本，有时也包括部分预期利润。在国外，农作物保险一般都得到政府资助，或由政府部门直接经营。

（十二）信用保险

信用保险是以被保险人的信用为保险标的的一种保险。这里列举美国的几种信用保险。

> 信用保险承保债权人因债务人不偿付债务而遭受的损失，如承保出口商因收不到进口商的货款而遭受的损失。

1. 国内非常信用损失保险。美国有少数保险公司提供非常信用损失保险，对企业因客户破产、无偿付能力和过期账款所造成的财务损失进行补偿，但一般不向零售商提供这种信用保险。所谓非常信用损失是指超过正常信用损失的部分，正常信用损失是根据类似企业坏账损失数据计算，以年净销售额的一个百分比表示。保险公司根据债务人的信用级别对每个账户的信用损失赔偿规定了限额，对每个投保企业在保险期内的赔偿总额也规定了最高额度。

2. 对外信用保险。外国信用保险协会（FCIA）建立于1961年，它是由50家保险公司和再保险公司组成的一个非股份公司形式的保险组织，与作为联邦政府机构的进出口银行密切配合，专门提供出口信用保险，进出口银行向外国信用保险协会提供再保险。出口信用保险的保险责任范围包括资信报告延迟、进口商破产、无力清偿债务、违约和欺诈等。这种信用保险使出口商易于从商业银行和其他金融机构取得贷款，有助于扩大出口业务，金融机构也可以以自己的名义为国外进口商投保信用保险。

3. 信用人寿保险。商业银行、储蓄和放款协会不仅要求住宅购买者在抵押贷款发放之前要购买住宅保险，而且也要求债务人取得信用人寿保险。倘若借款人身故，保险公司赔偿未偿贷款金额。放款机构既是保单所有人又是受益人，但由借款人缴付保险费。信用人寿保险一般采用定期寿险方式，保险金额受贷款金额限制，并随贷款偿还而减少，贷款全部清偿后，保险也就终止。

4. 住宅抵押贷款保险。联邦住宅管理局提供住宅抵押贷款保险，保险费为贷款余额的0.5%。退伍军人管理局也担保向退伍军人发放的住宅抵押贷款。为了取得这类保险，住宅抵押贷款必须符合某些规定，如最高贷款金额、最高利率限额等。一些私营保险公司也经营住宅抵押贷款保险，规定的投保条件较严，最高保险金额一般为贷款金额的20%，而且只赔偿贷款发放10年以后的拖欠贷款损失。

（十三）政治风险保险

政治风险保险又称投资保险，用于保护企业免受政治风险带来的经济损失。政治风险通常包括政府的突然政策变化、社会动荡、战争、征收或没收等情况，这些情况可能会对企业的投资或业务运营造成严重影响，也规定了不少除外责任。美国进出口银行和一些大的私营保险公司、英国劳合社均办理这项保险业务。为适应对外开放需要，中国人民保险公司早就开办了这项业务。假设你是一家在某个发展中国家投资建设工厂的跨国公司。这个国家突然发生了政治动荡，政府决定没收所有外国企业的资产以进行国有化。你的工厂和设备被政府征用，你失去了投资的所有财产和收益。如果你投保了政治风险保险，保险公司将会赔偿你因政府征收或没收资产而产生的损失，帮助你减少财务损失并弥补投资的风险。

（十四）产权证书保险

承保财产所有人因产权证明文件上的法律缺陷而遭受的经济损失。例如，一个人购买了一栋住宅的产权，但出售者欠了一个债权人大笔款项，而且这个债权人已取得了法院判决，并发出了财产扣押令。虽然购买者不知道这个判决，如果债权人行使扣押财产偿还债务的权利，这个购买者就会蒙受损失，产权证书保险能赔偿这种损失。产权证明文件上的缺陷包括不合格的留置权和抵押权、伪造契据、误述、无效的遗嘱。在美国，抵押放款机构不仅要求住宅购买者购买房主保险，而且要求他们购买产权证书保险。这种保险有利于房地产交易和借款。

上述险种属于广义的财产保险，它包括了一些属于意外保险的险种，如盗窃、玻璃、锅炉和机器、信用和产权证书保险。有些是与火灾保险有关的险种，如地震保险。上述险种除少数险种如产权证书保险外，我国保险公司都已开办。当然，财产保险远不止上述这些，还有许多附属险种和新险种，如应收账款保险、重要文件保险、气候保险、绑票保险、计算机犯罪保险等。汽车保险等重要险种将作为财产保险和责任保险两者相结合的险种。

二、责任保险

责任保险起源于19世纪。责任保险种类很多，大致上可分为以下几种。

（一）普通责任保险

普通责任是指由企业经营而产生的法律赔偿责任，不包括汽车驾驶、航空和雇员伤害的责任。这些责任是因企业经营场所的所有权以及维修和保养、电梯和自动楼梯、产品和工程的缺陷、合同责任、承包、环境污染、人身侵害等引起的。例如，一个顾客在商店破损的地面摔倒或因屋顶倒塌而受到伤害，商店要对此负有赔偿责任。又如，制造商和销售商要对生产和销售质量有缺陷的产品造成消费者或用户的人身伤亡和财产损失负有赔偿责任。再如，公路的承包商要对完工后留下的路坑造成过路汽车驾驶人的伤害承担法律责任。美国的综合普通责任保险单能承保企业面临的大多数责任风险。在我国，公众责任保险主要承保场所责任风险，产品责任保险是一项单独的险种。

（二）受托人责任保险

受托人是暂时占有属于他人所有财产的人。受托人责任保险是一种专门为受托人提供保障的保险，旨在保护他们在履行受托责任过程中可能面临的法律责任。这类保险通常覆盖因管理不善、误操作、失职或疏忽等行为引发的索赔风险。例如，洗衣店对顾客的衣服损失负有赔偿责任。受托人保险单加上不同的附属保单可以承保各种服务性企业的责任风险。

（三）职业责任保险

它是指承保医生、律师、会计师、建筑设计师等专业人员因工作过失而造成他人人身伤亡和财产损失的赔偿责任。

1. 医疗责任事故保险。医疗责任事故是医疗行为的过失，它是一个理智和谨慎的医生在相同情况下不会做的，或者是应该做而没有做到的。例如，不恰当的外科手术使病人在手术后瘫痪，该外科医生要承担法律赔偿责任。医疗责任事故的伤害包括肉体、精神伤害，以及侵犯隐私权、诽谤等。这种保险的主要特征是保险公司未经被保险人的书面同意不能理赔，因为它牵涉医生的职业名誉。医疗责任事故保险分为内科医师、外科医师、牙科医师和医院责任保险。

2. 错误和疏忽保险。承保律师、会计师、建筑设计师、工程师、房地产经纪人、证券经纪人、顾问、旅行社、保险代理人和经纪人因工作错误和失职给客户造成损失的赔偿责任。这里以一个保险代理人为例，如果保险代理人没有为一个保户续保一份财产保险单，使保单逾期，随后发生了一次财产损失，保户因不能获得赔偿会对这个保险代理人提出要求赔偿的起诉。这种保险单就能为该保险代理人提供保障。我国保险公司已先后开办了医生、律师、会计师、建筑师、董事和高级职员等职业责任保险。

（四）劳工保险和雇主责任保险

根据法律规定，雇主对雇员与工作有关的伤亡事故负有法律赔偿责任，包括医疗费、工资损失、抚恤金等，企业和公司一般都通过向保险公司购买保险来履行这种法律责任。劳工保险既是一种社会保险计划也是一种责任保险。美国的劳工保险和雇主责任保险单把保险责任分为两大部分：在第一部分劳工保险中，保险人根据州法律规定的赔偿金额给付；在第二部分雇主责任保险中，保险人赔付雇主在法律上对因工伤亡者应承担的赔偿金，但在保险人赔付之前，雇员或家属必须提起诉讼，并证明雇主存在过失。在我国，劳工保险被称为工伤保险，属于社会保险，商业保险公司开办了雇主责任保险。

（五）个人责任保险

它是指承保个人和家庭成员的过失行为造成他人人身伤亡和财产损失的赔偿责任，这种保险帮助支付因责任事故引发的法律费用和赔偿金额，但营业、职业和汽车驾驶责任除外。在有些国家对企业和个人的责任诉讼有时能达到巨灾损失水平，它会超过一般责任保险单的赔付限额。因此，企业和富有的个人需要购买超额责任保险，个人超额责任保险的保险金额范围从 100 万美元至 1 000 万美元。我国家庭财产保险新增加了个人责任保险附加险。

三、财产和责任综合保险

现代保险业务出现综合化的趋势，使用"一揽子"保单能承保多种类型的损失风险，财产和责任综合保险就是最重要的例子。下列重要险种很难单独归类在财产保险或责任保险中。

（一）汽车保险

不少国家的汽车保险业务在财产和责任保险中居第一位。根据汽车使用性质不同，汽车保险可分为私人用车保险和商业用车保险两种，但保险责任基本相同。汽车保险主要分为车损险和第三者责任险两大部分，其中第三者责任险的意义更为重大。

1. 第三者责任险。承保被保险人因汽车事故对第三者的人身伤害和财产损失应负的法律赔偿责任。保险人按保险单载明的限额支付第三者人身伤害赔偿金，并提供法律辩护和支付有关费用。财产损失多半是其他汽车，也包括建筑物、电线杆等损失，保险人也按保单载明限额赔付第三者财产损失。各国对第三者责任险大多实行强制保险。

2. 车损险。承保被保险人的汽车由碰撞、偷窃和其他原因造成的损失，如火灾、爆炸、地震、洪水、暴动、与动物相撞等。它分为碰撞保险和综合保险两种。各国对车损险一般实行自愿保险。

（二）航空保险

与汽车保险一样，航空保险也分为财产保险和责任保险两大部分。

1. 机身险。它分为飞行险和地面险两大类，可以同时承保这两种风险，保险公司一般以一切险为原则赔偿由飞机坠毁和碰撞等原因造成的机身损失。

2. 责任险。承保航空公司承担飞机乘客人身伤亡、除了乘客以外的公众人身伤亡和第三者的财产损失这三种责任风险。此外，保险公司一般还支付事故发生后的医疗急救和事故调查费用。

航空保险的市场不限于商业客机，还包括航空货物运输、企业和个人拥有的飞机、飞行学校、飞机制造商等。航空保险种类还包括机场责任险、产品责任险、飞机库保管人员责任险等。

（三）核电站保险

核电站保险分为责任保险和财产保险两大部分。

1. 责任保险。赔偿核事故对公众的人身伤害和财产损失。核裂变过程产生的放射物的外泄会给周围地区的居民带来核污染，造成严重的人身伤害和财产损失。责任保险又分为核设施经营者责任保险和核材料设备供货商、运输商责任保险两种。

2. 财产保险。赔偿核危险和通常损失原因如火灾、爆炸、风灾造成的核电站在建筑安装和运转时期的财产损失，以及核材料和设备在运输过程中的损失。财产保险可分为核电站建设、经营、运输和营业中断险等。

（四）企业财产和责任综合保险

国际上越来越多地使用多种险的"一揽子"保单来满足企业基本的保险需求。"一揽子"保单是把多个保险合同放入一份保单，同时提供财产和责任保险。例如，美国盛行的特种多种险保单能承保大多数企业的财产和责任风险，也适用于承保教堂和学校这样的机构，但劳工保险、汽车保险和保证保险除外。该种保单有一个基本保单，再加上适当的附属保单和批单能满足企业的特殊需要。基本的保险责任分为财产保险、责任保险、犯罪保险、锅炉和机器保险四大部分，后面两部分是可供选择的。

假设你经营一家零售店，商店里有大量的库存和设备。一天，店里发生了火灾，导致房屋和库存都受到了损坏。如果你拥有企业财产保险，保险公司将会赔偿修理店铺和更换损坏库存的费用，帮助你恢复业务。同时，假设有一个顾客在店内滑倒受伤，并且提出了索赔要求。如果你投保了企业责任保险，这种保险将会覆盖法律费用和可能的赔偿金额，减轻你因事故引发的经济负担。

（五）家庭财产和责任综合保险

这也是一种"一揽子"保险单，除了用于私人住宅和动产保险外，还可用于个人责任保险。该种房主保险单分为两个部分：家庭财产保险和家庭责任保险。

家庭财产保险即保护家庭的房屋及其内的个人财产免受火灾、盗窃、风暴、破坏等损失。家庭责任保险即保护家庭成员在发生意外事故时可能面临的法律责任，比如客人受伤或财物损坏。

假设你在家中举办了一次聚会，客人们在你的花园里聚集。其间，一个客人不小心滑倒受了伤，并且需要去医院治疗。如果客人提起诉讼要求赔偿医疗费用和其他损失，家庭责任保险将会为你提供法律费用和赔偿费用的保障。同时，如果你的家中发生了火灾，导致房屋和个人财物受损，家庭财产保险将会帮助你支付修理房屋和更换损坏财物的费用。这样，你就能在面对突发事件时减少财务压力，保护你的家庭财产和责任。

四、人身保险

人身保险种类繁多，大致上分为以下几大类。

（一）人寿保险

人寿保险的必要性在于家庭中受赡养的成员要依靠有收入的户主，一旦户主过早死亡或退休，其遗属、配偶、未成年子女就会失去原来分享的收入份额。人们购买人寿保险主要是为了使自己的家庭获得一定的经济保障，一旦户主死亡或退休，人寿保险公司就会给付受益人保险金。人寿保险的基本种类如下：

1. 定期寿险。定期寿险提供确定时期的保障，如 1 年、5 年、10 年，或者到被保险人达到一个确定的年龄，如 65 岁或 70 岁。如果被保险人在保险期内死亡，保险人给付受益人保险金。如果期满后被保险人仍生存，保险人不承担给付责任。定期寿险又称死亡保险，适合于低收入或暂时需要保险的个人。

2. 终身寿险。终身寿险是提供终身保险的长期性保险，一般到 100 岁为止。如果被保险人到 100 岁时仍生存，保险人仍给付保险金。终身寿险有两种主要形式：一是普通终身寿险。这是指被保险人终身缴付保险费，保险费是均衡的，不随着年龄的增加而增加。这种保险适合于需要终身保障和乐于增加额外储蓄的个人。二是限期缴清保费终身寿险。这是指被保险人在有限时期内缴清保费，如 10 年、20 年或者在 65 岁或 70 岁时缴清。

3. 两全保险。两全保险又称储蓄保险、养老保险。如果被保险人在保险期内死亡，保险人给付受益人保险金；如果被保险人在保险期满后仍生存，保险人给付被保险人保险金。两全保险是死亡保险和生存保险的综合，与终身寿险的区别是保障有期限，而且具有投资性质，可以作为个人储蓄和退休金计划。

4. 其他寿险。大多数其他寿险是定期寿险和终身寿险两者的结合。这里列举几种新的寿险单。

（1）变额寿险单。保险公司为保险单持有人分立账户，把资金用于股权资本投资，变额寿险单允许保单持有人将部分保费投资于各种投资账户，如股票、债券或共同基金，从而实现保单价值的增值。死亡给付金随投资收入而增减，但规定了一个保证给付的最低金额。

（2）可调整的寿险单。它是一种灵活的寿险产品，允许保单持有人在保险期间内调整保单的关键要素，如保额、保费支付金额和保费支付频率。这种保险结合了定期寿险和终身寿险的一些特点，为保单持有人提供更大的灵活性以适应其变化的财务需求。

（3）可变保费寿险。这种寿险单主要用来对付通货膨胀。在通货膨胀加剧、利息率和投资收入增加的情况下，保险费可相应减少，允许保单持有人在保单有效期内灵活调整保费支付金额和支付时间。

（4）万能寿险单（Universal Life Insurance Policy）。这种寿险单在美国于1979年首次使用，它允许保险单持有人随时改变死亡给付金、保险费及其缴付时间，保险费收入记入单独账户，利息收入根据市场利率变化加以调整，并考虑死亡率变化的因素。

（二）年金保险

年金是收付款项的一种方法，在规定的时期或终身按年、季度或其他间隔时间支付款项。年金保险是用年金方法给付保险金。

> 年金保险可定义为保险人在被保险人或年金受领者的生存期或特定时期按约定的金额作定期给付，可提供他们的退休收入。

年金保险的基本种类有下面几种。

1. 纯粹终身年金。保证投保人在其余生中定期收到固定金额的收入，通常是按月支付。该年金合同的支付将在投保人去世后终止，而不会向受益人支付任何剩余金额。因此，纯粹终身年金提供的是终身收入保障，而不是遗产或遗赠。

2. 偿还式年金。保证投保人在其有生之年定期收到收入，且如果投保人在未收到全部本金（或本金加一定收益）之前去世，保险公司将把剩余的本金或未支付的金额退还给受益人。这种年金产品既提供终身收入保障，又确保投保人所支付的本金不会在其过早去世后完全损失。这种年金又有多种形式，如保证分期偿还年金、分期偿还式年金、一次性现金偿还年金。

3. 即期给付年金。以一次性缴费方式购入，在隔了一个给付间隔期后，如月、季、半年、一年，作第一次给付。

4. 延期给付年金。购入年金后隔一定时期或达到某年龄时开始给付年金，可以以一次缴费或分期缴费方式购买。一种广泛使用的延期给付年金是退休年金，从退休年龄开始给付，年金受领者可以选择给付方式，如纯粹终身年金、分期偿还年金、一次性现金偿还年金。

5. 联合和最后生存者年金。这是两个或两个以上的年金受领者的联合年金，如夫妇、兄弟姐妹，年金给付到最后一个年金受领者死亡为止。

6. 变额年金。它是一种具有投资选择的年金产品，允许投保人在多个投资账户（如股票、债券或共同基金）中分配资金。变额年金的支付金额会随着投资账户的表现而波动，因此它为投保人提供了潜在的更高收益机会，但同时也伴随着市场风险。因此，这种年金能保持定期给付年金的实际购买力，以对付通货膨胀。

（三）健康保险

这是以疾病或人体伤害损失为保险标的的保险。健康保险现在一般包括意外伤害保险和医疗保险，它还可以细分为以下几种保险。

1. 住院费用保险。给付被保险人在住院期间的住院和膳食费用，以及医药费和杂费。一般规定住院保险期，并对医药费规定最高限额，或采取共同保险。

2. 外科费用保险。它可以作为住院费用保险单的一项附加险，保险金给付通常根据外科手术费用表，该表列明各种外科手术及其给付的最高金额。保险金给付的另一种办法是使用相对价值表，该表根据复杂程度对每种外科手术分配一个单位数，实际给付额等于该单位数乘以在保险单中规定的单位价值。

3. 普通医疗费用保险。只报销非外科的门诊医疗费用，一般规定门诊次数和每次门诊费用报销的最高金额。

4. 丧失工作能力的收入保险。当被保险人因疾病或伤害不能从事正常工作时，保险人给付收入保险金。大多数保险单只对完全丧失工作能力的被保险人定期给付收入保险金，并免缴保险费，甚至提供康复费用保险金。

第四节　保险的选择和购买

随着我国经济体制改革的深入发展和对外经济开放，全社会的风险意识和保险意识不断增强，保险作为风险管理的重要方法日益受到重视。我国自从 1980 年恢复国内保险业务以来，保险业务得到持续、高速的发展，业务范围不断扩大，业务种类也不断增加。

一、我国企业风险的特点

我国是一个自然灾害频繁而且严重的国家，灾害的种类多，灾害的频率、强度高。近几十年除了没有发生过火山爆发外，其他主要自然灾害都发生过。我国是世界大陆地区地震强度最大、影响面最宽的国家。我国在 20 世纪多次发生 6 级以上的地震。1976 年的唐山大地震造成 24 万多人死亡，16 万多人受重伤，财产直接损失 96 亿元。2008 年汶川特大地震造成 8 万多人死亡和失踪，37 万多人受伤，直接经济损失 8 451 亿元。2013 年、2022 年四川芦山分别发生 7.0 级以及 6.1 级地震，地震共计造成 196 人死亡，失踪 21 人，11 470 人受伤。地震造成房屋倒塌 1.7 万余户、5.6 万余间，严重损房 4.5 万余户、14.7 万余间，一般损房 15 万余户、71.8 万余间，芦山县和宝兴县倒损房屋 25 万余间。在我国的所有自然灾害中，洪水灾害造成的损失最大，约占自然灾害造成损失的 40%。2013 年 10 月 7 日，受强台风"菲特"的影响，福建、浙江、江苏和上海遭受直接经济损失 623.3 亿元。2020 年各类自然灾害造成直接经济损失达 3 701.5 亿元。2023 年，我国自然灾害以洪涝、台风、地震和地质灾害为主，干旱、风雹、低温冷冻和雪灾、沙尘暴和森林草原火灾等也有不同程度发生，直接经济损失 3 454.5 亿元。与 2018—2023 年均值相比，受灾人次、因灾死亡失踪人数和农作物受灾面积分别下降 24.4%、2.8% 和 37.2%，倒塌房屋数量、直接经济损失分别上升 96.9%、12.6%。

随着我国经济发展和人口增加，意外事故损失呈现上升趋势。以火灾损失为例，1980 年至 1989 年全国火灾损失达 32.4 亿元，超过前 30 年的总和。仅 2020 年全国火灾造成的直接财产损失就达 40.09 亿元。2022 年全国火灾造成的直接财产损失更是达到 71.6 亿元。再以交通事故为例，自 2004 年 5 月 1 日正式实施《中华人民共和国道路交通安全法》以来，交通事故量和事故死亡人数连续 10 年下降，2019 年死亡人数为 62 763 人，同比下降 0.7%，机动车万辆死亡率为 1.88 人，同比下降 6.7%，但还是大大高于日本不到 1 人的水平。

由于我国经济迅速发展，企业资本和规模正在不断集中和扩大化。我国国有经济正在进行战略重组，国有资产从分散走向集中，通过联合兼并，向大企业、大集团、资金技术密集型产业方向发展。在美国《财富》杂志 2021 年 8 月发布的世界 500 强企业名单中，中国共有 143 家企业上榜，比 2020 年增加 10 家，其中中国大陆 132 家，中国香港 3 家，中国台湾 8 家。这样就会使资产的风险更为集中。与此同时，企业灾害事故的损失频率和损失程度日益增大。一次火灾赔款的最高金额和平均每次火灾赔款金额都呈现上升趋势。

随着我国加强经济体制改革和对外开放的力度，我国企业所面临的风险呈现多样化。例如，我国的社会保障制度改革要求建立多层次的养老保险体系，国家基本养老金只提供最低的生活保障，其替代率要从以前的 83% 调整到 50% 左右，这就要求企业替职工安排补充养老金保险。又如，我国对外贸易额迅速扩大，每年出口产品有数十亿美元应收账款滞留和损失在境外，2023 年中国出口信用保险公司在支持外贸稳规模优结构上发挥了重要作用。从出口促进效果看，出口信用保险直接和间接带动我国出口金额近 8 300 亿美元，占我国同期出口总额的 24.5%。再如，近年来，我国的航空市场以惊人的速度发展，机场、航空公司、飞机制造企业所面临的风险明显增多。

二、企业投保决策的约束

企业风险管理人员在进行投保决策时要受到以下约束。

（一）法律约束

有些保险，如机动车辆第三者责任保险是法定保险，企业必须投保。有些保险虽不是法定保险，但是一些法规中规定如企业损害他人利益时应当承担赔偿责任的，如产品责任、公众责任、职业责任等，企业应该根据自己所面临的风险大小作出投保决策。

（二）行政约束

财政部门早就规定不再拨款或核销因灾害事故造成的非常损失，这样可保而没保的灾害事故损失只好在企业发展基金、利润留成中开支。行政部门的这些规定实际上是促使企业参加有关保险。

（三）其他外部约束

银行、客户、消费者的行为等也影响着企业的投保决策。银行加强贷款风险管理的一个重要手段是要求借款人提供抵押品，银行就会关心抵押品的保险问题。合资企业的外方投资者一般都关心工程项目的保险问题，进口商或购货方也会关心货物的运输保险。

（四）企业内部约束

企业内部约束包括企业领导的自身约束，企业主管部门或董事会、企业职工的约束。在现代企业制度中，企业领导对企业财产负有维护和保管的责任。而且，这同他们的职务任免、奖惩有关，这就形成了企业领导的自身约束。在股份制公司中，总经理等高级管理人员由董事会任命，他们要向董事会负责，如经营中发生重大失误，董事会会追究他们的责任。如果企业的灾害事故损失得不到补偿，致使生产或营业中断不能及时恢复，这将影响到职工的工资和福利，因此企业职工也会关心保险问题。此外，企业工会把职工家庭财产保险和人身保险作为增加职工福利的重要项目。

当然，在进行投保决策时，企业风险管理人员要按轻重缓急确定投保险种，要在比较投保方案的成本和效益后确定风险自留还是保险，或者自留风险和保险相结合，或者采取其他对付风险的方法。

三、确定投保方案

决定投保之后，下一步就要考虑投保方案。对于一个特定企业来说，有些风险存在，有些风险并不存在；有些风险大，有些风险小。这就决定了企业面临一个选择保险险种的问题。有些险种是必须投保的，这包括法定保险、由合同规定的保险项目和威胁企业生存的巨灾损失保险，后者如企业财产保险。有些风险是某些企业特有的，可以选择相关的险种和附加险，例如，企业对外承包工程时，可以选择履约保证保险、货物运输保险、建筑安装工程保险、施工人员人身意外伤害保险等。

大型企业或特大型企业自己承担风险的能力强，可以选择投保风险较大的险种和保险标的，并且可以自留相当大部分风险，使用高的免赔额或投保超额损失保险，甚至自保。例如，中国石油化工总公司专门设立了"安全生产保证基金"，规定所属企业按财产价值2‰提取自保基金，并制定了一套管理办法，设立了组织机构。

不同的险种有不同的保险金额确定方法，就是同一个险种有些也有不同的保险金额确定方法。例如，我国企业财产保险的固定资产和流动资产的保险金额确定方法分为账面计算法和估价计算法两类。在账面计算法中，固定资产和流动资产的保险金额确定方法不同，就是固定资产的保险金额也有按账面原值、原值加成和重置价值确定数种方法。因此，企业财产保险的保险金额应根据财产的种类、企业财务制度的健全与否采用不同的方法确定。而且，不同的保险金额确定方法使用不同的赔款计算方法。例如，企业财产保险中固定资产的保险价值是出险时的重置价值，如果保险金额低于保险价值，那么就是不足额保险，发生损失时只能得到部分赔偿。所以，如何确定保险金额的问题也是制订投保方案时要仔细考虑的重要问题。

四、选择保险公司

投保人选择保险公司的标准是多方面的，其中最重要的标准有以下几种。

1. 偿付能力。这是指保险公司支付赔款和给付保险金的能力。《中华人民共和国保险法》第一百零一条规定："保险公司应当具有与其业务规模和风险程度相适应的最低偿付能力。保险公司的认可资产减去认可负债的差额不得低于国务院保险监督管理机构规定的数额；低于规定数额的，应当按照国务院保险监督管理机构的要求采取相应措施达到规定的数额。"《保险公司偿付能力监管规则（Ⅱ）》中规定：实际资本，是指保险公司在持续经营或破产清算状态下可以吸收损失的财务资源。实际资本等于认可资产减去认可负债后的余额。同时，规定了认可资本和负债种类及其认可比率。另外分别规定了财产保险、短期人身保险业务和长期人身保险业务的最低资本数额。

综合偿付能力充足率即资本充足率，是指保险公司的实际资本与最低资本的比率。对于偿付能力充足率低于100%的保险公司可分别作出办理再保险、业务转让、增资扩股、实行接管等方式处理。

2. 信用评级。保险公司的信用评级通常由评级机构提供。这些评级反映了公司的财务健康状况和履行其保险责任的能力。信用评级能够帮助消费者和投资者判断保险公司是否具备足够的财务实力来履行其保险责任，尤其是在面临大规模索赔时。评级机构通常使用字母等级系统，表示从最高级别的财务稳健性到最低级别的风险状况。

3. 盈利状况。保险公司的盈利状况能够反映其财务稳定性和管理水平。保险公司的利润主要来自承保和投资业务。在国际上，财产保险公司有时会发生承保亏损，但投资利润可以弥补其亏损。人寿保险公司利润的重要来源是投资业务。一般来说，由于竞争，利润高的保险公司往往会降低费率。投保人一般应选择利润高的保险公司，争取以优惠费率承保。

4. 保险费率。它是保险商品的价格，无赔款优待和浮动费率的规定也是费率构成部分。一般来说，在其他条件相同的情况下，投保人总会选择费率低的保险公司。但是，投保人不能把费率作为选择保险公司的唯一标准或主要标准。购买保险的主要目的是获得经济保障，投保人还应该注意保险公司提供的保险品种和服务的质量。

5. 保险品种和服务质量。各家保险公司所提供的同一险种的保险单在条款设计、保险责任范围、除外责任、附加险、免赔额规定等方面不一定都是相同的。所以，投保人要把各家保险公司的保单加以比较，选择最能满足自己保险需要的先进保险品种，如综合的或"一揽子"的财产和责任保险单、能对付通货膨胀的寿险品种。保险公司除了承担赔偿或给付责任外，还提供有关的服务，如风险管理咨询、防灾防损、理赔、诉讼、代位追偿等服务。投保人在选择保险公司时必须考虑其服务设施和业务人员或代理人的专业水平，以及服务是否全面、周到和耐心细致。各家保险公司在其长期经营中都形成了自己在保险品种和服务方面的特色。例如，有的擅长于工程保险，有的擅长于年金保险，这是选择保险公司时必须加以考虑的。

6. 公司历史和市场经验。投保人可以关注保险公司成立的时间以及对应险种所占的市场份额。保险公司的历史和市场经验是可靠性的指标。老牌保险公司通常有更丰富的经验，能够更好地管理风险。而公司在市场中的份额也能反映其受欢迎程度和竞争力。

五、保险合同谈判

保险合同一般是要式合同，投保人和保险人之间无须商谈合同条件。但是，对大型企业或大的保险项目来说，投保人可以与保险公司就保险条款和费率进行谈判，使用特约保险单，使保险方案符合自己的需要，甚至关心保险公司在承保之前对再保险的安排。在国际上，有时这种保险合同谈判是投保人委托保险经纪公司进行的。由保险经纪人根据投保人的需要设计投保方案，征求企业风险经理的意见并取得同意后，再由保险经纪人与保险公司商谈。作为投保人的代理人的保险经纪人，应根据客户的需要，按照偿付能力、信誉、保险责任范围、服务质量、保险费率等标准，选择最好的保险公司和保险品种。保险经纪人的佣金一般按保险费收入计收，通常由保险人支付，佣金率由保险人和保险经纪人按业务种类和所花费的劳务协商确定，比例一般在10%～20%。保险人也可以根据保险经纪人提供的业务质量和赔付率支付利润分享佣金。因此，即使通过保险经纪人投保，企业也存在一个选择保险经纪人的问题。

六、我国企业保险管理的现行模式

自从1980年我国恢复国内保险业务以来，在企业中逐步形成了以下几种保险管理模式。

（一）财务部门统管保险的模式

大多数企业是由财务部门统管保险。在财务部门中指定专人管理同保险有关的活动。根据企业其他部门提供的风险信息和损失控制情况提出投保方案，交主管领导作出决策，并负责投保和索赔事务。有关保险的其他事务，如损失风险分析、防灾防损工作、编制损失清单，则由有关部门协助或负责。

（二） 各部门分管保险的模式

在这种模式中，属于哪个职能部门范围的风险就由哪个相关部门处理，各部门分别制订投保方案和作出投保决策。例如，运输部门负责机动车辆保险和货运险，销售部门负责产品责任保险，工会负责团体人身保险和团体家庭财产保险，人事部门负责职工补充养老保险。财务部门只负责涉及全局的保险，如企业财产保险。

（三） 设立专职的保险管理部门的模式

有些企业，特别是大型企业和"三资企业"，为了对企业的各种保险进行统一和专门的管理，设立了专门部门负责管理保险，定期召开由各部门领导参加的保险会议，以明确各部门的分工，协调各部门之间的关系，制订统一投保方案，并且保险单证也做到集中管理。

（四） 设立专业自保公司的模式

中国海洋石油公司于 2000 年 8 月 23 日在香港注册成立我国第一家真正意义上的专业自保公司——中国海洋石油保险有限公司，并委托美国怡安保险经纪公司（AON）管理，为母公司及其子公司提供财产和责任保险，还获得了不错的承保利润，到 2007 年底盈利为 1.3 亿多元，2010 年总承保财产价值达到 313 亿美元。中国海洋石油公司的自保模式为我国其他大型企业集团的风险管理提供了可贵的经验。2013 年 12 月 24 日，我国境内首家自保公司——中石油专属财产保险股份有限公司获准开业，2019 年全年实现净利润 3.46 亿元，同比增长 9.8%；保险业务收入 9.3 亿元，同比增长 8.4%。近三年的净资产分别为 60.5 亿元、62.4 亿元、64.5 亿元。

本章重要概念

保险 大数法则 保险合同 实际现金价值 火灾保险 海洋运输保险
忠诚保证保险 信用保险 政治风险保险 普通责任保险 职业责任保险
劳工保险 汽车保险 定期寿险 终身寿险 两全保险 年金保险 健康保险

思考题

1. 简释保险的定义。
2. 概述保险的基本职能和派生职能。
3. 简述大数法则在保险经营中的意义。
4. 概述保险合同的基本原则。
5. 简述保险合同的特点和组成部分。
6. 确实保证保险与一般保险有哪些区别？
7. 我国企业风险有何特点？

8. 如何确定企业的投保方案？

9. 选择保险公司的标准是什么？

10. 如何分析一家保险公司的偿付能力？

11. 我国企业保险管理的现行模式是怎样的？

12. 查阅资料并了解世界上的著名评级机构以及对应的保险公司的信用等级系统都有哪些。

第七章
保险经纪人

本章知识结构

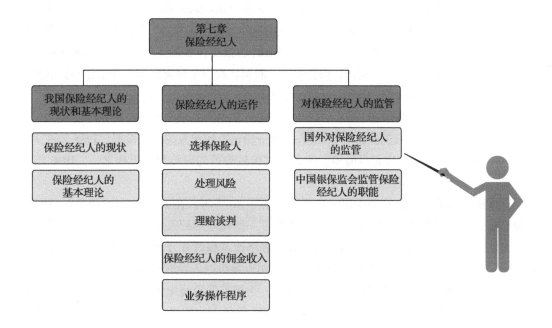

本章学习目标

- 了解我国保险经纪人的发展现状；
- 熟悉关于保险经纪人的基本理论；
- 掌握保险经纪人运作的流程和《保险经纪机构监管规定》中的主要规定。

第一节 我国保险经纪人的现状和基本理论

一、保险经纪人的现状

保险经纪人在现代风险管理中起着重要的作用，他们为客户设计保险方案、选择保险人，并提供风险管理咨询服务。在国外保险经纪人是一份古老的职业。据记载，1575 年前后就有大约 30 名保险经纪人在英国伦敦的皇家交易所附近工作，他们制作并书写海上保险的保单。18 世纪初期，英国的保险经纪人开始提供更加专业的服务，他们为商人们安排保险，保证这些商人的货物或人员得到充足的保障。[①] 现在在英美等保险业发达的国家，保险经纪人在保险中介市场上扮演着重要角色。根据欧洲保险（Insurance Europe）的统计，2019 年英国约有 69% 的寿险业务，50.1% 的非寿险业务由保险经纪人安排。[②] 在美国，保险经纪人在财产保险中介市场上占有优势。诸如达信（Marsh）、怡安、韦莱（Willis）等国际保险经纪公司都已成为全球性保险经纪集团，拥有数万名雇员、数百个分支机构，并把业务扩展到投资管理和风险管理咨询领域，年收益达数十亿美元。

保险经纪人在中国也有 100 多年的历史，关于保险经纪人最早的文字记载见于 1899 年 9 月《申报》刊登的《火险捐客公所章程》，这是一份保险经纪人的管理章程。1935 年在上海成立的由潘垂统主办的潘安记保险事务所是当时比较规范的保险经纪机构之一。1936 年 12 月 6 日，成立了上海市保险业经纪人公会。

在我国，保险经纪人在新中国成立后曾消失了 40 多年。在 1995 年《保险法》正式出台以前，在我国沿海地区和中心城市陆续出现了一些保险经纪人地下活动或类似保险经纪人的组织，特别是在深圳经济特区。随着我国经济改革和对外开放，引进了大量外资，出现了许多"三资"企业，一些境外保险经纪公司也乘机进入我国保险市场，或明或暗地从事保险经纪业务，获取了大量的非法佣金收入。为规范保险经纪人行业，并建立我国的保险经纪人制度，1995 年出台的《保险法》对保险经纪人的职责、从业资格、经营要求都作出了规范。

1995 年中国申请加入世界贸易组织（WTO），开放我国保险市场是我国加入 WTO 的条件之一。为配合这一进程，1998 年 2 月 16 日中国人民银行发布《保险经纪人管理条例规定（暂行）》（已废止）。该项规定与《保险法》为我国保险经纪人制度奠定了法律基础。

1999 年 12 月 16 日，北京江泰、广州长城、上海东大三家全国性保险经纪公司获批筹建，这三家保险经纪公司分别于 2000 年 6 月、7 月正式开业。截至 2021 年末，全国共有保险经纪机构 493 家。保险经纪机构实现保费收入 2 197.30 亿元，占全国总保费收入的

---

① Sir John Thomas, Insurance brokers – their evolving role［J/OL］. Journal of the British Insurance Law Association, 2012（125）：29–38. https：//bila. org. uk/wp – content/uploads/old/51346a63c2d9f6. 73328424. pdf.

② https：//view. office apps. live. com/op/view. aspx？ src = https% 3A% 2F% 2Fwww. insurance europe. eu% 2F downloads % 2F european – insurance – industry – database – distribution – channels – statistics – 2019% 2FDatabaseMarch2022 – Distribution. xlsx&wdOrigin = BROWSELINK.

4.60%，其中，实现财产险保费收入 1 590.45 亿元，实现人身险保费收入 606.85 亿元。[①]

二、保险经纪人的基本理论

（一）保险经纪人的权利和义务

与其他市场一样，保险市场包括买方和卖方，还有为保险服务的中间人。保险中间人也称保险中介，一般包括保险代理人、保险经纪人和保险公估人。

> 保险经纪人是指代表投保人在保险市场上选择保险人，同保险方洽谈保险合同并代办保险手续以及提供相关服务的中间人。

保险经纪人的权利如下：

1. 要求支付佣金的权利。在保险市场上，保险经纪人受保险客户的委托，代理投保业务。在完成投保手续、缴付保险费后，保险公司应从保险费中提取一定比例（佣金）支付给保险经纪人作为报酬。

2. 拥有保单留置权。保险经纪人一旦接受委托并订立保险合同，不管被保险人是否已缴付保险费，保险经纪人都必须向保险人缴付保险费。为了防止被保险人不缴付保险费，保险经纪人在收到保险费以前，对保险单具有留置权。

保险经纪人的义务如下：

1. 提供保险信息，促成客户签订保险合同。保险经纪人在提供中介服务时，应将所知道的有关保险合同的情况和保险信息如实告知委托人（被保险人），还应通过与保险客户进行细致、认真的讨论，确认保险客户需要保险的险别、数量及保险市场定位等方面的内容，并通过所掌握的知识和经验，为客户寻找到更好的保险条件，促成保险合同的签订。可见，保险经纪人有助于投保人规避信息不对称。

2. 监督保险合同履行。首先，保险经纪人收到保险单之后要仔细检查内容，看其是否反映了要求保险的内容。其次，应当向保险客户说明保险的范围和应遵守的保险条件。另外，在情况发生变化并可能影响客户对保险要求的时候，保险经纪人有义务通知保险人。

3. 协助索赔。一旦发生保险合同中所保的事故，保险经纪人通常是最早的被通知者，保险经纪人随后通知保险人，并立即开始调查索赔事件。保险经纪人对事故作出详细的评估之后，填写一些必要的索赔文件，然后提交给保险公司。保险经纪人应该运用自己的知识和经验，在合法的条件下，为被保险人争取最大金额的赔偿金。

4. 损害赔偿责任。保险经纪人与投保人之间存在合同关系。若保险经纪人未妥善地履行该合同下的义务，导致被保险人承担了不合理的损失、费用，如因经纪人的过错使订立的保险合同未能较好地保护被保险人利益，在发生保险事故时遭保险人拒赔、少赔；或致使被保险人支付了较正常情况下过高的保险费等，保险经纪人当属违反合同，对被保险人的损失应承担相应的赔偿责任。《中华人民共和国保险法》第一百二十四条规定，保险经纪人要缴存保证金或者投保职业责任保险。

（二）保险经纪合同

为了更好地维护双方的权利和义务，减少保险经纪纠纷，保险经纪人应采取合同的方式

---

① 摘自《2022 年中国保险年鉴》。

为客户服务。保险经纪人的合同行为是由保险经纪人的民事法律行为性质决定的。由于保险经纪人行为具有中介、委托代理和技术咨询的内容，因而根据《中华人民共和国民法典》，其相应的规范合同有中介合同、委托合同和技术咨询合同。

1. 中介合同。中介合同是中介人向委托人报告订立合同的机会或者提供订立合同的媒介服务，委托人支付报酬的合同。保险经纪服务是保险经纪人根据投保人的委托，基于投保人的利益为投保人与保险人订立保险合同提供中介服务并依法收取佣金的法律行为，因而保险经纪人在接受投保人为其寻找保险人的委托时与投保人签订的合同为中介合同。保险经纪人的中介行为既具有中介合同的一般属性，同时也有其特殊性。在保险中介行为中，中介人的佣金是从保险人那里取得的，而非从委托人手中取得。

2. 委托合同。由于保险经纪人可为投保人办理投保手续，为被保险人或受益人代办检验、索赔，因而此时的保险经纪人实际上是委托人的代理人，此时的合同行为是委托合同行为。

3. 技术咨询合同。咨询是保险经纪人根据委托人的要求对特定项目提供预测、论证或者解答，并由委托人支付咨询费的行为。例如，为投保人提供防灾防损或风险评估、风险管理咨询等高附加值的服务；以订立保险合同为目的，为投保人拟订投保方案；为被保险人或受益人索赔提供咨询服务。为了使这种咨询行为规范化，以保护当事人的合法权益，保险经纪人在提供咨询服务前应与委托人签订技术咨询合同。

无论是哪一类保险经纪合同，其签订均必须遵守法律规定，遵循诚信、自愿、平等、公平等订立合同的一般原则，并且具有诺成合同、非要式合同和有偿合同的特征，同时应当具有以下基本条款：项目名称，保险经纪服务的内容、方式和要求，有关的保密事项和信用事项，履行期限、地点和方式，佣金或咨询费标准及支付方式，违约责任及违约金或损失赔偿额的计算方法，争议的解决方法。

（三）保险经纪人的经营原则

1. 最大诚信原则。最大诚信原则不仅是对保险买卖双方的要求，是保险合同的基本原则之一，也是保险经纪人必须遵循的重要经营原则，只不过具体内容有所不同。对于保险经纪人来讲，主要是从以下几方面来做到最大诚信：（1）保险经纪人的广告和声明要真实，不得误导保户。（2）保险经纪人在提供信息、促成保险合同的签订、协助索赔等服务时，应诚实地向双方介绍对方的情况，不得为谋取个人佣金利益而违反诚信原则。（3）保险经纪人对自己在经纪活动中得知的被保险人的个人秘密和商业秘密负有保密义务，不得向他人泄露或者利用该秘密进行有损于被保险人利益的行为。

2. 保户至上、优质服务的原则。保险经纪人在经纪活动中应尽力满足保户的保险要求，将保户的利益放在优先考虑的地位，但应以不损害保险人的利益为前提。

3. 遵守法律规范的原则。保险经纪人从事保险经纪活动时必须遵守国家的有关法律及行政法规；不得违反同业公会的规定，擅自降低费率，以变相给付回扣等不当手段诱使对方投保；或诱使对方终止原保险合同，改为与自己介绍的保险公司签订投保合同。

4. 收入公开原则。佣金是保险经纪人进行经纪活动的主要收入，佣金的高低影响着保险费的升降，因此，过高的佣金往往会损害公众的利益。为了规范保险经纪人市场，使保险经纪人更好地受到社会的监督，保险经纪人有义务向保险人和保户公开自己的收入情况。

第二节 保险经纪人的运作

一、选择保险人

对于大多数客户来说，无论是个人还是大公司，对很多保险人有深刻的了解是不大可能的。如果说在一个仅有 4~5 家保险人的市场上可能还不十分需要保险经纪人的话，那么在承保任何一类风险都存在很多保险人的情况下，选择保险人并使保险人的服务满足不同客户的需求，保险经纪人则发挥着首要作用。

对一个保险人进行评估要考虑很多因素，特别是在对该保险人提供的服务进行综合考虑并提供建议时，恰当的评估更是具有重要意义。下面是评估保险人时应考虑的因素：（1）服务质量；（2）承保范围；（3）灵活性；（4）信用便利；（5）承保能力；（6）地域范围；（7）理赔服务；（8）技术和销售服务；（9）技术建议条款；（10）价格；（11）查勘和风险管理；（12）互惠交易；（13）财务稳定性；（14）连续性；（15）信誉和经验。

二、处理风险

保险经纪人在处理风险时有许多不同的功能。这些功能根据风险的大小、复杂程度以及保险经纪人规模的不同而异，但是最基本的功能是一样的。根据以往经验，保险经纪人至少要做到以下几点。

1. 保险经纪人要协助客户完成投保单，但不能代替客户完成投保单。
2. 通过会议、提问等方式了解其他信息，以便必要时向承保人全面阐述风险。
3. 安排查勘。
4. 向保险人提供信息。
5. 向客户提供并解释条款。
6. 通过向保险人和被保险人提供书面意见促使保险合同生效。
7. 安排保单批注及其他有关文件。
8. 把风险记录在保险经纪人的档案中。
9. 把客户的保费支付给保险人。
10. 同意信用条款。
11. 安排再保险。

三、理赔谈判

保险单实际上是一种承诺，即保单持有人在约定的事故发生时可以得到赔偿。保险经纪人的职责就是确保这种承诺能够得以实现。

在收到索赔通知后，保险经纪人的第一步工作就是核查他们的记录并判断损失是否属于保单的责任范围。这个程序根据索赔的性质和大小会有所不同，但无论如何，很重要的一点是保险经纪人要把索赔通知递交给保险人。除了有特殊协议以外，根据保单条件，保险经纪人收到索赔通知不能被视为保险人也收到了索赔通知。

在理赔谈判的过程中，保险经纪人有义务保证被保险人被公正地对待，以便能根据保单条款使被保险人得到真正的补偿。对于任何类型的理赔案件，保险经纪人都必须尽其所能保持密切关注，促使理赔结果达成，并为双方所接受。

保险经纪人在涉及理赔案件时最基本的职责可以归纳为以下几点。

1. 迅速向保险人递交出险通知书。

2. 根据保单提醒被保险人注意自己的权利和义务。

3. 协助被保险人准备必要的文件和资料以便索赔。

4. 从保险人处收集理赔记录。

5. 当发生重大损失时，保险经纪人应与理赔人员、保险人共同参加现场会。有时保险经纪人还对客户提供额外的服务，如损后查勘，委派有处理复杂案件经验的理赔人员协助客户参与谈判等。

四、保险经纪人的佣金收入

保险经纪人的收入主要来自佣金。在保险市场上，由保险人支付佣金是一种主要的形式。保险经纪人代保险客户向保险公司投保一定险别后，保险公司从保险费中提取一定比例给保险经纪人，即佣金。保险经纪人获得佣金的数量取决于介绍成功的保险业务的数量和质量。保险业务数量多、质量高，佣金就多；反之就少。佣金的高低往往影响保险费的升降。大型企业的风险经理凭其实力可以与经纪人就保险佣金比例进行讨价还价，而保险经纪人为了同其他保险经纪人竞争往往会同意降低佣金比率。保险客户为了评估经纪人的服务质量，一般会要求保险经纪人公开其年度佣金收入。

有些国家，如美国，也有由保户支付劳务报酬，或者由保险方和保险客户共同支付佣金等形式。在美国，一些大中型企业的风险经理可以通过与保险经纪人的磋商来确定以劳务费的形式支付经纪人的报酬。这些劳务报酬是由企业支付的，可消除佣金制度中保险经纪人固有的对降低保险费的抵触情绪，并且还使经纪人的收入不受保险业务的周期性影响。

这样看来，佣金制度和劳务报酬各有利弊。近年来，在发达国家保险市场上，由于竞争激烈，保险经纪人趋向于以为客户争取最小成本的保险保障来吸引客户。为了避免由此造成的佣金收入越来越少的趋势，保险经纪人倾向于以劳务报酬形式获得收入。

五、业务操作程序

保险经纪人的业务操作程序一

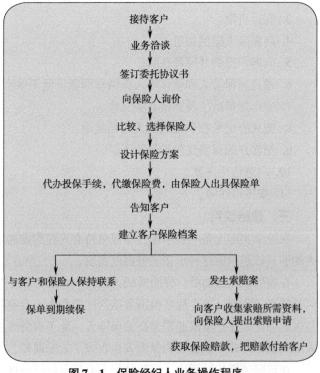

接待客户
↓
业务洽谈
↓
签订委托协议书
↓
向保险人询价
↓
比较、选择保险人
↓
设计保险方案
↓
代办投保手续，代缴保险费，由保险人出具保险单
↓
告知客户
↓
建立客户保险档案
↓
与客户和保险人保持联系 / 发生索赔案
↓
保单到期续保 / 向客户收集索赔所需资料，向保险人提出索赔申请
↓
获取保险赔款，把赔款付给客户

图7-1 保险经纪人业务操作程序

般如图 7 - 1 所示。

1. 由市场开发部人员争取和接待客户（被保险人）。

2. 保险经纪人与客户进行业务洽谈。如洽谈成功，即与客户签订委托协议书，规定双方的权利和义务，收取客户咨询费；而后进行调查研究，设计出初步的保险方案；向数家保险公司询价，在得到报价后，选择最有利于客户的保险公司进行洽谈，再修改保险方案。待各项条款谈妥后，经客户确认办理投保手续，并缴付保费。

3. 一旦保险合同订立，由财务部人员从保险公司处得到佣金，并通知客户有关保险合同的情况。

4. 在保险合同有效期内，保险经纪人应与保险公司和客户保持联系。如果保险标的和保险合同内容发生变更，应及时通知保险合同双方。

5. 在接到客户发生保险事故的通知后，保险经纪人应及时向保险公司报案，并办理索赔手续。

6. 在保险合同期满前夕，保险经纪人再与保险合同双方联系续保事项。

第三节 对保险经纪人的监管

对保险经纪人的监管主要是依据法规，由法院和监管机关来执行。

一、国外对保险经纪人的监管

英国对保险经纪人的监管分为两个阶段，2000 年以前，保险经纪人由保险经纪人注册委员会（the Insurance Brokers Registration Council，IBRC）监管。1977 年，英国颁布了《保险经纪人（注册）法》。该法规定所有保险经纪人必须在保险经纪人注册委员会注册，并规定了取得注册保险经纪人的资格条件。保险经纪人注册委员会根据《保险经纪人（注册）法》制定了《保险经纪人行为法》，该法规定了保险经纪人的执业标准。此外，英国保险人协会（Association of British Insurers，ABI）颁布的《实务法》也适用于保险经纪人。除了上述法规以外，英国保险经纪人还受其他一些法规管辖，例如 1982 年的《保险公司法》。2000 年后，英国有关保险经纪人的法规和监管机关发生变化。2000 年，英国颁布了《金融服务和市场法》，金融监管职责由金融服务局（Financial Service Authority，FSA）承担。2013 年，金融服务局被拆分为审慎监管局（the Prudential Regulation Authority）和金融行为监管局（the Financial Conduct Authority）两个机构。审慎监管局作为英格兰银行的一个部分，负责监管金融机构。金融行为监管局为销售保险和提供保险咨询及保险计划的中介制定严格的法规和规范。伦敦劳合社的保险经纪人同时受到劳合社和金融行为监管局的监管，其他保险经纪人只受到金融行为监管局的监管。金融行为监管局的监管目标是维持金融市场的"诚实、公平和有效"。以保证客户得到"公平的交易"。保险经纪人开展业务前必须得到金融行为监管局的展业许可或者到金融行为监管局注册。金融行为监管局将对他们进行持续的监督，并对违反者给予惩罚。

美国对保险业的监管以州为主，各州都颁布了保险法，其中规定了保险代理人和经纪人许可证的颁发事项。但是，各州对保险经纪人的规定差别很大，也有一些州不正式承认保险经纪人。美国各州都设有一个单独的保险监管部。在大多数州，由州长任命的保险监督官负责监管州内保险事务。保险监督官通过行政裁定行使权力，有权举行听证会，发出制止令和撤销或中止营业许可证。州保险监督官是全美保险监督官协会（NAIC）的成员。该协会定期聚会讨论需要立法和管理的保险业问题，起草各种示范性的保险法规，包括保险经纪人的示范法规，并建议州立法机构采用这些方案。大多数州会接受其提供的方案。1993 年 NAIC 颁布了《再保险中介示范法》，内容包括再保险中介许可制度、中介人和委托人之间的合同条款、再保险中介人的禁止行为、利用再保险中介服务的保险人和再保险人的责任。1996 年 2 月，美国全国保险经纪人协会也起草了一份《保险经纪人示范法规》。

韩国的《保险法》对保险经纪人的资格条件作了规定。在《保险法执行令》中，对保险经纪人的监管做了更详尽的规定。监管由金融监督委员会执行，它有权取消对保险经纪人的许可。由此可见，韩国的保险经纪人监管机关是金融监督委员会。

上述有代表性的国家有关保险经纪人的法规，都对保险经纪人的资格认定（含资格考试制度）、组织形式、经营范围、执业行为标准、缴存保证金或投保职业责任保险、劳务报酬、财务稽核制度等作出规定，并规定了对保险经纪人进行监管的机关。但是，各国有关保险经纪人的法规在具体内容上存在较大差异。例如，英国对劳合社经纪人有另一套监管制度；美国人寿保险业的大多数经纪人本身就是代理人，有的州规定保险经纪人可以取得保险代理人的执照；韩国把保险经纪人分为损害保险经纪人和人身保险经纪人，并允许兼营。此外，各国的保险经纪人监管机关也不尽相同。

在对保险经纪人的监管中，法院也起着重要作用。法院根据法律和有关保险经纪人的法规，对保险经纪人的行为和保险经纪人与保险合同当事人的争议作出判决。例如，当一个保险经纪人替投保人安排保险方案时，因疏忽没有查看投保人所租一座仓库的租约，从而没有建议投保该仓库的火灾法律责任保险。不久，该仓库发生火灾，按照租约规定，承租人要赔偿出租人的损失。于是，投保人对该经纪人提起诉讼，法院作出经纪人要承担赔偿责任的判决。

在对保险经纪人的监管中，也应重视行业自律的作用。国外保险经纪业发达的国家都有诸如保险经纪人协会的行业组织，以协调同业间的经营行为，负责与监管机关的沟通。

二、中国银保监会监管保险经纪人的职能

我国保险经纪人的监管机构随着金融监管体系的沿革，分为中国人民银行、保监会、银保监会和金融监管总局。

对我国保险经纪人实施监管职能的法律依据主要是《保险法》和 2018 年 5 月 1 日施行的《保险经纪人监管规定》。《保险法》对于保险经纪人的法律地位作出了明确规定。根据《保险法》的定义，保险经纪人是基于投保人的利益，为投保人与保险人订立保险合同提供中介服务，并依法收取佣金的机构。该法同时规定因保险经纪人在办理保险业务中的过错，给投保人、被保险人造成损失的，由保险经纪人承担赔偿责任。《保险法》中大多数对保险经纪人的规定同时也是对保险代理人的规定，因此《保险法》对保险经纪人的规定是原则性的。

1998 年 2 月《保险经纪人管理规定（试行）》公布，为建立健全我国的保险经纪人制度提供了法律依据。《保险经纪人管理规定（试行）》以《保险法》为依据，在《保险法》对保险经纪人原则性规定的基础上，对保险经纪人的从业资格及保险经纪公司的设立、变更、终止、执业管理、法律责任的承担等作出了详细的规定。

《保险经纪机构监管规定》（2013）明确规定保险经纪机构的组织形式为有限责任公司和股份有限公司，其设立必须经过监管机构批准，且有不少于 5 000 万元的注册资本。

为贯彻落实中央经济工作会议和全国金融工作会议精神，进一步规范保险经纪业务，中国银保监会于 2018 年 5 月 1 日起施行《保险经纪人监管规定》。该规定在《保险经纪机构监管办法》《保险经纪从业人员、保险公估从业人员监管办法》的基础上，在保险经纪人市场准入、经营规则、市场退出、行业自律、监督检查、法律责任等方面作出了更加全面和详细的规定。

回顾我国对保险经纪人的监管历程可以发现，在行业发展的前期，监管的职能重点是拟订和完善有关保险经纪人的法规和发展规划，组织保险经纪人考试，批准设立保险经纪公司。经过试点取得经验后，再逐步向各地推广，培育和发展保险经纪业务，完善保险市场体系。监管职能的重点也由此转向依法对保险经纪公司的经营活动加以监管，并进行业务指导；依法处理保险经纪人的违法违规行为，保护投保人和客户的利益，维护保险市场的秩序，促进保险经纪公司健康经营和发展。

本章重要概念

保险经纪人　保险经纪人佣金　全美保险监督官协会

思考题

1. 概述保险经纪人的权利和义务。
2. 根据《中华人民共和国民法典》，阐述对保险经纪人的相应规范合同。
3. 简释保险经纪人的经营原则。
4. 概述保险经纪人的运作程序。
5. 评析我国保险经纪人监管的发展状况和前景。

第八章
专业自保公司

本章知识结构

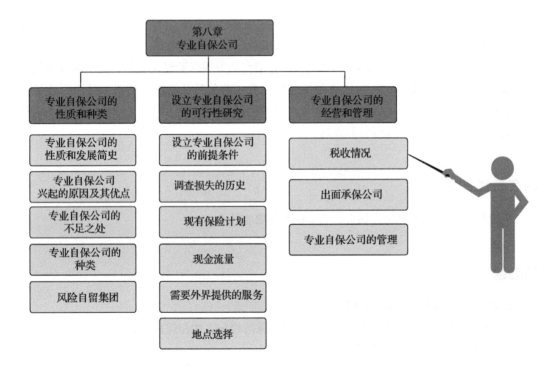

本章学习目标

- 了解专业自保公司兴起的原因；
- 理解专业自保公司的性质及其优缺点；
- 掌握进行设立专业自保公司可行性研究时需要研究哪些主要项目，以及国际上通行的专业自保公司经营管理方法。

第一节　专业自保公司的性质和种类

一、专业自保公司的性质和发展简史

专业自保公司是非传统风险转移（ART）和整体化风险管理的一个核心组成部分。设立专业自保公司实质上是建立企业的自保基金。在过去的30年里，专业自保公司在世界范围内有较迅速的发展。

> 专业自保公司一般被定义为由不属于保险业的母公司全部拥有的保险子公司，它的主要职能是为母公司及其子公司提供保险。

专业自保公司的起源可以追溯到中世纪的互助保险（基尔特）和19世纪的相互保险团体。现代意义上的专业自保公司是20世纪20年代在挪威产生的。2022年，全球有6 191家专业自保公司，美国有3 328家，占53.8%。① 美国500强企业中有90%拥有专业自保公司，全球专业自保公司每年都有超过500亿美元的毛保费收入，2021年达到720亿美元。专业自保公司在美国始于20世纪50年代，从60年代后期到80年代初有很迅速的发展，这与美国财产和责任保险市场的承保周期变化和市场状况恶化有关。在80年代，由于美国取消了对专业自保公司的某些税收优惠，专业自保公司发展势头有所减缓。在90年代，由于保险和再保险市场萧条，加上企业风险管理的发展，专业自保公司又加速发展。美国的专业自保公司一般提供医疗保险、意外保险（Casualty Insurance），特别是产品责任保险和职业责任保险。在欧洲，专业自保公司在英国最为活跃，其次是在荷兰、比利时和德国。欧洲的专业自保公司主要提供财产保险。美国和欧洲专业自保公司的一个共同特点是：它们中有许多设在非母公司所在地的离岸金融市场。百慕大是世界上专业自保公司最为集中之地，2022年其专业自保公司有660家，保费收入占全世界保费总收入的65%。其他专业自保公司中心有开曼群岛、英属维尔京群岛、佛蒙特、巴巴多斯岛、直布罗陀、卢森堡、爱尔兰、新加坡、中国香港等地。近些年来，全球允许专业自保公司注册的国家和地区不断增加，欧美国家又取消了对离岸专业自保公司的税收优惠，使得许多专业自保公司选择在国内注册。美国已有一半以上的州允许专业自保公司注册，其中佛蒙特是美国最多的专业自保公司注册地。

在我国，1984年经国务院批准的中国石化总公司试行的安全生产保证基金可以说是我国大型企业第一个专业自保公司的雏形；中华联合财产保险公司的前身新疆建设兵团财产保险公司实质上是一家专业自保公司；1984年建立的中国船东互保协会实质上也是一家行业自保公司；中海油集团和中石化集团先后在香港组建了专业自保公司，集中管理其海外保险业务。2013年12月11日，中国保监会下发《关于自保公司监管有关问题的通知》，同时境内首家自保公司中石油专属财产保险股份有限公司于12月24日获准开业。2015年2月5日，中国保监会又批复同意中国铁路总公司出资筹建中国铁路财产保险自保有限公司。2017年2

---

① Gavin S. Captives grow as property, cyber rates rise [J/OL]. Business Insurance, 2023. https：//info. businessinsurance. com/rs/432 – FXE –547/images/BI_ 0323. pdf.

月中远海运自保公司由中国远洋海运集团有限公司在上海自由贸易试验区成立。2017 年 11 月广东能源自保公司经批准成立。

二、专业自保公司兴起的原因及其优点

专业自保公司大量涌现主要是因为企业对商业保险市场不满意，以及设立专业自保公司会给本企业带来一些好处。对商业保险市场不满意主要表现在以下几个方面。

1. 欧美保险市场承保周期发生剧烈波动，保险费率和承保能力忽高忽低，使企业难以获得连续性的风险筹资安排。相比之下，设立专业自保公司可以使企业能够根据自己的损失经验数据进行保险定价，并制定一个长期的费率结构，不受商业保险市场变动的影响。

2. 不适当的保险费率结构。虽然保险的基本原理是许多被保险人分摊其中少数被保险人的损失，保险费率是根据平均损失制定的，但保险购买者不愿意长期补贴其他损失经验数据差的被保险人，特别是当保险人没有对损失经验数据好的被保险人给予回报时，他们就会退出投保行列。

3. 得不到足够的保障。一些商业保险公司在发生了产品责任和环境责任保险巨额索赔之后，不愿意提供高的保险责任限额。但是，一些专业自保公司却能提供超过 1 亿美元的责任限额。

4. 费率过高。对于诸如产品责任一类的风险，如果被保险人要获得充分的保障，承保人的费率开价就会很高，这样会迫使企业离开保险市场另觅新径去处理这类风险。

设立专业自保公司给企业带来的好处主要有以下几个方面。

1. 保险费用减少。首先，保险公司收取的保费包括附加费率部分的费用和利润，非赔付部分一般要占到毛保费的 20%～30%。这部分开支可以减少，专业自保公司不必开支取得新业务的营销费用，其费用率一般低于 10%。其次，专业自保公司的保费是自留的，这可以取得现金流量的好处。最后，专业自保公司可以花较低费用取得再保险，再保险通常比原保险的费率要低。

2. 风险选择。专业自保公司可以把相对可预测的损失自留，对超过自留水平的风险使用分保。对各类风险也可以根据其损失经验数据和财务能力进行选择投保。例如，一家石油公司可以把损失程度较低的零售店的财产风险自留，而把炼油厂投保。

3. 风险控制。专业自保公司的承保结果直接反映了其母公司的损失经验数据，这可以增强母公司对风险控制的动力。

4. 对商业保险市场的补充。专业自保公司能对商业保险市场不能提供全面保障的风险进行自保，对那些不可保的风险也可提供适当和灵活的保障。

5. 进入再保险市场。专业自保公司一般重视损失频率高、损失程度低的风险，对于这些可预测的风险自保乃是良策。对于难以预测的损失频率低、损失程度高的风险，专业自保公司把它们转移到再保险市场，百慕大是全球最大的离岸再保险市场。与直接保险市场相比较，再保险的费用较低，而保险金额较高，保险责任范围较广；而且，再保险公司对不寻常的风险采取较灵活的态度。

6. 税收。首先，交付给专业自保公司的保费可以作税收扣除，但美国是一个例外。20世纪 80 年代初，美国内税局认为交付给专业自保公司的费用在性质上不同于保险费，不允许作税收扣除。但到了 90 年代，又允许承保 30% 以上外界业务的专业自保公司的保险费可作税收扣除。其次，可获得较低的公司所得税税率，在一些离岸金融市场甚至可以免缴公司

所得税。

7. 离岸金融市场。除了较低的公司所得税税率外，离岸金融市场的监管环境较为宽松，能花较少费用迅速设立专业自保公司。例如，在百慕大，纯粹的专业自保公司最低资本要求一般为 12 万美元。

8. 全球风险筹资战略。大型的跨国公司通常根据其财务实力自留相当大部分风险。专业自保公司在执行统一的全球风险筹资方针方面能发挥部分作用，使用一个保险人有利于制定全球保险规划。跨国公司的子公司在所在国的保险可以用较高的免赔额、责任限额和较广的保险责任范围的全球保单来加以补充。如果所在国的保险法规禁止或不认可保险人经营，专业自保公司可以先把业务安排给当地保险人，然后再向自己分保。

9. 利润中心。专业自保公司的成功经营使其成为母公司的利润来源之一，持续的盈利使一些专业自保公司向外界提供保险。

三、专业自保公司的不足之处

尽管设立专业自保公司能给企业带来一些好处，但也存在不少不足之处，主要有以下几个方面的问题。

1. 风险组合的规模较小。特别是在专业自保公司的早期阶段，由于其损失经验数据不足，将会降低其自留风险的能力。另外，由于其风险分散程度较低，再保险成本将会提高，导致自留风险的基金不足。

2. 开办和经营费用。要设立专业自保公司必须有法定最低资本金，并提留法定的准备金，还有印花税、申请费和注册费、法律费用等开支。另外，在经营期间，自然会发生各种经营和管理费用。

3. 与保险人合作的费用。专业自保公司需要借助于保险人的承保和理赔力量，这些服务都需要付费。

4. 跨国公司的子公司所在国的法律限制。例如，限制向专业自保公司汇出的保费金额，只准向国家再保险公司分保等。

四、专业自保公司的种类

专业自保公司可以按照其规模、所有权、经营范围、职能和地点来分类。

1. 按照规模分类，专业自保公司可以分为以下三类。

（1）账面专业自保公司（Paper Captive）。它们一般设在税率低和保险监管环境宽松的地方，通常由一个管理代理人负责管理，较为秘密地经营。

（2）小规模的专业自保公司。大约 80% 的专业自保公司都是小规模经营的，它们一般设在离岸金融市场，由专门从事专业自保公司管理的公司管理。这些管理公司是独立的公司或是由保险经纪公司拥有的公司，一家管理公司一般要管理几家专业自保公司。小规模的专业自保公司一般自留较少风险，而把大部分风险转移给再保险市场。

（3）大规模的专业自保公司。这些专业自保公司能自留较大部分的风险，除特大风险外，它们对再保险市场的依赖较少。

2. 按照所有权分类，专业自保公司可以分为以下四类。

（1）一个母公司拥有的专业自保公司。70% 的专业自保公司是由一个母公司拥有的。母公司可以决定专业自保公司的发展目标，专业自保公司能控制其事务。

（2）多个母公司拥有的专业自保公司。这种专业自保公司在美国较为普遍，它们在相互保险的基础上经营。其优点是专业自保公司的承保能力增强，风险较为分散。其主要问题是需要各个母公司之间的合作，有可能发生利益冲突。

（3）协会专业自保公司。这类专业自保公司又称为团体专业自保公司，它类似于由多个母公司拥有的专业自保公司，主要区别是它们是由职业团体、行业组织设立的，如能源、航空、医疗责任等行业或职业团体组成的专业自保公司。在这种组织结构中，损失赔偿通常按照各成员所缴保费的比例来确定。

（4）租借专业自保公司（Rent a Captive）和单元保障公司（Protected Cell Company）。这些是近年来才出现的专业自保公司形式。它们通常由一方或多方拥有，向一大批风险不相关客户提供保险业务。在租借专业自保公司中，作为第三方的所有人委托再保险人或保险经纪人管理。在典型的交易中，一个客户向一个出面承保公司（Fronting Company）投保，再由出面承保公司向租借专业自保公司分保。在租借专业自保公司内，对各个客户设立账户，以记录风险和保费。虽然各个账户是独立的，但也存在资产混合的可能性，被保险企业不仅要对自己风险的承保结果负责，而且要对该自保公司和其他租借者最终经营结果（如投资业绩）负责，即租借专业自保公司有可能出现资产混合。租借专业自保公司主要为那些没有足够资金或不愿意开设专业自保公司的企业提供服务。1997 年，出现了单元保障（Protected Cell）公司，又称为分离账户公司。在租借专业自保公司，账户分离是由合同规定的。而在单元保障公司，账户分离则是由一些离岸金融中心的法令规定的，意味着账户分离更为健全，不允许资产混合。一个典型的单元保障公司由两部分组成：核心和单元。一个独立的第三方通常是金融机构或保险人，拥有核心，它可以自己管理或委托一个专业管理机构管理。每个客户通过订约使用一个或多个单元，并向核心提供的单元付费。根据立法条款规定，一个单元的债权人能获得该单元资产，倘若资产不足，债权人还能对单元保障公司所有人的非单元资产拥有追索权。因此，要求单元所有人对他们在单元中的风险提供担保，在需要时单元保障公司的所有人可以取得担保品。由于单元保障公司的安全性和灵活性，其运作相当成功，向各种客户提供标准保险和巨灾保险保障。

3. 按照经营范围来分类，专业自保公司可以分为纯粹专业自保公司和对外经营的专业自保公司。70% 的专业自保公司属于纯粹专业自保公司。姐妹专业自保公司（Sister Captive）是纯粹专业自

> 纯粹专业自保公司只承保其母公司的业务。对外经营的专业自保公司除了承保其母公司的业务外，还向外界提供保险。

保公司的一种延伸，它是指还向母公司或控股公司的各子公司或关联企业提供保险业务的专业自保公司。对外经营的专业自保公司主要通过参加再保险集团或相互保险社来承保外界业务。再保险集团一般由承保代理机构或保险公司管理。在相互保险社，专业自保公司与其他专业自保公司和保险公司相互交换一部分风险。中国保监会下发的《关于自保公司监管有关问题的通知》称自保公司是指经中国保监会批准，由一家母公司单独出资或母公司与其控股子公司共同出资，且只为母公司及其控股子公司提供财产保险、短期健康保险和短期意外伤害保险的保险公司。因此，我国的自保公司仅是单一自保公司和纯粹自保公司。而且设立自

保公司的门槛高，投资人的资产总额不低于人民币 1 000 亿元。

4. 按照职能来分类，专业自保公司可以分为从事直接保险业务的专业自保公司和从事再保险业务的专业自保公司。由于许多国家不准向不认可的保险人投保，所以专业自保公司的直接保险业务有限。大多数专业自保公司通过从所在国认可的保险人处取得分保来承保母公司在海外的子公司的业务。

5. 按照地点来分类，专业自保公司可以分为设在离岸金融市场的专业自保公司和设在国内的专业自保公司。

五、风险自留集团

20 世纪 80 年代初，美国出现了责任保险危机，为了解决责任险产品供给不足和费率过高的问题，1981 年美国国会通过了《责任风险自留法》（LRRA），允许成立风险自留集团。根据 1986 年修订的《责任风险自留法》，设立风险自留集团需要满足以下三项条件：（1）所有成员必须是被保险人。（2）成员必须从风险自留集团购买保险；所有成员所在行业相同，面临相同的责任风险。（3）风险自留集团的组织形式可以是股份公司、相互保险公司或互惠合作社等。与专业自保公司相比较，风险自留集团承接业务可以不通过出面承保公司，这样可以减少费用开支；而许多专业自保公司由于监管部门的限制在当地属于不认可保险人，不能直接承保业务，就需要当地认可保险人出面承保，而后向自己分保。风险自留集团类似于团体专业自保公司和相互保险公司，它从最初的医疗行业扩大到其他许多行业。

> 风险自留集团在美国的一个州注册，注册后也能在其他州经营业务。

第二节　设立专业自保公司的可行性研究

母公司要设立保险子公司需要进行可行性研究，如果研究表明设立专业自保公司对母公司的纯粹风险管理不利，则可以采取其他的风险筹资方法。

一、设立专业自保公司的前提条件

设立专业自保公司的前提条件主要包括以下几个方面：（1）母公司要具有良好的风险控制能力；（2）对每种风险要确定自留的水平；（3）要有足够多的保险费收入；（4）要与直接保险市场和再保险市场合作，以及获得外界咨询服务。

二、调查损失的历史

详细调查母公司由保险人支付的赔款和自留的损失，要分析以往 5 年的责任损失数据和 10 年的财产损失数据。必须根据通货膨胀和其他因素变化对历史数据进行调整，以便与现在的数据进行比较。

三、现有保险计划

收集以往 5 ~ 10 年的各种保费、保费折扣和保险责任范围的数据与资料，并考虑母公司经营的地区，特别是子公司所在地的国别和子公司数目，以及所在国的保险法规。由于许多国家不准专业自保公司直接经营，所以需要出面承保公司提供服务。

四、现金流量

保费收入和赔付之间的时间差给专业自保公司提供获取投资收入的机会。这一机会取决于各种现金流量的时间，诸如签发保单后保费收到的时间、分保费交付的时间，以及直接保险和再保险赔款的时间。再保险公司一般按正规的账户运作，因此，这些现金流量可以预先知道。各国之间保费收到的时滞差别很大，这将影响获得投资收入的能力。此外，可行性研究中还需要确定投资方针，并确定资金是由母公司财务部门管理还是委托外界的投资经理管理。

五、需要外界提供的服务

专业自保公司需要外界提供诸如风险控制调查、理赔和其他技术性服务，对所需要提供的服务种类及其费用进行识别和分析。

六、地点选择

设立专业自保公司的地点可选择在国内或离岸金融市场。如果选择设在离岸金融市场，那么就有许多地点可供选择。一般要考虑以下因素：交通便利，通信设施先进，对专业自保公司监管环境宽松，资本和税收规定，可以提供管理公司和会计、法律、银行及其他服务，政治稳定。

实际上在离岸金融市场设立一家专业自保公司的手续相当简单，而且花费不多。以百慕大为例，程序如下：（1）主办方与专业顾问（保险经理、律师、审计师）协商，取得他们的技术援助。（2）主办方与专业顾问完成设立公司的文件起草工作。（3）向百慕大财政部申请豁免作为百慕大公司，这样就不需要遵守60%当地所有权规定，而成为一个国际企业。（4）向百慕大货币管理当局申请成为一个注册保险人。（5）申请获得批准后，主办方缴存最低资本：一类纯粹专业自保公司为12万美元；二类团体专业自保公司为25万美元；三类承保至少为20%外界业务的商业保险人和再保险人100万美元。选举产生一个董事会。（6）保险监督官颁发注册证书。（7）开业。

开办费一般只要5万～10万美元，平均申办周期只要3～6周。

总之，可行性研究的目的是确定设立专业自保公司是否符合其预定的目标，以及分析这些目标如何实现；最后提出建议，包括设立专业自保公司后的业绩标准。

第三节 专业自保公司的经营和管理

一、税收情况

一般来说，设立在英国、法国、德国和加拿大的专业自保公司所交付的保费都被允许从应税收入中扣除。20世纪70年代，美国也允许向专业自保公司交付的保费从应税收入中扣除。但是到了70年代后期80年代初期，美国内税局开始对保费扣除提出质疑，当风险自留在经济团体内部时，不存在"实质风险转移"，保费应被视做一种资本捐款，专业自保公司的赔款可被视做红利分配。因此，交付给纯粹专业自保公司的保费是一个自保基金筹资，它不能成为一个税收扣除项目。到了90年代，这一规则出现了一些例外。1992年美国法院裁决，约有30%的业务来自非关联企业的专业自保公司可以取得税收扣除资格。2001年美国内税局废除了一个阻止姐妹专业自保公司税收扣除的"经济家族理论"。后规定，2017年以前如果专业自保公司每年保费在120万美元以下，可以免缴联邦所得税；2017年后保费收入低于220万美元的小型保险公司无须支付联邦所得税。

如前所述，设在离岸金融市场的专业自保公司可以获得税收优惠，交付的保费作为费用从应税收入中扣除，而且设在国外的保险子公司的利润不必缴纳母公司所在国的所得税。但是，要享受这些税收优惠需要符合一些条件：首先，保费支出必须是本公司的保险业务，而且母公司不能代其子公司向专业自保公司交付保费。由于保险人所支付的赔款一般作为应税收入处理，所以向专业自保公司交付的保费所作的税收扣除只不过是递延而非免除税收。其次，为合理确定税收起见，要确定专业自保公司不是母公司所在国的公司身份，这不仅要考虑专业自保公司的所在地，而且要考虑专业自保公司的实际控制权和管理权是否掌握在当地的管理人员手中。最后，设在离岸金融市场的专业自保公司如果是受母公司控股的海外子公司，即母公司掌握其50%以上股权，而且所在地公司所得税税率低于母公司所在国一半以上，则母公司要按其持有股份的比例缴纳公司所得税，但另有一些例外情况。对不符合上述前两项条件的专业自保公司，母公司则将其汇回的利润作为红利缴纳公司所得税。

然而，对专业自保公司的税收优惠政策正在发生变化，英国已开始对其征收所得税，百慕大已于2016年撤销税收优惠政策。

二、出面承保公司

专业自保公司一般不能从事其注册地之外的业务，如果要从事这样的业务就必须使用当地的一个认可保险人。例如，设在一个离岸金融中心的专业自保公司只有通过认可保险人才能从事美国的业务。由于许多国家不准不认可保险人经营保险业务，致使专业自保公司不能直接向被保险人签发保单。在这种情况下，专业自保公司可以指定一个当地认可的保险人出面承保当地子公司的业务，然后再由自己分保。除了那些实行国家垄断再保险的国家和地区以外，这种通过出面承保公司承保的做法都行得通。

出面承保公司一般能提供签发保单、理赔、会计、损失控制等全方位服务。一般的做法是，出面承保公司承保全部风险，然后把90%的风险分保给专业自保公司，自留10%的风险和保费。此外，专业自保公司会支付3%～15%的出面承保费。有时，出面承保公司也可以为专业自保公司作出再保险安排。一些跨国的保险公司常向专业自保公司提供出面承保服务。

三、专业自保公司的管理

专业自保公司一般作为注册的保险公司或再保险公司设立，以与保险公司或再保险公司相同的方式经营，提存未到期责任准备金和赔款准备金、保持最低资本和盈余水平、向再保险市场分保、管理投资业务。专业自保公司可以聘用雇员进行内部管理，也可以委托专业化的管理公司进行管理。前者需要有足够的保费收入来抵消人员和场所等方面的开支，而使用管理公司却可以用较低的成本执行同样的任务，而且，这些管理公司都设在主要的离岸金融市场。它们中有一些是专门从事这方面管理的独立公司，但大部分是保险经纪公司、承保代理机构、律师事务所、会计师事务所或银行的附属机构。管理公司履行的职责由与专业自保公司及其母公司订立的管理协议书规定。管理公司一般要履行以下职责。

1. 承保服务。制订合适的保险规划和再保险规划，起草和签发保单及其他文件。

2. 会计事务。提存赔款准备金和未到期责任准备金，理赔，编制报表，监管银行账户和投资活动，保持会计记录。

3. 文秘事务。安排公司注册，遵守当地保险法规，介绍当地合格的理事人员，保持公司的其他记录。

此外，在管理协议书中还应包括管理公司的权限、报酬、错误和疏忽的处置、向母公司报告的规定、专业自保公司关于投资和准备金的规定。

本章重要概念

账面专业自保公司　协会专业自保公司　纯粹专业自保公司　租借专业自保公司
单元保障公司　出面承保公司　风险自留集团

思考题

1. 简述专业自保公司的性质及其优缺点。

2. 分析专业自保公司兴起的原因。

3. 设立专业自保公司的可行性研究中需要研究哪些主要项目？

4. 为什么专业自保公司一般要依靠出面承保公司经营业务？

5. 概述在国际上通行的专业自保公司经营管理方法。

6. 展望我国专业自保公司发展的前景。

第九章
风险管理决策的数理基础
——损失预测

本章知识结构

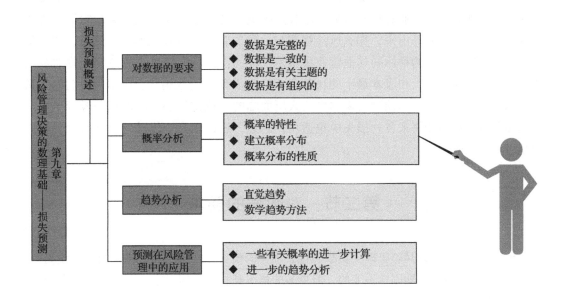

本章学习目标

- 理解概率和概率分布的重要概念;
- 掌握标准差、变差异数、概率、联合概率、择一概率等的计算方法;
- 举例说明在风险管理中怎样应用概率分析和趋势分析的方法进行损失预测。

第一节　损失预测概述

风险管理人员如何作出决策有赖于他们对将来损失的预测。这里运用数学常识来解释损失预测的一般方法，这些方法要求风险管理部门完成以下几项工作。

1. 收集过去的损失资料，这些资料可用来预测将来的损失。

2. 运用简明的方法来编制预测损失的图表，最常用的方法是概率分析和趋势分析。

3. 在预测时，决定在什么情况下运用概率分析比较合适，在什么情况下运用趋势分析比较合适。

4. 了解预测的局限性，并努力使局限性减少到最小，从而避免一些容易发生的错误，如未料到的损失。

意外损失的难以预测性可以说是风险管理中最具有挑战性的工作，因为它们的发生是偶然的。如果一家企业的财产损失、净收益损失、责任损失和人员损失与它的销售或产品成本一样可以测算出来，那么风险管理与一般的管理没有什么两样。然而，成本最小化的风险管理决策的目标同其他营业决策是一样的：先算出每种决策方案的收益和成本，然后选择收益最大和成本最小的决策方案。由于预测企业销售、成本、利润的人员所面临的不确定性不会比预测将来损失的人所面临的不确定性小，所以在一般管理中运用的预测方法在预测将来意外损失中也适用。总之，经过相当一段时间后这些意外损失也是可以预测的。

第二节　对数据的要求

预测意外损失要求风险管理人员掌握过去损失的模式，并运用到对将来损失的预测中。这些模式可能很简单，即固定不变的，但更多的情况是将来的情况中有一个因素是变化的。例如，增加产量就意味着工伤事故增多。而且，如果通货膨胀持续下去，每次工伤事故的费用就会增加。当这个模式的一个因素变化时，其他一些因素是不变的。工伤事故相对于产量水平的频率可能是不变的，通货膨胀引起的工伤事故费用增长率可能是过去增长趋势的延续。这样，通过掌握过去损失的模式来预测将来损失就从决定运用这两个基本模式中的哪一个开始：不变模式还是可以预测的变化模式。如果有足够的过去损失资料，风险管理人员就可以通过仔细分析资料来决定使用哪种模式。

为了发现这些模式，风险管理人员就要努力以合理的成本、人力和时间去收集过去损失的资料，并要求这些数据是完整的、一致的、有关主题的和有组织的。例如，某铁路公司风险管理人员要管理火车出轨风险。他的第一份资料是由会计部门编制的从某年到某年由于火车出轨造成的损失数据。

一、数据是完整的

风险管理人员不仅要了解损失金额，还要了解每次损失的环境情况，如出轨的地点、时间、出轨时的车组人员和所载的货物等，以便于分析特定损失发生的确切原因。风险管理人员还必须运用洞察力去判断在什么情况下可能遗漏了某些重要资料。例如，当他第一次检查这份会计报告时，报告中并没有某年的损失记录，而其他各年度都有损失，这就有充分的理由认为该年也有损失。经检查发现，该年换了一位会计人员，而这位新的会计人员并不知道要将这些损失汇总到账户中去，而给这位风险管理人员的报告是从汇总账户中取得的。这样，该年的损失数据也得到了。

二、数据是一致的

损失数据必须是在一致的基础上收集的。损失资料有时会掩盖在预测中很有用的模式。如果从不同的来源用不同的方法收集资料，就会有很多不一致的数据。例如，这个风险管理人员在检查会计报告"历史损失金额"一栏时，有两个数据以 00 结尾，即是以百元的形式记录的，而其他数据是以另外两位数结尾的。这就有理由认为这两个数据是大概值，不如其他数据精确。数据的一致性要求按物价水平调整损失金额，即要消除通货膨胀的影响。例如，这里以 2020 年为基年，某年的通货膨胀率等于该年的物价指数除以 2020 年的物价指数，再把该年的损失金额除以当年的通货膨胀率就得出该年按 2020 年水平计算的损失金额。这样的计算包含着一个假定：每年的损失都是在最后一天发生的，在调整时才可以用某一年全年的通货膨胀率。一个更合理的假设是所有的损失都是在每年中期发生的，这样就得用某年全年通货膨胀率的一半来进行调整，这还得假定全年内物价上涨是一致的。如果每月的物价指数已知，那么按月调整就更为精确。

三、数据是有关主题的

对过去的损失金额还应在与风险管理相关的基础上估计，一般以恢复损失前的费用来估计损失。财产损失是指损失发生时的修复费用或重置成本而不是财产的原始成本；责任损失不仅应包括赔偿金，还应包括调查、辩护和处理赔偿的费用；营业中断损失必须包括营业中断所致的收入损失，还应包括恢复营业所需要的额外费用。

该公司的风险管理人员发现他收集的资料中的损失金额包括了每次出轨造成的所有损失，即包括了铁路财产损坏的重置费用、支付给货主的货物损失、铁路的收益损失和由于出轨造成的其他费用损失。这样，只要把这些损失数据按通货膨胀率进行调整后，就可以适用于风险管理了。如果这些数据不切题，风险管理人员就要会同会计和统计人员对损失金额进行调整。

四、数据是有组织的

在上述例子中，如果按日历顺序列出损失，就可能不易发现损失的模式，而如果按损失大小列出就容易发现损失模式。经过这种调整的损失金额排序中，把损失金额最小的列于最后一位，把损失金额最大的列于第一位。越严重的损失在风险管理中所起的作用越大。这样调整并组织的历史损失资料，为预测将来损失提供了一个很好的基础。下面将要讨论的是如何进行预测，这先要用概率分析方法，此时假定环境不变；再用趋势分析，此时假定环境是变化的，但这个变化是可以预测的。

第三节 概率分析

如果该公司有相当多的过去损失的资料，而且相当稳定的经营会使过去损失的模式延续到将来，那么概率分析在预测这个公司将来的意外损失时就非常有效。在这样一个不变的环境中，过去的损失可视为公司将来要遭受的损失。

一、概率的特性

概率 P 是指稳定环境下某一事件预期发生的相对频率。例如，向上抛一枚均匀的硬币许多次，出现正面和反面的次数差不多；按一张标准生命表，62 岁的男性一年内死亡的人数为总数的 2%；保险公司的资料表明某年每 132 辆汽车就有一辆被盗窃。

概率 P 可用下式表示：$0 \leqslant P \leqslant 1$。$P = 0$ 表示某事件确定不发生，$P = 1$ 表示某事件一定发生。概率可以从历史资料中计算得出，也可以从理论上推算出。从理论上可以推算出的概率叫做先验概率，如抛硬币，出现正面或反面的概率都为 1/2。从经验中估计出来的概率叫做经验概率，如 62 岁男性一年内死亡的概率为 2%，汽车被盗窃的概率为 1/132。经验概率会由于环境的变化、新资料的增加而变化，其精确性依赖于样本的大小和代表性。而先验概率是只要物理条件不变就不会变化。

二、建立概率分布

概率分布是指将在特定环境下所有可能的结果及其概率以表或图的形式表示出来。因为任何一个这样的分布包括所有可能结果的概率，所以概率分布中的这些概率之和必然等于 1。概率分布的这个定义适用于先验概率和经验概率。例如，在抛硬币中，每个可能结果是正面或反面的概率都为 1/2。在某次抛硬币中，只会出现一个结果，则称这两个结果为互不相容的。只会出现两个可能的结果，这两个结果出现的概率之和为 1，则称这两个结果是完备的。一个正确的概率分布经常包括这些互不相容，但又完备的结果。

对经验概率可建立概率分布。以前面的火车出轨损失为例，建立概率分布如表 9-1 所示。

表 9-1 有两个特征：①第 1 列损失类别大小的确定带有任意性；②最大可能的损失是开口的，大于 30 000 元，没有上限。第 4 列的每个金额表示落在第 1 列相应类别范围内的总损失金额。第 5 列表示第 4 列每个损失

损失类别（元）	损失次数	占损失总次数的百分比（%）	损失金额（千元）	占损失总金额的百分比（%）
0 < 损失 ≤ 10 000	1	5.26	2	0.12
10 000 < 损失 ≤ 50 000	6	31.58	178	10.51
50 000 < 损失 ≤ 100 000	7	36.84	515	30.42
100 000 < 损失 ≤ 200 000	3	15.79	429	25.34
200 000 < 损失 ≤ 300 000	1	5.26	214	12.64
300 000 < 损失	1	5.26	355	20.97
	19	100.00	1 693	100.00

表 9-1 火车损失概率分布

金额占损失总额 1 693 000 元的百分比。第 4 列、第 5 列表明，尽管大的损失出现的频率不高，但它们占损失总金额的一个相当大的百分比。例如，100 000 元 < 损失 ≤ 200 000 元的 3

次损失的损失金额就占损失总金额的 **25.34%**，超过 100 000 元的 5 次损失的损失金额约占损失总金额的 **59%**。当损失的次数越来越多，就可以运用大数法则建立更完整可靠的概率分布。当独立事件次数增多时，每个可能结果的实际相对频率就会越来越接近每个可能结果的理论预期相对频率，这就是大数法则。运用大数法则预测将来损失时，要符合以下两项要求：（1）过去和将的风险单位基本上是一致的，同等的价值面临同等的风险；（2）有大量独立的风险单位，即一个风险单位发生损失时不会同时影响另一个风险单位发生损失。但实际情况只是在一定程度上满足这两个条件，一般都是部分而不是完全满足。在收集过去损失资料时，要收集尽可能满足这两个条件的资料。总之，用于预测过去损失的资料越多，对将来损失的预测结果就越可靠。

三、概率分布的性质

概率分布的一个重要性质是：可能的结果是互不相容，但又是完备的。概率分布也可以用以下三个性质加以描述。

> 偏度是指一个概率分布是均衡的还是有偏差的。若概率分布是均衡的或者说是对称的，则在分布的中间有一个顶峰。若概率分布是有偏差的，则顶峰偏向一边，而另一边是一个又细又长的坡。

（一）偏度

偏差三种一般的情况可用图 9 - 1 表示。

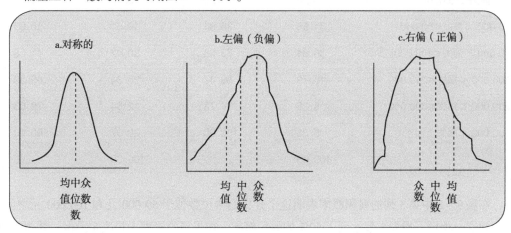

a.对称的　　　　b.左偏（负偏）　　　　c.右偏（正偏）

均中众
值位数
数

均　中众
值　位数
　数

众中均
数位值
　数

图 9 - 1　偏度图

一种特殊的情况是正态分布，它是一种特殊的对称的分布。当独立事件足够多，影响每个可能结果的因素不变时，就可运用正态分布。在该公司中，风险管理人员为了防止出轨损失，就沿着铁轨安装电灯，提醒火车驾驶员注意晚上的危险状况。这些灯泡的使用寿命就服从正态分布。要求维修人员经常更换灯泡，使由于电灯不亮而导致火车出轨的概率相当小。假定这些灯泡平均寿命为 5 000 小时，但有些灯泡只能使用 4 500 小时或更短时间，而有些灯泡能使用 5 500 小时或更长时间。为了铁路的安全，维修人员该如何更换这些灯泡呢？这就必须要了解概率分布的另外两个性质。

（二）中心趋势

对任何一个概率分布，算术平均数、中位数和众数三者的关系及与顶峰的关系取决于分布的

> 中心趋势是指一个概率分布中最有代表性的那个结果。一般有三种应用得最多的方法来确认哪一个是最有代表性的结果：算术平均数、中位数和众数。

偏度。

1. 算术平均数 $\overline{X}$。用公式表示为

$$\overline{X} = \sum_{i=1}^{n} P_i X_i$$

其中，P_i 为结果 X_i 出现的概率。

2. 中位数和累积概率。中位数是在一系列数据或概率分布的数据中中间数的值，使低于这个值的观察次数与高于这个值的观察次数相等。假定中位数是6 800元，位于第 10 位，则 9 次损失比它小，9 次损失比它大。当总数为偶数时，中位数是中间两个数字的算术平均数。概率分布的中位数可通过计算累积概率来得到，累积概率达到50%时对应的值是中位数。表 9 − 2 是表 9 − 1 的累积概率分布。

表 9 −2　出轨损失不超过某一金额的累积概率				
损失类别 （元）	占总损失次数的百分比	累积的不超过某类损失的百分比	占总损失金额的百分比	累积的不超过某类损失的百分比
0 ＜损失≤10 000	5.26	5.26	0.12	0.12
10 000 ＜损失≤50 000	31.58	36.84	10.51	10.63
50 000 ＜损失≤100 000	36.84	73.68	30.42	41.05
100 000 ＜损失≤200 000	15.79	89.47	25.34	66.39
200 000 ＜损失≤300 000	5.26	94.73	12.64	79.03
300 000 ＜损失	5.26	100.00	20.97	100.00
	100.00		100.00	

在表 9 − 2 中第 3 列的累积概率表明这个分布的中位数位于 50 000 元和 100 000 元之间，因为到这一类别，损失次数达到了 50% 的累积概率。如果风险管理人员决定投保，并规定每次出轨损失的免赔额为 50 000 元，那么这个铁路部门每三次损失就有一次要自己承担全部的损失，因为表 9 − 2 第 3 栏中数据说明有 36.84% 的损失不超过 50 000 元。此外，该公司还能自担每次大的损失中的 50 000 元，这样结合表 9 − 1 中的信息，它一共自担了 50 000 × 12 + 2 000 + 178 000 = 780 000 （元），约占损失总金额 1 693 000 元中的 46%。同样，如果采用了 100 000 元的免赔额，那它一共自担了 100 000 × 5 + 2 000 + 178 000 + 515 000 = 1 195 000 （元），约占损失总金额的 70%。因此，风险管理人员在投保时，可根据自己公司的实力，适当选取免赔额，以降低费率，达到风险管理成本最小化的目的。

3. 众数。它是指概率分布中最可能发生的那个结果。在上例中，众数是50 000 ＜损失≤100 000，因为落在这个范围内的损失一共发生了 7 次，次数是最多的。众数与中位数落在同一个区域里即 50 000 元和 100 000 元之间，但这并不表示众数和中位数是同一个数，没有一个特殊的金额可以说是众数。

（三）方差

方差描述的是分布对均值的离散程度。方差越小，实际值落在均值的一个范围内的可能性就越大，预测就越准确。常用于测度方差的方法有两种：标准差和变差系数。

1. 标准差（方差的算术平方根）。标准差 $S.D.$ 用公式表示为

$$S.D. = \sqrt{\sum_{i=1}^{n} P_i \, (X_i - \overline{X})^2}$$

其中，P_i 为结果 X_i 的概率；$\overline{X} = \dfrac{1}{n} \sum_{i=1}^{n} X_i$，一共有 n 次观察结果。

为了计算上例的标准差，先要假定：（1）在给定的损失类别内，所有的损失金额都被认为是这个范围的中点，如在 1 000 元 < 损失 ≤ 5 000 元范围内的损失，每次损失金额都被认为是 3 000 元。（2）在无上限的范围内，即损失 > 30 000 元的范围内，要认为中点是所有实际损失的均值，这里即为 35 500 元。表 9 - 3 显示了计算标准差的过程。

假定：$\overline{X} = 8\,911 \approx 8\,900$

$S.D. = \sqrt{72\,153\,000} = 8\,494$（元）

标准差相对于均值来说太大了，$\dfrac{S.D.}{\overline{X}} = 0.95$，很难用概率分析来预测将来的损失。

表 9 - 3　出轨损失标准差计算过程

损失类别（元）	中点X（元）	概率P	$X - \overline{X}$	$(X - \overline{X})^2$	$P(X - \overline{X})^2$
0 <损失≤10 000	5 000	0.0526	-84 000	7 056 000 000	371 100 000
10 000 <损失≤50 000	30 000	0.3158	-59 000	3 481 000 000	1 099 300 000
50 000 <损失≤100 000	75 000	0.3684	-14 000	196 000 000	72 200 000
100 000 <损失≤200 000	150 000	0.1579	61 000	3 721 000 000	587 500 000
200 000 <损失≤300 000	250 000	0.0526	161 000	2 521 000 000	1 363 400 000
300 000 <损失	355 000	0.0526	266 000	7 056 000 000	3 721 800 000
					7 215 300 000

标准差对正态分布来说是很有意义的。在理论上，$P\{\overline{X} - S.D. < \overline{X} < X + S.D.\} = 68.26\%$，$P\{\overline{X} - 2S.D. < X < \overline{X} + 2S.D.\} = 95.44\%$，$P\{\overline{X} - 3S.D. < X < \overline{X} + 3S.D.\} = 99.74\%$。其含义是指有 68.26% 的结果落在均值左右的 1 个标准差范围内，有 95.44% 的结果落在均值左右的 2 个标准差范围内，有 99.74% 的结果落在均值左右的 3 个标准差范围内。因此，在更换灯泡的那个例子中，假定灯泡的平均使用寿命为 5 000 小时，标准差为 300 小时，如果每只灯泡使用 4 700 小时后更换，则有 15.87% 的灯泡在更换前就坏了。如果使用 4 400 小时后更换，则有 2.28% 的灯泡在更换前坏了。如果使用 4 100 小时后更换，则有 0.13% 的灯泡在更换前坏了。公司可以根据需要保证更换前 90% 或 95% 的灯泡是好的。因为 $P\{X > \overline{X} - 1.65 S.D.\} = 90\%$，$P\{X > \overline{X} - 1.96 S.D.\} = 95\%$，所以公司若要保证 90% 的灯泡

在更换前是好的，则应该在使用 4 505（$5\,000 - 300 \times 1.65 = 4\,505$）小时后更换。若是完好率为95%，则应在使用 4 412（$5\,000 - 300 \times 1.96 = 4\,412$）小时后更换。

2. 变差系数。给定两个分布，如果它们均值相等，那么标准差越大，这个分布的离散程度就越大。如果它们均值不相等，就要引入变差系数来比较它们的变动性。变差系数 $= \dfrac{S.\,D.}{\overline{X}}$，它的值越大，分布的离散程度越大，预测就越困难。

在比较稳定的情况下，可以使用概率分析预测，如灯泡更换问题。但碰到不稳定的情况，如火车出轨的损失问题，就无法用概率分析来得到一个较为精确的预测，这时就要采用趋势分析。

第四节　趋势分析

概率分析是对静态情况的分析，而事实情况并不是静态的，将来情况不会仅仅是过去的重复。为了更精确地预测，许多风险管理人员就采用趋势分析来调整用于预测的损失资料。一个最简单的例子就是前面例子中的消除通货膨胀因素，

> 趋势分析和概率分析一样都是为了寻找过去损失的模式，然后将它投影到将来。但它与概率分析的不同之处是，趋势分析是寻找运动的模式，也就是说，损失频数和损失程度的变化与其他一些可以精确预测的变量（如产量）的变化是一致的。

按1999年的物价水平来调整损失的金额。对于不断变化的环境，使用趋势分析的结果比概率分析的结果更为现实。

一、直觉趋势

有些损失趋势可以根据直觉来判断。例如，图9-2所示的是该公司7年内每百万工时的工伤情况。图内每一点表示某一年内事故的频数或比率。从直觉上这个向下倾斜的趋势说明公司的工伤情况有所好转。最普通的方法就是画条直线，使直线尽可能靠近每个点。将直线延伸到将来，就可以预测将来的工伤情况。这条直线向下倾斜表明每年的工伤事故率在稳步下降。然而，在许多情况下，线性趋势是不现实的。就如这个例子中，过了一定年后，该

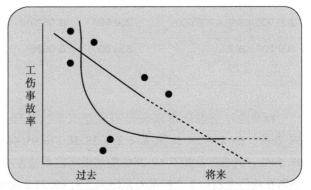

图9-2　某公司7年工伤趋势

线性趋势表明工伤事故不会发生，但事实上并不是这样。在这种情况下，运用一条光滑的曲线来描述过去的损失并预测将来的损失就显得更为合理，如图9-2中用那条曲线来预测就会比用直线更为精确。风险管理人员可把过去的损失画在一张散点图上，然后根据直觉确定用直线还是曲线来预测将来的损失。

二、数学趋势方法

在数学上计算曲线较为复杂，因此风险管理人员一般使用直线来进行预测。表9–4的数据就适用于直线趋势，它所表示的是该公司2020—2023年每年的损失次数和货物运输的吨公里数。这些数据可以用来揭示出轨次数与时间和每吨公里的关系。

表9–4 出轨损失的直线趋势		
年 份	每年损失次数	吨公里（10万）
2020	4	35
2021	4	60
2022	5	72
2023	6	95
合 计	19	262

（一）出轨次数与时间的关系

先画散点图。X轴表示年份，Y轴表示每年的出轨次数。假设两者之间的关系为

$$Y = a + bX$$

根据数学公式可求出a和b的值：

$$b = \frac{\sum_{i=1}^{n}(X_i - \overline{X})(Y_i - \overline{Y})}{\sum_{i=1}^{n}(X_i - \overline{X})^2}; \quad a = \overline{Y} - b\overline{X}$$

在这个例子中，

$$b = \frac{\sum_{i=1}^{4}(X_i - 2.5)(Y_i - 4.75)}{\sum_{i=1}^{4}(X_i - 2.5)^2} = 0.7$$

$$a = \overline{Y} - 0.7\overline{X} = 4.75 - 0.7 \times 2.5 = 3$$

由此得出出轨次数与时间之间的关系为$Y = 3 + 0.7X$。由于将2020年记为第0年，运用这个公式估计2020年的出轨次数为3，此时$X = 0$，$Y = 3 + 0.7 \times 0 = 3$。$b = 0.7$，说明估计每年的出轨次数增加0.7次。如果这个趋势持续下去，那就可以预测到2024年的出轨次数为$3 + 5 \times 0.7 = 6.5$（次），2025年出轨次数为$3 + 6 \times 0.7 = 7.2$（次）（见图9–3）。

（二）出轨次数与每年运输吨公里的关系

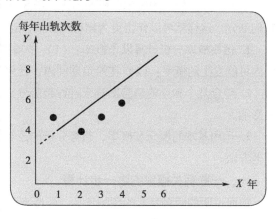

图9–3 出轨损失时间关系直线趋势图

与前面一样，先画散点图。$Y = a + bX$，求得$b = 0.035$，$a = 2.46$。所以$Y = 2.46 + 0.035X$。说明该公司每增加10万吨公里的运输，出轨次数就增加0.035次，$1/0.035 = 28.57$，表示该公司增加2 857 000（$28.57 \times 100\,000 = 2\,857\,000$）吨公里的运输，出轨次数就可能增加1次。风险管理人员若假定该公司将在2031年运输100万吨公里的货物，则可预测2031年出轨次数为$Y = 2.46 + 100 \times 0.035 = 5.96$（次）（见图9–4）。

影响火车出轨的因素很多，对其他因素也可以用同样的方法来进行预测。用直线进行预测时，有两点会引起混淆：一是当直线到达水平线X轴时，预测就不正确，因为按这个预测

损失将为 0，而事实并非如此，如图 9 - 2 所示；二是用公式估计出来的过去损失与实际损失会不相符，因为这条直线在平均意义上是确切的，相对每一个点并不确切，实际值与估计值之间有一个差距，并且每一点的差距并不相同。

概率分析与趋势分析都是预测中很有用的工具，但要小心运用，分清它们适用的条件。对它们的预测结果应该作出合理的解释，不可以盲目接受。特别在数据资料少的时候，对预测结果抱谨慎的态度，增加新的数据资

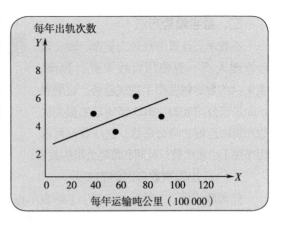

图 9 - 4　出轨次数与运输量关系图

料会使预测更精确。在预测时，一方面，要在可供分析资料的基础上作出试探性结论，另一方面，要在增加资料时作出修改。概率分析帮助风险管理人员认清什么是不变的，而趋势分析帮助风险管理人员认清将来的变化是怎么样的。

第五节　预测在风险管理中的应用

本节讲述怎样运用概率分析和趋势分析来预测比前面所述更为复杂情形下的损失，并把它们细分，这样就可以作出更为精确的预测。这个过程要求风险管理人员做到下列几件事：

1. 运用概率分析计算以下概率：（1）多项损失的联合概率或任何给定总损失在给定期间内可能发生的概率；（2）在给定期间内，任何一种损失发生的概率。

2. 综合几个独立的趋势影响来进行趋势分析，每个独立的趋势都对将来损失频数和程度有影响。

3. 运用基本的概念和概率、趋势分析的逻辑总结出在形成预测模型时有用的统计技术和其他方法。

一、一些有关概率的进一步计算

前面说明的两种基本的预测工具，即概率分析和趋势分析都是分析单个事件。对多个事件的分析就需要进一步的计算。

（一）基本概念

概率计算一般用一些标记来表示，$P(\ )$ 表示括号内事件发生的概率。$P(A)$ 表示事件 A 发生的概率，$P(A$ 或 $B)$ 表示事件 A 或 B 或两者同时发生的概率。括号内的内容不同，这个概率的含义也就不同。n 表示用于计算概率的独立事件数，m 表示某事件发生的次数。例如，前述的那家公司从 2017 年到 2020 年一共营运了 2 万次火车运输，发生 19 次出轨事故，则 $n = 20\ 000$，$m = 19$，概率 $P(出轨) = m/n = 19/20\ 000 = 0.00095$。此外，$n$ 可以代表预测的 2021 年公司的营运次数，而每次营运出轨的概率为 $P = 0.00095$，则 nP 就表示 2021 年公司可能遭受的出轨次数。假定预测到该公司营运 7 000 次，则预测的出轨次数为 $7\ 000 \times 0.00095 =$

6.65 次，这并不表示实际会发生 6.65 次出轨，而是从长期平均来看可能会发生 6.65 次。用 $E(\ )$ 来表示长期内的期望值，若用 D 表示该公司某年的出轨次数，则 $E(D) = nP$，即出轨次数的期望值等于运输次数乘以每次运输出轨的概率。

为了避免错误，应先弄清楚概率计算依赖的两个假设。第一个假设是概率 P 相当稳定，并在计算将来事件发生次数时有效。不管 P 是经验概率还是先验概率，这个假设都是正确的。换言之，产生这个 P 值的环境是不变的。第二个假设是一个事件要么发生，要么不发生，没有其他可能性。一个事件发生或不发生是互不相容并且完备的，因此一个事件发生的概率 $P(A)$ 加上不发生的概率 $P(A$ 不发生 $)$ 等于 1。例如，每次运输出轨的概率为 0.00095，则不出轨的概率为 0.99905。一般等式是：$P(A) + P(A$ 不发生 $) = 1$，即 $P(A) = 1 - P(A$ 不发生 $)$，$P(A$ 不发生 $) = 1 - P(A)$。这些等式中的 A 可以是一个事件也可以是一系列事件。当 A 发生的概率不知道或很难直接计算时，这一等式就很有用，此时用 1 减去 A 不发生的概率就得到 A 发生的概率。这些基本概念适用于所有概率分析。

（二）联合概率

在风险管理中两个最有用处的概率是联合概率和择一概率。联合概率是指两个或多个事件在给定期间内同时发生的概率，择一概率是指给定期间内两个或多个事件只有一个事件发生的概率。联合概率也称复合概率。在计算联合概率时先要确定这些事件是否相互独立。两个事件 A 和 B，如果一个事件的发生或不发生不影响另一个事件发生的概率，那么这两个事件是相互独立的。也就是说，如果 A 和 B 相互独立，则 B 发生或不发生，A 发生的概率不变，反之则相反。例如，两列相距很远的火车发生火灾是相互独立的，因为一列火车着火并不会引起另一列火车着火。然而，如果两列火车相距很近，一列火车着火后会燃烧到另一列火车上，那么这两列火车发生火灾就不是相互独立的。假定每列火车每年发生火灾的概率为 2%，如果这两列火车相距很近，一列火车着火会引起另一列火车着火的概率上升。

1. 独立事件。两个事件如果相互独立，则联合概率就是各个事件概率的乘积。这样两列相距很远的火车一年内都发生火灾的概率 $P(2$ 次火灾 $)$ 等于一列火车着火的概率 $P(F1)$ 乘以另一列火车着火的概率 $P(F2)$，即

$$P(2 \text{ 次火灾}) = P(F1) \times P(F2) = 0.02 \times 0.02 = 0.0004$$

2. 不相互独立的事件。如果两列火车相距很近，一列着火会引起另一列着火，则两列火车都着火的联合概率是一列火车发生火灾的概率乘以在第一列火车着火的条件下第二列火车发生火灾的概率。第二列火车发生火灾的概率称为条件概率，因为这个概率是以第一列火车发生火灾为条件的。换言之，B 的概率若是以 A 为条件，则称 A 条件下 B 的概率，记做 $P(B|A)$。假定上述两列火车靠得很近，火能从一列燃到另一列，或外界的火能同时引起两列火车着火。再假定，经过几年的观察，一列火车着火后另一列火车着火的概率为 40%，即 $P(F1) = 0.02$，$P(F2|F1) = 0.4$，则两列火车都发生火灾的联合概率为

$$P(F1) \times P(F2|F1) = 0.02 \times 0.4 = 0.008$$

3. 一般情况。在处理不独立事件时，确定事件发生的先后顺序很重要，因为 $P(A|B)$ 与 $P(B|A)$ 一般不一样；而在处理独立事件时，事件发生的顺序并不重要。不管事件是否独立，都有一个计算联合概率的公式：$P(B$ 跟随 A 发生 $) = P(A)P(B|A)$。在 A、B 独立

时，$P(B|A) = P(B)$。这个公式可以扩展到任意多个事件联合概率的计算，但这个公式就变得很长。关键的一点是，以条件概率计算或以非条件概率计算联合概率依赖于这些事件是否独立。

4. 联合概率的其他计算。例如，一个火车仓库发生火灾的概率 $P(F) = 0.005$，发生火灾时被抢劫的概率 $P(L|F) = 0.6$，这样火车仓库发生火灾，随之被抢劫的概率 P(抢劫跟随火灾而发生) = $P(F) \times P(L|F) = 0.005 \times 0.6 = 0.003$。注意这是火灾后发生抢劫的概率，而不是抢劫后发生火灾的概率或将火灾、抢劫作为相互独立事件而发生的概率。上面提供的数据不能用来计算后两者的概率。联合概率也可用于计算不遭受损失的概率。例如，该公司火车运输一次出轨的概率为 0.00095，则到达目的地的概率为 0.99905。假定一列火车出轨不影响另一列，则两列火车没出轨的概率为 $(0.99905)^2 = 0.998101$。当火车运输次数增多时，没有火车出轨的概率就下降了。当火车运输达到 2 423 次时，不出轨的概率就降到 10% 以下，因为 $(0.99905)^{2\,423} < 0.1$，说明公司会遭受出轨损失的概率为 90%。这个例子说明了两个基本观点：一是当风险单位增多时，一些可能的损失就会变成了实际的确定的损失。二是每次损失的概率越小，要在某一概率水平上表明损失会发生，则所需的风险单位数就越多。一年内一定数量的风险单位发生损失的概率的计算，同样适用于一个风险单位几年内发生损失的概率。例如，假设该公司一条重要运输线冬天被大雪封锁至少一次的概率为 1/8，则这条运输线 4 年内没有被大雪封锁的概率为 P(4 年内没被大雪封锁) = $(1 - 0.125)^4 = 0.586$，10 年内没被封锁的概率为 $(1 - 0.125)^{10} = 0.263$，即 10 年内，这条运输线至少被大雪封锁一次的概率为 $1 - 0.263 = 0.737$。这个概率越高，该公司在这条运输线上就应该考虑安排更多的扫雪机。

（三）择一概率

择一概率，是指给定期间内两个或多个事件中一个发生的概率。计算择一概率先要确定这些事件是不是互不相容的。两个或多个事件互不相容是指一个事件的发生，使另外的事件就不可能发生。

1. 互不相容的事件。对互不相容事件而言，一般来说，所有互不相容事件概率之和为 1。对那些由一个原因而不是多个原因同时引起的损失，风险管理人员采用互不相容事件的概率就很合适。例如，该公司有可能会因为火灾或洪水而损失一辆机车，而不是同时因为火灾和洪水引起这一损失。假定一辆机车由于火灾而被毁的概率为 0.04，由于洪水而被毁的概率为 0.06，这样一辆机车由于火灾或洪水而被毁的概率 P(火灾或洪水) = $0.04 + 0.06 = 0.1$。这个计算假定洪水和火灾是相互独立的，洪水的发生不会影响火灾发生的概率，反之则相反。

2. 相容事件。两个或多个事件在特定时间内发生，但它们并不一定是互不相容的，至少发生一个的概率是它们各个概率之和减去它们的联合概率。对于不止两个事件的相容事件的概率计算很复杂，因此这里只讨论两个相容事件的概率计算。例如，从一副没有王牌的扑克中抽出一张是 5 的概率为 1/13，是 ◇ 的概率为 1/4，是 ◇5 的概率为 1/52，因此抽出一张是 5 或是 ◇ 的概率 P(5 或 ◇) = $1/13 + 1/4 - 1/52 = 4/13$。这里减去联合概率是为了避免概率的重复计算，如重复计算 ◇5 的概率。总体上，计算择一概率即两个事件只有一个发生的概率，涉及三个步骤：（1）辨别事件以互不相容的方式发生；（2）计算每种方式的概率；（3）把所得概率相加。例如，某地区的天气情况就是这样的。在给定一天中午下雨的概率为50%，中午气温超过30摄氏度（称为天热）的概率为80%，则择一概率等于天热但不下雨的概率加上下雨但不热的概率。这两种情况是天热或下雨但不是同时天热和下雨的唯一的两种方式。既然下雨的概率为0.5，天热的概率为0.8，则择一事件发生的概率为：P（下雨但天不热）$= 0.5 \times (1 - 0.8) = 0.1$，$P$（天热但不下雨）$= 0.8 \times (1 - 0.5) = 0.4$，所以$P$（天热或雨但不是同时天热和下雨）$= 0.1 + 0.4 = 0.5$。

在风险管理中，当两个或多个原因中任何一个都会导致损失时，就会产生相容事件的择一概率。例如，该公司火车内的货物会遭受洪水或偷窃的损失，一批货物由于偷窃导致损失的概率为0.09，因洪水受损的概率为0.06，则货物因偷窃或洪水而受损的概率为：P（偷窃或洪水）$= 0.09 + 0.06 - 0.09 \times 0.06 = 0.1446$。因洪水或偷窃的择一概率为：$P$（偷窃但不是洪水）$= 0.09 \times (1 - 0.06) = 0.0846$，$P$（洪水但不是偷窃）$= 0.06 \times (1 - 0.09) = 0.0546$，则$P$（偷窃或洪水但不是同时两者）$= 0.0846 + 0.0546 = 0.1392$。

两种损失中的任何一种但不同时是两种损失的概率小于两种损失中的任何一种或同时是两种的概率，因为前者除去了两种损失同时发生的概率。

二、进一步的趋势分析

概率分析假定环境是稳定的，趋势分析假定环境是变化的，但变化趋势是可以预测的。当损失是几种趋势的联合结果时，风险管理人员一般用趋势分析法来找到联合的净结果。例如，一个自留汽车车损险的公司的风险管理人员认为，每年的车损是三种趋势的联合结果：公司经营的车辆数；每百辆汽车的损失频率；给定次数车损的修理费用。把三个趋势联合起来预测和分别预测比直接判断更为精确。

联合预测所涉及的方法实际上是加法，几个趋势按它们的应用顺序来结合。在铁路公司那个例子中，由于出轨而每年遭受损失是两个趋势的结果：第一个趋势是每年损失与其产出（吨公里的运输）之间的关系，第二个趋势是每吨公里货物价格的趋势。在这个例子中，第一步是按某一年物价水平通过产出来预测损失。运输的吨公里数作为自变量，损失数作为因变量。第二步是按货物价格水平对损失作相应的调整。预测这两个趋势的联合结果要有一个重要的假定：两个趋势是相互独立的，否则按顺序联合趋势的分析方法将是无效的。

（一）定义模型

经济预测中经常使用图形、公式或其他一些描述关系的方法。在预测时，一个模型能辨别和描述相关原因对被预测变量的影响。这里要说明的是，假定基本模型中有两个自变量：运输的吨公里数和货物价格水平，因变量是损失。这是最基本的模型，其他一些重要因素，如天气、维修费用、工程师和员工的经验、最后一次大的出轨事件距现在的时间等都忽略不计了。其中有一些因素可以合理地作为预测因子来预测由于出轨造成的损失，假定这些预测因子本身是可以预测的，但为了了解联合趋势分析的过程，两个自变量就够了。

（二）第一个预测因子：吨公里

我们可以很合理地认为，一家铁路公司列车出轨频数和出轨造成的损失总额随着运输的增加（或减少）而增加（或减少）。表 9－5 列示了该公司从 2020 年到 2023 年每年的出轨损失和年运输吨公里之间的关系。在这个表中，吨公里数是自变量 X，每年的出轨损失是因变量 Y。

表 9－5　年出轨损失与年运输量的关系				
年　份	吨公里X （10 万吨公里）	损失Y （1 000 元）	XY	X^2
2020	35	9.8	343.0	1 225
2021	60	32.9	1 974.0	3 600
2022	72	45.1	3 247.2	5 184
2023	95	82.0	7 790.0	9 025
合　计	262	169.8	13 354.2	19 304

$$b = \frac{\sum_{i=1}^{4}(X_i - \overline{X})(Y_i - \overline{Y})}{\sum_{i=1}^{4}(X_i - \overline{X})^2} = \frac{4\sum X_i Y_i - \sum X_i \sum Y_i}{4\sum X_i^2 - (\sum X_i)^2}$$

$$= \frac{4 \times 13\ 354.2 - 262 \times 169.8}{4 \times 19\ 034 - 262^2} = 1.192$$

$$a = \overline{Y} - b\overline{X} = \frac{169.8}{4} - 1.192 \times \frac{262}{4} = -35.61$$

$$Y = -35.61 + 1.192X$$

$$损失 = -35.61 + 1.192 \times 1\ 000 = 1\ 156.39(元)$$

所得的结果表明：每增加 10 万吨公里运输，损失就增加 1 156.39 元。a ＝ － 35.61 错误地描述了当公司停止营业时损失就会小于 0，这是由于直线预测在端点引起的曲解。这个公式适用的范围是 350 万～950 万吨公里。这只是在可供数据和假定模型是直线的情况下的一个最好估计。在某种程度上这个假定可能是不正确的，因为还有其他因素被忽略了，所以预测的精度就受到限制。

（三）第二个预测因子：　货物的价格变化

价格水平的变化一般是通过时间序列来预测的。表 9－6 显示了从 2020 年到 2023 年货物价格变化的线性趋势。结果表明，从 2020 年到 2023 年，若经济条件不变，价格水平按线性变化，则每年的价格指数增加 11.45 个指数点。其他许多预测模型都假定价格水平的变化是以一个固定的曲线比率增加，而不是以固定的一个指数点增加，这样就产生曲线趋势而不是直线趋势。随着时间的推移，任何正的或向上的变化率意味着每年增加越来越大，而负的或向下的变化率意味着每年下降得越来越快。既然变化率是可变的，用不变比率的曲线趋势预测的多年以后的结果是不现实的。表9－7列明用直线趋势和曲线趋势预测得到的不同结果，特别是多年后，结果相差很远。直线趋势中每年比上年增加 11.45 个指数点，在曲线趋势中每年比上一年增加 8.86%。年份增多以后，每年以 8.86% 的比率增加比每年增加 11.45 个指数点要快得多。使用两种方法预测会导致很不同的结果，长期预测变得很不精确。为了提高精度，长期和短期预测都要做到以下几点。

1. 获得尽可能多的相关数据，尤其是目前的数据，它在作短期预测时很重要。

2. 试验直线和曲线预测技术，然后选择更适合过去实际数据和用来预测将来的技术。最简单的试验方法是画散点图。

3. 在增加资料时，重新画散点图，并重新计算趋势线。如果条件变化，早期一些数据不再反映现在的条件，则要删去这部分不适用的数据。

以上这些步骤有助于增加数据或在情况变化时重新确定预测模型。这些讨论是为了说明使用一个模型预测的基本要求。下面再用一个很简单的模型作为例子来说明。

（四）一个说明性的预测

一种用来预测该铁路公司每年列车出轨损失的技术是在以下的基础上进行预测：

1. 出轨损失与吨公里数之间的关系。

2. 该公司高级管理人员预测，由于经济收缩，所以 2024 年、2025 年、2026 年公司营运的吨公里数分别为 800 万、550 万和 430 万。

表 9-6　货物价格计算			
年份 X	指数 Y	XY	X^2
1	115.2	115.2	1
2	125.9	251.8	4
3	140.2	420.6	9
4	148.6	594.4	16
合计	529.9	1 382.0	30

$$b = \frac{\sum_{i=1}^{4}(X_i-\overline{X})(Y_i-\overline{Y})}{\sum(X_i-\overline{X})^2} = \frac{4\sum X_iY_i - \sum X_i\sum Y_i}{4\sum X_i^2 - (\sum X_i)^2}$$

$$= \frac{4\times1\,382.0 - 10\times529.9}{4\times30 - 10^2}$$

$$= 11.45$$

$$a = \overline{Y} - b\overline{X} = 103.85$$

指数 $Y = 103.85 + 11.45\times$年份

表 9-7　直线趋势和曲线趋势预测比较		
年份	直线预测（千元）11.45 点/年	曲线预测（千元）8.86%/年
2023	148.60	148.60
2024	160.05	161.76
2025	171.50	176.10
2026	182.95	181.70
2027	194.40	208.69
2028	205.85	227.17
2029	217.30	247.30
2030	228.75	269.21
2031	240.20	293.07
2032	250.65	319.03

3. 铁路公司的财务部门预测 2024 年的货物价格水平将保持在 8.86% 的增长水平，2025 年水平比 2024 年增长 7.00%，而 2026 年水平会比 2025 年下降 5.00%。

在上面 2 和 3 的基础上进行预测会增加风险管理人员预测的精确度。如果没有其他部门的信息，风险管理人员只能以直线或曲线趋势来预测将来公司的运输吨公里数和货物的价格水平。

以下是具体计算和预测。

假定：

2024 年

1. 吨公里数 = 8 000 000；

2. 货物价格水平比 2023 年上升了 8.86%。

2025 年

1. 吨公里数 = 5 500 000；

2. 货物价格水平比 2009 年上升了 7.00%。

2026 年

1. 吨公里数 = 4 300 000；

2. 货物价格水平比 2025 年下降了 5.00%。

计算：（1 000 元、100 000 吨公里）

2024 年

1. 按 2023 年水平的损失 = −35.61 + 1.192 × 80 = 59.75

2. 调整：按 2024 年水平的损失 = 59.75 × (1 + 0.0886)

$$= 65.04$$

2025 年

1. 按 2023 年水平的损失 = −35.61 + 1.192 × 55 = 29.95

2. 调整：按 2025 年水平的损失 = 29.95 × (1 + 0.0886) × (1 + 0.07)

$$= 34.89$$

2026 年

1. 按 2023 年水平的损失 = −35.61 + 1.192 × 43 = 15.65

2. 调整：按 2026 年水平的损失 = 15.65 × (1 + 0.0886) × (1 + 0.07) × (1 − 0.05)

$$= 17.32$$

上述计算扼要地概括了对计算的假定和计算过程。这些计算涉及两个步骤：第一步是从吨公里数中预测出按 2023 年价格水平的损失。三年的计算公式都是一样的，只是用不同年份的吨公里数代替 X，得到不同年份的损失。第二步是将按 2023 年价格水平的损失调整成反映各年份物价水平的损失。

本章重要概念

直觉趋势　偏度　中心趋势　择一概率

思考题

1. 对潜在损失作合理预测一般要完成哪几项工作？

2. 对风险管理人员收集过去的损失数据有哪些要求？

3. 运用大数法则预测将来的损失要符合哪两项要求？

4. 在损失预测中概率分析和趋势分析分别适用哪种情况？

5. 根据下列数据使用直线趋势方法预测 2024 年交通事故死亡人数。

年　份	交通事故死亡人数 （人）	机动车辆数 （万辆）
2019	65 000	1 300
2020	70 000	1 500
2021	80 000	1 700
2022	90 000	2 000
2023	100 000	2 300
2024		2 500

6. 假定某航空公司一年内发生至少一次空难的概率为 0.025，计算该公司在 5 年内不发生空难的概率，以及 10 年内至少发生一次空难的概率。

7. 假定某地区农作物因旱灾受损的概率为 0.08，因涝灾受损的概率为 0.25，分别计算该地区农作物因旱灾或涝灾而受损的概率。

8. 举例说明在企业风险管理中怎样应用趋势分析的方法进行损失预测。

第十章
风险管理决策

本章知识结构

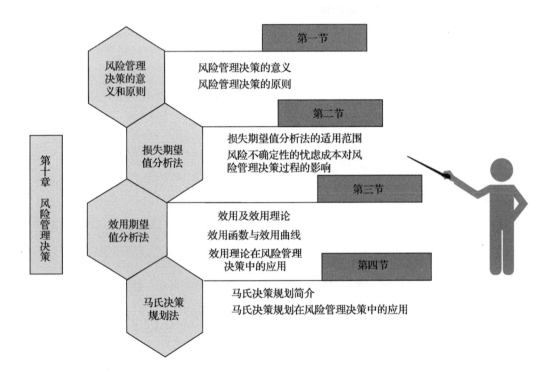

本章学习目标

● 了解风险管理决策的意义和原则；

● 掌握损失期望值分析法、效用期望值分析法、马氏决策规划法这三种数理方法在风险管理决策中的应用，比较多种可供选择的方案，选择损失期望值最小、效用损失最小、最优策略和最优报酬函数的方案；

● 能结合现实数据对不同分析方法进行建模分析。

第一节　风险管理决策的意义和原则

每一个风险单位面临的风险都是纷繁复杂的，而对付一种特定的风险可以采用的方法又是多种多样的。风险管理的前期工作都是为决策工作提供必要的信息资料和决策依据，以帮助风险管理人员制定尽可能科学、合理的风险管理决策。

> 为达到以最小投入获得最大安全保障的目标，必须在所有的对策中选择最佳组合，这就是风险管理决策过程的工作内容。

任何一种管理活动实际上都是制定决策和实施决策的过程，决策的科学合理性对实现管理活动的目标具有至关重要的作用。就风险管理而言，由于风险的复杂善变和环境的多种多样，某一种单一的风险管理方法都不可能达到风险管理的目的，而必须由风险管理人员在可供使用的全部方法中作出选择。确切地说，风险管理决策就是根据风险管理的目标，在风险识别和衡量的基础上，对各种风险管理方法进行合理的选择和组合，并制订出风险管理的总体方案。决策是整个管理活动的核心和指南，它的意义不容忽视。

一、风险管理决策的意义

风险管理决策的意义在于帮助企业、组织或个人在面对不确定性和潜在损失时，制定系统化的策略，以有效预防、控制或应对风险。风险管理决策在整个风险管理过程中是重要的一环，是贯穿各个程序的一条主线。没有科学的风险管理决策，也就无法实现风险管理的目标。同时，前期工作如风险识别和风险衡量是风险管理决策的基础。

决策工作在风险管理中的关键作用可从决策本身的内涵中得到体现：其一，风险管理决策取决于风险管理的宗旨，风险管理决策对应于风险管理目标，是实现风险管理目标的保障和基础，必须确保所采取的风险管理决策能达到以最少的费用支出获得最大的安全保障这一管理目标。其二，风险管理决策是对各种风险管理方法的优化组合和综合运用，从宏观的角度制订总体行动方案。风险管理计划的编制要依据风险管理目标，分析风险因素、风险程度，了解可供选择的方法的利弊及成本，在综合评价后作出合理的选择和组合。

事实上，人们在面对风险时都在有意识或无意识地运用不同的风险管理方法，如避免风险、转移风险、自留风险、采用防损技术或者综合运用各种方法。作为一门新兴学科的重要组成部分，风险管理决策着重强调的是如何更科学更有效地将各种方法结合起来，把处置风险从无意识行为上升为有意识的组织行动，从盲目的试探、碰运气转化为建立在科学基础上的合理选择。

二、风险管理决策的原则

风险所具有的一些特性，如客观存在性、偶然性和多变性，使风险管理决策具有区别于其他一般管理决策的特点。为保证风险管理目标的实现，风险管理决策应该坚持以下原则。

（一）全面周到原则

第一，全方位识别风险。风险管理必须覆盖组织的各个层面，包括战略、运营、财务、合规等方面。要全面识别可能影响组织目标实现的所有风险，无论这些风险是外部的还是内部的，是短期的还是长期的。

第二，覆盖整个生命周期。风险管理不仅要关注当前的风险，还要考虑风险的整个生命周期，从识别、评估、应对到监控，确保对每个阶段都进行有效管理。

经过调查分析，每一个经济单位面临的风险多种多样，风险管理的目标也可细分为多个目标，如损前目标、损后目标等。对不同风险的处置，要实现不同的目标，往往需要采用多种措施，每一种措施都有各自的适用范围和局限性。风险管理决策就是要仔细分析所有可供选用的对策，权衡比较，在全面周到的基础上寻找对策的最佳组合。

（二）量力而行原则

风险管理提供了一种与损失风险作斗争的科学武器，但这个武器的应用是需要付出一定成本的。而同样的成本对具有不同财务实力的经济单位的影响是迥然不同的，即使同一单位在其不同发展时期对同样成本的反应也很可能不一致。

对以盈利为重要指标的企业而言，要分析风险管理成本对企业盈利的影响。一般情况是，风险管理成本从零开始增加时，企业的盈利能力随之提高，但成本增加到某一点后，情况发生变化，即继续增加的成本将导致企业的盈利能力下降。风险管理人员要尽可能找到这个转折点，在决策时才能正确把握。

（三）优先性原则

根据风险的严重性和发生概率，划分风险的优先级。高概率和高影响的风险应优先管理，以确保组织将资源集中在最重要和最紧迫的风险上。在风险管理中合理分配资源，包括财务资源、人力资源和时间等，确保资源的有效利用，重点关注高优先级的风险。

（四）成本效益比较原则

随着风险管理的成本增加，所获得的安全保障程度一般将提高，但高成本的风险管理决策未必是最好的决策，因为风险管理的总体目标是以最少的经济投入获取最大的安全保障。在决策过程中，要以成本与效益相比较这一原则作为权衡决策方案的依据。在做出决策时，考虑风险与潜在收益的平衡，确保采取的措施能够实现最佳的风险—收益平衡。在实际运作中，比较可行的办法是在获取同样安全保障的前提下选择成本最小的决策方案。

（五）持续性原则

风险管理是一个持续的过程，需要定期监控和评估风险，随着内外部环境的变化，及时更新风险管理策略和措施。考虑风险的长期影响，确保风险管理策略不仅适用于当前情况，还能在未来应对可能发生的变化和新风险。

（六）灵活性原则

在不确定的环境中，风险管理决策必须具备灵活性，能够快速响应和适应新的风险和变化。应允许根据实际情况调整风险管理策略和措施。在面对新型或复杂风险时，鼓励使用创新方法和工具，提升风险管理的效果。

（七）注重运用商业保险，但不忽视其他方法

为了实现风险管理的损前目标，可供选择的方法包括预警系统、损失控制设备、人员培训制度等，这些措施的落实既可以减少灾害事故发生的概率，又能够降低一旦事故发生时的损失程度。由于风险的复杂多变性和人类对客观世界认识的局限性，人们所采取的风

险预防和控制手段无法从根本上消除风险，损失被减少的程度也很难达到令人满意的效果。

为了实现风险管理的损后目标，保险方法具有举足轻重的地位和作用，它是一种最重要的工具，尤其是处置那些估测不准、发生概率小但损失程度大的风险，如巨灾风险等。对于绝大多数经济单位来说，由于拥有的风险单位少，损失预测的准确性较差，购买保险就成为行之有效的选择方案。

选择保险并不意味着放弃其他方法。为了减少附加保费的支出，可以考虑适当程度的自留风险或其他措施，与保险综合运用，以尽可能减少风险管理的成本，如购买第一损失保险或超额损失保险即属此列。

在正确地识别和衡量风险后，首先从保险的角度入手，准备一份能最佳补偿全部风险所致损失的保险组合表，要力求全面（为尽可能多的风险提供保障）和充分（每一保险金额可以提供足够的保障）。在这一过程中也许会遇到不可保的风险和无法足额投保的风险，那么就必须考虑保险以外的其他对策。这是一种可行的操作方法。

其次是对组合表中的保险保障分类，将其分为必需的保障、需要的保障、可利用的保障。必需的保障包括各种强制保险和为预期损失非常严重的风险所提供的保险，如法律强制的汽车责任险、抵押合同要求的财产保险等。需要的保障针对的是那些将严重影响企业经营，造成财务困难，但不至于使企业倒闭或破产的损失风险。可利用的保障处置的是那些不至于给企业带来严重影响，只在一定程度上给生产经营带来不利的损失风险。

最后是对三类保障作具体分析，探讨是否能利用其他非保险对策，以较低的成本获得足够的保障。也许某些损失风险能以低于保费的成本转移给非保险人的其他单位，或经采取措施后风险能减小到不太严重的程度，或者可以较准确地预测，使得自留风险比保险能节约附加保费。也许对于某些风险来说，部分自留与保险的适当结合既节约成本，又获得足够的保障。对于需要的和可利用的保障而言，非保险对策的应用更为广泛和普遍。需要解决的问题是，用成本效益比较的原则去选择众多方案中的最佳方案。

在多种可供选择的决策方案中应该如何权衡比较以寻求最佳决策方案呢？随着风险管理这门学科的发展，越来越多的数理方法被应用于风险管理决策。尽管数理方法在实际应用中存在着局限性，如所采用的数据一般都有误差或者不完整，以及需要专门知识才可使用数理方法等。但是，在实用方面数理方法依然具有重要的价值，即使数据不全，风险管理人员也可借助这些方法作出一些重要的风险管理决策；这些方法使传统方法中隐含的假设和决策原则明确化，从而使人们加深对决策方案的理解，也使应用变得更容易些。

第二节　损失期望值分析法

在对付风险的各种方法中，避免风险是一种最彻底的方法，它可以完全消除风险。然而，如果要对已经存在风险的财产或项目进行风险管理，避免风险的方法往往难以奏效，而采用其他的方法又不可能从根本上消除风险。而且，其他的风险管理方案都要花费一定成本，并且仍会面临不同程度的损失频率和损失程度。这就需要用到损失期望值分析法。

> 损失期望值分析法就是以每种风险管理方案的损失期望值作为决策的依据，即选取损失期望值最小的风险管理方案。

一、损失期望值分析法的适用范围

损失期望值分析法是一种用于评估和量化潜在风险损失的工具。它通过计算某一风险事件发生的概率与其可能损失的乘积，来得出该风险的期望损失值。这种方法能够帮助决策者理解风险的潜在财务影响，并为资源配置和应对策略制定提供依据。

任何一种风险管理方案都不可能完全消除损失风险，欲选择最佳方案，首先必须明确每种方案面临的损失情况。以常见的火灾风险为例说明。

【例10.1】 一家制造公司依赖于一台关键的生产设备进行其核心生产活动。设备故障将导致生产停工，产生直接的修理或更换费用，同时可能产生间接损失，如订单延误导致的客户赔偿、市场份额损失等。公司正在评估三种不同的风险管理方案，以应对设备故障风险。表10-1中列出该设备在采用不同风险管理方案后的损失情况。对于每种方案来说，总损失包括损失金额和费用金额。为简便起见，每种方案只考虑两种可能后果：不发生损失或全损。

表10-1 不同方案中设备故障损失　单位：元

方案	可能结果	
	发生故障的损失	不发生故障的费用
（1）自留风险并且不采取安全措施	可保损失　200 000 未投保导致间接损失　10 000 210 000	0
（2）自留风险并采取安全措施	可保损失　200 000 未投保导致间接损失　10 000 安全措施成本　4 000 214 000	安全措施成本 4 000
（3）投保	保费　6 000	保费　6 000

表10-1中"未投保导致间接损失"指如果投保就不会发生的间接损失，如信贷成本的增加。

对这三种方案可作如下分析。

方案（1）：自留风险并且不采取安全措施时，可能不发生损失，也可能发生总额为210 000元的损失。

方案（2）：自留风险并采取安全措施时，不发生故障时该方案仍须支付4 000元的安全措施成本，同时仍然存在着全损210 000元加安全措施成本4 000元，计214 000元的可能损失。

方案（3）：不论是否发生故障，本方案的成本都是所付出的保险费6 000元。

（一）在损失概率无法确定时的决策方法

表10-1中列出了每种方案面临的不同损失后果，但是发生不同程度损失的可能性一般是不同的。在无从得到损失概率时，可以采取两种不同的原则确定决策方案。

1. 最大损失最小化原则。即比较各种方案下最坏情况发生时的最大损失额，选择最小的并以此确定风险管理方案。在【例10.1】中，三种方案的最大可能损失分别为210 000元、214 000元和6 000 元。按此原则，投保为最佳方案。

2. 最小损失最小化原则。即比较各种方案下火灾事故不发生条件下的最小损失额（包括管理方案的费用，如技术措施的成本、保费等），选择最小的一个作为决策方案。在【例10.1】中，三种方案的最小可能损失分别为0 元、4 000 元、6 000 元。按此原则，自留风险且不安装安全设施为最佳方案。

显而易见，这两种决策原则都存在着致命的缺陷，即它们只考虑了两种极端的情形：一是发生导致最大限度损失的风险事件，二是风险事件不发生，损失最小。但在现实生活中，更多的情况是损失后果介于最好与最坏之间，这就在极大程度上限制了这两种决策原则在实际决策过程中的运用。

（二） 在损失频率可以得到时的决策方法

如果根据以往的统计资料或有关方面提供的信息可以确定每种方案下不同损失发生的概率，人们就可以综合损失程度和损失概率这两方面的信息，选择适当的决策原则，并确定最佳的风险管理方案。

最常采用的决策原则是损失期望值的最小化，即计算并比较各种可供选择方案下的损失期望值，选择期望损失最小的方案作为最佳方案。

仍以【例10.1】说明。根据所提供的信息，估计不采取安全措施时发生全损的可能是2.5%，采取安全措施后发生全损的可能减少为1%。那么这三种方案的期望损失分别为

方案（1）：

$$210\ 000 \times 2.5\% + 0 \times 97.5\% = 5\ 250（元）$$

方案（2）：

$$214\ 000 \times 1\% + 4\ 000 \times 99\% = 6\ 100（元）$$

方案（3）：

$$6\ 000 \times 2.5\% + 6\ 000 \times 97.5\% = 6\ 000（元）$$

从计算结果可以看出，方案（1）的损失期望值最小，按照"损失期望值最小化"的原则应选择方案（1）作为风险管理决策方案。

二、风险不确定性的忧虑成本对风险管理决策过程的影响

在实际操作中，即使如上例中自留风险方案的损失期望值小于投保方案，很多人仍宁愿选择购买保险作为风险管理决策方案。对这种行为的一种解释就是由于不确定性存在的隐性成本——忧虑因素的影响。

（一） 什么是忧虑成本

忧虑成本指由于对潜在风险或不确定事件的担忧和焦虑而导致的间接或隐性成本。这些成本可能不会直接体现在财务报表中，但它们对个人、企业或组织的心理和行为产生影响，

> 在运用数量方法进行风险管理决策的过程中，需要把忧虑因素的影响代之以某个货币价值，从而产生了风险管理方案的忧虑成本。

从而间接影响其决策、效率和整体表现。不论选择哪一个风险管理方案，风险的不确定性都是客观存在的，即风险事件可能发生，也可能不发生，损失程度可能很大，也可能较

小。风险管理人员对于可能出现的最坏后果心存忧虑，无论未来风险事件是否发生这种忧虑都将存在。

（二）影响忧虑成本的因素

忧虑成本的确定是非常困难的，因为忧虑是一个极为主观的因素，然而仍然可以从分析影响忧虑成本的因素入手寻求估计忧虑成本的可行途径。

1. 风险的未知程度：对不确定性较高的风险（例如新兴市场的投资风险）可能导致更高的忧虑成本，因为信息缺乏或难以预见的后果使人们感到不安。

2. 风险的复杂性：复杂的风险情景（如多因素交织的经济危机）可能增加忧虑成本，因为对其的管理和控制变得更加困难。

3. 风险管理人员对未来损失的不确定性的把握程度。如果人们相信自己对未来损失的预测是足够准确的，那么在采取适当的措施后，忧虑心理就可以缓解；反之，如果人们对未来的估计心存怀疑，即使采取对付措施后，忧虑心理恐怕也难以减轻。

4. 风险管理目标和战略，它们有助于确定企业对各类损失所能承受的最大限度，并且反映了企业的风险态度。对于同一个管理方案而言，风险管理目标及战略的不同会产生不同的忧虑成本。

5. 个人和组织的风险承受能力。个人的心理素质和压力承受能力直接影响其对风险的担忧程度，影响忧虑成本的大小。组织的文化和氛围会影响员工对风险的看法和应对方式。如果组织文化过于焦虑或保守，可能会增加忧虑成本。

（三）忧虑成本对决策过程的影响

由于忧虑成本的加入，各种风险管理方案的损失期望值增加。对于投保方案而言，付出较净损失期望值更多的保险费后，将损失的不确定性化为确定性的支出，就能够大大减少管理者的忧虑心理，一般此时的忧虑成本为零。如果企业决定部分或全部自留风险，即使采取必要的安全措施，也只能减轻而无法消除忧虑成本。

确定忧虑成本时可以用调查问卷的办法，询问风险管理人员愿意付出多大的经济代价来消除由于损失的不确定性而造成的忧虑心理。

表 10-2 含忧虑成本的设备故障损失

单位：元

方　案	可能结果		
	发生故障的损失		不发生故障的费用
（1）自留风险且不采取安全措施	可保损失	200 000	
	未投保导致间接损失	10 000	忧虑成本　5 000
	忧虑成本	5 000	
		215 000	
（2）自留风险并采取安全措施	可保损失	200 000	
	未投保导致间接损失	10 000	
	安全措施成本	4 000	安全措施成本 4 000
	忧虑成本	3 000	忧虑成本　3 000
		217 000	7 000
（3）投保	保费	6 000	保费　6 000

加入忧虑成本后，表 10-1 中每种方案的损失期望值会发生变化，从而最佳方案也可能随之改变（见表 10-2）。

若不知道损失概率：

按最大损失最小化的原则，应选方案（3），即投保为最佳方案；按最小损失最小化的原则，应选方案（1），即不采取安全措施的自留风险为最佳方案。

若知道损失概率：

仍假设不采取安全措施时的全损概率为 2.5%，采取安全措施后此概率降为 1%，则：

方案（1）的损失期望值 $= 215\,000 \times 2.5\% + 5\,000 \times 97.5\% = 10\,250$（元）

方案（2）的损失期望值 $= 217\,000 \times 1\% + 7\,000 \times 99\% = 9\,100$（元）

方案（3）的损失期望值仍为 6 000 元。

按照损失期望值最小化的原则，投保方案为最佳选择。

显然，忧虑成本估计值的大小，直接影响最佳方案的选择，这就使人们有可能怀疑决策的合理性。

事实上，由于考虑忧虑成本后某方案的损失期望值等于不考虑忧虑成本时该方案的损失期望值加上该方案的忧虑成本，人们在比较两种方案的优劣时可以不以一个确定的数值表示忧虑成本，而只需估计忧虑成本的取值范围，从而增强决策的合理性。

不考虑忧虑成本时，方案（1）、方案（2）、方案（3）的损失期望值依次为 $E_1 = 5\,250$ 元，$E_2 = 6\,100$ 元，$E_3 = 6\,000$ 元。设这三种方案的忧虑成本分别为 W_1、W_2、W_3，那么加入忧虑成本后三种方案的损失期望值变为

$$E'_1 = E_1 + W_1 = 2\,625 + W_1$$

$$E'_2 = E_2 + W_2 = 3\,050 + W_2$$

$$E'_3 = E_3 + W_3 = 3\,000 + W_3$$

投保方案的 $W_3 = 0$，则不论 W_2 为多少，都使方案（3）优于方案（2）。再比较方案（1）与方案（3），只要方案（1）的忧虑成本 $W_1 > 750$ 元就可确定方案（3）为最佳方案。这种方法也扩大了忧虑成本在风险管理决策中的适用范围。

通过上面的简单例子说明了损失期望值分析法在风险管理决策过程中的应用，并引入忧虑成本这一主观影响。现实生活中人们面对的是复杂得多的真实问题，从损失形态上说绝不仅仅是全损或不发生损失这两种情况，可供选择的方案也远不止上例中的三种。以下我们以一个较接近真实情况但仍属简化的例子进一步展示损失期望值分析法在决策选择时的运用。

【例10.2】 某幢建筑物面临火灾风险，各方面收集的资料中显示的信息见表10-3。

如果不采用投保方案，那么当火灾发生时会导致信贷成本上升等间接损失，如果采用购买保险的方式，这种损失就可以避免了。有关资料显示，与未投保的直接损失相关的间接损失情况见表10-4。

表 10 -3 火灾损失分布		
		单位：元
损失额	概　率	
	无自动灭火装置	有自动灭火装置
0	0.75	0.75
1 000	0.20	0.20
10 000	0.04	0.04
50 000	0.007	0.009
100 000	0.002	0.001
200 000	0.001	0.000

表 10 -4 与未投保的直接损失相关的	
间接损失情况　单位：元	
未投保的直接损失	相关的间接损失
50 000	2 000
100 000	4 000
150 000	6 000
200 000	8 000

可供风险管理人员选择的方案及其相关费用的信息如下。

方案（1）：完全自留风险，不安装灭火装置。

方案（2）：完全自留风险并安装自动灭火装置，成本为 9 000 元，使用年限为 30 年，年折旧费 300 元，年维修费 100 元。建筑物的损失达到 100 000 元时灭火装置一起被损毁。

方案（3）：购买保额为 50 000 元的保险，保费支出为 1 500 元。

方案（4）：在方案（3）的基础上安装自动灭火装置，保费为 1 350 元。

方案（5）：购买带有 1 000 元免赔额、保额为 200 000 元的保险，保费为 1 650 元。

方案（6）：购买保额为 200 000 元的保险，保费为 2 000 元。

为了比较各种方案的损失期望值，可以分别用表 10 - 5、表 10 - 6、表 10 - 7、表 10 - 8、表 10 - 9、表 10 - 10 表示 6 种方案的具体情况。

表 10 -5　方案（1）					
损失金额（元）	0	1 000	10 000	50 000	100 000	200 000
损失概率	0.75	0.20	0.04	0.007	0.002	0.001
可保损失	0	1 000	10 000	50 000	100 000	200 000
间接损失	0	0	0	2 000	4 000	8 000
忧虑成本	W_1	W_1	W_1	W_1	W_1	W_1
合　计	W_1	$1\,000 + W_1$	$10\,000 + W_1$	$52\,000 + W_1$	$104\,000 + W_1$	$208\,000 + W_1$

表 10 -6　方案（2）					
损失金额（元）	0	1 000	10 000	50 000	100 000	200 000
损失概率	0.75	0.20	0.04	0.009	0.001	0.000
可保损失	0	1 000	10 000	50 000	109 000	209 000
间接损失	0	0	0	2 000	4 000	8 000
忧虑成本	W_2	W_2	W_2	W_2	W_2	W_2
维修折旧	400	400	400	400	400	400
合　计	$400 + W_2$	$1\,400 + W_2$	$10\,400 + W_2$	$52\,400 + W_2$	$113\,400 + W_2$	$217\,400 + W_2$

表 10 -7 方案 (3)

损失金额 (元)	0	1 000	10 000	50 000	100 000	200 000
损失概率	0.75	0.20	0.04	0.007	0.002	0.001
可保损失	0	0	0	0	50 000	150 000
间接损失	0	0	0	0	2 000	6 000
忧虑成本	W_3	W_3	W_3	W_3	W_3	W_3
保费	1 500	1 500	1 500	1 500	1 500	1 500
合 计	$1\,500+W_3$	$1\,500+W_3$	$1\,500+W_3$	$1\,500+W_3$	$53\,500+W_3$	$157\,500+W_3$

表 10 -8 方案 (4)

损失金额 (元)	0	1 000	10 000	50 000	100 000	200 000
损失概率	0.75	0.20	0.04	0.009	0.001	0.000
可保损失	0	0	0	0	59 000	159 000
间接损失	0	0	0	0	2 000	6 000
忧虑成本	W_4	W_4	W_4	W_4	W_4	W_4
维修折旧	400	400	400	400	400	400
保费	1 350	1 350	1 350	1 350	1 350	1 350
合 计	$1\,750+W_4$	$1\,750+W_4$	$1\,750+W_4$	$1\,750+W_4$	$62\,750+W_4$	$166\,750+W_4$

表 10 -9 方案 (5)

损失金额 (元)	0	1 000	10 000	50 000	100 000	200 000
损失概率	0.75	0.20	0.04	0.007	0.002	0.001
可保损失	0	1 000	1 000	1 000	1 000	1 000
间接损失	0	0	0	0	0	0
忧虑成本	W_5	W_5	W_5	W_5	W_5	W_5
保费	1 650	1 650	1 650	1 650	1 650	1 650
合 计	$1\,650+W_5$	$2\,650+W_5$	$2\,650+W_5$	$2\,650+W_5$	$2\,650+W_5$	$2\,650+W_5$

表 10 -10 方案 (6)

损失金额 (元)	0	1 000	10 000	50 000	100 000	200 000
损失概率	0.75	0.20	0.04	0.007	0.002	0.001
可保损失	0	0	0	0	0	0
间接损失	0	0	0	0	0	0
忧虑成本	W_6	W_6	W_6	W_6	W_6	W_6
保费	2 000	2 000	2 000	2 000	2 000	2 000
合 计	$2\,000+W_6$	$2\,000+W_6$	$2\,000+W_6$	$2\,000+W_6$	$2\,000+W_6$	$2\,000+W_6$

现在可以计算每种方案的损失期望值：

方案（1）损失期望值 = 1 380 + W_1 元

方案（2）损失期望值 = 1 581 + W_2 元

方案（3）损失期望值 = 1 760 + W_3 元

方案（4）损失期望值 = 1 811 + W_4 元

方案（5）损失期望值 = 1 900 + W_5 元

方案（6）损失期望值 = 2 000 + W_6 元

对于方案（6），全额投保可以不考虑忧虑因素的影响，即 W_6 可视为0。

如果 $W_5 > 100$ 元，则方案（6）优于方案（5）：若 $W_5 < 100$ 元，则方案（5）优于方案（6）。类似地，若 $W_1 - W_5 > （1\ 900 - 1\ 380 =）520$ 元时，则方案（5）优于方案（1）。按照同样的道理，通过比较不同方案的忧虑成本的各自取值范围，能够在众多方案中确定一个损失期望值最小的作为最佳方案。

如果通过调查询问可以赋予每种方案一个估计的忧虑成本，例如，$W_1 = 800$ 元，$W_2 = 600$ 元，$W_3 = 500$ 元，$W_4 = 350$ 元，$W_5 = 80$ 元，这时可以选择方案（5）作为风险管理的最佳决策方案。

第三节　效用期望值分析法

以损失期望值为标准选择风险管理的方案得到广泛的应用，但仍然存在着一些局限。比如这种方法没有考虑到同一损失对不同主体的影响可能是不同的，如10万元的损失也许能导致一家小企业破产，但对大公司而言可能是微不足道的。因此，不同的风险主体对同一损失风险将采取的态度可能截然不同，而这种主观反应的差异是难以用损失期望值分析法衡量的，即使加入忧虑成本仍然难以有效地表现主观态度的不同。

潜在损失的严重性可以用效用期望值这种方法来衡量，它是一种在决策理论中用于评估和选择最佳决策方案的方法。它结合了经济学和心理学的观点，通过考虑决策者的风险偏好来评估不同方案的效用，而不仅仅是预期的金钱价值。这个方法特别适用于在不确定性和风险条件下的决策问题。

一、效用及效用理论

效用是指某个结果或结果组合对决策者的主观满意度或价值，通常与金钱价值相关，但它反映了决策者的偏好。对于不同的决策者来说，相同的金钱数额可能具有不同的效用。效用通常是非线性的，这意味着随着财富的增加，每增加一个单位的财富对决策者的效用增加可能会减少（例如边际效用递减）。例如，在现实生活中，一本中学课本对中学生的效用是很大的，而对文盲或大学生的效用却很小。在经济社会中，同样数量的损失将会给穷人带来的艰难和困窘远大于对富人的影响。从而，在不确定条件下的决策必然与决策人的经济实力、风险反应产生不可割裂的关系。效用理论为不确定条件下的决策提供了一种定量分析的工具。

效用理论认为人们的经济行为是为了从增加货币量中取得最大的满足程度，而不仅仅是为了得到最大的货币数量。

一般的做法是，通过特别的方法主要是询问调查法，了解决策者对不同金额货币所具有的满足度（量化指标为效用度，为 0～100），然后计算不同方案的效用期望值，以决定方案的取舍。

【例 10.3】 某人现有财产 3 万元，他现在面临两个选择：方案 A 使他有 20% 的可能再获得 10 万元，有 80% 的可能收益为零；方案 B 使他有 30% 的机会获得 2 万元，20% 的可能赢取 4 万元，有一半的机会一无所获。

方案 A 的期望收益为：$100\ 000 \times 20\% + 0 \times 80\% = 20\ 000$（元）

方案 B 的期望收益为：$20\ 000 \times 30\% + 40\ 000 \times 20\% + 0 \times 50\% = 14\ 000$（元）

若以期望收益衡量，显然方案 A 优于方案 B。

如果该人对拥有不同财富的效用度的情况如下。

拥有财富	效用度
60 000 元	50
80 000 元	70
100 000 元	80
160 000 元	90
200 000 元	100

我们再以效用理论分析这两种不同方案。选择方案 A 可使此人有 20% 的可能使他对拥有财富的效用度从 50 增到 90，增加量为 40，80% 的机会不改变效用度，因此方案 A 的期望效用为

$$20\% \times 40 + 80\% \times 0 = 8$$

选择方案 B 可使他对拥有财富的效用度有 30% 的可能增加 20（由 60 000 元的 50 变为 80 000 元的 70），20% 的机会增加 30（由 60 000 元的 50 增至 100 000 元的 80），有 50% 的可能不变，从而方案 B 的期望效用为

$30\% \times 20 + 20\% \times 30 + 50\% \times 0 = 12$

根据效用理论，方案 B 的期望效用大于方案 A，故方案 B 优于方案 A。

二、效用函数与效用曲线

运用效用理论的首要工作是确定决策主体对收益或损失的量化反应。效用函数用来描述一个人在不同情况下的偏好或满意度。它将实际的结果（通常是财富、收益、消费量等）映射为一个数值，这个数值代表该结果对个体或决策者的主观价值或效用。效用函数帮助我们理解和量化决

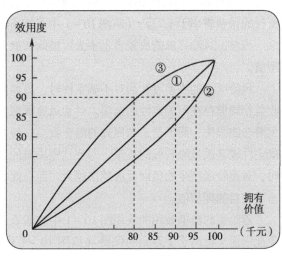

图 10-1 效用曲线

策者在面对不确定性时如何做出选择。如用图像表示则为效用曲线（见图10－1）。

从人们对损失的态度来看，理论上可以分成三种类型：①风险中性；②风险寻求；③风险厌恶。风险中性的决策者只关心期望值，不关心风险的大小。其效用函数通常是线性的。在图10－1中假设三个人对一无所有的效用度同为0，对拥有10万元的效用度同为100，则风险中性的决策者的效用曲线是通过点（0，0）和点（100，100）的一条直线。为了转移风险，风险中性的决策者不会付出比期望损失更大的转移费用，显然他很难成为商业保险的投保人。

设某人拥有价值10万元的汽车，被盗风险是10%，此人的效用曲线为图10－1中的直线①。那么，为转移被盗风险他愿意付出的保费是多少？

不投保的效用损失期望 = 10% × 100 + 90% × 0 = 10

投保的效用损失期望 = 10% × U + 90% × U = U

若采用投保方案，车主希望效用损失 U 不大于不投保的效用损失10，从效用曲线看到效用度由100（拥有10万元）减少10时对应的货币损失额为1万元（效用度90对应的财富额为9万元，减少量为1万元），因此车主愿意付出的保费为1万元（见表10－11）。

风险寻求的决策者在面对不确定性时，更倾向于选择有较大风险的选项，即使这些选项的期望收益可能相同或更低。对于风险寻求者，效用函数通常是凸函数。他们喜欢冒险。在面临一次赌博机会时，他宁愿付出比期望收益更高

表 10 –11　效用度与方案选择

方案	被盗损失金额	被盗损失效用度	不被盗损失金额	不被盗损失效用度
投保	保费P	U	P	U
不投保	100 000	100	0	0

的赌注来参加赌博，以换取心理上的满足。而在面临不同的损失风险时，为转移风险他所愿意付出的代价则小于损失期望值。例如，他们可能更愿意投资高风险的股票或创业项目，而不是选择安全但收益较低的储蓄账户。

在上例中拥有价值10万元汽车的车主，如果他是风险寻求的决策者，那么他的效用曲线可以用图10－1中的②表示。利用同样的方法能够算出为转移汽车被盗的风险，他所愿意支付的保费将小于1万元（从图10－1中可知不超过5 000元）。

当然，风险寻求的决策者也不大可能购买商业保险，因为商业保险的保费高于损失的期望值。

风险厌恶的决策者在面对不确定性时，更倾向于选择一个确定的结果，而不是一个期望收益相同但存在不确定性的选项。对于风险厌恶者，效用函数通常是凹函数。他们更愿意避免潜在的损失，而不是追求更高的潜在收益。与风险寻求相反，风险厌恶者通常会选择那些确定性较高或风险较低的决策，即使这些决策的预期回报较低。当可能损失的金额越来越高时，对避险者产生的负面反应越来越大。而在面临不同的盈利可能时，他所愿意付出的成本小于收益的期望值。

避险型的典型效用曲线用图10－1中的③表示。如果车主为避险型，为转移汽车被盗风险他宁愿支付高于1万元的保费（按图10－1中数据计算，他愿意付出的保费最高为2万元）。

大多数人对风险的态度属风险厌恶型，这也部分解释了保险这一商业行为得以存在的原因。

在现实生活中，人们的行为也许不完全依从于某一种固定的风险态度，常见的表现为当损失金额较小时采取趋险的态度，而损失金额较大时采取的却是避险的态度。

通过上面的分析会发现一个问题，即如何确定某人的效用曲线或效用函数。常用的方法有调查问卷、个性测试、赌博实验等。实用的方法是这样的：

这里先假设某人对零元财产的效用度为 0，而 100 万元财产的效用度为 100。

实验的基本方法是询问被调查者愿意付出多大的代价（M）参加一种有两种可能结果的赌博，设两种可能结果发生的机会都是 0.5（见表 10 – 12）。

第一次询问：如果猜对可获 100 万元，猜错将一无所有，问愿意付出的赌注（M_1）是多少？

对此人而言，拥有 M_1 不参加赌博的期望效用为 x_1，而以 M_1 为代价参加赌博的期望效用为：

表 10 – 12 实用方法实例				
拥有 M_1 的效用度	猜对获 100 万元的效用度	猜错一无所有的效用度	猜对概率	猜错概率
x_1	100	0	0.5	0.5

$$0.5 \times 100 + 0.5 \times 0 = 50$$

如果被询问者选择 $M_1 = 40$ 万元，并且认为这时两个方案对他的影响都一样，则对他而言 40 万元的效用度 $x_1 = 50$。所以，第一次询问得到的是效用度为 50 的价值点。

第二次询问：如果猜对可获 M_1 元，猜错将一无所有，问愿意付出的赌注 M_2 是多少？

此次回答的价值 M_2 的效用度是 25。

第三次询问：猜对得 100 万元，猜错得 M_1 元，问愿意支付的代价 M_3 又是多少？

此 M_3 相应的效用度为 75。

按照这种方法可以确定效用曲线上的若干个点，进而得到被调查人的效用曲线。

三、效用理论在风险管理决策中的应用

【例 10.4】 假设某人按其现有的财富分析，他对失去 1 万元的效用度损失为 100，失去 200 元时的效用度损失为 0.8（见表 10 – 13）。再假设此人在一年内因车祸造成他人损失而赔偿 1 万元的概率是 0.01，为转移此风险所需的保险费是 200 元。

下面以效用理论分析此人的决策行为。

方案一：购买保险，付出 200 元，效用损失为 0.8。

方案二：自己承担风险。

表 10 – 13 效用理论实例			
可能损失	效用损失	损失概率	期望的效用损失
10 000 元	100 ×	0.01 =	1
0 元	0 ×	0.99 =	0
			1

方案一的效用损失小于方案二的效用损失，所以此人将付出 200 元购买保险，虽然方案二的预期财产损失 100 元要小于方案一的财产损失 200 元。

【例 10.5】 某幢建筑物面临火灾风险，有关损失的资料如表 10 – 14 所示。

如果不购买保险，当较大的火灾发生后会致使信贷成本上升。这种由于未投保造成的间接损失与火灾造成的直接损失在数量上的关系见表 10－15。

表 10－14　火灾发生概率与损失额	
损失额（元）	概率
0	0.75
1 000	0.20
10 000	0.04
50 000	0.007
100 000	0.002
200 000	0.001

表 10－15　未投保造成的间接损失与火灾造成的直接损失	
火灾的直接损失（元）	间接损失（元）
50 000	2 000
100 000	4 000
150 000	6 000
200 000	8 000

风险管理人员面临着几种不同方案的选择：

方案一：完全自留风险。

方案二：购买全额保险，保费为 2 200 元。

方案三：购买保额为 5 万元的保险，保费为 1 500 元。

方案四：购买带有 1 000 元免赔额、保额为 20 万元的保险，保费为 1 650 元。

方案五：自留 5 万元及以下的损失风险，将 10 万元及 20 万元的损失风险转移给保险人，所需费用为 600 元。

方案六：自留 1 万元及以下的损失风险，将剩余风险转移，所需保费为 1 300 元。

假设通过调查询问的方法了解到风险管理人员对拥有或失去不同价值的财产的效用度如表 10－16 所示。

根据表 10－16 的数据可以通过线性插值求出任一损失额相对应的效用损失，如损失额为 5.2 万元，它落在 5 万元和 7.5 万元之间，相应效用损失 y 必然在 6.25 和 12.5 之间，通过线性插值：

$$\frac{y-6.25}{52\,000-50\,000}=\frac{12.5-6.25}{75\,000-50\,000}$$

从而得出 $y=6.75$。

我们再对不同方案的效用损失逐一分析，然后再加以比较。

方案一：具体计算见表 10－17。

表 10－16　失去不同价值财产的效用度			
拥有财产价值（千元）	拥有的效用度	损失价值（千元）	损失的效用度
200	100	200	100
198	99.9	170	75
194	99.8	120	50
190	99.6	100	25
185	99.2	75	12.5
180	98.4	50	6.25
170	96.8	30	3.2
150	93.75	20	1.6
125	87.5	15	0.8
100	75	10	0.4
80	50	6	0.2
30	25	2	0.1
0	0	0	0

表 10 -17　方案一

损失金额（千元）（直接损失＋间接损失）	效用损失		损失概率		期望的效用损失
208	100	×	0.001	=	0.1
104	30	×	0.002	=	0.06
52	6.75	×	0.007	=	0.047
10	0.4	×	0.04	=	0.016
1	0.05	×	0.2	=	0.01
0	0	×	0.75	=	0
					0.233

⬆ 注：损失额为 208 千元的效用损失应稍大于 100，但用 100 计算不影响决策。

方案二：全额保险付出保费 2 200 元，效用损失为 0.105。

方案三：具体计算见表 10 - 18。

方案四：具体计算见表 10 - 19。

表 10 -18　方案三

损失金额（千元）	效用损失		损失概率		期望效用损失
151.5	65.75	×	0.001	=	0.06575
51.5	6.625	×	0.002	=	0.01325
1.5	0.075	×	0.997	=	0.074775
					0.153775

表 10 -19　方案四

损失金额（千元）	效用损失		损失概率		期望效用损失
2.65	0.11625	×	0.25	=	0.02906
1.65	0.0825	×	0.75	=	0.06188
					0.091

方案五：具体计算见表 10 - 20。

方案六：具体计算见表 10 - 21。

表 10 -20　方案五

损失金额（千元）	效用损失		损失概率		期望效用损失
0.6	0.03	×	0.001	=	0.00003
0.6	0.03	×	0.002	=	0.00006
52.6	6.9	×	0.007	=	0.0483
10.6	0.448	×	0.04	=	0.0179
1.6	0.08	×	0.20	=	0.016
0.6	0.03	×	0.75	=	0.0225
					0.10479

表 10 -21　方案六

损失金额（千元）	效用损失		损失概率		期望效用损失
1.3	0.0625	×	(0.001 + 0.002 +0.007）	=	0.000625
11.3	0.52	×	0.04	=	0.0208
2.3	0.1075	×	0.2	=	0.0215
1.3	0.065	×	0.75	=	0.04875
					0.0917

通过比较六种方案的期望效用损失，以方案四的期望效用损失为最小，从而方案四在此种衡量标准下为最优。

第四节 马氏决策规划法

用两种衡量标准，即损失期望值和效用期望值来选择风险管理的最佳方案，不论采用哪个标准，都是一个周期（如一年或一个生产周期）内的预期损失。然而，在现实生活中人们经常会遇到跨越多个周期的决策问题，并且把单个周期内的最佳方案应用于多个周期时可能会丧失它的优势。所以有必要分析解决多个周期的决策选择问题，并选择其适用的衡量标准。

作为概率统计理论的应用，马尔可夫决策规划（以下简称马氏决策规划）为解决此类问题提供了一套切实可行的方法。它是用于建模和解决涉及不确定性和决策过程的数学框架。它广泛应用于人工智能、机器学习、控制理论以及运营研究中，用来描述一个智能体在动态环境中做出一系列决策以达到某种目标的过程。

一、马氏决策规划简介

马氏决策规划是研究某动态系统的最优化（报酬最大，损失最小等）问题。该系统可周期地被观察，决策者根据观察到的状态，从可用的决策中选取其一，并予以实施，伴以两个结果：（1）系统状态间的转移规律得以确定（即转移概率）；（2）将获得一定的经济效益（负值代表损失）。系统发展的不同路径将获得不同的经济效益。问题是在各个时刻如何选取决策，使人们选取的衡量指标实现最优化。

现分析机器维修的最优化问题。周期地（如一小时一次）观察一台机器，有两种可能的状态：正常生产（以1表示），出了故障（以2表示）。发生的故障可修理复原。在任何周期，如机器正常生产，可获得报酬10元，下一周期仍处于状态1的概率为0.7，而转移到状态2的概率为0.3。如果机器发生故障，有两种措施可供采用：快修（记做a_1），需要费用5元（即报酬为–5元），一周期修好的概率为0.6；或常规修理（记做a_2），需要费用2.5元，一周期修好的概率为0.4（见图10-2）。

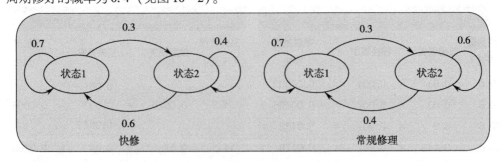

图10-2 规划图

图10-2中箭头"↑"表示状态转移方向，上面的数值表示相应的转移概率。

问题是在每个观察时刻应如何确定决策，使某种决策的总报酬达到最大。

马氏决策规划由如下意义的五重组$\{S,[A(i),i\in S],q,r,V\}$所构成。

1. S是系统的状态集合。

2. $A(i)$ 表示在状态 i 时可供选用的决策的全体，经常用小写字母 $a,b,\cdots$ 表示一个可用的决策。

3. 每逢系统处于状态 i，选取决策 $a \in A(i)$ 时，下次系统转移到状态 j 的概率为 $q(j/i, a)$。在机器维修问题中：

$$q(1|2,a_1) = 0.6, q(2|2,a_1) = 0.4$$
$$q(1|2,a_2) = 0.4, q(2|2,a_2) = 0.6$$

4. 每逢系统处于状态 i，选取决策 a 时，获得的报酬为 $r(i,a)$。

5. V 是选定的一种目标函数或衡量指标，与每个状态采取的决策和系统的初始状态有关。常用的 V 下面介绍。

用 Y_t、A_t 分别表示时刻 t 时系统所处的状态和采用的决策，可以看出，用不同的决策时相应的 Y_t、A_t 会有区别。给定初始状态 i，选用的策略将影响系统的发展规律，因此 Y_t、A_t 是随机变量，而 $r(Y_t, A_t)$ 表示选定某一决策后在第 t 个观察时刻或第 t 个周期所获得的报酬。

如果决策者希望在前 N 个周期所获得的期望报酬最大，则可以采取的目标函数为

$$V_N(f,i) = \sum_{t=0}^{N} E\{r(Y_t, A_t) | Y_0 = i\}$$
$$= \sum_{t=0}^{N} \cdot \sum_{j,a} P\{Y_t = j, A_t = a | Y_0 = i\} r(j,a)$$

其中，f 表示选用的决策；$E(\cdot | \cdot)$、$P(\cdot | \cdot)$ 分别表示条件数学期望和条件概率。

上式中：$V_N(f,i)$ 表示选用决策 f，在 $t=0$ 时系统从状态 i 出发的条件下，系统直到时刻 N 的期望总报酬。

在实际生活中，所考虑的总体决策方案一般是与时间有关的。但马氏决策规划理论已经证明在大多数条件下最好的决策与时间无关。因此，在这里只考虑决策与时间无关的情况，即在不同的时刻所选决策只由系统状态确定。若系统状态为 i，决策方案由 $a = f(i)$ 表示。此时，目标函数可改写为

$$V_N(f,i) = \sum_{t=0}^{N} \cdot \sum_{j \in S} q'[j|i, f(i)] r[j, f(j)], i t S$$

其中，$q'[j|i,f(i)]$ 表示选取决策 f 时，$t=0$ 从状态 i 出发在时刻 t 转移到 j 的概率。

当 N 较大时，$V_N(f,i)$ 的计算相当繁杂，这时可改用另一个目标函数：

$$V(f,i) = \sum_{t=0}^{\infty} \beta^t \sum_j q'[j|i, f(i)] \cdot r[j, f(j)], i \in S$$

即把时间近似为无穷，$\beta(0 < \beta < 1)$ 称为折扣因子，引入 β 的目的有两个：其一是保证 $V(f,i)$ 是一个有限数，其二是考虑到随时间推延的报酬的不一致性，β^t 的影响使所有的报酬均以现值计算。还需说明的是，无穷阶段的计算量反而减少，因为可以用解方程组的办法解决。

在目标函数确定后，如何比较不同决策的优劣呢？

对决策 f 而言，目标函数实际上是一个向量 $\{V(f,i): i \in S\}$，在任意两个维数相同的向量之间一般是不能比较大小的。幸运的是，马氏决策规划理论证明了在可供选用的全部决策方案中，确实存在着决策 f^*，将它对应的目标函数作为向量是最好的。换言之，设 f 是另一决策，则对于每个状态 i，都有 $V(f^*, i) \geq V(f,i)$。

马氏决策规划理论介绍了如何在全部备选方案中搜寻最优决策，同时力图把计算量减至

最少，下一部分的实例中我们将会看到具体的计算方法。

二、马氏决策规划在风险管理决策中的应用

（一）适用范围

从前面的论证中可发现马氏决策规划适用于解决具有如下特点的决策问题。

1. 多个周期或多个观察时刻。

2. 动态系统，即系统所可能达到的状态不止一个，而且不同状态相互间是可以转移的。

3. 备选方案的实施影响到系统在不同状态间的转移概率。

4. 在不同状态实施不同的行动方案都伴随着经济利益的变化，或者赢得利益（报酬函数为正）或者招致损失及费用（报酬函数为负值）。

具备上述特点的风险管理问题原则上都可以应用马氏决策规划的理论来确定最佳方案，但关键是收集到必要的信息资料。

在现实中，马氏决策规划可以用于训练自动驾驶车辆，通过模拟不同的驾驶环境和决策，优化行驶路径、避开障碍物等。运营和供应链管理方面，可用于优化库存管理策略，帮助企业在不确定的需求环境下保持合理的库存水平，同时最小化成本，也可以用于生产调度的分配以及运输和物流管理。

（二）信息资料的准备

根据已掌握的马氏决策规划的理论，如果想利用马氏决策规划解决多个周期的决策问题，必须先设法弄清以下情况。

1. 系统所可能达到的全部不同状态，即马氏决策规划五重组中的状态空间 S。对一台机器来说，可能有 $L+1$ 个状态 $\{0,1,2,\cdots,L\}$，状态 i 表示机器处于 i 级磨损，$i=1$，2，$\cdots$，$L-1$，0 表示新机器，L 表示不能用的坏机器。

2. 系统处于每个状态 i 时可供选用的行动方案的全体为 $A(i)$，$i \in S$。在机器处于状态 i 时，可供选择的措施是照常生产、维修保养、更换成新机器。

3. 根据长期观察的统计数据分析得到系统在不同状态之间的转移概率。显然，转移概率与所选用的措施有关，因此实际上需要了解的是一组条件概率。

4. 每种措施的经济效果为 $r(i,a)$，$i \in S$，A_i，$A(i)$。如果机器正常生产，一个周期可获利润 d 元；维修保养的费用为 C_i 元；更换成新机器的费用为 e_i 元。

（三）求解方法

关于无穷阶段目标函数 V 的相关解法及搜寻最佳决策的步骤如下。

由于：

$$V(f,i) = \sum_{t=0}^{\infty} \beta^t \sum_j q^t[j|i,f(i)] r[j,f(j)] ; i \in S$$

假定 S 包含 L 个状态，则上式实际上是一个 L 维列向量 $V(f)$ 的 L 个分量。

令 I 表示 $L \times L$ 的单位矩阵，$Q(f)$ 为 $L \times L$ 的矩阵，其第 (i,j) 个元素为 $q[j|i,f(i)]$，i，$j \in S$。即 $Q(f)$ 表示用决策 f 时，系统从前一观察时刻到后一观察时刻的转移矩阵。令 $r(f)$ 为一向量，其第 i 个分量为 $r[i,f(i)]$。从而目标函数可以用矩阵和向量的形式来写出：

$$V(f) = \sum_{t=0}^{\infty} \beta^t Q^t(f) r(f)$$

进一步可得

$$V(f) = r(f) + \beta Q(f) \cdot V(f)$$

这个公式为解法——策略迭代法奠定了基础。

策略迭代法分如下三步进行，其中 F 表示可供选择的方案的全体。

步骤一：策略求值运算。

任给一个 $f \in F$，解方程组：

$$r[i, f(i)] + \beta \sum_j q[j|i, f(i)] V(j) = V(i), i \in S$$

求得：$V(i) = V(f, i)$

步骤二：策略改进规则。

对步骤一求出的 $V(f)$，寻求 $g \in F$，使：

$$\max_{h \in F} [r(h) + \beta Q(h) V(f)] = r(g) + \beta Q(g) V(f) \geq r(f) + \beta Q(f) V(f)$$

步骤三：终止规划。

如果上述等式恒成立，则 f 为最优策略，运算终止；如果至少存在一个分量成立严格不等式，则以 g 代替 f，转回步骤一。

下面从一个实例的运算仔细体会策略迭代法。

【例 10.6】 设 $S = \{1, 2\}$，$A(1) = A(2) = \{a_1, a_2\}$，其转移概率及报酬函数见表 10 - 22。

表 10 -22　转移概率及报酬函数表

状态 i	决策 a	转移概率		报酬
		$q(1|i,a)$	$q(2|i,a)$	$r(i,a)$
1	a_1	0.5	0.5	6
	a_2	0.8	0.2	4
2	a_1	0.4	0.6	-3
	a_2	0.7	0.3	-5

取 $\beta = 0.9$，求最优策略与最优报酬函数。

解：取 $f_1(i) = a_1$，$i = 1$，2

1. 对 f_1 解下列方程组：

$$\begin{cases} 6 + 0.9[0.5 V_1(1) + 0.5 V_1(2)] = V_1(1) \\ -3 + 0.9[0.4 V_1(1) + 0.6 V_1(2)] = V_1(2) \end{cases}$$

可得：$V_1(1) = 15.49, V_1(2) = 5.60$

下面对每个 $a \in A(i)$ 计算

$$r(i, a) + \beta \sum_j q(j|i, a) V_1(j) = V'_1(i, a), i \in S$$

得：$V'_1(1, a_1) = V_1(1) = 15.49$，

$V'_1(1, a_2) = 4 + 0.9(0.8 \times 15.49 + 0.2 \times 5.60)$

$\qquad = 16.16 > V_1(1)$

令：$f_2(1) = a_2$

而：$V'_1(2, a_1) = V_1(2) = 5.60$，

$V'_1(2, a_2) = -5 + 0.9(0.7 \times 15.49 + 0.3 \times 5.60)$

$\qquad = 7.52 > V_1(2)$

令：$f_2(2) = a_2$。

2. 对 f_2 解下列方程组：

$$\begin{cases} 4 + 0.9[0.8V_2(1) + 0.2V_2(2)] = V_2(1) \\ -5 + 0.9[0.7V_2(1) + 0.3V_2(2)] = V_2(2) \end{cases}$$

得到：$V_2(1) = 22.20, V_2(2) = 12.31$

对每个 $a \in A(i)$ 计算并比较：

$$V'_2(1, a_1) = 6 + 0.9(0.5 \times 22.20 + 0.5 \times 12.31)$$
$$= 21.54 < V_2(1)$$

把方案 a_1 从 $A(1)$ 中排除掉，而 $V'_2(1, a_2) = V_2(1)$，故状态 1 可选用的决策方案只剩 a_2。

$$V'_2(2, a_1) = -3 + 0.9(0.4 \times 22.20 + 0.6 \times 12.31)$$
$$= 11.64 < V_2(2)$$

把方案 a_1 从 $A(2)$ 中排除，而 $V'_2(2,2) = V_2(2)$，故状态 L 可选用的方案只剩 a_2。

因此 f_2 为最佳决策，其中 $f_2(1) = a_2$，$f_2(2) = a_2$，最优报酬函数为 $V(f_2) = \begin{pmatrix} 22.30 \\ 12.31 \end{pmatrix}$。

本章重要概念

风险管理决策　损失期望值分析法　最大损失最小化原则　最小损失最小化原则
忧虑成本　马氏决策规划

思考题

1. 简述风险管理决策的原则。

2. 分析保险在确定风险管理决策过程中的作用。

3. 忧虑成本对风险管理决策会产生哪些影响？

4. 设计一张问卷，测定周围同学、朋友的效用曲线。

5. 某公司所属的一幢建筑物面临火灾风险，其最大可保损失为 1 000 000 元，假设无不可保损失，现针对火灾风险拟采用以下处理方案：（1）自留风险；（2）购买保险 50 000 元，保险费为 640 元，即部分投保；（3）完全投保，保险费为 710 元。其损失模型如表 10 - 23 所示。

表 10 - 23　案例损失模型　　　　　　　　　　　单位：元

决策方案		损失结果					
	损失金额	0	500	1 000	10 000	50 000	100 000
	损失概率	0.8	0.1	0.08	0.017	0.002	0.001
（1）自留风险		0	500	1 000	10 000	500 000	100 000
（2）部分投保		640	640	640	640	640	50 640
（3）完全投保		710	710	710	710	710	710

假设通过询问可以求得效用函数如表 10 - 24 所示。

表 10 -24 效用函数			
潜在损失	概率	最大转移费用	最大转移费用的效用值
100 000	0.5	60 000	0.5
60 000	0.5	35 000	0.25
35 000	0.5	20 000	0.125
20 000	0.5	11 000	0.0625
11 000	0.5	6 000	0.0312
6 000	0.5	3 500	0.0156
3 500	0.5	2 000	0.0078
2 000	0.5	1 000	0.0039
1 100	0.5	600	0.002
600	0.5	3 500	0.001

试运用效用理论分析、比较三种方案。

第十一章
现金流量分析

本章知识结构

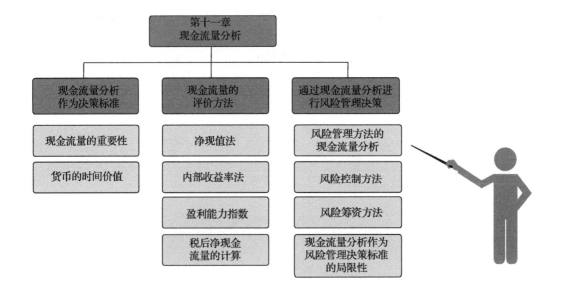

本章学习目标

- 掌握现金流量分析的两种方法：净现值法和内部收益率法；
- 应用这两种方法来选择风险管理中的风险控制方法和风险筹资方法；
- 要认识到现金流量分析作为风险管理决策标准的局限性。

第一节　现金流量分析作为决策标准

选择风险管理方法或方法组合的标准是风险管理决策的重要内容。这套标准将企业拥有的风险管理资源配置到最符合成本和效益原则的地方，使该企业面临的潜在和实际的损失最小化。它要求该企业的长期税后净现金流量最大化，大多数企业就是根据这一相同的标准来作出合理决策的。

具体来说，风险管理人员在应用现金流量分析时需按以下步骤进行工作。

1. 分析每一方案，包括提出的每一项风险管理方法是怎样影响该企业现金的流入和流出的。

2. 计算方案的净现金流量的现值，即净现值（NPV）。

3. 根据各自的净现值和收益率评价方案的优劣。

一、现金流量的重要性

现金收入大于现金支出，则净现金流量为正；反之，则为负。

> { 一家企业某一时期的净现金流量是该时期的现金收入减去现金支出，或者现金流入减去现金流出。

（一）对资源的要求权

现金，更确切地说是购买力，它也包括信用，它通常是实现其他目的的手段之一。一家企业的净现金流量越多，意味着实现目标的能力越强；反之，则越弱。这样，净现金流量（NCF）的大小成为衡量一个企业力量强弱的"晴雨表"。

用净现金流量来衡量一个企业的能力比用会计利润来计量更好。利润通常受会计的应收、应付款项或其他账户（如折旧）的影响，而净现金流量衡量企业购买或得到所需资源的能力。

（二）在资本投资评价中的应用

在选择方案时经验丰富的专家会优先考虑能使企业得到最大的净现值的方案。这种简化了的决策规则通常在某些情况下会复杂化，即该方案需要即时的现金支出，而现金的流入则预计在将来的某一时期，即方案的现金支出或收入需跨越若干个会计周期。在这样的情况下，最好通过资本预算来处理。资本预算是通过进行长期资本投资来达到企业目标的计划，而资本预算的决策是在涉及不同的资本投资方案时根据其现金流出和流入而进行的决策过程。

二、货币的时间价值

货币的时间价值的存在是因为投资的货币经过若干时期后能产生更多的货币。这种额外的货币被称为货币的时间价值。一笔将来货币的现值的计算需要结合货币的时间价值。

（一）现值的概念

一笔给定金额的货币的现值是由两个因素决定的，即利息率和时间长度。

利息率是货币的使用成本，通常是用百分比来表示的。货币的时间价值是一种隐含成本或机会成本。为一笔货币指定某种用途通常意味着丧失了投资另外项目的机会。基于机会成本的考虑，企业的财务人员通常需确定一个最小收益率，它必须是所有可接受的方案都能满足或达到的。

时间长度是货币时间价值的第二个决定因素，它是由货币投资的年数或其他时间单位来表示的。

（二）现值的计算

现值的计算涉及下列四种情形。

1. 现时支付。现时支付的现值就是应支付额。它不需要对支付额进行任何形式的贴现。实际上，这种情况的时间长度为零。

2. 单一的将来支付。复利现值表列出了不同期限和不同利息率情况下的 1 元的现值（现值系数），该现值系数表明在给定的利率和给定年数的条件下，在给定的年数后能得到 1 元，现在必须投资的货币数量（用复利计算）。值得注意的是，现值系数与投资的年数呈相反关系。投资年数越长，现值系数越小。同样，现值系数与利息率也呈相反关系，利息率越高，现值系数也越小。

3. 等额年金。年金现值表列出了等额年金的现值系数。等额年金的现值系数等于每年单一支付的现值系数之和。

4. 不等额年金。不等额年金的现值必须根据每年的现金流入或流出分别计算其现值，然后加总得出。

第二节　现金流量的评价方法

资本预算决策通过下列两种方法进行现金流量分析：净现值方法和内部收益率法。在介绍这两种方法后，还可以根据盈利能力指数对净现值为正的方案进行排序。

成功运用这些评价有两个条件是必不可少的。首先，与特定的投资项目相联系的收益和成本必须是能用货币计量的，不能用货币计量的项目不能用这些方法来评价。其次，与不可预计性相关的不确定性，长期投资项目有很高的风险。通常，一个投资项目的预计使用寿命越长，对其投资收益率的预计将越困难，项目的风险将越高。

在评价投资方案以前，必须对下列各项进行预测：（1）初始投资量；（2）能够接受的最低投资量，用初始投资的百分比表示；（3）估计项目的使用年限，即能产生现金流量的年数；（4）与项目有关的每年税后净现金流量。

一、净现值法

使用净现值法的前提条件是必须有一个预先决定的最小投资收益率。这一给定的收益率对与方案有关的所有现金流入和流出都是适用的。按照净现值法，如果方案的现金流入量的现值大于现金流出量的现值，即净现值为正，则该方案的收益率高于给定的收益率，那么该方案是可以接受的。反之，则小于给定的收益率，该方案是不能接受的。

二、内部收益率法

与净现值法所不同的是，内部收益率法（IRR）不需要有给定的投资收益率。对不同的方案进行比较时，内部收益率最高的方案是最优的方案。而净现值法并不能对净现值大于零的方案进行优劣比较，也就是说净现值最大的并不见得就是最优的方案。为了弥补这一缺陷，就设计出盈利能力指数指标。

> **内部收益率是净现值等于零的收益率。**

三、盈利能力指数

盈利能力指数最大的方案是最优的方案。值得注意的是，用给定的最小收益率来衡量一可行

> **盈利能力指数是每年现金流入量的现值之和与每年现金流出量的现值之和的比率。**

方案的盈利能力必须大于 1。若该指数小于 1，则意味着净现值小于零，按照净现值法，该方案是不能被接受的。

四、税后净现金流量的计算

在任何一年，每一方案的净现金流量等于方案的现金流入减去现金流出。对营利性组织而言，所得税与其他现金支出一样必须从现金收入中扣除，从而计算出净现值。所得税问题的复杂性在于：它是按应纳税收入的一定百分比来计算的，而不是按净现金流量的一定百分比来计算的。应纳税收入的计算必须考虑非现金收入与费用项目。而对于非营利性组织而言，这些非现金项目可以不予考虑，这样就大大简化了现金流量的计算。

在资本预算决策中，影响所得税的最主要非现金项目是固定资产的折旧。在资产的使用期间，折旧费进入了成本，从而降低了盈利水平，但并未造成组织的现金流出。在下一节的举例中，固定资产的折旧均是按直线法来计提的。在没有特别指明的情况下，残值为零。

第三节　通过现金流量分析进行风险管理决策

本节借助于传统的现金流量决策框架来考虑风险管理方法，以及各种不同的方法可能对企业现金流量和投资收益率的影响，据此选出最好的风险管理方法。举例说明每一种风险控制和筹资方法应用于对付某企业所面临的特定风险：发生在该企业内某幢建筑物的火灾损失。

一、风险管理方法的现金流量分析

传统的现金流量分析不考虑风险管理方面的影响，项目预计产生的每年税后净现金流量被假定为可以预计到的。除非在很危险的情况下，很少考虑这样的可能性：一个项目预计有 10 年的使用寿命，但它在使用 3 年后毁于一场大火。

同样，大多数现金流量分析并没有明确认识到，实施某种风险管理方法的一次性成本应该加到该项目的初始投资中，而其他持续的风险管理费用应从预计的净现金流量中扣除。大多数更为复杂的现金流量分析承认净现金流量的预计只是一种概率分布，而不是固定的流量。但就是这样的分析，也假定每年净现金流量的差异来自系统性的风险（市场条件的变化），而不是来自意外损失的风险。

下面的例子只包含一种风险控制或风险筹资方法。某幢建筑物建于 4 年前，为研究所的人员使用，他们与厂方签订了为期 10 年的合同，研究人员同意在厂方的资助下开展研究工作，但所得收入归厂方。厂方预计其每年的收入为 6 万元，作为交换条件，厂方提供 20 万元资助建立研究所，获得必需的设备。在过去的 4 年里，由于火灾而花在该建筑物维修方面的费用每年平均为 1.6 万元，厂方不负责建筑物内部设备的火灾损失。

由于该研究所建筑物火灾损失的风险很大，厂方的风险管理人员一直研究采用各种不同的风险管理方法来防范火灾损失风险。

（一）不考虑风险管理的现金流量

如表 11-1 所示，该企业必须缴纳所得税。在不考虑偶发事件给该幢建筑物造成的损失的情况下，该项目的净现值为 48 600 元，内部收益率为 17.7%，对于厂方来说，该项目似乎是有利可图的。

表 11-1 不考虑风险管理的税后现金流量分析		单位：元
净现金流量（NCF）的计算		
每年的现金收入		60 000
减：每年的现金支出（除所得税外）		0
税前净现金流量		60 000
减：每年所得税		
每年税前 NCF	60 000	
减：每年的折旧费（200 000/10）	20 000	
应税收入	40 000	
所得税（40%）		16 000
税后 NCF		44 000
净现金流量的评价		
要素：		
初始投资		200 000
项目使用年限		10 年
每年税后 NCF		44 000
最小投资收益率		12%
（一）用净现值法评价		
NCF 的现值（44 000 × 5.650）		248 600
减：初始投资的现值		200 000
净现值（NPV）		48 600
（二）用内部收益率评价		
初始投资/每年 NCF（税后）＝200 000/44 000＝4.545＝年金现值系数		
用内插法求内部收益率（r）		

投资收益率	年金现值系数	年金现值系数
16%	4.833	4.833
r		4.545
18%	4.494	
差额：2%	0.399	0.288

$$r = 16\% + \frac{0.288}{0.399} \times 2\% = 16\% + 1.70\% = 17.7\%$$

（二）确认预期损失

正确的现金流量分析应考虑偶发事件的损失和相关的风险管理费用对现金支出的影响。通过选择风险管理的方法来影响净现金流量能改变项目的收益率，并最终影响资产和行为的选择。

为了说明这一问题，风险管理人员根据过去 4 年的情况描述该幢建筑物火灾损失的概率分布（见表 11-2）。

每年的火灾损失期望值是 1.6 万元，如把该损失考虑进去的话，与表 11-1 相比较，预计火灾损失为 1.6 万元，而不是 0，这样税后净现金流量为 3.44 万元，净现值为 -5 640 元，内部收益率为 11.34%。

表 11-2 建筑物过去四年间火灾损失概率分布

概率	每年火灾损失（元）	期望值（元）
0.8	0	0
0.1	30 000	3 000
0.07	100 000	7 000
0.03	200 000	6 000
1.0		16 000

二、风险控制方法

对该企业来说，有数种风险控制方法可供选择。这些方法包括减少损失发生程度、通过合同把风险转移给第三者、避免风险。

（一）减少损失发生程度

假如该企业对每年 1.6 万元的火灾预期损失不满意，在与研究人员订立合同之时，就安装了一套价值 1 万元的自动喷水灭火系统，该系统需要每年 400 元的维护费用。风险管理人员估计该系统会减少火灾损失的程度。每年火灾损失的概率分布如表 11-3 所示。

表 11-3 建筑物每年火灾损失概率分布

概率	每年火灾损失（元）	期望值（元）
0.8	0	0
0.1	5 000	500
0.07	1 000	700
0.03	100 000	3 000
1.0		4 200

与没有安装自动喷水灭火系统的企业相比较，有以下三个区别。

1. 自动喷水灭火系统减少了火灾损失的期望值，从每年 1.6 万元降到 4 200 元。

2. 安装自动喷水灭火系统的成本应进入初始投资，初始投资从 20 万元增加到 21 万元。

3. 在计算应纳税收入时，自动喷水灭火系统的折旧费每年 1 000 元和维护费每年 400 元应考虑进去。

经过以上的调整，在 12% 的复利贴现下，其每年税后净现金流量为 41 640 元，净现值为 -25 266 元，内部收益率为 14.88%。其指标均高于上例中相应的数据。

（二）通过合同把风险转移给第三者

作为风险控制的一种办法，通过合同转移风险是通过财产控制权的改变或一项作业的转包从而把损失风险转移给第三者。例如，该企业可以通过租赁或把法律责任转移给第三者的形式把该幢建筑物的火灾损失风险转移给研究所。假如租赁费为 10 万元，另加上 20 万元的资助金，厂方的初始投资增加到 30 万元。但税法规定，每年摊销金额 3 万元可作为费用在税前列支。这样每年的税后净现金流量为 4.8 万元，初始投资 30 万元，其净现值为 -28 800 元，内部收益率为 9.63%。

这种租赁安排得到相对低的净现值和内部收益率，因为年收入没有增长，需要的投资却提高了。当然这并不是说租赁不是处理损失风险的有效方法，而且本例中的程序并不能运用到所有的转移风险的合同中去。

（三） 避免风险

当一家企业选择避免风险的方法时，它也就放弃了该项经营活动所产生的利润。如果选择了这一策略，该企业就明确认为从该研究所获取的潜在收益不值得冒风险。更准确地说，该研究所的净现值或内部收益率（在扣除应用最佳的风险管理方法来处理意外损失的成本后）低于其他方案的相应指标。在这种情况下，避免风险不失为明智的策略。当然，该企业的高层管理人员认为该研究所提供的研究成果是重要的，那么采取避免风险的方法来处理火灾风险就不会是一种可行的风险管理的选择。

三、风险筹资方法

除非另有说明，下面对风险筹资方法的分析都是假定潜在损失的总额是通过一种风险筹资方法来处理的，而不考虑任何风险控制方面的措施。实际上，一些风险筹资方法通常要与一些风险控制方法结合运用。

（一） 列作当前支出的自担损失

除了将预计的该幢建筑物的火灾损失作为当期费用和一些额外的现金支出（如管理费用）2 000 元以外，为了尽快在火灾后让该研究所恢复研究工作，厂方还需预计每年支付特别费用来进行建筑物修复。正因为还有这笔额外的现金开支，每年税后净现金流量为 33 200 元，计算得到的净现值为 –12 420 元，内部收益率为 10.49%，均低于前面"确认预期损失"中的例子的相应指标。

把当前损失计入当前费用是较不规范的风险筹资方法。但在以下条件下也可能是耗费较少的方法：（1）实际损失未超过该企业能合理开支费用的水平；（2）该企业自己能有效完成通常由保险公司承担的补偿任务。在损失发生前，这种方法通常很有吸引力，但实际情况往往证明其他风险筹资方法的筹资成本更小。

（二） 提留准备金

建立这种准备金意味着初始投资的增加。尽管增加了初始投资，然而准备金的运用并不改变现金流出量，甚至有可能增加了现金的流入。如果准备金的收益水平低于把这些资金应用于该企业正常生产活动的收益率，则这种情况将导致整体收益率的降低。假定初始投资为 40 万元，准备金为 20 万元，获取的收益为 16 000 元（200 000 × 8%），则税后净现金流量为 44 000 元，净现值为 –151 400 元，内部收益率为 1.78%。

（三） 借入资金自担损失

或许，一家企业通过借入所需资金来补偿其意外损失，其目的是让自有资金用于正常的生产经营活动。若该企业通过投资使自身的经营获得的收益比其借入资金的成本还要多，则不论是支付损失还是用于其他目的，借入资金能增加现金流量。但有一点需注意，借入资金不应该被视做现金流入，因为任何用于意外损失的借入资金都会被开支掉。

假定该企业在某年初从银行借入 16 000 元，利率为 16.67%，在年末需归还 18 667 元（16 000 元本金和 2 667 元利息）。企业计划用这笔借入资金支付全年内可能发生的损失。这样自己本来用于支付损失的 16 000 元可用于经营中。如果自有资金能产生 12% 的税后收益率，由于需支付 40% 的所得税，其税前收益率为 20%（即 $\dfrac{12\%}{1-40\%}$）。在这种情况下借入资金能产生 320 元的税后收益。当然，如果内部收益率低于税后借入资金利率，通常不会用借入资金来支付损失，除非由于严重的损失导致现金短缺，才会使借入资金成为必要。

上述分析表明，借入资金被认为是自担风险而不是转移风险，因为借入资金并不涉及风险的转移。

（四）通过自保为损失筹资

一个大公司可以建立一个保险子公司来为其部分或全部损失风险提供保险保障。自保公司可以由一家母公司或多家母公司拥有。建立自保公司主要是基于税收和监管部门的考虑。对母公司而言，它是否构成风险自担或转移还存在相当多的争论。如果自保安排被认为是自担风险，则母公司付给自保公司的保险费不能在税前扣除。对母公司而言，其现金流量等同于如表 11 – 1 所示，其每年的税后净现金流量为 44 000 元减去支付的保费。如果自保安排被认为是风险的转移，则保险费支付后形成的现金流量等同于通过保险公司进行风险筹资。

（五）通过保险公司为风险筹资

一个企业可借助于外部资金来补偿其损失，以达到风险转移的目的，最常见的转移风险形式是保险。作为获得保险费的代价，保险公司赔付所投保财产在保险合同责任范围内的损失。在这种安排之下，保险费取代预期损失作为投保企业当年的现金开支。此外，保险费是实际的现金流出。在其他方面，其净现值的计算与前面的例子相同。

投保企业支付的保险费要大于其损失的期望值，这是因为对保险公司而言，保费收入不仅要赔付损失，而且要包括保险公司的管理费用，以及合理的利润。例如，该企业为研究所建筑物购买了保险金额为 20 万元的火灾保险，而当时保险公司的毛利润为 40%，该建筑物的预计损失为 1.6 万元，则需支付的保险费为 $P = 16\,000 \div 60\% = 26\,667$（元）。

保险费是税前列支的费用。若把预计损失作为自担风险的唯一成本，保险往往只能得到较低的净现值和内部收益率，这是因为保险费往往大于被保险损失的期望值。大多数企业购买保险的主要目的是消除不确定性。与自担风险的形式相比较，保险形式的投资收益率的高低取决于三个因素：（1）保险公司的毛利水平；（2）自担风险的额外费用；（3）每年损失剧烈波动的不确定性所形成的无形成本。

四、现金流量分析作为风险管理决策标准的局限性

现金流量分析中的净现值和内部收益率可以被用做选择风险管理方法的决策标准。基于这一目的，净现值法可以重新表述为：一家企业应优先考虑有望带来最高净现值的风险管理方法。同样，内部收益率法也可以表述为：一家企业应选择有望获得最高内部收益率的风险管理方法。然而，这些也有其局限性。

（一）现金流量分析应用于风险管理决策中的优缺点

应用现金流量分析来选择风险管理方法的主要好处在于，其决策过程把风险管理决策放在与其他利润最大化决策相同的立足点。从理论上说，净现值法和内部收益率法对追求利润

最大化的企业是适合的，对努力提高运营效率的非营利组织来说也是最好的选择。

现金流量分析法的不足之处在于其假设上的缺陷。从上述例子来看，第一个假设是每一种风险管理方法都单独使用，忽视了所有可能的组合方法。实际上，至少一种风险控制和一种风险筹资方法应同时应用于每一种重大的损失风险的处理。对应用风险控制方法不能完全排除的风险需要得到风险筹资的支持，缺少有效的风险控制方法的支持，使用风险筹资方法会变得较昂贵。

第二个假设是对应用的每一种特定方法没有程度上的差别。该假设会导致过分简单化的是与非的决策，而不是更详尽的分析。

第三个假设认为火灾造成的损失是唯一涉及的损失，而实际上还可能由于其他事故造成财产、净收入和人员的损失。

第四个假设是把预期损失作为实际发生的损失的一种计量值，而不管将来的不可预计性。

第五个假设是企业的唯一目的是利润最大化，对社会效益未加以考虑。

（二）对不确定性加以调整的现金流量分析

上面讨论的决策程序都不切实际地假定每年发生的意外损失等于其期望值。某种程度的不确定性对每一种风险管理方法是不可避免的。这些不确定性的成本在评价、选择风险管理方法时需合理加以考虑。

忧虑因素法把"价码标签"即隐含的税后成本赋值给每类不确定性。一旦确定，该成本就被视同其他成本作为现金流出。忧虑因素法的第一步是把忧虑成本赋值给每一种可供选择的风险管理方法，该成本应反映与该风险管理方法相联系的不确定性给高层管理人员带来的不安程度。随着潜在损失的增加，焦虑因素会增加。因此，足额保险通常有很小的忧虑系数。该方法的第二步是把忧虑成本从每年税后净现金流入量中扣除。忧虑成本在税后扣除是因为它只是隐含的费用。

忧虑因素法为运用现金流量分析法提供了一种相当简便、易懂的方法。该方法使不确定性的成本清晰化，而且随高层管理人员的态度而变化，尽管它有点随意性，但由于其直截了当而受到重视。

本章重要概念

现值　净现金流量　盈利能力指数　内部收益率　风险筹资

思考题

1. 如何确定货币的时间价值？
2. 试评析现金流量分析作为风险管理决策标准的局限性。
3. 如何应用现金流量分析法来选择合理的风险管理方法？

第十二章
风险管理信息系统

本章知识结构

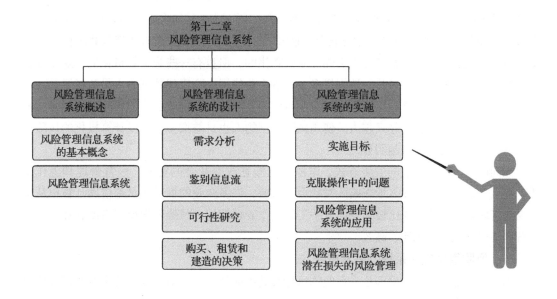

本章学习目标

- 了解风险管理信息系统的组成部分和设计步骤；
- 掌握风险管理信息系统的应用范围，以及如何克服操作中出现的各种问题。

第一节　风险管理信息系统概述

通过对风险管理实施步骤的论述，知道风险管理主要是通过识别系统所面临的风险类别，并且采用恰当的数学方法来衡量风险的大小，合理选取和组合对付风险的方法，最终达到保障系统安全的目的。显然，要识别系统风险就必须收集系统内部以及系统与外界交流中的一系列数据，特别是一些影响系统安全的数据。对于一个企业来说，就是要最大限度地记录、整理引起企业损失的原因和事件，收集损失的经验数据，这样管理人员才有可能衡量风险，作出对付风险的决策。事实上，就是要求风险管理人员针对所管理的对象设计一套合理高效的信息系统。从客观上说，每个人都拥有一个管理信息系统（MIS），因为当人生存于一个特定的环境中，就必然会对环境作出反应，经历一个收集原始数据、产生信息并辅助决策的过程。换言之，每个人都拥有保护其自身的管理信息系统。因此，每一个企业，即使没有风险经理或风险管理部门，都自觉或不自觉地拥有某种风险管理信息系统（RMIS），该系统通过识别和处理潜在的或现实的意外损失来保证本企业免遭因意外事故带来的各种不利影响，使企业在比较稳定的环境下生存和发展。

下一步骤是应该如何来设计、实施风险管理信息系统，使得该企业的风险管理计划实施效果得到提高。管理信息系统可以说是一个达到特定管理目标的工具，风险管理信息系统同样也是一个用来更好地保护企业免受意外损失和由此带来不利影响并且降低企业风险管理成本的工具。风险管理信息系统是按照某个企业的各个部门所面临的风险和企业目标而精心设计的，所以一个有价值的风险管理信息系统能为企业和它的各个部门的风险管理决策提供帮助。

有许多风险管理信息系统是人工的、非电算化的，但也有一些是计算机化的，这主要是根据各企业涉及的损失和风险的数据量多少、各企业使用风险管理数据的人员数量及其地理位置，以及风险控制的复杂程度而定。按照目前的发展趋势，企业面临的风险越来越多，相应的风险数据库的容量也越来越大，使用风险数据的人也日益增多，所以计算机化的风险管理信息系统的优势也越来越明显。

如同电视改变了人们的生活方式，电脑也逐渐在改变社会的贸易、经营管理和工作方式，而且会更广泛、更深入地影响人类社会。目前，许多企业的管理人员都借助计算机从事日常的管理业务，使原先比较烦琐的、手工的工作变得简捷。风险管理也应借助计算机信息系统以使得管理工作优质、高效。

一、风险管理信息系统的基本概念

为了更好地理解风险管理信息系统的目标及其组成部分，先明确以下几个有关管理信息系统的基本概念。

首先，要明确信息管理和管理信息之间的关系。这两者有相关性但又有很大区别。信息管理是指从所有可利用的数据中按特定的管理要求提取出信息并提供给有关的管理人员的过程。具体来说，它是指管理一个企业的信息的过程，即指任何一个管理人员在履行其管理职责时所产生、流动和使用信息的过程。虽然，计算机对信息管理来说并非必不可少（信息及其管理在计算机出现之前就已存在），但当今社会的许多管理人员都认为计算机是信息管理的基本工具。管理信息是指管理一种特定类型的信息，即被有特定目标的管理人员所使用的信息。管理信息是管理人员为执行某一特定的管理任务而从一个企业的大量信息中提取出来的。至于管理信息系统，则是由人、程序及用来存储、处理、检索数据的处理设备所组成的。这里需要指出的是，风险管理信息系统可以减少的不是损失的不确定性，而是减少作出的有关决策的不确定性，这是管理信息系统的最终目的。一个管理信息系统，特别是风险管理信息系统，应该使一个管理人员相信在现有的数据信息条件下作出的决策是最优的。

其次，要明确业务数据和管理信息。数据是指一些孤立、分散的事实，它是不便于作出推断和结论的。而信息是指有助于决策的、经过企业加工的数据。信息和数据之间的这种区别表明了许多管理信息系统和风险管理信息系统具有潜在的缺陷，即数据并未提供足够的管理信息。一个设计得较好的风险管理信息系统应能将数据有机组合，提供正确的信息，提高风险管理的效率。

最后，谈一下信息成本和信息价值。收集原始数据是要有一定成本的，然而如何组合数据使之变为有用信息，同时能自动进行信息加工则成本更为昂贵。一般来说，企业应当遵循成本收益原则。获得信息的成本可以分为以下五类：（1）硬件成本；（2）系统分析、设计、实施成本；（3）环境控制和空间因素成本（如机房需要特定的温度、湿度和电源控制，需要占用一定的楼层空间）；（4）转换成本，这包括从手工过程向计算机化转换的一次性成本及系统升级成本，转换成本往往要比硬件的安装和程序设计的总成本还要高；（5）操作成本，包括人员费用、设备、空间等成本。

信息的价值与信息的成本不同，信息的价值极难量化，因此只能作定性考虑。信息的价值一般从以下十点加以考虑：信息随机存取的速度和难易度；信息的内容和综合性；信息的准确性；信息的适用性（是否能满足用户的需要）；信息的及时性（信息能否在作决策时提供）；信息的清晰性；信息的灵活性；信息的可证实性；信息的无偏见性；信息的可量化程度。

二、风险管理信息系统

风险管理信息系统可以包括一个企业的风险管理程序的全部领域，即包括被一个高级管理人员看做是属于风险管理领域的所有损失风险和所有对付这些风险的控制型和财务型工具，但一般集中于某一种特定的损失风险，如一个公司的产品责任风险。

> *风险管理信息系统是与一个企业或部门特定的风险管理程序有关的，并用于作出风险控制或财务决策的数据和信息的收集、分析和报告过程。*

风险管理信息系统的应用范围可以包括业务处理、标准风险管理报告、提供数据存取及支持风险管理决策支持。

（一）风险管理信息系统的演变过程

20世纪50年代后期到60年代初期，国外风险管理信息系统都是手工的，系统用户主要是保险业务中的参与者，如保险购买者、承保人、经纪人和索赔管理人员以及保险顾问。60年代中期，计算机的应用，使其逐步取代手工处理保险购买和销售中的一些重复性工作。随着计算机软硬件技术的发展，风险管理信息系统的开发经历了业务处理、标准风险管理报告、随机数据存取、风险管理决策支持四个阶段。并非每一个当今使用风险管理信息系统的企业都经历以上四个阶段，有一些系统跳过了早期一些阶段而直接达到风险管理决策支持阶段。

1. 业务处理。最早的计算机化的风险管理系统出现于20世纪60年代后期，主要用于可保损失和保费的记录。该应用技术由少数承保人开发，帮助部分被保险人记录可保损失，并对一些常见的事故的某些原因列出清单以有助于风险控制。这些早期的业务处理系统有两个明显缺陷：首先是过分集中于保险业务，这一阶段的系统没有对一个企业或部门的整个风险成本予以充分注意，这样就难以充分有效地向管理整个企业的高级管理决策层传达风险管理的核心内容。其次，这些早期的系统不能及时得到准确的数据，而不正确和过时的信息对风险管理决策来说是没有什么用处的。

2. 标准风险管理报告。第二阶段始于 20 世纪 60 年代末 70 年代初，在此期间，风险成本的概念已被广为接受。风险管理人员更多地向外界求助计算机化的辅助软件，以计算和控制本企业的整个风险成本。通过向风险管理人员提供来自企业主要部门的风险数据，这一阶段的系统代替了费时的编制损失和保费表格的手工操作。虽然这一阶段的系统可以使风险管理人员更多更快地收集数据，但很多基本数据仍来自承保人而不是来自企业内部，这会造成数据的不完整。而且，承保人提供的大量报告有时容易使风险管理部门感觉茫然，因为数据很多但管理信息很少。

3. 随机数据存取。为了克服以上弊端，保险经纪公司和保险人开始在 20 世纪 70 年代中期为其保户提供更灵活的风险管理信息系统。通过该系统，客户不仅可以设计它们自己的报告而且可以随机存取其风险管理数据。随机存取计算机内的数据可以使计算机用户在只涉及一个数据文件的部分数据时无须将整个文件拿出来，这就提高了效率。随机存取数据使得风险管理人员能编制自己的报表，并能对高级经理和其他管理人员的信息需求作出反应。这种根据需要就能以任何格式提取数据的能力对风险管理至少具有以下益处。

（1）通过与风险管理数据库的互访可以增加对风险管理作用的认识。

（2）因为满足了管理人员的信息需求，从而获得了他们对风险管理的支持。

（3）随着风险管理人员监控风险能力的提高，企业内部关于风险管理的交通和通信也得以改善，因此增加了风险管理人员对其他管理人员所提问题的快速反应能力。

4. 风险管理决策支持。第一阶段至第三阶段的重点在于有效而正确地存储和显示数据，随着系统中数据的增加以及随机存取给予了风险管理人员更多与风险管理信息系统的交互的机会，计算机应用于风险管理决策正逐渐成为可能。交互式风险管理决策支持的关键是计算机应具有对 "what – if" 查询的反应能力，通过数据库中的数据来预测风险管理人员建议的各种行动方案的可能结果，因此要求开发各种分析模型，用于进行损失预测、风险成本分配和经济的预测。一旦证实了这些预测模型和决策支持能力之间的关系，风险管理人员便可在大量的风险管理工作中运用它们。其运用范围包括如下几个方面。

（1）预测一种特定风险管理措施的成本和效益。

（2）预测企业内部风险成本的变化以及各组成部分的变化。

（3）选择企业每年的总的风险自留水平。

（4）把实际采取的安全措施与事故发生频率和损失程度联系起来。

（5）测试各种损失准备金充足与否。

该阶段的系统可以存取更为广义上的数据库。特别是通过调制解调器（Modem）和电话线把本企业的内部计算机与金融市场、经济动态以及有关法规等外部的数据源连接起来，可以增强风险管理信息系统作为决策支持的使用价值，这主要是因为作出决策时所依据的数据将更为可靠，以及计算机辅助决策的类型将更为多样化。

看来，将来的风险管理信息系统的发展趋势会出现以下一些特点：（1）微机和小型机将更为普及；（2）风险管理信息系统的企业之间通信能力的使用，特别是在承保人和其他风险控制和风险财务服务提供者之间的通信的使用，使协商购买保险、其他风险财务和风险控制的条件改善；（3）企业内部风险管理决策过程和其他财务决策过程的结合，这要归因于能协调企业的所有最为关键的管理决策的风险管理信息系统。

这些特点与第四阶段的风险管理信息系统的有机结合和协调，可以说是风险管理信息系统发展的第五个阶段，它将会促进企业内的风险管理部门和其他部门及外部企业之间的双向交流，如图12－1所示。

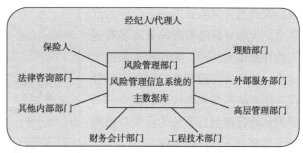

图 12 – 1　第四阶段的风险管理信息系统的数据和信息流

（二）风险管理信息系统的组成部分

风险管理信息系统有四个基本组成部分：相关的数据；收集和操纵原始数据以产生信息的程序；计算机设备；操作风险管理信息系统的人员。在计算机术语中，相关的数据称为数据库，收集和操纵原始数据以产生信息的程序称为程序软件，计算机设备称为硬件。

1. 数据库。数据库是风险管理信息系统的核心，它是风险管理信息系统存储信息的地方。以下是数据库构建中的一些关键要素：（1）按照企业的决策目标，选择应存储的数据类型并确定每种数据充分的数据量。（2）决定数据格式、报表的形式及随机存取能力，以满足风险管理信息系统的特殊功能要求。（3）更新并定期核对系统的原始数据。在一个计算机化的风险管理信息系统中，数据是以文件的形式存储的。任何基于中央处理机的风险管理信息系统都拥有极大容量的数据存储器。基于小型机或微机的风险管理信息系统存储容量虽有限，

表 12 –1　电脑化的 RMIS 所显示的文件——理赔数据表				
索赔者/理赔对象	传输代码	损失原因	地　点	损失金额（元）
王群	90016	007	B1234	10 027.20
朱雯	90031	208	AA007	75.00
谢志	89021	201	B12	2 830.90
史密斯	88051	999	C0300	770.00
布朗	89088	323	J87541	890.80
贝克	89122	501	D20	4 532.00
…	…	…	…	…

但较为便宜。但有一点是一致的，电脑化的风险管理信息系统输出的数据应该是有序的。例如，表12－1是一张电脑化的风险管理信息系统显示的理赔数据表，它清晰地表明了每个理赔记录所涉及的数据。

每一个风险管理信息系统一定要建立在完备、正确、一致、相关和及时的数据之上，否则将会出现毫无价值的数据，用计算机语言表述则是出现"垃圾进，垃圾出"的结果。在风险管理信息系统中，数据常被分为损失数据、风险数据、法律数据、财务数据、管理数据、风险控制数据和风险筹资数据。图12－2列出了一些相关的数据类型。

下面就一些主要的数据类型作一介绍。

（1）损失数据。这类数据是对一个企业过去损失的细节描述，常占风险管理数据的大部分。风险管理人员、经纪人、代理人和承保人能从这些数据中得到损失频率、程度、原因及

最后处理的信息，因此能为现在或将来面临的损失风险安排一个合理的准备金。大部分风险管理决策需要有适当的预测作为基础，如预测未来损失金额、预测各种控制型和财务型对付风险的方法的效果和成本。建立一个好的风险管理信息系统的损失数据库能为预测打下良好的基础。

（2）风险数据。这种类型的数据多种多样，对风险管理人员来说，风险数据一般与一个企业的总体特征有关，如企业财产、其主要供应商和客户的业务关系及人员等。就财产而言，数据库应能鉴别其类型、所处地点、原始成本和现行价值及所有权状况等。财产数据也常常包括企业不动产信息、销售商信息及对每项财产的最大可能损失的估计。

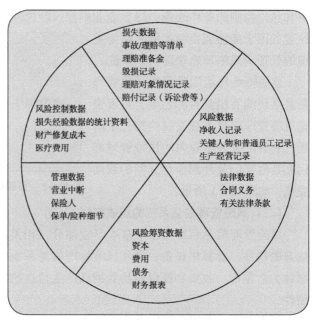

图 12 - 2　数据类型

（3）法律数据。数据库中的法律信息应包括该企业的合同义务方面的详细数据。另外，一旦企业因违反了法律而招致某种法律索赔时，数据库应当为确定和跟踪这些索赔提供信息。

（4）风险筹资数据。风险管理信息系统的数据库中的风险筹资数据提供了收入、费用、现金流量、债务、借贷计划、生产水平、其他资金来源、使用的现行数据及预测数据。

（5）管理数据。如果一个企业的结构是多变的，这种变化可能涉及多个部门、若干附属机构和分散在不同地区的成本中心，数据库应当能反映这种层次结构，并能将风险管理数据分离开来以反映这种多变性。若要以风险管理信息系统分析一个企业的自留损失、保险分摊的损失和保险成本，则数据库还应包括每张保单承保范围的限制、除外责任、保险期限、每年保费、费率、保险人、承保人、经纪人和代理人等信息。同过去保单比较的数据也应在电脑化的风险管理信息系统的数据库中反映出来，这些都能为企业在保险条款和理赔方面提供有价值的信息。

（6）风险控制数据。为了补充数据库中其他部分的数据，风险控制数据应当包括有助于评价企业防损工作质量和估计由此带来效益的信息。对这样的评估，数据库中很可能包括了行业范围内的各种事故发生的频率和严重程度的统计信息以及关于操作安全、产品安全和环境保护方面的信息。为了估计风险控制的财务效益，数据库中应当包括有关员工福利计划、财产成本、汽车维修成本及医疗保健费用的信息。这些成本费用信息可以用来证明防止事故和索赔所带来的效益。

2. 软件。软件由指令组成，通过这些指令可以让计算机完成一定的任务。大部分风险管理信息系统的应用程序都要求具有以下软件：（1）数据库管理软件，用来增加、修改企业数据库的数据；（2）分析软件，执行统计、分析功能；（3）通信软件，在计算机之间或企业之间进行信息传输。当前最常用的软件有：字处理软件（Word、WPS等）、商务软件（Excel、Lotus等）；数据库管理软件及其他一些如工资管理、人事管理软件等专用软件。现在软件运行速度越来越快，功能越来越强，价格当然也越来越贵。在为风险管理信息系统选择软件时，风险管理人员应当考虑软件的以下一些特征：可靠性、易用性、灵活性、集成度、准确性、可扩展度、分析能量、安全性。

3. 硬件。硬件是指电脑化的风险管理信息系统物理设备，即计算机本身。计算机的基本硬件组成部分包括中央处理器（CPU）、输入设备、输出设备。硬件所要求的两个重要特性是可靠性和可扩展性。硬件的选择主要取决于用户的需要，其中型号是一个重要因素。一般来说，风险管理信息系统要求的数据库越大，则要求计算机的功能越强。另外，工作站的数量也是选择计算机时应考虑的，在过去常见的做法是几个人共享一个计算机终端，但现在倾向于每个用户一个终端。

4. 人员。在风险管理信息系统的所有组成部分中，人员是最重要的。这是因为数据是由人来提供和解释；由人来设计、制作、安装和维护有关软硬件；由人来操作风险管理信息系统；由人使用风险管理信息系统的信息来支持其决策。人员同时也是风险管理信息系统中成本最高的一部分，其费用由人员工资及一些附加费用组成。操作一个风险管理信息系统所需的人数取决于系统的大小和需求。有些风险管理信息系统要求有一组专家，包括计算机程序员、分析员、软硬件专家。而有些系统，特别是使用现成软件，并且终端很少的系统，也许只需要一两个系统辅助人员。此外，如果用户懂得一些计算机知识，则对附加人员的需求量将减少。

（三）风险管理信息系统的优点和局限性

尽管一个风险管理信息系统在很多方面是很有用的，但它也有其局限性，在建立一个风险管理信息系统时必须考虑其利弊。

1. 潜在效益。一个理想的风险管理信息系统能比人更好、更快地完成秘书、计算、通信和决策上的工作。因此，风险管理信息系统能提高风险管理的效率，降低成本，改善通信，提高风险管理的可信度和决策质量。

（1）提高效率。风险管理信息系统可以减少纸张上的工作，增加风险管理人员用于决策的时间，从而可以提高其分析能力。

（2）降低成本。高级管理人员会发现通过对风险管理信息系统的投资可以节约大量费用。这种节省来自因手工处理的减少而带来的错误的减少、人员费用的减少等。

（3）改善通信。通过计算机网络和共享的数据库，计算机内的信息很容易被企业内外的许多人所同时取存。而且，计算机在对数据的排序、操纵、合并、概括、传播上具有极快的速度。因此，通过风险管理信息系统对正确合理的信息进行分析，能向高级管理人员提出一些简洁明了的建议。当与企业的多个管理信息系统集成起来时，将有助于风险管理人员参与企业的战略决策。通过管理信息系统，企业各部门之间能迅速交流信息，并能及时收到风险管理部门关于日常活动的有关建议。

（4）提高风险管理的可信度。由计算机产生的文档材料似乎比其他形式的材料更让人相信，人们往往更信赖计算机的输出结果。但计算机的输出结果有时也会出错，这主要是因为程序中的错误或是给计算机提供了不完备、不正确的原始数据。然而，计算机能够鉴别基础数据中的逻辑错误，从而提高风险管理信息的可信度。

（5）高质量的决策信息。因为计算机在企业数据和产生模型上所具有的优势，计算机能从数据中获得大量信息，所以提供了更多、更高质量的决策信息。管理得很好的数据可以产生出用于支持管理决策的高质量的信息统计模型。

2. 潜在的局限性。因为计算机只能按照程序执行，也只能存取已给的数据，因此，任何计算机化的风险管理信息系统的性能都是有限的，每个风险管理信息系统都有其局限性，原因有以下几个方面。

（1）风险管理信息系统只能执行分析，而不能作出决策。计算机化的风险管理信息系统本身没有思维能力和分析能力，只能在已存储的数据的基础上回答问题，它本身不能作决策。

（2）风险管理信息系统不能保证一个企业的事故损失或风险成本有任何减少。计算机化的风险管理信息系统能通过多种方式来减少管理费用，加快企业对灾害事故变化的反应能力，从而可以减少一个企业的总成本。但风险管理信息系统仅是一个管理信息的工具，它本身不能阻止事故的发生或使得事故的严重程度有任何减少。

（3）输出的质量受到输入的质量和所使用软件的限制。当输入计算机的数据是不正确、不完备或过时的，计算机系统的运行是不能产生可靠的信息的。避免"垃圾进，垃圾出"的有效办法是及时地收集正确数据，保持数据的完整，避免对数据的结论作主观臆断。

（4）风险管理信息系统会带来附加的开支。虽然风险管理信息系统提高了一个企业的整个风险管理效率，并减少了风险成本，但风险管理信息系统本身要带来一些附加费用，如硬件、软件的购买费用、人员费用等。

（5）风险管理信息系统最终依赖于人，因此也受人的弱点的影响。在大部分计算机化的风险管理信息系统中，最薄弱的环节是设计和操作风险管理信息系统的人员。

第二节　风险管理信息系统的设计

为挖掘风险管理信息系统的潜在效益，避免其潜在缺陷，需要对风险管理信息系统进行恰当的设计以满足企业的需要。风险管理信息系统的设计需要经历需求分析，确定信息流，可行性研究，购买、租赁和建造的决策四个阶段。

一、需求分析

需求分析的目的在于找出风险管理信息系统的所有可能用户及他们各自的信息需求和企业能满足这些需求的现有资源。在需求分析中需要执行以下四个步骤。

（一）确定用户

潜在的风险管理信息系统的用户不仅应当包括需要使用风险管理信息系统的管理信息的人，而且也应当包括向风险管理信息系统提供数据的人。虽然风险管理信息系统的大部分用户是风险管理部门，但有少部分是其他部门甚至是企业外的人员。风险管理部门以外的人员，有些是向风险管理部门提供数据的，有些是要从风险管理部门获得信息的。在确定用户的过程中，可能用户有以下部门的代表：企业内部有雇员健康安全部、管理信息系统部、风险管理部、法律部、会计部、采购部、高级管理部门领导等。企业外部有保险经纪人、代理人、承保人、风险管理咨询公司、律师事务所、外部索赔管理人员或理算师、行业协会、当地政府官员等。

（二）采样调查

进行调查或访问时，可以根据每个被采访者的情况设计一张调查表，目的在于使采访双方都能达成对以下问题的一些认识和了解：（1）正在收集数据的原因和程序。（2）从现有数据中想要得到的一些附加数据和信息。（3）难以收集和分析或成本较大的数据以及从该数据中可得到的信息。（4）当前收集、分析数据及传播结果信息的程序所存在的问题。

每次访问都应重复强调设计风险管理信息系统的目的在于提高被采访者的工作业绩和实现其工作目标。管理信息系统部门的代表除了作为被采访者外，还应直接参与全部的访问过程。管理信息系统人员对新的风险管理信息系统需满足的标准、所受的限制及企业当前软硬件的情况了解较多。

（三）分析访问结果

分析每个被访问者的观点可以得出关于整个企业的需求、资源和改善信息流，及提高风险管理决策能力的机会的观点。了解当前和将来的信息流对以上分析来说是基础性的工作，因为风险管理信息系统的一个重要目的就在于减少烦琐的手工数据收集和管理程序，并使这些程序计算机化，以提高管理决策的正确性和及时性。

（四）准备报告或建议书

所有以上这些分析都应最终编成一个需求分析的报告书。

二、鉴别信息流（确定信息流）

信息流应当用一张流程图和相应的文字叙述来描述。一张流程图能简洁地表明信息流是如何从一个部门流向另一个部门的。这些流程图及叙述常可以揭示基础数据是如何被收集的，如何被处理以产生所需要的信息的。

三、可行性研究

一个理想的风险管理信息系统所需的资源可能很多，计算风险管理信息系统的成本时需要管理信息系统的人员和风险管理人员的共同努力，将所有的成本项目找出来，并要预测系统生命周期的头三年的费用，然后在考虑货币的时间价值的基础上将成本加总。效益的预测和计算也是如此。这样计算出来的成本和效益值才能给高级财务经理和其他经理以最确切的信息，并由他们评估这一风险管理信息系统在财务上是否可行。

一个理想的风险管理信息系统要求较低的成本和较高的内部收益率，只有这样的风险管理信息系统才能获得高级管理人员的支持。

四、购买、租赁和建造的决策

一旦高级管理人员决定建设风险管理信息系统和配置相应软硬件及人员，接下来就是如何获得软硬件的问题，是购买、租赁还是自己设计。

（一）软件决策

最基本的软件决策是应该从销售商那里直接购买还是自行设计，在作出该项决策时应考虑系统能满足企业需求的最终能力大小，除此之外还应考虑预算限制、为使软件运行需要的时间、与企业内现有软件的相容性。

只有当企业具有足够的管理信息系统方面的专业人员，但企业现有计算机化的数据与市场销售软件不相容，一些特殊的风险管理信息系统需要的软件不能被满足时，企业才会考虑自行设计软件。否则，不应盲目地自行设计风险管理信息系统的软件。

若一个企业选择外购软件，除了考虑价格因素外，更重要的还应考虑：软件的可靠性，软件的适应性，软件供应商提供辅助、培训、服务的能力。

（二）硬件决策

过去，在计算机硬件较为昂贵的时候，大部分企业都选择租赁以避免大量资金流出和技术过时的风险，在目前这一做法仅适用于大型主机。然而随着小型机和微机价格的下跌和性能的提高，大批企业开始购买这些设备。

在一个没有管理信息系统的企业里，作出租赁或购买决策时应考虑以下几个因素：(1) 在设备预计的生命周期内，租赁和购买在现金流量的净现值上的差异；(2) 企业面临的各种损失风险（包括物质上的损失和技术上的过失）；(3) 当企业和计算机技术更新时，购买和租赁在可预见的将来更新其风险管理信息系统或管理信息系统时的灵活性的大小。

（三）人员决策

在为风险管理信息系统配备人员时，一般考虑以下三种情况之一：全部为企业内人员；全部为企业外人员；企业内外人员的联合。

以下是在配备人员时应考虑的基本因素。

1. 足以能操作风险管理信息系统所需的管理信息技术。

2. 对企业和风险管理信息系统需求的了解情况。

3. 在保守风险管理信息系统的秘密方面的可靠性和诚实性。

4. 对一些计划外的风险管理信息需求的反应能力。

5. 人事费用。

软件、硬件和人员选择决策并不是相互孤立的，在很多情况下，它们是紧密联系在一起的。

第三节　风险管理信息系统的实施

风险管理信息系统的实施类似于在风险管理过程中实施一项已选择的控制型风险管理方法或财务型风险管理方法。实施这一概念准确地说是在做某一事项时抛弃以前的老办法而代之以一个新办法。无论是实施风险管理信息系统还是实施控制型风险管理方法或财务型风险管理方法中的一项新技术，成功的风险经理应采用一些有计划的、有组织的、不断监控和反馈的技术以达到以下三个目标：减少初始抵抗，平稳地影响日常事物，对新系统实施后产生的变化作出迅速反应。

尽管大量的实施工作都是由非风险管理人员来完成的，但风险管理人员应当知晓这项工作的进度和结果，确信它能满足已经确定的效果标准和作业标准。因此，风险管理人员应与那些具体操作风险管理信息系统的人多加交流，要写出新的操作说明，并且对有关人员进行必要的培训。有时，对新的风险管理信息方法要通过与老方法并行操作来加以试验。如果这种新方法应用范围很广泛，涉及很多人，则应该采取渐进方式，而不是立即在整个公司范围内实施。如果这种方法失败或延迟的后果将会造成很大的影响，那么风险管理人员应制订出一个应急方案。

一、实施目标

（一）减少初始抵抗

要减少实施一项新风险管理信息系统过程中起初所遇到的各方阻力，风险管理人员应该应用结构化程序来作出一些必要的分析和可行性研究，使风险管理信息系统在实施过程中能让包括一些重要决策人物在内的人员感到这一项风险管理信息系统是"我们的"而不是"你一个人的"。

为了尽可能地避免初始抵抗，风险管理人员应做好以下几件事。

1. 向每个有关的员工解释风险管理信息系统将怎样帮助他实现自己的目标。

2. 对这个过程中每一个人的角色进行定位，使其义务及责任清晰明白。

3. 与风险管理信息系统实施过程中的操作人员保持经常交流。

4. 设计并实施一个培训计划，目的是让每一个人对新的风险管理信息系统和新的程序感到舒适。

5. 为清楚和正确起见，应指令操作人员阅读操作说明并使他们能够提出改进意见。

6. 建立及时"帮助"设施。例如，指派专人去现场设置专用电话，以便于在风险管理信息系统安装过程中出现问题时能够立即得到解决。

（二）平稳地影响日常事物

为了保证时间上的适宜，平稳地影响日常事物，风险管理人员应该对一些基本工作制订一个实施计划和完成这些任务的目标。

为了保证新的风险管理信息系统能达到预期目标，风险经理应对数据和系统操作的正确性加以考虑。因此，需要风险管理人员制订一个可以接受的测试计划和可接受的测试标准。

现在较为流行的测试计划是将一些经过精心挑选的数据在新的风险管理信息系统上测试，看一看此风险管理信息系统在处理过程中是否显示它应该出现错误。一个完全的测试计划应该通过 α 检验和 β 检验。α 检验主要由程序开发人员来完成，β 检验是在具体应用过程中对此系统生命力的检验。它包括单位检验（系统中每一组成部分都要通过 α 检验和 β 检验）和整体检验（整个风险管理信息系统通过 α 检验和 β 检验）。测试者应试图使风险管理信息系统能够完好运转。

（三）对新系统实施后产生的变化作出迅速反应

实施一个新的风险管理信息系统将使一些人的角色、责任和报告关系产生一些变化。它也将导致处理过程的变化，对间接信息使用者来讲，从风险管理信息系统上得到的信息的形式和内容也将发生潜在的变化。风险管理人员应通过采用与减少初始抵抗中一些类似方法来尽可能避免或减少这种不利影响。

风险管理人员必须随时对严重影响风险管理信息系统平稳工作的不利影响作出反应，如经过培训的人员辞职或被提升。但如果替代人员已经过培训并且立即可以工作，那么，这种不利影响将会被缩减到最低限度。

二、克服操作中的问题

当新的风险管理信息系统已经被接受后，操作当中可能因此而出现许多问题。这些问题涉及数据、系统、硬件、软件和相关人员。

（一）数据问题

一个企业的风险管理信息系统在运行当中可能面临三个与数据有关的问题，即数据完整性、数据的所有权和数据不全。

1. 数据完整性。为确保数据完整性，进入风险管理信息系统的数据应包括以下几个方面：

（1）由风险管理人员对大的数据项目的变动（如设置赔款准备金）来加以核实和确定。

（2）限制有权输入数据、修改数据或输出数据的人员数量。

（3）对赔款记录和系统中的其他信息进行定期审计，保证一些错误数据可以被改正或删除。

2. 数据所有权。当一个风险管理信息系统的基本数据来源于许多渠道时，如企业本身、其保险人和代理人、经纪人、保险顾问等，此时将产生谁"拥有"数据这一问题，就是说为了某一特定目标谁可以把数据从系统中剔除，谁应对错误改写和删除承担相应责任。这里要区分程序所有权和利用此程序所获信息所有权。当一个企业试图改换一个保险人或软件供应商或者该企业要被兼并时，这一问题将变得异常复杂。

3. 数据不全。现在许多较为流行的风险管理信息系统都采用系统性模型，从而可以预测期望损失或者画出一个趋势图，但为产生一个令人满意的结果，系统中必须有足够数据。可是，收集数据则意味着付出一定的成本。因此，在设计一个风险管理信息系统时，要求风险管理人员和高级经理人员对收集数据所需成本与由于数据不全而导致错误等所带来的成本进行估算。

（二）系统问题

除了数据和硬件不匹配问题之外，由于系统不能满足企业的需要，一个风险管理信息系统的硬件和软件也可能达不到期望结果。如果风险管理人员或者其他经理人员过分强调小发明，也将出现系统问题。

（三）硬件问题

与风险管理信息系统有关的两个潜在的硬件问题是机器失灵和技术过时。机器失灵可以由有能力的专职人员和技术辅助人员进行维修。技术过时风险产生于当扩展或修改一个风险管理信息系统时，零部件和相关服务无从得到，而不得不增加一个额外硬件。

（四）软件问题

软件也可能由于过时或者不能满足企业改变风险管理信息系统需要而出现问题。我们在前面的章节已经提及，由于企业所处经济环境发生变化，企业原先的风险管理的控制手段和财务手段也会发生相应的变化。因此，风险管理的信息系统也会作调整，如果软件功能比较差就会无法承受企业对系统的调整，这样会使信息系统形同虚设。所以，企业的风险管理人员应及时替换支持风险管理信息系统的软件，使软件适应企业随时调整系统的需要。

（五）人员问题

企业的员工在使用信息系统时必须先进行适当的培训，因此人员的经常变动会给风险管理信息系统带来问题。此外，在使用新的或不常用的软件时，对员工也应进行再培训。所以，一个拥有风险管理信息系统的企业，应该编制用于员工培训的系统操作手册和软件文件。再则，企业可以交叉培训几个雇员使用同一软件，特别是对偶尔做的工作，如每年的风险管理成本分配情况。

三、风险管理信息系统的应用

（一）损失预测

一个风险管理信息系统可用概率分析或回归分析来预测损失频率和损失程度，而且可同时考虑几个概率分布或回归关系。举个例子来说，一个风险管理信息系统中的预测程序采用以下方案将是很有益处的：

1. 在企业过去的活动水平和它的损失频率之间建立一个统计（回归）关系，如工伤赔偿。

2. 为企业以后 3～5 年的工作水平制定一个规划，将这个规划水平应用到回归方程中去预测员工们 3～5 年的受伤频率。

3. 规划这些损失的全部成本，首先规划全部平均损失成本，然后把每笔赔偿价值乘以员工由于受伤或招致其他损失的数量。

4. 计划这个企业由于这些赔偿再支出的年度总现金流量，考虑到每一笔赔偿都要花费几年时间才能解决，一年支付赔款占其成本的小部分。

这些计算可产生事故或赔款的期望成本，实际赔款成本可能或高或低，因此编写风险管理信息系统的程序时应该考虑到计划和实际损失之间的差异，以有利于将来计划得以改进，并提高后续预测的精确度。

（二）检查和选择风险管理技术

风险管理决策过程中有两个步骤需认真考虑：（1）用于解决一个特定损失风险单位的各种控制型或财务型风险管理方法，在规划时要考虑其可能的操作或财务后果。（2）在每一种方法当中或在几种方法结合之时，选择时要考虑其净现金价值流量或决策标准。在这种情况下，在风险管理决策过程中，一个可计算的风险管理信息系统的财务模型通常会被采用，此模型用于分析可以选择的自留额水平和系统安全性。

1. 财务模型。这种模型可以对几种风险管理方案的财务状况进行预测，因此，这个模型的最重要之处在于它可以改进企业的管理方法。在一些给定假设之下，此模型可以定期使企业的财务状况处于安全状态。当管理人员在试图作出重大风险管理决策和选择风险管理技术时，使用这种模型是非常有帮助的。

2. 自留水平的分析。这种财务模型经常用于确定一个企业对某一损失应该自留多少金额或多大比例，目的是使企业能够控制它的全部损失成本而不至于自留过多金额。为达到这一目的，风险管理信息系统程序中应对各种自留额水平和保险限额做出假设，模拟各种损失频率和损失程度大小，计算出全部自留损失和保险费成本。使用计算机可以预测一定时期全部风险财务成本和与这一成本有关的各项支出的幅度，每一支出幅度以其可能发生的概率来表示，以便高级经理人员对各种可能支出结果有一定了解，从而对自留水平作出选择。该风险管理信息系统的财务模型能使决策人员对自己决策的后果有所警觉，并且有利于对此决策作最优化处理。

3. 安全性分析。风险管理信息系统一个最直接和最有价值的用途是分析一个企业的损失和赔款的细节信息，并且把它们分门别类，这可以使负有直接责任的人员采取适当的防损措施。这种分析的基础是对造成事故和索赔的环境、原因、人员和行为进行细节信息处理，把这些信息汇总，采用一个结构化格式输入到风险管理信息系统中去，以便计算机能够根据实际变量（地点、发生时间、天气状况、有关人员等）对数据进行分析，从而找出可用于风险控制的数据模型。

通过风险管理信息系统进行安全性分析时大致有以下几个步骤。

（1）对工伤的原因进行分析以发现最为常见的原因，并对此加以防范。

（2）对事故和伤亡经常发生的地点进行分析，以便风险管理人员对这些地点加强安全措施。

（3）对前期事故发生的频率进行比较，从这些比较中发现变化趋势，并且采取正确措施。

（三）经过选择的技术实施

一旦一个企业已经选择了特定风险控制和风险筹资方案，它就可以通过风险管理信息系统软件来实施保单管理和报告、赔款管理以及常规文件准备等工作。

1. 保单管理和报告。购买保险和取得保险赔款的诸多方面处理可以完全计算机化，把保险责任范围、保费交付、保险人对被保险人的赔款支付的各种记录都储存在系统中，这些基本数据在任何一种风险管理信息系统中都可以获得。现在更为流行的保单管理和报告风险管理信息系统则更进一步，例如对保险人的准备金、赔款支付和某一特定索赔或对保险责任范围的费用调整的数据进行编辑整理。

2. 赔款管理。每个企业在一年、一季度或一周内都有可能遭受一些财产、责任、净收入和人员方面的损失，此种损失由企业本身、保险人或者在一个非保险方式的风险财务转移合同下有义务的一方来承担。赔款管理计划对这些损失的赔款支付和控制方面作出了规定，每一笔赔款或分期付款方式的支付可以长达几年或几十年。对一些财产损失方面的赔款来说，这些赔款支付的时间和金额是相当确定的。而对有些损失来讲，尤其是涉及一个受伤的人能否康复的赔偿，全部医疗费用和收入损失的赔偿是难以预计的，它将使目前赔款准备金难以保持适当金额。只要最终成本较低，对每年可能发生的 10~20 次索赔的处理都可以提高其索赔的速度，这些赔款支付取决于每一索赔案中是否有包含基本数据的赔款管理软件包。如果一笔赔款涉及法律诉讼，计算机化的处理可包括有关各方的法律代表信息、司法管辖权，以及每一诉讼案件最终的法律和财务后果。当风险管理信息系统能明确分辨出这些索赔当中哪些是由企业自留的，哪些是由其他方支付的，系统可以采集和处理各种赔款，以相同信息形式表现，而不管谁是付款人。

3. 准备常规文件。无论是风险控制还是风险筹资活动，一个完善的风险管理计划要求准备一些常规文件，诸如事故报告单、安全检查表格、保险单证和国家及地方安全委员会和环境保护当局要求提供的报表。在风险管理信息系统没有应用之前，这些文件和标准报表都是用手工或打字机制作出来的。计算机能编制所要求的表格，并且可以增加一些必要信息，提高常规文件处理的效率。

（四）　监控执行结果

为了跟踪一个风险管理计划，找出其存在的优缺点，一个风险管理信息系统在这方面有许多用途。其中重要的两个用途是编制管理报告和在企业各部门之间分配风险管理成本。

1. 编制管理报告。评价某一风险管理计划是否达到预期目标，要求把实际效果同预期效果或作业标准加以比较。风险管理信息系统的数据库在这方面是一个非常有用的工具，因为它可以收集实际效果的数据，编制预期效果和作业的标准，在对两者比较时进行必要计算。当经营或经济环境发生变化时，计算机还提供了自动发觉和调整标准的功能。这些信息结果必须向风险管理人员报告，以便于他们对此作出反应。通过对这类信息进行分析处理，一般都可以提高风险管理报告的精确程度。

2. 在企业各部门之间分配风险管理成本。在一个企业的各个部门之间对风险成本进行分配是刺激这些部门的人员采用风险控制技术的一个很重要的工具。这样一个系统的基本特性是：各个部门特定的风险是可以被识别的。在这些部门的预算中加进风险成本使这些经理人员了解风险管理的责任性。在设计和实施成本分配时，风险管理信息系统的支援是不可缺少的，它主要有以下三种优点。

（1）利用风险管理信息系统程序在各部门之间分配成本，并且为经理人员提供一个机会来检查这种假定分配，以此来赢得各部门经理人员对此分配系统的理解和支持。

（2）风险管理信息系统在分配成本时是公正的，因为它是按照固定的计算机程序在各部门之间进行成本分配的。

（3）风险管理信息系统计算和分配成本是相当迅速的，它可以促使某一部门经理对风险控制立即作出反应。

（五）　支持保险科技发展

保险科技是指保险机构在保险业务运营中广泛应用的人工智能、云计算、大数据、区块链等新兴信息技术，这些技术被用来提升保险产品和服务的效率、透明度和客户体验。风险管理信息系统是保险科技发展的基础，为后者的创新和进步提供了关键支撑。保险科技的许多先进功能和应用，都是基于风险管理信息系统所提供的数据、技术和管理方法发展而来的。以下是风险管理信息系统在推动保险科技发展中的几个关键应用领域。

1. 风险数据整合与分析：支持精准保险定价。风险管理信息系统的核心功能是整合并分析来自多种数据源的风险信息。通过风险管理信息系统，保险公司可以将保单信息、理赔记录、客户行为数据等进行系统化的处理和分析。这些数据的准确性和广度为保险科技中的精准保险定价模型提供了基础支持。例如，利用风险管理信息系统，保险公司可以整合历史数据，并结合大数据和机器学习技术，更好地评估个体风险，支持基于行为的保险产品开发。这使得风险管理信息系统成为推动动态定价和个性化保险方案的关键基础设施。

2. 自动化理赔处理：支持智能理赔系统。保险理赔的自动化是保险科技的重要应用领域之一，而风险管理信息系统在其中发挥了关键作用。风险管理信息系统可以管理并存储理赔数据，追踪理赔流程，并确保所有相关信息及时更新。通过与先进的人工智能技术结合，风险管理信息系统为智能理赔系统提供数据支持，使得理赔流程更加高效、透明。例如，当客户提出理赔时，风险管理信息系统能够实时获取相关数据，并自动判断理赔的有效性，大幅缩短理赔时间，并减少人工干预。这种集成化的理赔处理是智能理赔系统的基础。

3. 简化保险合同的管理：支持智能合约执行。在区块链技术推动下，智能合约成为保险科技中的一个重要应用，特别是在保险合同的自动执行和索赔处理方面。风险管理信息系统在这个过程中提供了至关重要的支持，作为智能合约执行所需数据的来源。通过风险管理信息系统，区块链网络能够实时访问保单数据、客户资料、事故记录等，从而触发自动化的合同执行和理赔支付。风险管理信息系统确保所有相关信息的准确性，并且在整个合同执行过程中提供透明且无缝的数据流，减少了纠纷的可能性。

四、风险管理信息系统潜在损失的风险管理

当一个企业以前主要靠风险管理人员人工来完成的任务现在由风险管理信息系统来完成时，就容易使风险管理人员对风险管理信息系统产生依赖性。如果风险管理信息系统本身存取或者它的结果全部或部分被中断，这种依赖性就会给风险管理信息系统本身带来损失风险。举例来说，一个非常好的使用风险管理信息系统的风险管理计划可能由于以下几个因素而失去作用：软件或硬件供应商的消失；企业想要改变自己的软硬件供应商；未经授权人员接近风险管理信息系统数据；计算机病毒；计算机数据毁坏或软硬件本身受到物理损伤。所以，在风险控制过程中也应考虑到上述问题。例如，在选择供应商签订购买合同时应考虑：（1）供应商的财务稳定性；（2）本企业现在和将来使用该供应商的软硬件或其他产品和劳务的程度；（3）签订必要的维修服务合同，使供应商作出必要承诺。为了尽可能避免软件商消失所带来的风险，除注意上述三点外，在建立一个风险管理信息系统时也应考虑：（1）本企业所采用风险管理信息系统的原始计算机程序（源代码）应该由本企业和独立保管人持有；（2）应用较为流行软件的编写程序；（3）风险管理信息系统、操作系统可在大部分硬件上实现；（4）在企业和供应商之间应有日常合作。

此外，计算机病毒也应引起系统用户注意。计算机病毒是恶意加载在其他计算机程序上的一系列计算机指令，在运行时使原程序难以实现自己的目标或遭到损坏。病毒时常隐藏在计算机程序当中，以致使用者觉察不到它们的存在，而病毒在其接触的所有程序当中传播，使得所使用的程序的结构和功能都受到破坏。因此，风险管理信息系统的用户要谨慎地防止未经测试的软件，包括零售摊上任何有问题来源的软件进入企业的计算机系统；在企业的主计算机中安装反病毒程序，以查出那些已经在市场上出现的病毒。特别是在安装新程序之前要对新程序进行测试，并且对企业的全部计算机进行定期测试。

本章重要概念

信息流　信息系统　风险信息系统　α检验　保险科技

思考题

1. 简述信息系统的演变过程。
2. 风险管理信息系统的组成要素有哪些？
3. 简述管理信息系统的数据结构。
4. 风险管理信息系统有哪些优点和局限性？
5. 简述风险管理信息系统的设计步骤。
6. 风险管理信息系统实施过程中要达到哪些目标？
7. 简述风险管理信息系统的适用范围。

第十三章
跨国公司的风险管理

本章知识结构

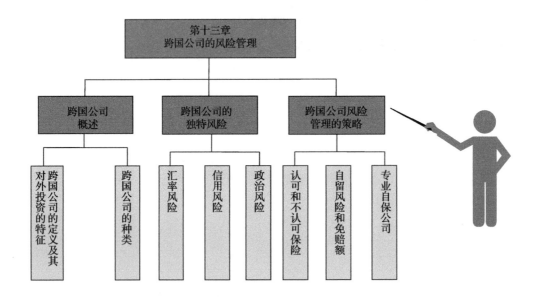

本章学习目标

- 了解跨国公司面临的独特风险，并懂得如何对付这些风险；
- 掌握在使用保险方法进行跨国公司风险管理时怎样采用一些专门策略。

第一节　跨国公司概述

　　跨国公司是一种国际企业组织。在第二次世界大战以后，特别是 20 世纪 60 年代以来，随着主要资本主义国家对外经济扩张，跨国公司得到迅速发展。到 2013 年，全球约有 80 000 家跨国公司，控制了 800 000 家外国子公司，90% 的跨国公司是由发达国家建立的，而 2/3 的子公司设在发展中国家。跨国公司通过对外直接投资和技术转让等多种经营方式，逐渐形成了全球性的经营体系，对国际生产、贸易、金融有着广泛的影响。因此，有必要对跨国公司的风险管理作一番介绍。

一、跨国公司的定义及其对外投资的特征

（一） 跨国公司的定义

对什么样的公司可以被称为跨国公司有着不同的说法：有的以在国外经营的国家数为标准，也有的以在国外设立的分支机构或子公司数为标准，另有的以在国外经营部分所占的比重为标准。20 世纪 80 年代中期以来，又出现了一种所谓全球性公司（Global Corporations），它专指其在国外市场的收益已超过其在国内市场收益的跨国公司。

> 跨国公司（*Multinational Corporations*）主要指一些以本国为基地，通过对外直接投资和技术转让的方式，在其他国家设立分支机构或子公司，从事国际化生产和经营活动的组织。

（二） 跨国公司对外投资的特征

跨国公司的对外投资具有以下几个特征。

1. 跨国公司在外国进行直接投资，即"所有权"投资，而不是间接的债权投资，如对外的证券投资。因此，它必须控制和参与分支机构或子公司的管理活动。跨国公司对外直接投资的目的主要是获取廉价的原材料、劳动力、技术等资源和占有外国市场，以取得比国内更高的利润。

2. 跨国公司的对外投资不是国际贸易，而是国际之间的资金、技术和设备的转移。

3. 跨国公司的对外投资除了面临与国内投资相同的风险以外，还面临独特的汇率、信用和政治风险。

二、跨国公司的种类

（一） 按跨国公司对外直接投资的形式分类

跨国公司的对外直接投资主要有以下三种形式。

1. 设立子公司。子公司是跨国公司拥有或控制的公司。跨国公司可以拥有子公司 100% 的股权，一般认为拥有公司 51% 以上的股权就可将其称为子公司。但是，有些国家的法律规定本国的合资方必须拥有大多数股权，所以跨国公司拥有 51% 以下股权的公司也可以称为子公司。拥有全部股权的子公司是跨国公司的独资企业。跨国公司在子公司中持有的股权比例越高，就越能控制子公司的经营活动。

2. 合资企业。这一般是指跨国公司并非拥有全部股权的企业。在合资企业中，跨国公司可以拥有多数股权，也可以只占有少数股权，合资各方共同享有所有权、共同管理企业。

3. 合作企业。这是一种合伙关系和合同式经营，合作双方在合同中明确双方的权利和义务。它与合资企业的区别是，合作企业中的投资不折成股份，而是按合同中规定的比例来分享收益。

（二） 按跨国公司非股权参与的形式分类

跨国公司非股权参与的形式主要有以下三种。

1. 许可证合同。这种形式属于技术贸易的范畴，又称为许可证贸易，即跨国公司按一定的价格把某种技术转让给东道国。

2. 特许权（专营权）。这是指跨国公司向东道国企业转让提供其产品的权利，受让人须支付转让人特许权的使用费，但转让人要提供培训、技术、设备、广告和促销方面的服务。

3. 管理合同。它分为全面的管理和技术管理两类，其特点是跨国公司不投资只管理，按合同规定分享收益。

（三）按跨国公司的管理模式分类

跨国公司的管理模式主要分为以下三类。

1. 集权式控制模式。这是跨国公司的传统管理模式，母公司掌握子公司的决策权，子公司人员待遇比母公司低，由母公司选派子公司的高级管理人才。

2. 多中心管理模式。子公司掌握决策权，子公司的人员待遇与母公司不发生直接联系，子公司选用人才时以当地人才为主要对象。

3. 以全球为中心的管理模式。集权和分权的管理模式对跨国公司而言都存在缺陷，于是产生了集权和分权相结合的管理模式。母公司根据实际情况授予子公司决策权，子公司人员的待遇要兼顾母公司和其他子公司，子公司选用人才要有全球眼光，不能任人唯亲。

第二节　跨国公司的独特风险

跨国公司对外投资时除了面临与国内投资相同的灾害事故以外，还面临独特的汇率、信用和政治风险。

一、汇率风险

跨国公司在对外投资决策中，除了考虑公司的发展战略以外，还必须考虑汇率风险。浮动汇率使国际经营产生了新的风险因素，但汇率风险不属于纯粹风险。此外，有些国家不实行外汇管制，但其他一些国家对资本流动加以限制。例如，对不同的交易使用不同的汇率，对设备进口给予税收优惠，而对汇向母公司的利润课以重税或加以比例限制。

> **汇率风险即汇率对公司的收入和成本的影响。**

跨国公司对汇率风险的管理是其财务管理中的一个重要方面，因为汇率的变动会影响到公司交易的金额、现金流量、资产、债务和收益。对汇率风险的管理主要包括建立风险评估制度、区分汇率风险的类型、制定风险管理的策略。例如，在跨国公司内部，可以提前或推迟支付或采取外汇远期交易，对不能自由汇兑风险可采用政治风险保险。

二、信用风险

无论是内部之间进行交易，还是与其他公司进行交易，跨国公司都需要取得融资。在进出口信贷方面主要有卖方信贷和买方信贷两大类：卖方信贷是指出口方从当地金融机构取得向进口方提供货物或设备的信贷；买方信贷是指出口方当地金融机构直接向外国进口方提供的信贷。卖方信贷通常是短期信贷，有些是中期的；买方信贷是大额的中期和长期信贷，它主要用于资本货物的购买。卖方信贷是为了便于出口以延期付款或赊销的方式向进口方出口货物或设备，但面临着通货膨胀、贸易保护、信用和政治风险。为了鼓励出口，许多国家实行出口信用保险，如果进口方不能如期偿付货款，由保险公司或政府出口信贷担保机构赔偿出口方损失。对出口方来说，取得出口信用保险或政府担保便于筹资，而且筹资成本也比较低。买方信贷也是为了便于扩大本国出口，同样存在着信用风险，在买方信贷协议中要规定信用保险事项。

三、政治风险

对政治风险尚未有一个公认的定义，但一般是指东道国的政府机构的行为和其他政治因素对跨国公司的经济环境、利润和其他目标发生剧烈的影响。政治风险的发生不局限于经济不发达国家曾经实行的国有化、没收和征用，也发生在经济发达国家。例如，1980 年加拿大实行了新的能源政策，把外国公司在全国能源工业方面的参与率从 75% 降到 50%，这是对本国能源工业的保护和对外国投资者的抵制。

随着全球政治经济格局的不断演变，政治风险的性质和范围也发生了显著变化。如今，影响政府决策的因素不仅包括传统的政治原因，还涉及更加复杂的经济利益和意识形态冲突。除了货币不可兑换和汇兑限制风险外，当前的政治风险还涵盖了中美贸易摩擦、经济民族主义抬头以及全球意识形态的两极分化。中美贸易摩擦成为 21 世纪初期全球政治风险的新焦点，它不仅导致了关税壁垒的提升和供应链的重组，还加剧了全球经济的不确定性，影响了跨国公司的经营战略。此外，网络安全威胁、信息战、科技竞争等新型风险因素也日益凸显，尤其是在涉及国家核心利益的领域，跨国公司可能面临更为严峻的挑战。

传统的政治风险因素如战争、暴动、社会动乱、罢工和恐怖主义行为依然存在，但它们的表现形式更加多样化且难以预测。此外，政府否认合同有效、不公正的监管环境以及货币不可兑换和汇兑限制等问题在某些地区日益加剧，特别是在政治和经济环境动荡的新兴市场。虽然许多国家通过投资双边保护协定和政治风险保险来缓解这些风险，但全球化逆转、经济保护主义的兴起以及大国间日益激烈的地缘政治竞争，使得跨国公司面临的政治风险管理挑战空前严峻。因此，跨国公司在制定和执行国际化战略时，必须具备更高的灵活性和前瞻性，以应对这一复杂多变的全球政治风险环境。

第三节　跨国公司风险管理的策略

风险管理的原理同样适用于跨国公司。但是，对国外子公司的风险管理与国内母公司的风险管理还是有所区别的。跨国公司的风险管理要做到集中化取决于许多条件，诸如是否设有全球事务管理的部门，母公司对其海外子公司的控制程度，子公司所在国与母公司本土在政治、经济、法律、自然、社会环境等方面的差别。如果跨国公司满足以上条件，就可以实行全球性的风险管理计划，但是跨国公司风险管理的集中化程度还是不高的。这首先是因为损失风险存在差异，虽然在国外的子公司面临的风险也分为财产损失风险、净收入损失风险、责任风险和人员损失风险，但其损失频率和损失程度存在差异，有些国家或地区更容易遭受地震、洪水、暴风、暴雨等自然灾害，有些国家对消防安全和保卫工作重视不够，多数国家对责任事故赔偿金额的裁决没有美国那么高，由于死亡、疾病和丧失工作能力造成的收入减少、医疗费用也没有美国那么高，各国的社会保障计划和员工福利计划也存在较大差异。其次，跨国公司的风险管理还要考虑子公司所在国独特的汇率风险、信用风险和政治风险。最后，子公司的风险管理决策有可能是合资方共同制定的。

跨国公司的风险管理除了采用通常识别风险、衡量风险和选择对付风险的方法等以外，在选择保险方法时还有一些专门策略。

一、认可和不认可保险

认可保险是指经东道国政府批准（有营业许可证和执照），在当地经营的保险公司的保险业务。不认可保险则是指未经东道国政府批准，在当地经营的保险公司的保险业务。跨国公司的风险经理在投保时要作出采用认可保险还是不认可保险的决策。

（一）不认可保险的优缺点

英、美等西方国家跨国公司的风险经理一般都倾向于购买不认可保险，他们认为其具有以下优点。

1. 由美国或英国保险人起草，保险合同用英文写成，反映了他们的惯例，无语言障碍。

2. 保险费和赔偿用美元支付，费率有可能较低，保险人的偿付能力不成问题。

3. 保险责任范围较宽，可以使用多种险或"一揽子"保单。

4. 便于实行全球性的风险管理集中化。

然而，采用不认可保险也存在以下缺点。

1. 在不少国家不认可保险是非法的，不遵守当地法律的保险人和被保险人都要受到严厉制裁。

2. 所缴保险费不能享受税前扣除，赔款有可能要缴纳所得税。

3. 在禁止不认可保险的国家里，不认可保险的保险人无法提供理赔服务。

（二）认可保险的优缺点

认可保险的主要优点有以下几个方面。

1. 遵守当地的法律。

2. 所缴保险费可以享受税前扣除，保险费和赔款均以当地货币支付。

3. 保险费比较正确地反映风险水平，损失赔偿处理简便，保险成本自动分摊到各子公司。

对英、美等国跨国公司的风险管理经理来说，认可保险的缺点主要是它不具有不认可保险的那些优点。在实际做法上，大多数跨国公司采用了认可保险和不认可保险相结合的策略。例如，对东道国强制性保险采用认可保险，对认可保险和不认可保险条件上的差异险、超额财产险和超额责任险采用不认可保险，一些国际保险的经纪人通常为跨国公司提供这类中介服务。

二、自留风险和免赔额

如同国内风险管理一样，跨国公司在对付国外风险时也常采用自留风险和免赔额方法，以降低风险管理成本。部分跨国公司在调查了子公司所面临的主要风险之后经常自留某种或数种风险，如地震、洪水、暴乱、经营责任、产品责任风险，或者提高自己财产保险中的免赔额，通常把免赔额定为数十万美元。在保险计划中使用免赔额条款具有消除小额索赔、降低费率和促进防损工作等作用。确定除外责任和免赔额与费率的高低是保险合同洽谈的重要内容之一。

三、专业自保公司

建立专业自保公司是风险管理中自留风险的一种最高组织形式，对于大型的跨国公司来说，有近一半拥有或参加了专业自保公司。与国内风险管理相比较，专业自保公司对跨国公司的风险管理起了更大作用。跨国公司的风险分散于全球范围，它可以借助专业自保公司里的专家制订全球性的风险管理计划。在禁止不认可保险的国家里，专业自保公司可以出面与当地认可保险人谈判跨国公司在当地的子公司的保险计划。通过这种谈判，当地子公司往往会自留较多风险，取得优惠条件，并且造成了子公司参加当地认可保险的印象。有时，专业自保公司会对一些有利可图的风险设法安排当地认可的保险人为出面承保公司，然后再对子公司在当地的认可保险进行全部或部分再保险，因为东道国对国际再保险的限制一般较松。

本章重要概念

跨国公司　全球性公司　许可证合同　特许权　管理合同　出面承保公司

思考题

1. 简述跨国公司对外直接投资的主要形式和管理模式。
2. 跨国公司面临哪些独特风险？如何对付这些风险？
3. 试比较不认可保险和认可保险的优缺点。
4. 跨国公司的风险管理在使用保险方法时会采用哪些专门策略？

第十四章
非传统风险转移和全面
风险管理

本章知识结构

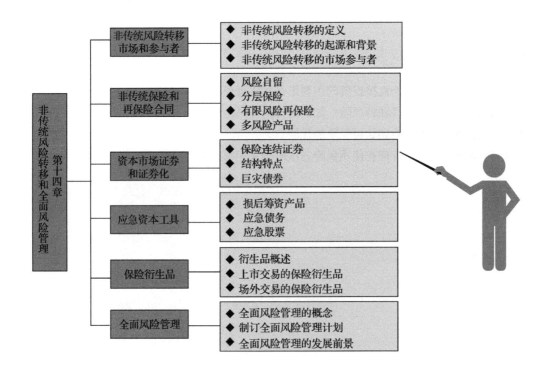

本章学习目标

- 了解非传统风险转移和全面风险管理产生的背景；
- 熟悉各种非传统风险转移方式和产品；
- 重点掌握保险连结证券的共同特点和制订全面风险管理计划的基本步骤。

第一节　非传统风险转移市场和参与者

一、非传统风险转移的定义

为了制订最优的基于非传统风险转移的风险管理计划，经常结合使用多种产品、工具和方案。

1. 产品。包括下列产品：（1）保险与再保险产品；（2）多风险产品；（3）保险连结证券；（4）应急资本工具；（5）保险衍生品。

> *非传统风险转移（Alternative Risk Transfer）是创新的保险市场和资本市场相结合的风险管理方法，它是为实现风险管理目标在保险市场和资本市场之间转移风险的产品、渠道和方案。*

2. 工具。包括下列工具：（1）专业自保公司和风险自留集团；（2）特殊目的再保险人；（3）百慕大互换保险；（4）保险人拥有的资本市场子公司。

3. 方案。在整合的基础上，使用多种工具管理风险的广泛计划就是企业风险管理计划（Enterprise Risk Management Program）。

以上三个部分形成了风险管理的核心。

二、非传统风险转移的起源和背景

一般认为，在20世纪60年代末期和70年代初期越来越多地使用自保基金、风险自留和专业自保公司这些技术和工具，标志着使用非传统风险转移方法的开始。当时，许多大公司的风险经理已建立风险自留和自保公司计划，新的风险转移和风险筹资的技术开始出现。在80年代和90年代，风险筹资产品注重风险和现金流量的时间选择而不是转移，各种有限风险计划（Finite Risk Programs）迅速出现。到了90年代中后期和21世纪，风险管理技术又掀起了新的浪潮，多风险产品、应急资本工具、证券化和保险连结的衍生品不断涌现，这些推进了企业风险管理。非传统风险转移市场的未来在很大程度上取决于风险管理进一步推广使用整体化方法。

如上所述，非传统风险转移的演化经历了几个阶段，促使其成长和不断创新的因素包括市场周期和能力、税收和监管与放松监管等。为了使企业实现价值最大化，管理公司风险比以前任何时候都变得更重要，能提供有效成本的风险管理方案成为公司决策的重要组成部分。事实上，某些市场环境变化似乎在加速这一成长过程，这些变化包括破产、信用市场扩张和新的风险来源。例如，公司破产和20世纪末21世纪初的公司丑闻导致大量责任诉讼案。在有些案件中，投资者要求公司、董事会和高级管理人员赔偿，提供保险的保险人和再保险人也不得不作出赔付。这些情况在将来会更多出现，公司和风险经理需要对董事和高级管理人员的违约、欺诈、环境责任等调整提供保险的机制。又如，石棉沉着病索赔仍然是令美国保险业困惑的一个大问题，巨额的索赔表明保险准备金最终可能短缺500亿美元，有时保险公司不得不采用现收现付制。信用工具（贷款、债券、证券化工具和衍生品）市场的扩张已表明信用风险管理朝着更活跃和动态的方向发展，对非传统风险转移市场和参与者提出了新的要求。新风险来源的出现改变了风险管理的前景，公司正在要求提供一系列新的保险保障，包括那些曾经被公认为不可保的风险，如知识产权、恐怖主义、难以理解的财务指标、复杂的责任诉讼、电子计算机犯罪等，都有待非传统风险转移市场提供解决方案。不能处理新的风险来源的传统保险和再保险提供者可能会失去业务，这些业务会转至那些具有更复杂分析能力和更大风险欲望的其他中介机构手中。因此，非传统风险转移市场在将来会继续变化。

有些非传统风险转移方法在性质上是很全球化的，而另一些则锁定在某些国家或地区。例如，风险自留集团和多触发条件产品（Multi-trigger Products）在美国特别流行，但在欧洲和亚洲却十分罕见。相反，专业自保公司则在全球普及，在多个地方设有专门服务于专业自保的税收优惠的管辖区。保险连结证券也如此，从20世纪90年代末就有全球发行人在各地积极活动。

非传统风险转移产品和方案以量身定做为特征，旨在实现很特殊的风险管理目标，因此，有时定做该产品和方案是一个耗费时日的过程。与其他金融和保险产品不同，非传统风险转移的产品和方案一般不是适用于长期使用的商品，它必须根据每位客户和风险筹资供应方以及地方法规的特定要求而定制。只有取得大量经验后，特定产品和服务才可能较为标准化，由为数众多的中介机构提供给大批终端用户，即使到那时，这些产品仍将保留明显的量身定做的特征。

三、非传统风险转移的市场参与者

1. 保险人和再保险人。他们是非传统风险转移市场的重要参与者。保险人和再保险人设计和销售非传统风险转移产品，通过非传统风险转移的机制管理其自身的风险，把保单持有人基金投资在一系列同非传统风险转移有关的资产上，如巨灾债券、信用风险转移工具，通过非传统风险转移工具提供特定的分保层。在信用风险转移市场上，有些保险人通过财务担保来承保信用风险。一些保险人已建立了资本市场子公司以提供一系列与金融和保险相关的衍生品，进入了传统的银行和证券领域。作为投资者和资产经理的保险人已经招聘了大量从事金融工具分析和交易的专业人才。保险人是信用工具的重要投资者，他们购买资产抵押证券，销售各种抵押债务（证券化的信用集合基金）的信用保障。有些财产保险人和意外保险人销售多种股票指数的长期期权。人寿保险人销售利率指数期权和外汇指数期权，他们也是掉期期权的主要购买者。再保险人也在扩展其业务范围，有些正以综合的金融机构面貌出现。近年来，再保险人收购了不少金融机构，他们在风险和投资管理方面被认为是高手。这些企业从事大范围的传统保险和非传统风险转移业务。例如，他们向保险人提供保证年金的套期保值，也通过其资本市场上的子公司买卖金融衍生品。保险人和再保险人参与非传统风险转移市场，部分是为了使其收入流多元化，这有助于消除收益的剧烈波动。

2. 投资银行、商业银行和综合银行。大多数银行仍从事传统的核心业务，但它们也已进入保险领域，从事与风险有关的保险业务。如同保险人一样，金融机构也在与本身无关的领域寻找机会以使其收入增加和多元化，包括保险和非传统风险转移领域。例如，数个大的投资银行和综合银行已处在同保险有关的资本市场证券业务的第一线，如巨灾债券、应急资本工具。其他一些银行则通过其再保险子公司、专业自保公司、百慕大互换保险，把资本市场风险转移到再保险市场，从事与保险有关的衍生品交易。而且，一些世界上最大的银行拥有保险子公司，为其客户承保某些人寿和年金保险业务，这是其财富管理平台的一部分。除了收入多元化目的之外，金融机构也为了内部风险管理目的积极参与非传统风险转移。事实上，近些年在转移信用风险方面，银行与保险人积极合作，保险人向公司信用风险集合基金提供多种保险，银行则设立抵押债务的交易柜台。值得指出的是，自20世纪90年代中期以来，发生了许多国内和跨国的金融机构并购事件，有些金融机构和保险公司已合并其经营，成为能提供保险、再保险和银行产品的金融联合企业。

3. 公司终端用户。虽然许多行业和地区的公司从传统市场取得风险管理服务，如保险和金融衍生品，但也有一些公司已转向非传统风险转移市场，使用有限风险计划、风险自留技术、专业自保公司、应急资本工具等。一些美国和欧洲的大公司已积极组建了专业自保公司和其他自保组织，有些也使用与保险有关的衍生品和全面风险管理计划。汽车、原材料、石化、交通、航空、食品、医院、媒体、娱乐等大多数行业已利用非传统风险转移方法。大型的全球公司注重风险自留和自保，对一些曾经被认为是不可保的特殊风险提出保险需求，这些公司特别注重企业或全面风险管理方案。然而，许多小企业不参与非传统风险转移市场，仍然使用传统的工具和服务，没有意识到使用非传统风险转移方法可减少其风险管理费用，并使其企业价值最大化。经纪人和中介机构通常把大公司作为优先客户，没有对小企业给予足够的注意。

4. 投资者和资本提供者。投资者在非传统风险转移市场上异常活跃。投资者一般是大的机构，通过提供不同形式的资本获得适当报酬。投资者包括保险人、再保险人、银行、投资基金（共同基金、单位信托）、养老金基金、套期保值基金。保险人和再保险人多年来是活跃的信用投资者，购买贷款和债券。套期保值基金和其他投资基金是信用风险、巨灾风险和气温风险的投资资本的重要供应商。大银行是巨灾债券的主要购买者。投资者也是应急资本工具的购买者。

5. 保险经纪人。有些保险经纪人已在非传统风险转移市场上扮演重要角色，帮助客户分析复杂的风险，制订适当的方案。他们在企业风险管理计划和综合保单方面提供有价值的咨询服务，包括跨越保险的金融领域内的风险保障。

非传统风险转移市场的参与者还包括提供资信评级和精算模型的机构。

第二节　非传统保险和再保险合同

一、风险自留

风险可以通过一些不同的方式自留，包括自保基金、风险自留集团和专业自保公司（这些方式在前面有关章节中已论述）。以下我们讨论部分保险、损失灵敏型合同和有限风险计划等自留风险方式。

（一）部分保险

部分保险是一种风险自留的常用方式，这种保险合同的设计使得被保险人自留较多风险，因而转移较少风险，被保险人从而交付较少保费。通过改变免赔额、保单限额、共同保险比例和保险责任范围与除外责任，可达到部分保险的目的。

1. 免赔额。免赔额越高，自留风险越多。保险人通常不喜欢使用高的免赔额的保单，这是因为其保险定价困难，还损失了减少保费的投资收入。

2. 保单限额。保单限额越低，自留风险越多。与免赔额相同，保单限额也可以以每次事故或累计为基础。

3. 共同保险。共同保险指保险人和被保险人共同分摊损失金额。被保险人分摊的比例越高，自留风险越多。

4. 保险责任范围与除外责任。保单包含的除外责任越多，自留风险也越多。保险人会把一些不可保风险除外，这迫使被保险人自留，并寻找其他方案。被保险人要识别那些愿意自留的风险，并将其列为除外责任。

总之，部分保险是企业自留一定数量和类别风险的有效途径，它是风险自留和风险转移的混合方案。

（二）损失灵敏型合同

损失灵敏型保单有别于常规的固定保费合同，其保费取决于一定时期的损失，要经过一段时期后才能确定保费支出，允许被保险人自留较多风险。在损失灵敏型合同中，通常保险人在确定和收到保费之前赔付全部损失，因而具有较多的风险筹资因素。既然事实上保险人是向被保险人发放一笔贷款，保险人经常要求被保险人提供抵押品，以便减少或消除信用风险。

> 损失灵敏型合同（Loss-Sensitive Contracts）的保费一般取决于损失经验，它包括经验费率保单、高免赔额保单、追溯费率保单和投资信用计划。

1. 经验费率保单。保险人收取的保费直接与被保险人过去的损失经验挂钩，过去的损失大，收取的保费就多。这可以减少道德危险因素和预期将来损失的失误。虽然经验费率保单较之下列其他合同具有较少风险自留和筹资色彩，但由于其将来的保费取决于其过去的损失经验，所以仍把它视做一种损失灵敏型合同。

2. 高免赔额保单。顾名思义，它是以比一般固定保费合同高得多的免赔额为特征，被保险人自留很大金额的风险，因此交付保险人较少的保费。使用这种保单的基本目的是自留风险和风险筹资，而不是转移风险。

3. 追溯费率保单。它要求被保险人交付初始保费，在将来某时根据已发生的损失，补缴保费或者返还保费，也就是通过"追溯"损失经验来调整实际保费支出；另设最高保费上限和最低保费下限。因为追溯保费在损失发生之前不能确定，因而它具有风险自留和风险筹资特征。追溯费率保单分为两种形式：一种是已付赔款追溯保单，当保险人作出实际赔付后才调整保费；另一种是已发生损失追溯保单，根据保险人的估计损失（实际损失加上对将来损失的估计）调整保费。相比之下，已付赔款追溯保单具有较明显的风险筹资性质，它不要求先调整保费，这一性质使得保险人经常要求被保险人提供抵押品。

4. 投资信用计划。根据该种计划，被保险人支付保险人一笔相当于合理免赔额的金额，旨在赔付预期损失，保险人把这些资金存放于一种信托账户，只有当损失发生时才用来赔付。假如信托账户发生赤字，被保险人交付附加保费；假如信托账户出现盈余，则全部返还给被保险人。由于资金存放在信托账户，所以不要求提供抵押品，其投资收益也可以免税。

（三）　有限风险计划

有限风险计划在 20 世纪 80 年代就开始出现，用来填补传统保险市场的空缺。它主要用于自留风险、管理风险和风险筹资，而不是转移风险。有限风险计划有多种形式，最为常见的有追溯有限风险计划和预期有限风险计划。有限风险计划可以是原保险，也可以是再保险，再保险的有限风险计划将在后面的再保险产品部分讨论。

有限风险计划用来管理与损失风险或应计损失率相关的风险，主要作为现金流量的时间选择工具，而不是损失转移工具，因此，它提供的是资产负债表和现金流量的保障，而不是资本保障。有限风险计划注重多年期的损失、投资收入和应计准备金之间的时间选择风险。此外，有限风险计划作为保险合同也符合有关风险转移的某种标准。当传统保险市场不景气时，有限风险计划在经济上具有吸引力。由于它转移较少风险，所以较之全部保险的费率要低得多。

兹举例说明有限风险计划。某家公司决定投保一种 3 年期的有限风险计划，每年交付 2 000 万元保费，其账户余额的利息收益率是 5%，而该公司的所得税税率是 34%。每年 2 000 万元保费是该公司可预见的现金支出。为了使这一计划得到管理，该公司还必须向保险公司交付相当于 10% 的保费的年费。损失由该账户中的资金弥补。在这 3 年内，该账户中的资金短缺 90% 由该公司支付，保险公司支付其余的 10%，保险公司在 3 年期内支付的限额是 3 000 万元。在这 3 年内，实际的损失分别是 1 000 万元、2 000 万元和 5 000 万元。表 14－1 显示了该有限风险计划对该公司现金流量的影响。

既然在第三年末账户已出现将近 2 400 万元的赤字，该公司将要支付 2 131.2 万元以弥补赤字，保险公司支付其余的 236.8 万元。为了继续减少现金流量的剧烈波动，允许该公司在今后的 3 年期内分期支付，这也是建立有限风险计划的基本目标。由此可见，通过使用有限风险计划，该公司现金流量减少了波动。在这 3 年期内，若不考虑年费和税后利息收入的话，该公司不是分别面临 1 000 万元、2 000 万元、5 000 万元的损失，而是每年有一个稳定的 2 000 万元现金支出预算，并再安排延长该计划来消除赤字。

表 14－1　有限风险计划

单位：万元

项目	第一年	第二年	第三年
上年余额	0	860	747
保费存入	2 000	2 000	2 000
年费	-200	-200	-200
期初余额	1 800	2 660	2 547
索赔	-1 000	-2 000	-5 000
税后利息	60	87	85
期末余额	860	747	-2 368

有限风险计划和全部保险是两种截然不同的风险管理方案。首先，全部保险一般是一个 1 年期的合同；而有限风险计划一般是个多年期的合同，这样就提供了跨年度的分散时间风险。其次，全部保险导致风险转移，保险人规定了一个高的赔偿限额；而有限风险计划则主要是风险筹资，保险人规定了一个很低的赔偿限额，转移给保险人的风险是有限的。再次，全部保险由保险人保留全部保费来承担风险，而有限风险计划则由被保险人和保险人分担风险、筹资和分享投资所获得的利润。最后，全部保险的保费很大程度上取决于预期的损失经

验和承保成本，而有限风险计划的保费则主要取决于投资收入。

为了满足会计和监管方面关于保险的要求，有限风险计划必须包含一些风险转移。有限风险计划的毛保费相当高，但它包含了被保险人和保险人之间分享的利润，这表明其净保费相对其他保险是比较低的。从长期来看，有限风险计划较之其他风险转移工具更廉价，因为它与被保险人的损失经验直接挂钩。有限风险计划总的实现成本（净有效保费）最终是实际损失经验的一个函数。如果损失小，被保险人得到保费返还；如果损失大，被保险人则必须增加缴费。在会计核算上，保费和投资收入贷记账户，损失和年费借记账户，净余额由被保险人和保险人在合同期终时按预定比例分享。如果损失经验大于原先的估计，被保险人按事先与保险人的损失分摊协议规定以"保费"形式交付附加资金。由于有限风险合同一般保单限额有限，所以保险人面临的风险也有限。保单限额可以按累计、每次事故或每年等方式规定。此外，大多数有限风险合同规定免赔额，要求被保险人承担第一损失风险。

（四）追溯有限风险保单

追溯有限风险保单是一种管理已存在负债或已发生损失的时间选择风险的有限合同（又称为事后筹资保单）。例如，一家涉及并购的公司可以使用追溯有限风险保单来为已发生但尚未报告的负债筹资，这增加了并购过程的透明度，使评估更为容易。虽然存在多种追溯有限风险保单，我们以下集中讨论其中的三种，它们按相似原则运作，只是在影响风险筹资和转移（时间选择风险和承保风险）方面存在一些差别。

1. 损失未满期责任转移（Loss Portfolio Transfer）。它允许一家公司以全部未满期业务形式分出先前负债中的未索赔损失，分出人向保险人支付一笔费用，即相当于保费和净准备金的现值，用来承保现有未满期业务的责任。可以转移的时间选择风险的程度一般通过总计损失限额和事先规定的除外责任加以限制。因此，损失未满期责任转移把不确定的总的负债转为确定的负债，即等于未实现损失的净现值。分出人可有效地转移比预期更为迅速发生的损失风险。如果实际损失的发生较预期的缓慢，分出人和保险人可以分享现金流量和投资利润。如同保险人的已发生损失，分出人的付费是免税的。因此，损失未满期责任转移消除了过去负债对现金流量的不确定性，因为保险人承担了分出人未预料到的大量理赔风险，它特别适合对付长尾巴风险。事实上，近年来损失未满期责任转移在保险人中很流行，再保险人则积极为保险人管理追溯有限风险保单的未索赔损失的准备金，接手承担了保险人的责任以便其继续承保原保险业务。在追溯有限风险保单中，损失未满期责任转移以较多时间选择风险转移为特征。

2. 逆进展保险（Adverse Development Cover）。它是类似于损失未满期责任转移的一种有限风险合同，把不确定总的损失转变为确定损失的动机相同，但它的范围更广。分出人通过一份逆进展保险设法转移已发生的损失的时间选择（如同损失未满期责任转移），而且也可以包括已发生尚未报告的损失。与损失未满期责任转移不同的是，逆进展保险并不涉及责任和索赔准备金的转移，分出人仅仅支付转移超过已经提存准备金水平以上损失的保费。这意味着对超过准备金以上现存负债的筹资，保险人仅仅对超过该点以上的损失提供补偿。如同损失未满期责任转移，逆进展保险一般被规定限额，但分出人可寻求多层保险。如果把损失未满期责任转移表示为损失在时间上的直线函数，逆进展保险则可视为超过该点的增函数。

由于逆进展保险转移较多的承保风险，其保费一般要比损失未满期责任转移高。其保单期限较长，作为一种追溯超赔保险形式常在巨灾再保险市场上使用。在追溯保单群中，逆进展保险以较多转移承保风险为特征。

3. 追溯的总计损失保险（Retrospective Aggregate Loss Cover）。它类似于损失未满期责任转移，但以一笔固定付款取代为未知负债建立准备金。分出人为现有损失和已发生但尚未报告损失筹资。如同损失未满期责任转移，通过支付相当于准备金价值的一笔保费，把负债分给保险人。然而，分出人必须支付超过一定金额以上的已发生损失，因此自留了一些时间选择风险。如同逆进展保险，追溯的总计损失保险对承保风险提供了一些超赔保障，因此较损失未满期责任转移较多转移了承保风险，但不如逆进展保险转移的那么多。在追溯保单群中，追溯总计损失保险属于同时转移时间选择风险和承保风险。

图14－1显示了上述三种追溯保单承保风险和时间选择风险转移的情况。

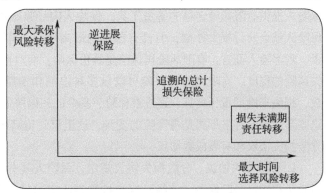

图14－1 追溯保单：时间选择风险和承保风险

（五） 预期有限保单

预期有限保单（Prospective Finit Policy）承保与将来或预期负债相关的时间选择风险，而不是已发生的损失。预期有限保单可以安排为保险或再保险，我们将在后面讨论这两种形式的保险。

二、分层保险

在风险管理中，被保险人为了以最合理的价格取得最优的保险组合，通常采用分层保险（Layered Insurance Coverage）。以最简单的形式在原保险基础上的分层保险要求保险人提供适合其

> 分层保险允许被保险人对不同的风险种类和程度使用不同的保单，它是建立整体化风险管理计划时的一种重要手段。

风险承受、业务组合和专长的损失补偿。一些保险人宁可接受规模较小但容易导致损失的风险。这些保险人喜欢接近损失分布平均数的风险，这可被视为第一损失保险，在被保险人承担了免赔额之后支付第一损失，该损失较易预测和管理。此外，保险人提供第一损失保险的保费收入一般较多。有些保险人则宁可承保较大且不容易导致损失的风险，他们喜欢远离损失分布平均数的风险，即提供超赔保险。处在这种地位的保险人负责第二、第三或更高层数保险。被保险人可以从不同的保险人管理风险专长中获得价格上的好处。

兹举一个简单例子说明分层保险。某家公司自留100万元风险，向A保险公司投保超过免赔额的500万元（保险限额为600万元）。如果发生1 000万元损失，A保险公司赔偿500万元，该公司自己也承担500万元损失。假如该公司并不想自己承担超额损失，而A保险公司也不想承担超过限额的损失。一种替代方案是，A保险公司承保全部风险，把不想承保的

部分在再保险市场分保给有兴趣承保超赔保险的保险人。尽管这对被保险人的经济影响是相同的，但要发生分保佣金和增加税收。假如发生 1 000 万元损失，则超赔保险公司要支付 400 万元赔款。如果发生 1 100 万元损失，则被保险人要承担 200 万元，而两个保险人则照旧支付 500 万元和 400 万元赔款。

三、有限风险再保险

如前面所述，有限风险计划可以在原保险人和再保险人之间安排。有限风险再保险从前被称为财务再保险，现在只有人寿保险还是沿用"财务再保险"名称。它是一种再保险人向保险人提供有限风险转移的筹资工具。保险人向经验账户支付保费，一旦损失超过基金额，保险人就会获得损失补偿，但设有预定的最高限额。有限风险再保险中也具有利润分享因素。对保险人而言，有限风险再保险是廉价保险；而对再保险人来说，它降低了所面临的损失风险的程度。有限风险再保险可以以多种追溯和预期形式取得，包括分散损失、有限成数、损失未满期责任转移、逆进展保险、基金的超赔协议、总计停止损失协议等形式。既然这些形式中的许多形式是再保险的变种，这里仅讨论其中两种预期的有限风险再保险产品：分散损失协议和有限成数协议。

1. 分散损失协议。分散损失协议规定，保险人（分出人）在一个多年合同期的每年向经验账户支付一笔保费，该经验账户按约定比率赔付发生的损失。如果在年末账户出现赤字，保险人通过附加缴费来弥补赤字。如果账户出现盈余，则盈余部分返还保险人。如果分散损失账户在合同期末出现盈余，则由保险人和再保险人按预定比率分享利润。在规定的年度，再保险人以保险人的名义赔付所发生的损失，这表明它是一种预期的而非追溯的有限风险再保险产品。事实上，再保险人在年度限额和总限额下事先赔付损失，因此保险人能在一个较长时期内分散损失。虽然这种方法分散的风险金额相当小，但在美国许多司法管辖区被认定为合格的再保险合同。

2. 有限成数协议。在有限成数协议下，再保险人在保险人发生损失时按一个固定或可变的比率赔付损失和损失理算费用，这表明它也是一种预期的再保险产品。分保佣金和准备金的投资收入一般用来赔偿实际损失，如果不足以弥补损失，则由再保险人填补资金，并在合同期内向保险人收回该差额。在典型的有限成数协议中，不论基本的保险合同是否有限额，再保险人的责任是明显受到限制的。

虽然上述工具中，有些如有限风险计划被单独认为是非传统风险转移产品，但有些工具，如全部保险和部分保险必须与其他产品结合在一起才被认为是非传统风险转移市场的一部分。

四、多风险产品

多风险产品（Multi-Risk Products）是非传统风险转移市场上一种创新的、灵活的并逐渐流行的产品。顾名思义，多风险产品是把多种风险结合到一个合同中，向企业提供一种有效的对付风险的方案。因为多风险产品根据多种损失事件的发生提供损后筹资，因此联合概率的效应使其提供的风险保障较之分别投保各种风险一般来说更为廉价。多风险产品被认为是企业风险管理或全面风险管理的一个组成部分。尽管全面风险管理通常以承保多风险为特征，但多风险产品也把风险转移的特征放入单个合同中。下面我们主要介绍两大类多风险产品。

1. 多种损失原因产品（Multiple-Peril Products）。作为风险合并方案，它把一家企业中所有指定的风险集合到一个具有总计保费、免赔额、保险限额的多年期保单中。因为编制这种综合保险计划投入的时间和精力颇多，所以这种合同的

{ **对多种相关或无关的损失原因提供保险，又称为多险种或"一揽子"产品。**

期限大多数为 3～7 年。多种损失原因合同具有低保费和较少超额保险机会的好处。为了防止出现不足额保险问题，这种综合保单通常包括一种复效条款，允许在保险期满之前已用完保险限额的情况下恢复保险限额。多种损失原因产品出现在保险市场上已有许多年，它包括多险种保单、商业普通责任保单和商业超额损失保单等。试图获得多种损失原因保障的企业通常使用多险种保单（Multi-Line Policy），也称为商业"一揽子"保单。这种"一揽子"保单的责任范围包括商业财产、营业中断、普通责任、设备、内陆运险、汽车等。

2. 多触发条件产品。与多种损失原因产品不同，多触发条件产品只有当多种事件发生（如巨灾事件和财务事件同时发生）时，才会提供补偿。如果只有其中一个事件发生，保险人不向被保险人赔付。

双重触发条件合同要求两个事件同时发生才会赔付，三重触发条件合同则要求三个事件同时发生。既然多触发条件产品要求当第二个或第三个事件也发生时才赔付，其赔付的概率要低于类似的多种损失原因产品，这意味着被保险人获得的保障更廉价。例如，发电厂遭受物质损失的概率是 10%，油价上涨的概率也是 10%，两者同时发生的概率只有 1%。较低的赔付概率意味着那些曾经被认为是不可保的风险变为可保，这对非传统风险转移市场至关重要。事实上，保险人和再保险人都积极承保这类业务。多触发条件产品也是多年期保险合同，并可以每年重新安排触发条件。

虽然触发条件的性质和水准由保险双方进行专门协商，为了避免道德危险因素，触发条件之一一般是根据一个外界标准来确定的。然而，这一外界触发条件必须与被保险人的风险相互关联。事实上，一个触发条件可以是一种财务事件或非保险事件，而另一种则是特定的保险风险。财务触发条件可以是股票指数水平、利息率、经济增长率、气温指数或电力价格，而保险风险触发条件是营业中断损失、财产损失、环境责任等。也可以考虑两个财务触发条件和两个非财务触发条件。然而，在任何情况下，为了使多触发条件产品被认定为保险产品，被保险人必须具有可保利益。

兹举两个简单例子加以说明。

第一个例子：一家制造厂会因高的工伤索赔而受到财务损失（第一个触发条件），其产品价格下跌也使其财务受到影响（第二个触发条件）。如果其中一个事件发生，在财务上是可以承受的，但如果这两个事件同时发生则会威胁到该厂生存，因此宜采用双重触发条件保险合同。

第二个例子：如果一家加工厂的核心业务经营业绩差时会担心其营业中断损失，则可以安排这样的双重触发条件保险合同：当其主要财务指标明显低于行业平均数（第一个触发条件），并且营业中断损失超过一定金额（第二个触发条件）时，由保险人提供补偿。

虽然在理论上对事件的保险责任范围非常广，但实际上这种交易大多发生在能源部门，这些部门常常由于供求关系、气候、能源价格上涨等共同造成大量损失。美国数家大的保险公司建立了专门的能源风险小组研究这类损失不测事件。

第三节　资本市场证券和证券化

当资本市场工具和战略应用于可保风险时，非传统风险转移市场就从该市场独特的广度和深度中获益匪浅。我们可以把资本市场的产品和服务分为资本市场证券和证券化、应急资本工具和保险衍生品三类，本节介绍资本市场证券和证券化的有关内容，应急资本工具和保险衍生品分别在第四节、第五节介绍。

一、保险连结证券

银行从 20 世纪 90 年代中期开始采用证券化技术发行同保险事件有关的债券。这种保险连结证券类似于其他证券化，是为了转移风险和增加承保风险能力而发行的注明保险风险的证券。早期的尝试立足于把同飓风、地震有关的风险证券化。虽然这些仍然是保险连结证券业务的核心，但近年来出现了一些其他风险证券化，包括气温、残值、人寿保险单取得新业务成本、汽车保险、劳工赔偿等。

保险公司或再保险公司发行这类证券，根据指定保险事件造成的损失来偿付利息和本金，投资银行是主要的安排者。如果损失超过预定的限额，保险人或再保险人无须支付投资者利息。如果按照无本金保障方式安排，一部分或所有本金也能推迟支付甚至取消，这样证券发行人就把风险转嫁给资本市场上的投资者。这一机制的重要性在于为保险与资本市场搭桥，使得保险人或再保险人轻易获得投资者的巨额资本供给。这一市场的资金供给方仍主要集中在机构投资者，但近年来，某些相互基金也开始向小的投资者提供保险连结证券。慕尼黑再保险发布的 2023 年自然灾害损失记录报告显示：2023 年全球因自然灾害造成的损失总计约为 2 500 亿美元，并致使超过 74 000 人死亡；全球保险损失约为 950 亿美元，高于近十年平均水平。[①] 大多数保险连结证券的发行者是保险人和再保险人，他们急于使用另一种手段来管理其风险业务。保险连结证券业务显示了稳定增长的趋势。

保险风险证券化使分出公司（通常是保险人）、投资者和中介人均受益。例如，在再保险市场不景气的时候，保险连结证券是一个很有吸引力的再保险替代品，保险人不必再担心再保险人的信用风险。投资者购买这类证券的风险与其他风险资产无关，即飓风或地震这类巨灾风险与债券收益率或股票市场波动这样的金融市场风险无关，意味着实现了资产多样化，即分散了投资者资产组合风险，并有机会获得较高的收益率。在 20 世纪 90 年代后期，大多数这类证券的收益率超过类似资信级别的公司债券，通常以高 3 ~ 4 个百分点的收益定价。中介人则可从安排和销售这类证券中获得服务费和佣金收入。

保险连结证券可以根据指数、补偿和参数触发条件分为巨灾债券和非巨灾风险证券两大类。巨灾债券可以按照飓风、地震和其他低损失频率、高损失程度的自然灾害细分，每种巨灾债券或份额又可以安排单种或多种损失原因。非巨灾风险证券可以按照气温、残值、抵押贷款违约、贸易信用、死亡风险、医疗风险、责任风险等细分。

---

① 数据来源：慕尼黑再保险官方网站（https：//www. munichre. com/en/company/media - relations/media - information - and - corporate - news/media - information/2024/natural - disaster - figures - 2023. html）。

二、结构特点

保险连结证券已出现多年，形成了若干结构特点，证券发行已有一套标准化运作方法。以下从发行工具、触发条件和份额（Trenches）三个方面论述其共同特点。

1. 发行工具。风险的纯粹证券化并不会有助于分出公司满足其法定资本盈余要求，因此一些风险必须向特殊目的再保险人（SPR）分保。这使得风险首先再保险，然后再证券化，以顾及资本缓解。因此，发行保险连结证券一般都通过设立一个特殊目的再保险公司来进行。这个特殊目的再保险人负责与分出公司签订再保险合同，并取得再保险保费。既然向分出公司提供的保障是以再保险合同而不是衍生品的形式，则特殊目的再保险人必须作为注册再保险公司设立。为了使分出的保险人的风险转移，分出的保险人就不能直接拥有特殊目的的再保险人。事实上，为了遵守这一"独立性"要求，慈善基金组织主办了大多数特殊目的再保险公司。除了签订再保险合同，特殊目的再保险人也向投资者发行证券，把再保险保费收入转交给受托人投资（信托基金），并安排必须支付投资者的息票支付掉期。特殊目的再保险人的结构如图 14 – 2 所示。

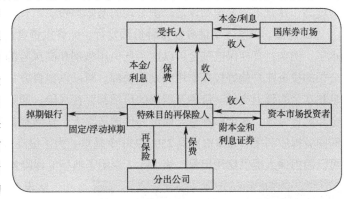

图 14 – 2　特殊目的再保险人作为发行保险连结证券的工具

在有些情况下，另外一个再保险人会介入分出公司与特殊目的的再保险人之间，这意味着该合同成为转分保而不是再保险，由该再保险人转分保给特殊目的的再保险人。

由于保险连结证券在理论上必须被征收双重税收，所以许多特殊目的的再保险人都设在百慕大、开曼群岛这样的离岸金融市场、税收优惠地区，以债务形式而不是股权形式发行证券。债务证券可以直接销售或公开销售。直接销售市场是机构投资者的专业市场，其特点是交易额大，但流动性低，而且证券不必经过资信评级公司评级。

2. 触发条件。每种保险连结证券都有一种决定分出公司可中止利息和本金支付（暂时中止或永久中止）的触发条件。一般而言，一个触发条件可以根据单个或多个事件来确定。触发条件可以采取下列形式之一：（1）补偿触发条件。当保险人的预定业务部分遭受的实际损失达到一定水平时，中止利息和本金支付。（2）指数触发条件。当一个认可的第三方指数（行业损失指数）达到某种界限时，中止利息和本金支付。（3）参数触发条件。当特定的损失参数如地震的震级、飓风的风速达到某一标准时，中止利息和本金支付。

因为补偿触发条件债券的根据是分出保险人业务的实际账面数字，所以会引起道德风险因素。分出公司知道保险连结证券的触发条件（补偿）的根据是实际损失经验，那么其在承保风险或实施损失控制方面就会不那么谨慎。然而，由于完全与损失经验对应，所以分出保险人的基本风险也被消除了。此外，补偿触发条件要求分出公司详细披露有关风险信息，投资者则要详细了解分出公司的经营管理情况。

指数和参数触发条件债券去除了道德危险因素，因为中止利息和本金支付取决于第三方指定的外部事件或标准。这一替换自然增加了分出公司的基本风险，其实际损失不太可能与指数和参数触发条件匹配，分出公司就必须判定一种指数或参数标准是否足以与实际风险相互关联，从而使交易可行。使用指数或参数触发条件的成本较低，因为分出公司承担了较多基本风险，并不要求其公布保险业务的详细情节。事实上投资者对分出公司的特定风险无所谓，他们只需简单审查一下分析方法和指数编制。指数或参数触发条件证券也具有较好的流动性和交易性，因为它们是根据所有投资者都能评估的透明标准来设计的。早期保险连结证券市场的交易多数使用补偿和指数触发条件，只有一小部分是参数触发条件。近年来，该市场转向大部分采用指数交易。这也与投资者偏好一致，许多投资者偏好指数交易是因为其透明度高，并且不需要详细评估分出公司的基本风险。

3. 份额。保险连结证券以多种份额发行，允许投资者选择他们认为最合适的风险和回报水平。例如，套期保值基金可以购买低信用级别和高风险的份额，而投资基金、银行和保险公司的投资账户偏好较高信用级别的份额。可以以组合方式安排份额，以反映不同水平的利息和本金的延迟支付。每种无担保的份额都存在风险，即除非由第三方提供担保，否则无本金和利息保障。本金和利息无保证的份额风险大，其回报自然也高，通常其利率比伦敦银行间同业拆放利率（LIBOR）高 250～750 个基点。为了提高资信级别和扩大销售，有一些份额可以由担保人提供信用担保。表 14-2 说明了典型的保险连结证券中的份额。

表 14-2　保险连结证券中份额		
份　额	风　险	资信级别
A	信用担保： 无利息支付和本金偿还损失	最高
B	利息支付损失	高
C	利息支付损失 本金偿还延迟	中等
D	利息支付损失 本金偿还部分损失	低
E	利息支付损失 本金偿还损失	最低

从表 14-2 中可见，经由保险人或银行信用证提供信用担保的份额 A 可以被评为 AAA 级或 AA 级；具有利息支付损失可能的份额 B 通常被评为 A 级或 BBB 级；具有完全本金利息损失可能的份额 E 则属于 BB 级别的证券。

虽然每个份额规定了最终期限，但实际期限可能在保险事件发生之后被延长，因为索赔可能进展缓慢，因此规定的期限和实际期限可以不同。在实际操作中，分出公司偏好长的损失进展期，因为其允许累积较大的索赔金额，这样有助于减少本金和利息的偿付。反之，投资者偏好较短期限，这样他们可以较早收到并再投资其本金和利息。虽然许多保险连结证券是多份额和多年期的，但仍规定在最终期限之前有可能突破的限额。因此，如果一种 5 年期的日本地震债券有 2.5 亿美元的限额，在第 2 年发生 3 亿美元的损失事件，该债券的有效期仍然至 3 年后的最终期限，损失进展期可以是 6 个月至 1 年。

三、巨灾债券

第一份巨灾债券在 1994 年由汉诺威再保险公司发起，1997 年有 5 只巨灾债券交易完成。截至 2007 年底，共发行了 116 只巨灾债券，已发行但尚未到期的债券总额达到 138 亿美元。到 2013 年底，已发行的巨灾债券有 202 亿美元。根据瑞士再保险发布的数据，截至 2023 年末，巨灾债券市场存量规模增至 431 亿美元。① 巨灾债券仍然是保险连结证券发行市场上的主要形式，而且其保险责任范围在不断扩大。表 14 - 3 列示了巨灾债券的主要巨灾风险类别。

为了便于解释保险连结证券的实际运用，我们举几个巨灾债券的例子。

1. 飓风。飓风造成的破坏是巨大的，保险人通过再保险或诸如巨灾债券一类的替代品来转移风险。1989 年的雨果飓风和 1992 年的安德鲁飓风就造成 220 亿美元损失，致使 15 家财产保险公司破产。20 世纪 90 年代中期，飓风巨灾债券首次出现，以后其每年的新发行量持续增长。大多数飓风巨灾债券承保美国东北部和大西洋地区、墨西哥湾沿海和夏威夷以及日本的飓风。飓风巨灾债券以补偿、参数和指数触发机制安排。以下举一个早期例子予以说明。

表 14 -3	保险连结证券的巨灾风险类别
风险类别	地　　域
地震	加利福尼亚
	美国中西部
	日本
	法国和摩纳哥
飓风	美国东北部和大西洋地区
	美国墨西哥湾
	波多黎各
	夏威夷
	日本
风暴	欧洲
雹暴	欧洲

USAA 公司是一家经营个人业务的财产保险公司，早在 1992 年就开始考虑巨灾债券。安德鲁飓风造成 179 亿美元损失，由于 USAA 公司的风险集中在佛罗里达，致使其本身遭受了 6.2 亿美元损失。USAA 公司在 1994 年进行了飓风债券初步框架研究之后，于 1995 年向 9 家投资银行提出建议，在 1996 年初选择了其中 3 家。经与 AIR 咨询公司合作，USAA 公司评估了方案，并委托美林公司作为中介人。

由于飓风连结债券的理念是创新的，所以其基础工作很复杂。1996 年大部分时间花费在解决债券结构、法律和监管方面的问题，并提请潜在的投资者和资信评级机构关注，解答他们的问题。直到 1997 年初，一切才准备就绪，USAA 公司又增加了 2 家投资银行作为包销辛迪加的成员。

该债券向保险人安排超过 10 亿美元的超额损失保险，最高限额为 5 亿美元，共同保险比例为 80%，这等于是 4 亿美元的再保险保障。建立了一家设在开曼群岛的居住再保险公司作为发行工具，即作为特殊目的再保险人与 USAA 公司签订再保险合同，并向投资者发行三种份额的两类证券：A - 1 类证券被评为 AAA 级，份额为 7 700 万美元本金有保证证券和 8 700 万美元本金无保证证券；A - 2 类证券被评为 BB 级，份额为 3.13 亿美元本金无保证证券。该笔业务是建立在单一发生 3 级、4 级或 5 级飓风的基础上，其最终净损失如 USAA 公司证券所规定的在所列 21 个州发生，由现有、续保和新保单承保。10 亿美元以下的损失由 USAA 公司自留。损失超过 10 亿美元时，则停止向投资者支付利息或本金，先用 A - 1 类债券弥补，不足时再由 A - 2 类债券的利息和本金来弥补，但设有最高限额。因此，该种债券是一种多份额、补偿触发条件的单一事件债券。这笔创新业务

---

① 数据来源：瑞士再保险公司报告（https：//www.swissre.com/dam/jcr：bb189e59 - a15f - 49df - a250 - 07b2c6b2d9bd/2024 - 02 - sr - ILS - market - insights - feb - 2024.pdf）。

使监管当局确认投资者实际购买的是债券，而不是签订再保险合同，监管当局最后同意给予投资者资本市场待遇。3家投资银行组成的包销辛迪加发行了该债券，并实现了销售目标。事实上，定价很具有吸引力，A-1类债券利息率为LIBOR+2.73%，A-2类债券利息率为LIBOR+5.7%，而一般的BB级公司债券的平均利息率仅为LIBOR+2%左右，因而获得大批投资者的青睐，保证了销售取得成功。因此，这一飓风债券发行的成功替其他保险人开辟了途径。USAA公司确信该巨灾债券为风险管理的有效工具，1997—2007年，USAA公司每年都发行一次巨灾债券，成为最大的发行者。图14-3和图14-4总结了A-1类和A-2类证券的情况。

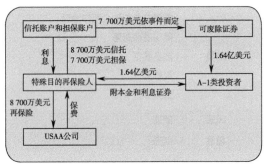
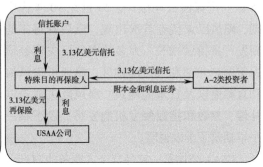

图14-3　A-1类飓风债券　　　　　　　　**图14-4　A-2类飓风债券**

2. 地震。地震同飓风一样，是企业和保险人在管理财产和意外风险时所关心的一个巨灾风险，这意味着地震的保险连结证券也是企业风险管理的一种重要工具。经验表明，地震造成的财务损失是巨大的，一些专家估计一场在美国新马德里发生的里氏8.5级的断层线可导致直接和间接损失1 150亿美元。因此，在一段时间，发行地震的保险连结证券变得相当热门。这些地震债券承保加利福尼亚、美国中西部和日本的地震，以补偿、指数和参数为触发条件。以下就是几个地震债券例子。

（1）瑞士再保险公司SR地震基金：指数触发条件。1997年瑞士再保险公司建立了SR地震基金，它是一种偿付同加利福尼亚地震有关的1.37亿美元的多份额债券，由设在开曼群岛的一家再保险公司发行。这笔交易旨在作为保险人已签订的转分保合同的套期交易，根据一个2年期内（1年损失进展期）因加利福尼亚地震遭受的巨大可保损失，由财产索赔事务所（PCS）指数确定。按照PCS指数反映的损失规模减少份额的本金：损失超过185亿美元，减少33%份额的本金；损失超过210亿美元而不到240亿美元，减少66%份额的本金；损失超过240亿美元，份额的本金全部丧失。第一个份额是40%的本金有保证的，第二个份额是本金无保证的；第三个份额是次投资级别，其100%的本金有风险；第四个份额没有被评级，如果PCS指数损失超过120亿美元，其本金将完全丧失。

（2）东京海上保险公司：参数触发条件。1997年，东京海上保险公司与某再保险公司作为保险人，为东京地区面临的同地震有关的财产和意外风险建立了一种特殊的风险保障机制。具体来说，这两家公司设计了一种与东京地区地震规模和场所有关的多份额参数触发条件证券：划分了该城市周围的内外格网，以规定潜在事件的场所；地震的规模（按日本气象局规定的级别而定）被看做是适当的参数，它会消除道德危险因素，取消损失进展期的需要。根据规定的条件，一场在城市外部格网的 7.4 级的地震将会延迟偿付 44% 的债券本金，在城市内部格网则会延迟偿付 70% 的债券本金。

（3）迪士尼乐园：参数触发条件。东京郊区的迪士尼乐园于 1983 年建成，是迪士尼在海外的第一个主题公园。当该主题公园开始运行时，其所有人和经营人没有设法取得对地震可能造成的财产和意外损失提供保障的保险产品，关心的是地震对其业务的经济影响。到 1999 年，东京迪士尼乐园的所有人和经营人才发现利用保险连结债券市场是一个好的方案，并成为第一个发行地震债券的公司发行人。1999 年 5 月，东京迪士尼乐园在一家投资银行的帮助下发行了 2 亿美元的两个份额参数触发条件债券。第一个份额旨在对东京迪士尼乐园附近地震造成的营业中断带来的经济损失提供保障，第二个份额则为损后重建提供资金。第一个份额金额为 1 亿美元，是由一家特殊目的再保险公司发行的 5 年期浮动利率债券，不论对该主题公园造成的损失金额是多少，依据与地震级别和场所有关的参数来决定赔付金额。第二个份额也是金额为 1 亿美元的 5 年期浮动利率债券，用于提供灾后重建资金。该债券销售非常成功，向东京迪士尼乐园的所有人和经营人提供了其渴望的保障。

（4）墨西哥政府在拉丁美洲地区首次发行地震债券：参数触发条件。2006 年 5 月，墨西哥政府发行的地震债券对易受地震侵袭的科库斯西南和中部地区以及墨西哥城外围地区提供地震风险保障，两个份额的金额分别是 2.9 亿美元与 1.6 亿美元，触发条件为震级和震源深度。两个份额的触发条件分别是 8 级地震、震源距地面 200 千米与 7.5 级地震、震源距地面 150 千米。一旦达到设定的触发条件，不论实际损失是多少，都可以获得约定金额的赔偿，大大缩短了理赔时间。

3. 多种巨灾损失原因保险连结证券和按份额区分损失原因的保险连结证券。在有些情况下，安排保险连结证券来处理多种巨灾损失原因，例如在世界不同地区发生地震和飓风。针对这类多种损失原因，保险连结证券不必进行每种指定损失原因的单独交易，从而给分出公司带来最大的灵活性和效用。虽然这类证券对分出公司具有吸引力，但对一些投资者来说，评估这样复杂的"一揽子"风险却显得困难重重。多种损失原因保险连结证券以补偿、指数或参数触发条件和单个或多个份额方式发行。最早的多种损失原因保险连结证券出现在 1999 年，后来其发行规模逐渐增长。例如，瑞士再保险公司发行了 SR 风灾债券，承保法国的风暴和佛罗里达及波多黎各的飓风。它通过两种单独但又相互连结的证券来承保：如果一个损失原因发生，那么对另一损失原因的限额可以转移到已经发生的损失原因所造成的损失补偿。法国保险人 AGF 发行了一种债券承保欧洲风暴和法国地震这两种事件所造成的损失（以 65% 的成数分保），承保第一种损失事件风暴造成的损失以 35% 的成数分保。2009 年 10 月，墨西哥政府在世界银行协助下成功发行了 2.9 亿美元多种损失原因的巨灾债券，承保风险除地震外还包括飓风，承保期限为 3 年。将飓风中心气压作为触发条件，并调低了地震的触发震级。

多种损失原因保险连结证券有别于承保独特损失原因的多种份额债券。如前所述，在多种损失原因保险连结证券中，投资者购买的是单一证券。在多种份额债券中，投资者购买的是注明一个特定损失原因的证券，即按份额区分损失原因，因此，其风险不混合，投资者无须评估多种损失原因证券的复杂风险。图 14-5 显示了这两种证券在结构上的区别。

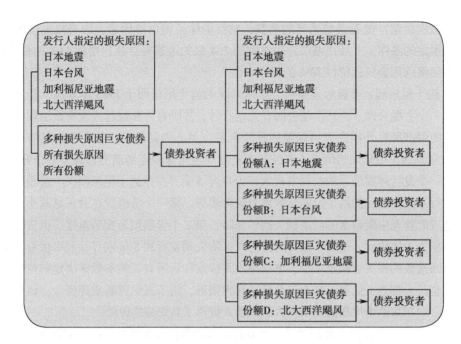

图 14 – 5　多种损失原因证券和按份额区分损失原因证券的比较

第四节　应急资本工具

本节我们将讨论用于损后筹资的产品——应急资本这一工具，它是合同约定的在企业损失事件发生后提供筹资的工具。同其他资本市场产品一样，应急资本工具在保险相关事件发生后通过从资本市场提供者和投资者那里筹措资金，从而把保险市场和金融市场连接起来。与保险连结证券不同，应急资本工具严格地说是筹资工具或证券交易，不具有保险连结证券的那些保险、再保险合同和证券的色彩。虽然应急资本工具在非传统风险转移市场上并不像保险连结证券那么流行，但是制订广泛风险管理计划的企业必须重视其作为损后筹资工具的用途。应急资本工具可以分为应急债务和应急股票两类。

一、损后筹资产品

企业在损失发生后出现的资本不足将会造成财务困难，提供损后补偿是风险管理的一个主要目的。应急资本工具可使一家企业在特定损失事件发生后在一个规定的承诺期内筹措到资本。既然这些工具都是在损失之前安排好的，那么其成本并不反映风险保费。

一般的应急资本工具要求企业识别其在遭受损失情况下所希望筹措到的资本金额、确定会造成该损失的事件，以及其为筹措资本将发行的证券的特定形式。倘若损失事件发生，资本提供者以预定价格取得该企业发行的证券来提供资金。作为回报，该企业支付给资本提供者定期的不可退还的承诺费（不论证券是否已发行都要支付），并加上一笔包销费（只有当证券发行时才支付）。虽然提供资金的法律承诺取决于资本提供者，但实际上资本提供者肯定会把证券分销给一批机构投资者。不过，如果资本提供者不能把证券销售给机构投资者，资本提供者仍必须向该企业提供资金。期权（Option）是在将来的某个时点以某种约定价格买卖某种资产的权利。我们也能以期权这个术语来表达这一过程，企业从资本提供者那里购买了一个出售期权，该结算价格和名义上的规模等于发行价格和在执行时取得的收益。在执行时，该企业行使其向资本提供者销售证券的权利，以取得资本收入。当然，执行期权取决于指定损失事件的发生，它不能任意执行或期满执行。企业支付的承诺费可以视为期权买方向期权卖方支付的期权费。

应急资本产品是基于一定损失水平形成的触发条件。为了使企业风险与特定损失事件相匹配，或者使其基于广泛使用的市场指数，触发条件应定制。当触发条件为补偿时，企业可减少其基本风险，但会增加道德危险因素，一般在取得应急资本筹资时会有较高的成本。如果触发条件是参数或指数的，道德危险因素和相关成本减少，但基本风险增加。有关该证券的条件由企业与资本提供者事先协商，其条件差异很大。该证券可以作为普通股、优先股或债券发行。如果是股票，必须考虑股权收益减损问题。如果是优先股或债券，有关财务杠杆作用、优先原则、期限、息票或红利、赎回权、分红处理等问题必须解决。最具灵活性的交易允许在证券中包含任何种类的期权结构，包括期限延长、筹资延长、转换等。

诸如应急资本这样的损后筹资产品可以与传统保险或财务套期保值连接起来使用。既然应急资本主要适用于低损失频率的灾害事件，而不是高损失频率和低损失程度的保险损失事件，那就意味着它可以补充而不是替换其他形式的风险转移和筹资方法，即企业可以使用保险单承保接近平均数的风险，把应急资本工具用来补偿较高层数的风险。应急资本产品也使企业具有了管理不能通过其他手段解决的风险的能力。实际上许多行业的企业可以使用这种方法。例如，一家银行可以安排一种应急资本工具，以未预料到的大额信用损失为触发条件，一旦触发事件发生，就可使用注入的资金来补充资本和准备金。又如，保险人或再保险人可以使用应急资本工具在巨灾损失事件中提供额外筹资，这可以作为任何其他保险连结证券或超额损失保险的补充。再如，如果一家企业担心发生经济衰退会引起生产和销售大幅度下降，它就可以安排一种应急资本方案，允许该企业到时以现在决定的利率借入资金，该企业将不会面临经济衰退发生时的较高借款成本。在这一例子中，触发条件基于宏观经济指数，如国内生产总值。

最后需说明的是，应急资本工具并不是保险，而是对资产负债表和现金流量的一种安排，在结构上与各种有限风险计划有些相似，所以它并不提供收益保障。而且，应急资本工具依赖于资本提供者提供资金的能力，因此企业要承担资本提供者的信用风险。信用风险问题是应急资本工具的核心问题，需要企业风险管理部门加以注意。

二、应急债务

1. 承诺资本约定（Committed Capital Facilities）。在典型的承诺资本约定中，企业制订一个筹资计划，规定触发事件发生时发行特定的债券，内容包括优先权、期限、偿还明细表和息票。作为资本提

> *承诺资本约定是应急资本工具中最普通的形式之一，其在损失发生之前安排提供资本方案，当两个触发事件发生时才取得资本。*

供者的保险人和再保险人在触发事件发生时以取得该企业所发行的债券来提供资金。第一个触发条件是隐含的，除非该期权具有价值，否则不会执行。事实上，只有当一次损失发生而

且该企业不能从其他来源获得更廉价的筹资时，该期权才具有价值。第二个触发条件一般与企业所面临的风险有关，但这个特定的触发事件是该企业不可能控制的，以便消除道德危险因素。

如同其他的应急资本工具，承诺资本约定一般有一个固定的期限日期，其目的是作为一种筹资形式，而不是风险转移。承诺资本约定的价格大致等同于期权费和附加费用，如果该期权没有执行，一部分期权费就要返还。承诺资本约定包含一些用来保障双方权益的一些惯例，包括重大逆变化条款、控制权变化、财务实力和比率等，其目的是确保在执行这个约定时，提供资金的保险人和再保险人的地位不次于其他银行放款人。在更复杂的安排中，签订应急期权的保险人和再保险人可以让一家银行或银团提供资金，这会减轻保险人和再保险人的筹资负担，让更适合的金融机构分担。然后，由银行选择持有这项筹资工具或者销售给机构投资者。

兹举一个例子加以说明。一家银行为了对其在贷款业务中因低损失频率、高损失程度的信用损失造成的准备金水平下降提供保障，便请一个保险人安排承诺资本约定。根据这个约定，如果该银行贷款业务遭受异常的信用损失，就通过发行至多7.5亿美元的优先股（性质上属于债券而不是股票）来获得额外资金。这一做法使得该银行可补充其所需的准备金，而不必持有较多的准备金，使其资产负债表管理更为有效。因为该银行的信贷业务是很分散的，所以选用跨行业和跨国信用的外部贷款指数作为参考触发条件，这有助于消除发生道德危险因素的可能性。

2. 应急盈余票据（Contingent Surplus Notes）。在典型的应急盈余票据中，保险人与一家金融中介机构签订建立一个投资信托的合同，通过发行支付增额收益的信托票据由外部投资者提供资本。该信

> *应急盈余票据是另一种形式的应急债务筹资，常由保险公司和再保险公司发行，对其业务中的异常损失提供保障。*

托把收入投资在高级别的债券上。如果保险人发生了预定的损失事件，就向该信托发行应急盈余票据。该信托把高级别债券变现，把现金交给保险人。作为提供最初承诺和应急资本的回报，投资者取得高于类似级别公司债券的总括收益。保险人事先以一个合理价格获得损后筹资承诺，保险人支付给该信托的承诺费可视为期权费。图14-6显示了应急盈余票据的结构。

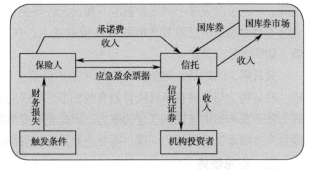

图14-6 应急盈余票据结构

兹举一个例子加以说明。一家保险公司安排一种金额为5亿美元、为期5年的应急盈余票据，在以后两年里，当其财产和意外险业务损失超过5亿美元时发行。承办的银行物色了数个机构投资者，事先筹资了一个金额为5亿美元的信托，作为回报，该信托取得等于承诺费加上5年国库券收益的总括收益。这5亿美元的事先筹资收入被用来购买国库券，投资者收到具有增额息票的信托票据。假定1年后损失超过5亿美元，触发条件

发生，保险公司便向该信托发行金额为5亿美元、为期5年的应急盈余票据，该信托就将其持有的国库券变现，用此笔收入来获得应急盈余票据。该信托现在持有保险公司的应急盈余票据，保险公司将收到的5亿美元现金用来改善其财务状况，机构投资者继续获得所发行信托票据的增额收益。

3. 应急贷款（Contingency Loan）。应急贷款是承诺资本约定的一个变种。它是银行的一种信贷业务，在损失发生之前安排，一旦损失事件发生就发放贷款。与传统的信贷业务不同，应急贷款只有当规定的损失事件发生时，才可以用来弥补损失。既然发放此种贷款的概率很小，企业支付银行的费用也较传统的信贷业务要少，而且可以取得大的借款金额。如同承诺资本约定，应急贷款也事先规定了最高金额、固定利率或浮动利率、期限、偿还明细表、触发条件等条款。

兹举一个例子加以说明。一家美国的汽车制造厂家想安排一笔应急贷款，以便在经济增长下降时期可以使用。经过仔细研究，该企业了解到其收入水平对经济增长率下降非常灵敏，它会导致收入损失、筹资成本增加。于是该汽车制造厂家与银行商谈了在经济增长率下降至某一水平时发放5亿美元的多年期应急贷款，并用经济平均增长率这个外部指数作为触发条件。

三、应急股票

并非所有应急资本工具都是用举债来筹资的。在有些情况下，一家企业可以以普通股或优先股形式筹资。这样可以使企业的损后筹资不增加其债务负担，对财务杠杆比率不会发生消极影响。然而，新的股票发行会导致股权收益减少，而且股权资本筹资较之债务资本筹资费用开支更大。以下介绍一种应急股票——损失股票出售期权。

典型的损失股票出售期权的机制类似于前述的承诺资本约定，但它是股票而不是债务。一家企业向一个中介机构购买股票出售期权，在合同期内，当一个特定的损失触发条件发生时，该中介机构授权该企业出售一定金额的股票，通常采用直接销售方式。作为回报，该企业支付中介机构期权费。股票出售期权的条件（发行股票数额和结算价格）是确定的，这种损后筹资也是在损失发生之前安排和作出承诺的。当执行期权时，该企业向该中介机构发行新的股票，并支付包销费，取得约定的收入。为了避免新普通股发行引起的股权收益减少，经常采取发行优先股的形式。如果采用可转换的优先股形式发行，企业可以在转换日期之前回购，以避免股权收益减少的损失。

> 损失股票出售期权（Loss Equity Put）有时被称为巨灾股票出售期权，是指在预定的触发条件发生时发行新的股票。

损失股票出售期权的条款和条件包括执行事件、股票形式、执行时发行股票的最低金额、合同期限、发行股票最长时间的规定、结算价格和特别保证事项。这些保证事项包括执行时最低资本净值或法定资本、控制权变化、最低财务比率等。为了减少道德风险因素，损失股票出售期权通常规定两个触发条件。第一个触发条件是企业股票价格，它必须低于结算价格。第二个触发条件是特定的损失事件发生。事实上，这两个触发条件是相互关联的，如果企业遭受巨大损失，其股票价格势必会跌破结算价格。因此，损失股票出售期权是以指数或参数为触发条件。

除了以预定价格获得损后筹资这个明显好处外，损失股票出售期权至少还有其他两个优点：（1）债务筹资通常有一项重大逆变化条款，在市场或分出公司出现混乱的情况下可禁止或限制筹资。除了保持最低资本净值外，损失股票出售期权没有这类限制，这意味着企业在需要时获得资金具有确定性。（2）损失股票出售期权的成本较之标准的再保险合同更低。期权的购买者仍然必须具有相当财务实力才能获得筹资，而标准的再保险合同并非如此，即使分出公司破产，再保险人仍必须履行其分保义务。如果期权购买者的最低资本净值低于一个预定界限，就不能执行该期权。图 14 - 7 显示了损失股票出售期权在触发条件发生前后的流程。如同前述债务筹资工具，该中介机构在该期权执行时最终负责取得新发行的股票并支付款项。在实际操作中，该中介机构可转售给机构投资者。

兹举一个例子加以说明。一家保险公司的股票目前以每股 32 美元交易。该保险公司担心其巨灾业务的风险集中，想在下一个承保年度全部损

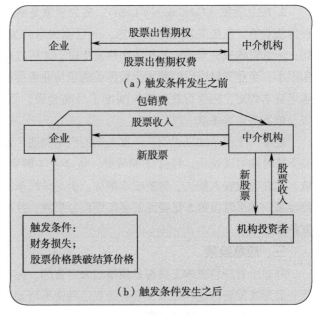

图 14 - 7　损失股票出售期权结构

失超过 5 亿美元的情况下得到保障。其目前的资本净值是 15 亿美元。该保险公司向一家再保险公司购买了一份 5 亿美元的损失股票出售期权，结算价格是每股 30 美元，共 1 660 万股，期限是 12 个月，补偿触发条件是损失超过 5 亿美元。为了执行该期权，该保险公司必须至少保持法定资本净值 8.5 亿美元。以下分两种情况进行说明。

1. 在下一年度，该保险公司的巨灾风险业务情况良好。虽然遭受了 7 500 万美元的损失，但其赔款准备金完全可以应付，无须发行新的股票，而且其股票价格正以每股 36 美元交易。因此，该损失股票出售期权逾期作废。

2. 一场恶劣的飓风使该保险公司遭受 6 亿美元损失，这一消息促使其股票价格跌至每股 20 美元。然后，该保险公司向再保险公司执行其损失股票出售期权，以结算价格每股 30 美元发行 1 660 万股的股票，取得 5 亿美元总收入。这样，资本的增加有助于稳定其财务状况，其股票价格最终回升。

第五节　保险衍生品

衍生品是非传统风险转移市场上使用的第三种主要金融工具。既然衍生品允许使用者转移特定风险，自然就适合非传统风险转移市场使用。衍生品市场出现已有许多年，一些交易

所交易的衍生品已有数百年历史，但其进入主流金融市场却是在20世纪70年代通货膨胀时期。场外交易的衍生品市场是近期产生的，在80年代才开始发展起来。由于场外交易的衍生品具有灵活性，因此它在金融工具中承担了主要角色。鉴于衍生品的范围很广泛，本节中讨论的是管理与保险有关风险的衍生品种类。

一、衍生品概述

衍生品转让一种可供选择的权益，因此它可以为从事套期保值或投机的机构所使用。这一点使它有别于保险合同，保险合同是以可保利益为基础的，不能用来产生投资利润。因此，场外交易的巨灾期权不是保险合同，期权购买者要得到经济利益，并不必证明其遭受损失，而提供同样保障的超额损失保险购买者要得到赔偿却要证明其具有可保利益并遭受损失。虽然衍生品可用于投资，但许多企业用它来规避风险，使之成为一种重要的损失筹资工具。因为衍生品不是补偿合同，因此企业一般要承担一些基本风险。一些金融风险如汇率风险、利率风险能通过衍生品精确匹配，但与保险相关风险的衍生品却不能做到。由于衍生品使企业承担较多风险，所以道德风险因素明显减少，这使它成为一种廉价的风险管理工具。

衍生品作为非传统风险转移工具具有以下优点：（1）一些衍生品合同具有相当大的流动性，因此是一种成本合理的风险处理方案。（2）通过上市交易安排可消除信用风险。（3）通过场外交易安排可使产品定制，并具有灵活性。（4）无须提供可保利益和损失证据。（5）延迟支付的可能性最小，无损失进展期和理算过程。（6）合同支付一般不设限额。

衍生品也存在以下一些缺点：（1）上市交易的衍生品所承保的风险是相当有限的，尤其对非金融资产类别。（2）企业承担较大的基本风险，因此风险规避功能欠缺。（3）场外交易的衍生品的信用风险较大，类似于保险和再保险市场的产品。（4）对某些特殊风险，价差大，而且流动性不足。（5）双务合同（掉期或互换和期货）使企业面临减少接受支付的可能。

衍生品的种类有上市交易的期货、期权、期货期权和场外交易的期货、掉期或互换、期权。表14-4列出了上市交易与场外交易衍生品之间的主要区别。

表14-4 上市交易与场外交易衍生品之间的主要区别		
项　目	上市交易	场外交易
条款	标准化	定制
交易平台	中央交易所（现场或电子）	场外交易（电话或电子）
价格透明度	好	差或一般
流动性	强	有限或一般
信用风险	忽略不计	除非有担保，否则较为明显
保证金	要求有	除非协商，否则无
结算	售完	一般持有到期满
监管	全面	部分到全面

二、上市交易的保险衍生品

上市交易的衍生品均使用标准合同条款，使所有参加者以相同工具交易，从而具有较大流动性，紧缩出价与报价的价差。与最具流动性参考的短期和长期利率、汇率、股票指数、黄金等商品的重要金融指数的上市交易衍生品相比较，与保险有关风险的上市交易衍生品的数量仍很少，且交易不活跃。但这类衍生品在前些年已出现，大部分是有关财产和意外巨灾风险与非巨灾的气温风险。

1. 上市交易的巨灾保险衍生品。上市交易的巨灾保险衍生品是参考多种巨灾指数在交易所里交易的期货和期权。引入巨灾风险合同的最早尝试可追溯到 1992 年，当时芝加哥交易所开发了根据保险事务所（ISO）的指数编制的指数期货。1993 年中期，该交易所又做了一次尝试。但这两次努力都没有取得成功。1995 年，芝加哥交易所根据更为透明并公认的财产索赔事务所（PCS）的指数推出了现金结算的期权合同。此后，该工具因不能吸引足够多的参与者于 2000 年停止交易。

上市交易的巨灾期权是基于巨灾指数的标准化合约，该指数反映一大批保险公司或整个财产和意外保险业的巨灾损失经验数据。如果巨灾引起期权所使用的指数升高到期权合约中指定的触发条件之上，期权的买方将按合约在结算日获得卖方的现金支付。保险公司购买这种期权后，就可以在遭受巨灾损失时从卖方获得现金来应付巨灾损失所引起的大量索赔。投资者出售期权的动机是，如果特定的巨灾损失没有发生，那么就可坐享期权费。

第一份上市交易的巨灾期权是 1995 年 9 月在芝加哥交易所交易的根据财产索赔事务所编制的巨灾损失指数进行交易的巨灾期权合约，它包括 4 个季度合约和 1 个年度合约，分别对各个季度和全年的巨灾损失提供保障。作为美国保险事务所的下属，财产索赔事务所自 1949 年以来一直估计巨灾财产损失。

财产索赔事务所指数反映某指定时期出现的保险业巨灾损失估计值。财产索赔事务所指数值为当前巨灾损失估计值除以 1 亿美元并保留一位小数后的值。例如，估计总的巨灾损失为 34.791 亿美元，那么指数值为 34.8。期权费以点为单位报价，每一点等于 200 美元现金值。财产索赔事务所向芝加哥交易所提供 9 种损失指数：1 个美国的全国指数；5 个地区指数，包括美国东部、东北部、东南部、中西部和西部；还有 3 个州（加利福尼亚、佛罗里达和得克萨斯）指数。根据财产索赔事务所的定义，巨灾事件是指引起超过 2 500 万美元的保险财产损失以及影响到相当多保单持有人的事件。

该巨灾期权有大小合约之区分：承保 200 亿～500 亿美元风险的大额巨灾期权和承保 200 亿美元风险以下的小额巨灾期权。该合约规定了两个或四个季度的损失进展期。损失进展期是指损失期结束到较为准确的财产索赔事务所指数编制出来的这一段时期。合约在损失进展期期满时用现金结算。结算只能在期末进行，表明该期权的执行方式是欧式的。

兹举一个简单例子加以说明。投资者以执行价格 100 美元出售一份一年巨灾期权合约给保险公司，期权费为 20 美元。如果这一年没有发生巨灾损失，在年度末损失指数值为零，则保险公司将不执行期权，投资者赚取 20 美元。如果到年度末损失指数达到 300 美元，则保险公司以 100 美元执行价格执行这一期权，投资者将损失 180 美元。

为了控制风险，通常不进行单一的期权买卖，而是买卖差价期权。大多数交易为看涨差价期权，它是指在以一个执行价格买进一份期权的同时以一个更高执行价格卖出另一份期权。投资者出售差价期权的最大损失被限制在这两个执行价格之间的差价上，当然还要扣除出售差价期权的收益。

假设投资者出售一份看涨差价期权给保险公司，其执行价格分别是 100 美元和 200 美元，期权费是 10 美元，这意味着保险公司以 10 美元购买了 100～200 美元的保险。该笔交易过程是：投资者以 20 美元期权费出售给保险公司一份执行价格为 100 美元的期权，同时保险公司以 10 美元期权费出售给投资者一份执行价格为 200 美元的期权。如果损失指数值为零，这两份期权都不执行，投资者赚取 10 美元。如果损失指数值为 300 美元，则投资者执行期权，花 200 美元购买期权，保险公司也执行期权，花 100 美元购买期权。这两份期权同时执行的结果是投资者损失 100 美元，扣除期权费的差价，投资者损失 90 美元。这也是这份差价期权可能给投资者造成的最大损失。如果损失指数值为 150 美元，则保险公司执行期权而投资者不执行，投资者将支付给保险公司 50 美元，最终损失是 40 美元。

2. 上市交易的气温衍生品。虽然上市交易的巨灾衍生品没有取得突破，但上市交易的气温衍生品都在继续成长，目前 82% 以上的天气衍生品与气温相关，不断出现新的合同。上市交易的气温衍生品是参考特定城市气温指数的上市期货和期权。

芝加哥商品交易所在 1999 年推出了美国 10 个城市气温指数的现金结算的期货和期货期权。该种合同由该交易所电子平台交易。气温指数的根据是标准的供热度日（Heating Degree Day）和制冷度日（Cooling Degree Day）的度量标准。供热度日反映供暖用量，气候越冷，供暖量越多，供热度日越高。反之，制冷度日反映制冷用量，气候越暖，制冷量越多，制冷度日越高。供热度日是基数（一般是 65℉ 或 18℃）减平均每日气温，而制冷度日是平均每日气温减基数。基数 65℉ 是舒适的温度，低于此温度需要取暖，高于此温度则要制冷。平均每日气温是日最高气温和日最低气温的平均数。

$$每日供热度日 = 基数 - \frac{最高气温 + 最低气温}{2}$$

$$每日制冷度日 = \frac{最高气温 + 最低气温}{2} - 基数$$

因此，假设最高气温为 30℉、最低气温为 25℉，则每日供热度日为 37.5℉。为了计算合同价值，把合同期内每日供热度日或制冷度日累计，再乘以 100 美元。例如，假设每日供热度日分别是 30℉、40℉、40℉、45℉，则得出的合同价值为 15 500 美元。

兹举一个例子加以说明。一家在冬季向居民提供煤气的地方分销公司希望出现寒冬，因为煤气的需求会增加，煤气价格会上升，出现暖冬则意味着需求减少、价格下降、收入减少。因此，该公司需要对其收入减少风险提供保障，这可以通过出售供热度日期货或者购买供热度日期货出售期权来实现。在这两种情况下，作为参考所选择的城市必须与该煤气分销公司营业地区的气候非常接近，否则会引起很大的风险。虽然出售期货合同并不要求支付初始的期货费，但它使该公司面临一个双向支付的处境，如果气温下降，供热度日升高，该公司在期货合同中会遭受损失，但它在核心业务中会获得收益，两者相互抵消。购买期货出售期权要支付初始的期权费，但该公司不会面临双向支付的处境。因此，如果供热度日升高到超过结算价，该出售期权逾期作废，损失的仅是已支付的期权费，但期权费是一种初始费用。

该煤气分销公司计量自己的风险后，决定把上下波动的 100 供热度日转换为上下波动的 100 万美元收入。假定该公司按 5 000 供热度日指数（期权执行点）出售期货合同。如果在该季度天气很冷，供热度日上升至 5 300，意味着该公司在其期货头寸中损失 300 万美元，但由于供暖需求增加而使其收入增加 300 万美元。如果是暖冬，供热度日只有 4 700，使其核心业务收入损失 300 万美元，但可从期货头寸中赚回 300 万美元。图 14-8 总结了该期货交易情况。

2007 年，安信农业保险公司推出了我国首个天气指数保险，即西瓜天气指数保险，提供强降雨与连阴雨的保险保障。以后天气指数保险在农业领域应用较为广泛。2012 年 8 月，瑞士再保险公司与鼎和财产保险公司合作，为广东梅雁水电股份有限公司提供我国国内首例降水发电指数保险方案，这也是我国国内首次将天气指数保险应用到能源企业。该合同约定，如果投保区域降水不足导致实际发电量低于预期发电量，保险人最高赔偿额可达 8 000 万元人民币。

三、场外交易的保险衍生品

场外交易市场的特点是灵活性，因此最具有创新的保险衍生品不断通过场外交易市场开发和交易。事实上，对交易的量身定做使得场外交易市场对管理保险风险更具有活力。那些需要通过衍生品进行巨灾风险管理的企业必须使用场外交易市场，因为正规交易所中已将原上市的巨灾衍生品除名。

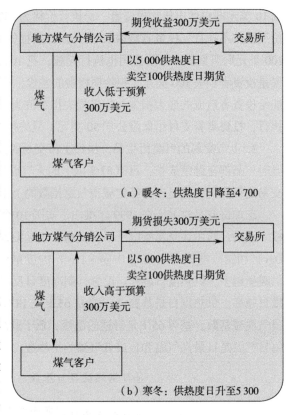

图 14 - 8　使用供热度日合同规避气温风险

1. 巨灾再保险掉期。一些保险人和再保险人使用巨灾再保险掉期（Catastrophe Reinsurance Swaps）来管理其巨灾风险业务。巨灾再保险掉期用一笔承诺费换取根据巨灾损失发生的应急支付，借此可以获得许多与再保险和保险连结证券相同的好处，从而减少交易结构的复杂性和成本。在巨灾再保险掉期中，保险人向再保险人支付伦敦银行间同业拆放利率加上一个多年期价差以换取一定的应付风险的能力。假如与指定指数、补偿、参数挂钩的条件发生，并造成损失，则再保险人向保险人提供补偿，并取得代位求偿权。如果没有发生此类事件，该笔交易便终止。例如，三井海上保险公司和瑞士再保险公司安排了一个巨灾再保险掉期合同，三井海上保险公司向瑞士再保险公司支付 LIBOR + 375（价差），瑞士再保险公司承担了 3 000 万美元东京地震的意外风险，使用参数触发条件。图 14 - 9 概括了巨灾再保险掉期的流程。

2. 纯粹巨灾互换。互换是交易双方同意交换资产或现金流的合约。在有些情况下，再保险人偏好通过纯粹巨灾互换（Pure Catastrophe Swaps）来改变其业务组合。纯粹巨灾互换允许交换互不关联的巨灾风险，它可以通过再保险协议提供，因此它更像再保险风险互换，而不是一种真正的衍生品。因为互换的风险不相关，参与的保险人便取得更广泛的业务分散。例如，日本一个有超额日本地震风险的再保险人可以把一部分业务与其他互不关联的风险，如北大西洋飓风互换。因为不同种类的巨灾风险的分析方法和风险参数是相似的，保险人不必改变其评估低损失频率、高损失程度风险的方法，这是一个明显的优点。互换的交易单位根据地区和风险种类的不同来分类，并采用等价的标准化风险单位，由交易所确定不同风险的比例关系。在有些情况下，一次互换可以涉及互换多种但仍不互相关联的风险，如加利福尼亚地震与摩纳哥地震互换、日本台风和欧洲风暴互换。例如，瑞士再保险公司与东京海上保险公司签订了一份 1 年期金额为 4.5 亿美元的巨灾再保险互换协议，瑞士再保险公司把一部分加利福尼亚地震风险互换为东京海上保险公司的一部分佛罗里达飓风、法国风暴风险。同时，东京海上保险公司把一部分日本地震业务互换为瑞士再保险

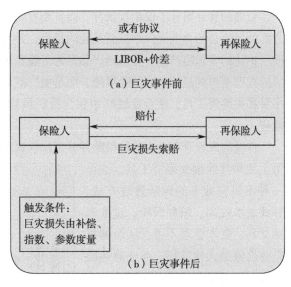

图 14 - 9　巨灾再保险掉期流程

公司的日本台风和旋风风险。这一系列交换的结果是使这两个保险人的业务组合更平衡。

　　3. 侧挂车。"侧挂车"（Sidecar）是指再保险公司通过设立一个"特殊目的机构"为运营公司，向原再保险公司（发起公司）提供额外的承保能力。实际上它是比例再保险协议，投资者有共同基金、养老金、对冲基金等，它不能在二级市场交易，通常投资者可获得 10% ~ 25% 的投资收益。

第六节　全面风险管理

一、全面风险管理的概念

　　全面风险管理是把企业不同的纯粹风险和金融或财务风险并入单个多年期计划的风险管理过程，已经引起企业和中介机构的注意，因为它提供了风险管理的新方法。全面风险管理的出现反

> **全面风险管理又称企业风险管理（Enterprise Risk Management），可以定义为企业识别、衡量会影响企业价值的整体风险及执行决策的过程。**

映了金融衍生品的迅速增长和保险实务的变化。已有的做法有银行在发行的债券中融入保险保障、保险公司将一系列可保风险与曾经被认为是不可保的财务风险捆绑在一起提供保单等。多种调查表明，北美和欧洲的一些大公司已使用全面的方法来管理风险，1993 年美国通用电气首先任命了首席风险执行官（CRO），负责公司全面风险管理事务，但是目前已经执行全面风险管理计划的还是少数。

　　20 世纪末和 21 世纪初的趋势是：扩大风险管理范围，使它不仅包括纯粹风险，还包括带有投机性质的金融风险，以及曾经被认为是不可保的政治事件、恐怖主义、知识产权侵犯等风险，这也是与统一管理企业资产、负债和意外事件的趋势相一致的。企业已发现各种资

产、负债和意外事件不仅相互依存，而且相互交叉，还认识到在有些情况下统一管理企业各方面的风险会给企业提供承担新风险的机会，并可取得可观的收益。全面风险管理有别于前面所论述的多风险产品。多风险产品是为了缓和风险与降低成本而把相似的风险集合。全面风险管理不单纯是减少或消除风险，而是更广泛地管理风险，它更主动地管理自留额，设计多种损失筹资工具，使企业战略中包含投机风险，通过承担不同风险带来特定的风险组合效应。

传统的风险管理考虑每种风险并分别加以管理，其最终方案是一系列各种保险单、金融衍生品和其他损失筹资工具。这是一种不讲究效率的风险管理方法，导致成本过高、超额保险、过度套期交易、资本管理不善，从而偏离企业价值最大化目标。而全面风险管理消除了保险责任范围的缺口，风险组合的净风险减少并趋于稳定，降低了成本，提高了资本和行政管理的效率，其最终目标是企业价值最大化，企业的经济价值则被定义为预期将来净现金流量的现值。图14-10提供了全面风险管理的一个例子。

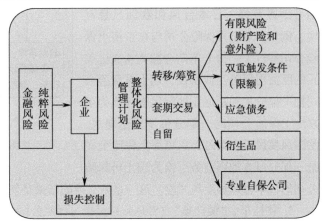

图14-10 全面风险管理的例子

把不相关的风险结合起来管理可带来许多效益。对一个企业来说，全面风险管理可以获得以下效益。

1. 对金融风险和纯粹风险加深了解。把风险合并，并在整体上加以判别，可以加深对企业面临的金融风险和纯粹风险的了解。识别所有的风险来源，分析它们对资产负债表、损益表、现金流量等的影响，最终得出的财务状况分析将更清晰，易于被企业内部人员理解。

2. 增强平衡风险组合的能力。全面风险管理过程也提供更多机会去平衡整个风险组合。由于许多风险是以特定方式相互关联的，通盘考虑风险势必带来更多的合理平衡风险组合的机会。

3. 增加承保不可保风险的可能性，减少超额保险和过度套期交易。如前所述，通盘考虑多种风险可以使曾经被认为是不可保的风险成为可保风险。多种风险同时发生损失的联合概率降低，对于全面风险管理的更广范围的风险合并，情况同样如此。在联合基础上管理风险也会减少保险责任范围的缺口，减少超额保险和过度套期交易。

4. 增加收益稳定性，降低风险成本。某些保险，特别是多年期保险可以增加收益稳定性。全面风险管理需要较少资本开支、承保不可保风险、消除保险责任范围缺口，这些都增加了收益稳定性。

全面风险管理也可能产生以下不足之处。

1. 实际成本减少具有一些不确定性。虽然从理论上说两种不相关风险的保障成本必定低于分别对每种风险提供保障的成本，但市场供求因素也可能使实际成本减少成为泡影。

2. 存在结构和组织上的障碍。由于风险管理的职能分散在企业的各个部门，所以企业在试图把风险管理的所有职能集中在一起时经常会碰到组织上的障碍。

3. 在整体基础上衡量风险存在较大困难。在整体基础上衡量不同的风险是个复杂任务，需要大量的数学和统计假设。定量分析过程中需要使用敏感性分析、现金流量变异性、风险调整后资本收益、风险价值、风险收益等工具。对商誉、知识产权、名誉等无形资产也必须作出定量分析。因此，定量分析和随后的总计过程极具挑战性。

4. 信用风险集中可能性增大。能够提供全面风险管理方案的中介机构的数量很有限，主要是一些金融联合企业。虽然它们多数资信级别高，但也会使委托企业面临集中的信用风险。

二、制订全面风险管理计划

现代企业不再考虑是否对其面临的风险提供保障，而是要确定以什么特定方式对哪些风险提供保障。全面风险管理计划并不是适用于所有企业的理想方案，而是在制定风险管理战略时要考虑该计划的相关成本和效益后才作出决定。

（一）战略考虑

一家企业在制订一个全面风险管理计划前，必须制定一个风险战略，确定风险与企业目标（包括财务杠杆作用、经济资本、破产概率等财务目标）、收入、市场份额等的关系，以及愿意把多少财务资源投入风险管理。大多数企业追求企业价值最大化的总目标。企业风险战略能确定实现这一目标过程中的障碍，有助于建立目标与贯彻执行之间的联系。一旦制定了风险战略，就可着手制订全面风险管理计划。企业要根据企业、行业和竞争因素制定全面风险管理的战略，即全面风险管理计划会怎样影响企业的市场地位，将会产生什么竞争优势和劣势，给企业经营带来什么约束或灵活性，会出现什么问题，由谁负责等。通过制定一个战略，企业可以把其实际风险承受水平具体化。全面风险管理计划不仅是管理风险的方案，而且也是有关最终改善企业盈利能力的决策。这再次表明全面风险管理有别于重点放在风险转移或中和上的传统风险管理方法。

假定一家企业制订与其战略相一致的全面风险管理计划，并发现其效益大于潜在成本，则它必须安排其结构和运作方式。企业必定会在整体基础上探究一个多年期的损失控制、损失筹资和风险减少方案，并以最有效的联合的自留额、保险、限额等手段来管理风险。建立一支单独的队伍负责所有金融风险和纯粹风险事务是一个明智的决策，对企业的各个部门也要一体化。有些企业指定某些部门实现企业价值最大化的特定目标，这些部门所采取的行动在分割的情况下看来是与企业目标相一致的，但从更广泛的角度来看，却与企业目标不相一致。例如，一个有货币风险的部门对该风险进行套期交易，但另一个部门却有相反的风险，这样做会使企业的套期交易过度，从而不能实现企业价值最大化。企业各部门之间的协调是至关重要的，各项活动的一体化应是一个目标，这要求全面风险管理队伍与企业部门经理、高级管理人员的职责和权利分明。

全面风险管理计划经常采取渐进步骤。一家以前没有风险管理经验的企业不会贸然决定制订一个全面风险管理计划。较为普遍的做法是，企业吸取以前金融风险和纯粹风险的风险管理经验来设计一个更广范围的计划。例如，开始阶段可以在分离的基础上管理风险，并不断处理新产生的风险。一旦这一阶段结束，企业发现自己有机会从整体上来审查和管理风险，就进入第二阶段，考虑资产负债表上资产方产生的所有风险，发现这些资产风险之间的相关性，采取某些资产分散化的风险管理技术。在最后阶段，企业可以审查其全部资产、负债和意外事件，对风险的相互依存性进行彻底分析，以便制订最有效的全面风险管理计划。

全面风险管理计划的贯彻执行可以采取不同方式，这取决于企业的结构和特点以及所管理风险的性质。对一家规模大且跨国经营的企业来说，采用统一识别风险和协调的方式，而且由当地贯彻执行，是一种恰当方式。当一家企业的经营集中在一个国家或市场时，采取统一识别风险、协调和集中贯彻执行的方式是可取的。为了确保计划的一致性，采用统一识别风险和协调方式是必要的。有些大公司委任首席风险执行官作为首席执行官和董事、部门经理、独立风险经理之间的联络人，帮助以统一方式执行风险战略，指出哪些风险必须集中处理，哪些可以分散到各个部门。

（二）计划蓝图

全面风险管理计划一般由企业与来自保险或银行业的专家一起制订。下面提供一份该种计划的蓝图，它适用于不同的企业、行业和风险。

1. 识别风险。该计划以识别会影响企业的所有风险来源为开端。企业应该组成一支专业人员队伍来精确识别所有的风险来源，包括金融和经营风险、纯粹和投资风险、可保和不可保风险。在识别风险阶段，要把识别的风险按优先顺序排列，区分轻重缓急，不能同等对待，对于一些对收益和资产负债表结构有重大影响的风险的来源必须优先识别。

2. 分别识别风险。对每种风险必须分别识别，以便进行风险分析。在许多情况下，这是相当容易办到的，在另一些情况下因风险交叉而有一定困难。

3. 分别识别风险的定量分析。为了确定每种分别识别的风险对企业总体风险及现金流量和资产负债表的影响，必须进行定量分析。定量分析可采取多种方法，包括财务分析、模拟、精算技术、风险价值（VaR）分析、回归分析等。外生的金融风险的定量标准已相当完善，但对纯粹风险来说未必如此。由于有一些纯粹风险是内生的，对其衡量很大程度上取决于企业内部数据。因此，企业要使用自己的历史损失数据库来对纯粹风险进行定量分析。关于整体风险衡量的一种方法是 VaR 分析，这种方法最初被银行用来衡量金融风险，后来也被其他企业用来衡量所有种类风险。VaR 分析分别建立单种风险的概率分布，并以各种组合估计在不同概率水平下的损失风险，可以得出特定时期以给定概率水平的最大预期损失的数值，以衡量风险对企业的全部影响。其一个明显优点是考虑了不同种类风险之间的相关性，这种相关性可以增减风险对企业总的影响。

4. 风险关联图。通过关联分析可使企业确定每种风险来源怎样相互影响，其最终结果是编制显示特定风险来源如何影响企业经营总体的关联图，然后用来分析风险的相互依存性。

5. 减少风险成本。有了图示的风险相互依存的信息后，企业可考虑使用分散化技术来减少其总的风险成本，这一般都使用不相关或负相关的风险来产生风险最小的组合。至关重要的是，公司要考虑低损失频率、高损失程度事件造成损失的影响，其风险转移的成本可能远高于假设的收益。因此，采用模拟分析可以表明在不同情况下成本和收益的交替是如何变化的。

6. 制订一份全面计划。企业的最终目的是制订一份低风险成本的全面风险管理计划，否则就不能增加企业价值。假设一家企业通过与专业顾问合作完成了一份计划，计划的主要内容如下：设立一家专业自保公司自留某些核心业务风险；设计一份承保财产和意外风险、利息率风险、信用风险和环境责任风险的综合保单；使用衍生品合同完全规避货币风险；安排一种应急资本工具来获得损后筹资。由此可见，全面风险管理计划非常灵活，编制计划时很少存在障碍。

7. 计划的贯彻执行。一旦制订了计划，就必须在企业内部加以贯彻执行。这可能涉及风险管理部门和其他部门的职能、职责和权利的调整，也可能要求加强数据库建设。倘若计划不被认真贯彻执行，最好的计划也会在实践中失败。

8. 计划的监督检查。当计划贯彻执行时，全面风险管理的过程并未终止。风险管理过程是动态的，它受内外部事件的影响，这要求对全面风险管理计划的检查也必须是动态的。为了测定计划的绩效，应配备适当的工具和标准，进行例行的审计和检查。倘若发现计划存在缺点、新增风险、市场变量转变、企业经营战略发生变化等，也必须对计划作相应调整。图 14 – 11 总结了全面风险管理计划的蓝图。

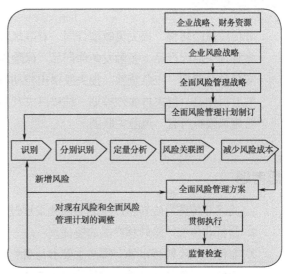

图 14 – 11　全面风险管理计划的制订

三、全面风险管理的发展前景

20 世纪 90 年代后期以来，全面风险管理初步形成并处于稳步发展阶段。一旦公司高级管理人员和董事们认识到需要积极的风险管理，并且规定风险战略和容限度，就会全方位考虑风险。一些面临复杂风险的大公司已开始以全面方式管理其风险，但做法很不统一。各种调查表明：在北美洲、欧洲、亚洲的许多公司，高级管理人员接受了全面风险管理的观念，但大多数仍停留在理论或概念上，还未进入实践阶段。不难理解他们迟疑不决的态度，全面风险管理过程开始前的准备阶段的工作是复杂的，需要投入，配备资源，进行细微分析，甚至要求公司结构发生变动。这种情况仍将在短期内继续下去，但保险经纪人和其他风险管理顾问的介入会推动全面风险管理的发展。由于会给企业带来成本节约和经营效益的提高，从中期来看，对各种非传统风险转移产品的需求会急剧增加，全面风险管理有着强劲发展的趋势。不过，在可以预见的将来，这种发展仍然局限于大公司。

非传统风险转移产品的出现不会取代传统的商业保险，它只是对传统的商业保险无法提供有效解决方案时的一种补充。目前保险市场的传统产品相对来说还具有吸引力，并以较低的价格水平提供保单，再保险市场对地震、飓风等自然灾害的承保能力仍然是充足的。只有当传统保险产品价格升高且某些保险产品变得不容易获得时，非传统风险转移产品才会显现其真正价值。因此，除了专业自保公司之外，其他非传统风险转移产品在整个财产和意外保险市场上只占据一小块地盘。非传统风险转移产品是全面风险管理的重要工具，是根据全面风险管理的需要开发出来的。因此，全面风险管理代表着风险管理发展的新方向，但它尚未形成相对完整的理论和方法体系，一时难以取代传统风险管理的理论和方法。纯粹风险依然是风险管理的主要对象，保险仍将是风险管理的重要手段。

本章重要概念

非传统风险转移　损失灵敏型合同　有限风险计划　分层保险　有限风险再保险
多种损失原因产品　多触发条件产品　保险连结证券　承诺资本约定
应急盈余票据　应急贷款　损失股票出售期权　衍生品　巨灾保险衍生品
气温衍生品　巨灾再保险掉期　纯粹巨灾互换　侧挂车　全面风险管理
首席风险执行官　风险关联图

思考题

1. 简述非传统风险转移产生的原因和发展过程。

2. 简析非传统风险转移产品的特征。

3. 非传统风险转移市场有哪些主要参与者？

4. 为什么说部分保险是一种风险自留方式？

5. 为什么经验费率保单、高免赔额保单、追溯费率保单和投资信用计划属于损失灵敏型合同？

6. 试举例说明有限风险计划与全部保险是两种截然不同的风险管理方案。

7. 损失未满期责任转移、逆进展保险和追溯的总计损失保险这三种追溯有限风险保单在承保风险和时间选择风险转移上存在哪些差别？

8. 试从发行工具、触发条件和份额三方面论述保险连结证券运作的共同特点。

9. 试用期权术语来表述应急资本工具的一般运作过程。

10. 试比较上市交易与场外交易衍生品。

11. 怎样使用供热度日期货合同来规避气温风险？

12. 试分析非传统风险转移市场上保险连结证券、应急资本和保险衍生品这三种金融工具的主要功能以及与传统保险产品的主要区别。

13. 分析全面风险管理给企业带来的效益以及存在的不足之处。

14. 制订全面风险管理计划时要作哪些战略上的考虑？

15. 概述制订全面风险管理计划的基本步骤。

16. 分析全面风险管理的发展前景。

第十五章
巨灾风险管理

本章知识结构

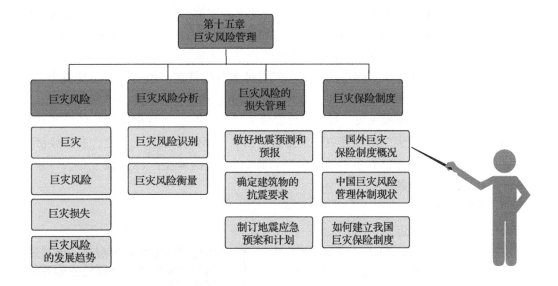

本章学习目标

- 了解巨灾风险的分类和特点；
- 掌握巨灾风险的发展趋势；
- 运用本章洪水风险分析和地震损失管理的相关知识对我国地震风险作初步分析，对我国的洪灾损失管理提出防损和减损的对策；
- 对建立我国由政府主导、市场化运作的巨灾保险制度作进一步探索。

第一节　巨灾风险

一、巨灾

巨灾（Catastrophe）是指造成巨大财产损失和严重人身伤亡，对区域或国家的社会和经济产生严重影响的自然灾害和人为灾难。国际组织和保险机构分别给出了不同的量化定义。

1. 联合国国际减灾十年委员会于 1994 年发表的灾情报告中将巨灾定义为：财产损失超过所在国家国民收入 1%；受灾人口超过全国人口的 1%；死亡人口超过 100 人的事件。

2. 美国保险事务所（ISO）财产理赔部将巨灾定义为：导致财产直接保险损失超过 2 500 万美元（1998 年价格水平）的事件。

3. 瑞士再保险集团将巨灾定义为：自然灾害或人为灾难的损失总额达 8 550 万美元以上，或保险财产索赔额船运 1 720 万美元以上，航空 3 440 万美元以上，其他 4 270 万美元以上，或死亡或失踪人数 20 人以上，受伤人数 50 人以上，无家可归人数 2 000 人以上。

我国没有对巨灾进行专门的量化定义，但有过类似的规定，如《国家特别重大、重大突发公共事件分级标准（试行）》。其中，自然灾害包括水旱、气象、地震、地质、海洋、生物等灾害和森林草原火灾。对自然灾害做了"重大"和"特别重大"的分类和定义。例如，对"特别重大"的地震灾害定义为：（1）造成 300 人以上死亡，直接经济损失占该省（自治区、直辖市）上年地区生产总值 1% 以上的地震；（2）发生在人口较密集地区 7.0 级以上的地震。

二、巨灾风险

（一）巨灾风险的定义

按照风险的定义，我们可把巨灾风险相应定义为：因自然灾害和人为灾难造成巨大财产损失和严重人身伤亡的可能性或不确定性。

> 巨灾风险发生频率很低，但是造成的损失巨大，通常还会形成长期的影响。

（二）巨灾风险的分类

按照巨灾发生的原因可把巨灾风险分为以下两大类。

1. 自然灾害风险。自然灾害是指由自然力造成的事件，如地震、洪水、台风、泥石流、冰雹等。

2. 人为灾难风险。人为灾难是指与人类活动有关的重大事件，如重大火灾、爆炸、空难、建筑物倒塌、恐怖活动等。

（三）巨灾风险的特点

1. 不确定性大。巨灾的发生具有突发性和偶然性，难以预测，不确定性大，因而风险亦大。

2. 损失频率低，损失程度大。对付这种类型的风险，保险是最适用的方法。损失程度大意味着巨灾可能性存在，对保险的需求迫切；损失频率低表明购买保险的保费在经济上承担得起。

3. 不完全满足可保风险的条件。可保风险的条件之一是：保险标的大多数不能在同时遭受损失，否则保险分摊损失的职能就会丧失。而像地震、洪水、飓风这样的自然灾害经常会造成大面积损失。但保险公司可采用两种方法来对付巨灾风险：一是再保险，二是把业务分散在广大地域，从而避免风险集中。

三、巨灾损失

全球巨灾损失严重威胁着社会经济发展和人民生活。全球范围内，2023 年自然灾难和人为灾害事件造成的经济损失为 2 800 亿美元。[①] 2011 年全球自然灾害和人为灾难造成的经济损失逾 3 700 亿美元，创了巨灾损失纪录。2005 年"卡特里娜"飓风是美国历史上破坏性最严重的一场风灾，同时也是全球保险史上赔款最多的一次巨灾，约占当年美国巨灾保险损失（661 亿美元）的 66%，美国政府花费了超过 1 090 亿美元赈灾。再从死亡人数来看，1970 年 11 月，孟加拉国飓风导致 30 万人死亡；2004 年 12 月，印度洋海啸共导致 29 万人死亡；2005 年 10 月，巴基斯坦北部 7.6 级地震导致 7.8 万人死亡。

我国巨灾风险总体状况也不容乐观。我国是世界上遭受自然灾害种类最多、发生频率最高、巨灾损失最严重的少数国家之一。根据国家地震科学数据中心统计，在 20 世纪，我国死于地震的人数超过 50 万人，约占同期全世界地震死亡人数的一半。[②] 1976 年唐山大地震造成直接经济损失 200 亿元，死亡人数 24.2 万人。2008 年四川汶川大地震造成直接经济损失 8 451 亿元，死亡人数 8.4 万人。1998 年长江、松花江流域特大洪灾造成直接经济损失近 2 000 亿元，死亡人数 4 150 人。2013 年 10 月"菲特"台风重创了福建、浙江、江苏和上海，造成直接经济损失 623 亿元。2013 年 4 月 20 日四川雅安地震造成直接经济损失 423 亿元，死亡人数 196 人。从 1914—2014 年百年间，中国一共发生 7 级以上（含）地震 126 起。中国位于两大地震带之间，一是东面环太平洋地震带对欧亚板块向下俯冲，二是欧亚地震带经过云贵川青藏。新中国成立以来，各种灾害事故每年平均造成的经济损失达数千亿元。根据我国应急管理部发布的数据，2023 年我国自然灾害造成超过 9 500 万人次不同程度受灾。灾害造成直接经济损失 3 454.5 亿元，相比于近五年均值上升 12.6%。

四、巨灾风险的发展趋势

无论从全球还是我国的情况来看，巨灾风险发展呈现越来越严峻的态势，究其原因如下。

（一）气候变暖加剧了巨灾产生的风险

研究表明，在过去的 30 年里，每十年都比前十年明显变暖，每十年就会有一个全球最高温度新纪录产生。我国气候变暖趋势与全球的总趋势基本一致。由于气候变暖，强台风、大暴雨、大旱等巨灾风险因子增多。

（二）人类长期盲目开发自然资源，加重了生态环境恶化，直接或间接引起巨灾发生

由于人类长期盲目开发自然资源，如滥伐森林、围湖造田、大量排放温室气体等，加重

---

① 数据来源：瑞士再保险 Sigma 报告（https：//www.swissre.com/institute/research/sigma-research/sigma-2024-01.html）。

② https：//data.earthquake.cn/kpzslm/info/2020/12510604.html.

了生态环境恶化。在我国，工业化进程加快，城市化高速发展，使资源消耗和环境破坏比较严重，直接或间接引起了巨灾的发生。

（三）人口和财产集中化趋势加大了巨灾损失

人口和财产集中化是人类文明发展的必然趋势。例如，我国长三角经济区虽然国土面积占全国总面积不足4%，但却创造了全国近四分之一的经济总量和三分之一的进出口总额。[①]一旦发生巨灾，就可能导致重大的财产损失和严重的人员伤亡。相反，如果巨灾发生在人口密度低、经济较为落后的边远地区，巨灾带来的损失就会比较小。

第二节　巨灾风险分析

一、巨灾风险识别

巨灾风险分为自然灾害和人为灾难两大类，对每种巨灾，如地震、洪水、空难、工业意外事故……都有独特的具体识别方法，要由相关专业

风险分析的含义包括了风险识别和风险衡量。风险识别的五种基本方法同样适用于巨灾风险识别。

技术人员来承担风险识别工作。以下仅以我国洪灾为例来说明巨灾风险识别的独特性。

洪灾风险识别是对其风险来源进行识别，或称为洪灾的成因分析。只有对洪灾的成因加以分析，才能采取针对措施，实施洪灾风险管理。洪灾成因分为自然因素和社会经济或人为因素两方面。

（一）自然因素

自然因素又分为地形因素和气候水文因素。

1. 地形因素。我国地形特点是西部多高山高原，东部多丘陵平原，众多河流均在西部生成，汇入少数特大江河东流入海。在这种地形条件下，大江大河中上游一进入暴雨季节，下游就往往洪水泛滥。

2. 气候水文因素。我国大部分地区属季风性气候，汛期4个月集中了全年降雨量的60%～80%，这是我国频发洪灾的主要原因。我国各地洪灾的发生及发生的季节，与雨季的起止期和持续期即季风进退有着密切关系。

（二）社会经济或人为因素

1. 温室气体增加。由于工业化、城市化导致二氧化碳等温室气体大量增加，使全球气候变暖。温室气体是指大气中能吸收地面反射的太阳辐射，并重新辐射的一些气体，二氧化碳、甲烷、水蒸气是主要的温室气体。大量开采使用矿物燃料、砍伐森林作燃料是排放二氧化碳的根源。在开采天然气和煤炭时，也向大气排放甲烷。由于气温升高，融化的雪水可使海平面上升。温室气体增加导致气候和环境变化，热带扩展，寒带缩小。全球变暖的"温室效应"改变大气环流，危害生态系统，增加洪灾发生因素。

2. 植被破坏，水土流失。盲目砍伐森林，破坏了植被，一方面，不能截留降水，使洪水

---

① 数据来源：光明网（https：//news. gmw. cn/2024－06/04/content_37360811. htm）。

峰高量大；另一方面，增加了水土流失，抬高河床，并使水库容量减少，这是洪灾发生的重要原因。

3. 围湖造田，使湖泊数量和水域面积大幅度减少。湖泊有天然的蓄洪作用，但无约束地扩大围垦，在流量相同的情况下，湖泊水位越来越高，加上淤积严重，湖泊调蓄作用衰减，酿成洪灾频繁发生。

4. 防洪工程大多标准偏低，老化失修。据统计，全国有8万多座大中小型水库，其中可以用来拦蓄洪水的防洪库容量约占总库容量的一半。大多数地区的防洪工程的标准偏低，只能防御10～20年一遇的洪水。

以上仅是总体上对我国洪灾成因作一个粗略的分析，如果针对某个地区和单位，那就要另作具体细致分析。

二、巨灾风险衡量

风险衡量或估算包括估计潜在的损失频数和损失程度。损失频数是指一定时期内损失可能发生的次数，损失程度是指每次损失的金额。损失频数乘以平均的损失程度得出预计的平均损失总额。对巨灾风险的衡量可应用数理统计和概率分布的方法，它涉及三种概率分布：一定时期损失总额、损失频数和每次损失金额（损失程度）的概率分布。如果损失频数和损失程度的概率分布已知，就可以得出损失总额的概率分布。但是，把数理统计方法具体应用到对某一种巨灾风险的衡量则非常复杂。我们仍以洪灾为例，国内外许多学者对洪灾频率和强度进行了大量研究，适用于洪灾频率描述的分布函数至少有对数正态分布、P－Ⅱ、P－Ⅲ分布（皮尔逊Ⅲ形曲线）等十几种；对洪灾的易损性（可能的损失程度）的估计涉及承灾体的不同自然属性和区域的承灾能力，在计算方法上有应用随机模型、不同财产类别的损失曲线、模糊数学等方法。下面，首先介绍一种适用洪灾风险衡量的洪水风险图方法。

（一）洪水风险图

20世纪70年代，美国在国家洪水保险计划推动之下，开始编制洪水风险图。20世纪90年代，日本、挪威、韩国等国先后开展洪水风险图编制工作。我国水利部于2010年6月24日发布了《洪水风险图编制导则》。2008年12月，国家防汛抗旱总指挥部先发布了《洪水风险图编制导则》，2009年10月又发布了《洪水风险图编制技术细则（试行）》。洪水风险图可分为江河湖泊、蓄滞洪区、水库、城市洪水风险图四类。其编制步骤可分为区域确定、资料收集与整理、洪水风

洪水风险图是直观反映某一区域洪水风险信息的专题地图。洪水风险图宜按10年、20年、50年、100年一遇及历史最大洪水或典型场次洪水编制，以不同频率（场次）洪水淹没范围的形式成图，淹没范围内以不同色差标示水深分布，或以数值标注特征点水深。洪水风险图中应有河流水系、地形、行政区划、防洪工程、道路及相关构筑物、主要居民点分布等信息。

险分析、洪水风险图绘制等。编制的基础资料应包括基础地图、设计洪水资料、历史洪水资料、防洪工程资料、影响洪水水力特性的构筑物资料、洪水灾害资料等。进行洪水分析时应根据区域洪水特性、洪水风险图类别、工程情况及基础资料等因素选择水文学法、水力学法、实际水灾法等一种或多种方法。洪水风险分析的关键参数应根据典型场次洪水资料

确定。

从上述《洪水风险图编制导则》的摘要来看，洪水风险分析是编制洪水风险图步骤中的中心环节。洪水风险分析的核心内容是不同洪水频率（损失频率）下的淹没范围，淹没范围相当于洪水强度（损失程度）。以江河湖泊洪水风险图编制为例，依据洪水风险分析成果，在工作底图上分别绘制不同频率（场次）洪水的淹没范围（含淹没水深分布，或标注特征点水深）。洪水风险分析方法选择可按下列要求执行。

1. 对于水灾资料翔实的区域，可采取实际水灾法。实际水灾法通过系列水灾资料，筛选出典型场次水灾，再通过场次水灾的水文相关性分析与调查资料，获取场次洪水淹没范围、淹没水深、淹没历时等数据。

2. 对于洪水淹没范围、淹没水深可以通过代表性较好的控制站的水文资料进行分析确定的，可采用水文学法。水文学法通过水文分析，获得不同频率洪水的淹没范围、淹没水深等信息。

3. 溃堤洪水风险分析，可采用水力学法。水力学法是通过模拟洪水演进，获取不同频率洪水淹没范围、最大淹没水深、流速和洪水到达时间等信息。

编制洪水风险图是一项浩大繁复的工程，需要水利、防汛抗旱、气象等众多部门通力合作。洪水风险图又可分为基本风险图、专题风险图、综合风险图，而且洪水风险图与一定洪水频率相联系，不同频率的洪水有其相应的洪水风险图。

（二）洪灾频率的估计

洪灾频率的估计是根据所获得的洪灾样本系列，先求出其经验频率曲线，再求出其相应的理论频率分布，最后通过理论频率分布估计给定洪灾事件的发生概率。

1. 洪灾样本系列的选择。洪灾样本系列是估计洪灾频率的基础资料。洪灾选样是从实测洪水流量资料系列中或调查研究的洪水资料中，按照一定原则选择一些洪灾特征值（洪峰流量）组成样本系列，如选择各年最大的洪灾特征值组成样本系列，或者把凡是超过"标准值"的洪灾特征值均选入样本。对洪灾样本资料要进行可靠性、一致性和独立性等方面的审查。对没有实测的、历史洪灾、特大洪灾的调查研究可提高样本的代表性，能对洪灾重现期作出较为正确的估计。

2. 洪灾频率估计的一般方法。设已有一个具体水文样本（如某监测站年最大洪峰流量系列），样本值中各项按自大到小的顺序排列如下：x_1，x_2，$\cdots$，x_m，$\cdots$，x_n。现要求估算每一项取值所对应的频率。

目前广泛应用的估算频率的公式是威布尔（Weibull）期望公式，即对于第 m 项，定义其经验频率为

$$P_m = \frac{m}{n+1} \qquad m = 1, 2, \cdots, n$$

其中，P_m 表示等于或大于 x_m 的经验频率；m 表示样本值由大到小排位的序位；n 表示样本容量。

在进行经验频率分析时常用重现期来表示在许多次试验里，某一事件重复出现的时间间隔。即

$$T = \frac{1}{p}$$

其中，T 表示重现期，通常以年计；p 表示频率，以小数或百分数计。

例如，百年一遇的洪水，其频率为 1%，重现期为一百年是指大于这样的洪水在长时期内平均一百年发生一次，而不是说每隔一百年必然遇上一次。

在洪水频率分析中，由于洪水观测系列比较短，而涉及洪水的频率却很小，如 1%、0.1% 等，重现期很长。因而常在实测洪水系列中，加入历史洪水和古洪水资料，以延长洪水系列，减少抽样误差。

在计算出各项洪水的经验频率 P_m 之后，把其与相应的 x_m 值点绘在概率纸上，可以绘制出一条光滑曲线，通常称它为经验频率曲线。由于水文实测资料的年限较短，需要外延。为了避免曲线外延时的任意性，并便于进行理论分析，有必要采用数学公式来描述经验频率曲线所反映的概率分布规律，习惯上称之为"理论频率曲线"。从现有资料来看，P-Ⅲ形曲线比较符合我国水文随机变量的分布。①

（三）洪灾强度的估计

不同承灾体遭受同一强度的洪水，损失程度会不一样；同一承灾体遭受不同强度的洪水，损失程度也不一样，即易损性不同。因此，对洪灾承灾体进行易损性分析时需要对承灾体进行分类，并分析其致损因素。

> 洪灾强度的专业术语称为易损性（Vulnerability），它是指承灾体在特定强度致灾洪水作用下功能降低或遭受破坏、伤害或损失程度，可用 0~1 的数字表示。0 表示无损失，1 表示全部损失。

1. 承灾体分类。承灾体是指可能遭受洪灾危害的各种自然与社会资源的集合。对承灾体有着多种分类，这里将洪灾承灾体分为以下六大类。

（1）农业。农业又可分为农作物、林业、牧业、渔业等类。

（2）城乡工商企业。工商企业洪灾经济损失包括财产损失和停工、停业给企业造成的利润损失等。

（3）城乡居民家庭财产。此类承灾体主要包括房屋、生产工具、生活用具、交通工具等。

（4）各类工程设施。此类承灾体主要包括铁路、公路、内河航运、供电、供水、通信、水利、水电、市政等工程设施。

（5）人类自身。洪灾会造成人员伤亡、失踪以及紧急转移等。

（6）其他。其他承灾体包括生态环境、社会安全、机关事业单位财产等。

2. 承灾体的致损因素。承灾体易损性的影响因素是多方面的，既要考虑洪水特征，又要考虑承灾体的自身属性和区域社会承灾能力。

（1）洪水特征。不同种类、强度的洪水对承灾体有不同的易损性。洪水特征的指标主要有淹没深度、淹没历时、洪水流速等。洪水淹没越深、历时越大、流速越快，洪灾造成的损

---

① 关于理论频率曲线的讨论超出本章内容范围，有兴趣的读者可以参阅：秦德智. 洪水灾害风险管理与保险研究 [M]. 北京：石油工业出版社，2004.

失也就越大。

（2）承灾体自身属性。不同种类的承灾体在同等程度洪水作用下，其易损性也不同，如森林较农作物损失要小。即使同一类型的承灾体，因材料、结构的不同，其易损性也会有较大差异，如钢筋混凝土结构的楼房较砖瓦的平房更不易受损。

（3）区域社会承灾能力。防洪设施标准高，排洪能力强，洪水预警、预报工作水平高，防洪意识强的地区，遭受洪灾的机会少，恢复也快，洪灾损失相对要小。

由于洪灾造成的经济损失受诸多因素影响，对承灾体的易损性逐一作出定量分析是不可行的。洪灾承灾体的易损性主要用洪灾损失率和各承灾体综合经济损失指标来描述。洪灾损失率是指给定洪灾强度下某类承灾体的净损失值与该类承灾体灾前原有价值之比：

$$损失率 = \frac{灾前原有价值 - 灾后尚存价值}{灾前原有价值} \times 100\%$$

洪灾损失率分为各类承灾体分项洪灾损失率和各类承灾体综合洪灾损失率两种。各承灾体综合洪灾经济损失指标主要适用于农村地区的洪灾损失评估，如亩均损失值、每平方千米损失值、人均或户均损失值等指标。

最后，我们以某类承灾体的易损性分析来说明洪灾强度的估计。以城乡居民家庭财产为例，先把财产分为以下种类：城镇房屋、农村房屋、生活用具、生产工具、畜禽等。再将某项洪水特征如淹没深度分级：0.5米以下、一米、1.5米……三米以上。根据各地区的调查资料，分区列出各类家庭财产在不同淹没深度下的损失率。

（四）VaR 和 CVaR 方法

1. VaR 的含义。风险价值方法最初被银行用来衡量金融风险，后来也在全面风险管理中被用来衡量整体风险。整体风险包括金融风险和纯粹风险，巨灾风险属于纯粹风险范畴。VaR

> 风险价值又译为在险价值，是指在一定时间（t）内，在一定的置信度（如95%）下，投资者最大的期望损失。

方法最早可追溯到1952年马柯维茨提出的投资组合选择理论。简单来说，VaR 是在一定置信水平下和特定期间内，风险资产组合的最大预期损失值。VaR 的含义也可以用下式表示：

$$\text{Prob}\ (\Delta P > \text{VaR})\ = 1 - C$$

其中，Prob 表示风险资产组合价值损失大于最大预期损失值的概率；ΔP 表示某一风险资产组合在特定期间的价值损失；VaR 表示在给定置信水平 C 下的最大预期损失值。

也就是说，风险资产组合的价值损失大于最大预期损失值的概率只有 $1 - C$。换言之，有 C 的概率保证损失不会超过 VaR。例如，我们计算一个价值1亿元的投资组合的 VaR。假定该投资组合在一年内损失不会超过2.5%（250万元）的概率为95%，那么风险价值就是250万元。通过计算样本系列的标准差，然后将计算结果乘以标准正态分布的95%，也可以得到相似的结果。于是该投资组合的 VaR 可以表述如下：在正常的市场状况下，在95%的置信水平下，该投资组合在一年内最大预期损失为250万元。因此，VaR 与传统风险衡量的术语最大可能损失（MPL）的意义相近，只是 MPL 用于风险损失的概率分布上，而 VaR 则用于资产价值的概率分布上。

2. VaR 的计算公式。对于一个投资组合，设 P_0 为组合的初始价值，R 是持有期内的投资回报率，则在持有期末，投资组合的价值 $P = P_0 \times (1 + R)$。假设 R 的期望值是 u，则在某一置信水平 C 下，投资组合的最低价值 $P^* = P_0 \times (1 + R^*)$，$R^*$ 为持有期的最低投资回报率，由 VaR 定义可以得到 VaR 的计算公式：

$$\text{VaR} = E(P) - P^* = P_0 \times (1 + u) - P_0 \times (1 + R^*) = P_0 \times (u - R^*)$$

因此，计算 VaR 值就相当于计算最小投资回报率 R^*，考虑投资组合未来行为的随机过程，假定其未来回报的概率密度函数为 $f(p)$，则对某一置信水平 C 下的组合最低值 P^* 为

$$\int_{-\infty}^{p} f(p)\,\mathrm{d}p = 1 - c$$

VaR 的数据处理方法主要有三种：历史模拟法、均值—方差法、蒙特卡罗模拟法。采用不同的数据处理方法计算出来的 VaR 也不相同，经济含义也不一样。但 VaR 的计算都涉及三个参数的选择：置信区间、持有期间、观察期间。而且，用 VaR 衡量风险有诸多局限性：首先，它假设过去的数据反映不确定的未来；其次，它是在一定置信水平下对损失进行估计；最后，VaR 存在模型选择、参数选择和操作风险。VaR 目前主要应用于对金融风险的衡量。

3. CVaR 方法。Conditional Value – at – Risk（条件在险价值）是在 VaR 基础上发展出来的一种新型风险测度方法。CVaR 是指在给定特定置信水平（如 95%）下，当投资者的损失超过 VaR 值时，损失额的期望值。CVaR 的含义可以用下式表示：

$$\text{CVaR}_\alpha = \frac{1}{1 - \alpha} \int_\alpha^1 VaR_\xi(X)\,d\xi$$

VaR 作为一种经典的风险测度方法，具有概念清晰、易于理解等优点，因而受到广泛应用。然而，VaR 不满足次可加性，因而基于 VaR 得到的投资组合的风险测度不一定小于投资组合中各资产的风险测度之和，这与金融市场中风险分散的思想相违背。相比较而言，CVaR 为一致性风险测度方法，满足次可加性，因而可以更准确地反映投资组合的整体风险。另外，VaR 本身测度的是一定分位点（如 95%）的风险，但对于超过该分位点的损失无法有效衡量。而 CVaR 则衡量了损失超过特定阈值（VaR）情况下的平均损失，因而可以对于极端损失进行更加充分的考量。

第三节　巨灾风险的损失管理

对付风险的方法都适用于对付巨灾风险。不在洪泛区设厂可以避免洪灾损失。但是，避免风险的方法并不适用于整体的巨灾风险。也就是说，有些巨灾风险如地震、洪水、暴风在整体上是无法避免的。同样，非保险方式的转移风险等方法也是如此。在巨灾风险管理中广泛应用的方法是损失管理，或称损失控制。如本书第一章所述，损失管理计划分为防损计划和减损计划，损失管理的技术分为工程管理和人为因素管理。以下我们以我国地震为例说明巨灾风险的损失管理。

防损旨在减小损失发生频率，减损旨在减轻损失程度。地震是大地构造活动的结果，

是一种自然现象，要消除地震损失发生可能性或根除它是不可能的事情，但我们可以采取措施来减少地震所造成的损失。一般来说，针对地震灾害的防损和减损对策主要有以下几方面。

一、做好地震预测和预报

地震预测方法分为三类：地震地质、地震统计和地震前兆。地质方法是以地质构造条件为基础，宏观估计地震地点和强度，可用这种方法划分地震区域，但不能预测地震的时间。

> 地震预测是根据对地震规律的认识，预测未来地震的时间、地点和强度。

统计方法是从地震发生的历史记录中探索其统计规律，估计发生某种强度地震的概率。前兆方法是根据前兆现象预测未来地震发生时间、地点和强度。地震前兆是地震预测的核心问题。

地震预报是根据地震预测对未来破坏性地震发生的时间、地点、震级及地震影响进行预报。与地震预测的区别是，在中国地震预报的发布权在政府。地震预报分为四种类型：对10年以后的破坏型地震的预报称为长期预报，对1～2年地震的预报称中期预报，对3个月的称短期预报，10天左右的为临震预报。《中华人民共和国防震减灾法》第二十九条规定：国家对地震预报意见实行统一发布制度。中国的国家数字地震台网和中国地壳运动观测网络均于2000年正式建成，2001年已投入正式运行。此外，数字地震前兆台网的建设也有了新的进展。

到目前为止，地震预测和预报还是一个世界性难题，仍处在探索阶段。由于国家的重视，中国的地震预报经过一代人的努力已居于世界先进行列。最著名的例子是：对发生在1975年2月4日19点36分7.3级海城地震预报的成功，大大减少了人员伤亡。但像1976年的唐山大地震与2008年的汶川大地震，虽有地震工作者预测到，但未能准确预报。另据报道，成都高新减灾研究所2010年与应急部门、地震部门联合建成的中国地震预警网已成功预警64次破坏性地震，包括2013年四川芦山7级地震、2014年云南鲁甸6.5级地震、2017年九寨沟7.0级地震、2019年6月17日四川长宁6.0级地震。2021年9月16日4时33分，四川泸县发生6.0级地震。中国地震预警网成功预警此次地震，给成都市提前49秒预警，给重庆市提前31秒预警，给泸州市提前6秒预警。

二、确定建筑物的抗震要求

在土质条件不同的地面上，对地震烈度的反应会有很大差别。例如，在同样地震力作用下，软土层上烈度比花岗岩层上可高出2～3度。地基土质条件的好坏不同，同样的地震对建筑物破坏大有区别。按照遭受地震破坏后可能造成的人员伤亡、经济损失和社会影响的程度，以及建筑功能在抗震救灾中的作用，将建筑工程划分为不同类别，区别对待，采取不同的设计要求是减轻地震灾害的重要对策之一。汶川大地震表明，严格按照现行规范进行设计、施工和使用的建筑，在遭遇比当地设防烈度高一度的地震作用下，没有出现倒塌破坏。我国建设部发布的《建筑抗震设计规范》按照我国地震区划图规定的烈度确定了"小震不坏、中震可修、大震不倒"的抗震性能设计目标。这样，所有的建筑，只要严格按规范设计和施工，可以在遇到高于区划图规定的烈度一度的地震下不倒塌，实现生命安全第一的目标。

我国西南是地震多发地区，欧亚地震带经过云贵川青藏。为什么智利发生 8 级以上地震时，其伤亡人数比我国发生 7 级地震还少？这主要是因为智利建筑物抗震性能已有大幅度提升，而我国地震带上不少贫困地区的建筑物抗震能力相当低下，村民个人建房为省经费不会考虑抗震标准。汶川地震后重建的农村民房完全按照国家抗震设计规范施工，经受了 2013 年芦山 7 级地震的"实震检验"。

三、制订地震应急预案和计划

为了加强对破坏性地震应急活动的管理，减轻地震灾害损失，国务院于 1995 年 2 月 21 日公布的《破坏性地震应急条例》中规定，由国务院防震减灾工作主管部门会同国务院有关部门制订国家的破坏性地震应急预案，国务院有关部门应当根据国家破坏性地震应急预案，制订本部门的破坏性地震应急预案。根据地震灾害预测，可能发生破坏性地震地区的县级以上地方人民政府防震减灾工作主管部门应当会同同级有关部门以及有关单位，参照国家的应急预案，制订本行政区域内的破坏性地震应急预案。破坏性地震应急预案内容包括：（1）应急机构的组成和职责；（2）应急通信保障；（3）抢险救援的人员、资金、物资准备；（4）灾后评估准备；（5）应急行动方案。应急措施分为临震应急和震后应急。在可能发生破坏性地震地区的工矿企业、机关事业单位和街道社区等组织也应根据国家和地方有关地震应急预案要求，以及结合本地和本单位实际情况制订地震应急计划，并采取加强地震知识的宣传、适时开展地震应急模拟演练等震前措施。

从上述对策来看，主要是减损措施，但有些也能局部减小地震损失频率，如建筑物的抗震要求。从技术角度分析，地震预测、建筑抗震设计规范属于工程管理，加强立法、地震应急预案、防震减灾知识宣传则属于人为因素管理。

第四节　巨灾保险制度

风险管理的方法也可以分为两大类：一类是改变风险的风险控制方法，如避免风险、损失管理、非保险方式的转移风险；另一类是风险补偿的筹资方法，如自担风险、保险、包括巨灾债券

> 巨灾保险制度是指因发生地震、洪水、飓风等自然灾害或人为灾难造成巨大财产损失和严重人员伤亡时，通过保险形式进行风险分散和补偿的制度安排。

在内的非传统风险转移。关于包括自保方式在内的自担风险和非传统风险转移方法在前面相关章节中均已阐述，本节着重讨论中国如何建立巨灾保险制度。

一、国外巨灾保险制度概况

（一）巨灾保险制度模式

从各国建立的巨灾保险制度模式来看，大致可分为以下三种。

1. 市场主导模式。该模式主要依靠市场机制来实现巨灾保险供给，由商业保险公司作为经营主体，采取自愿保险方式开展巨灾保险，并利用再保险市场和资本市场进行风险转移和分散。英国洪水保险和美国加州地震保险属于典型的市场主导模式的巨灾保险制度。智利、墨西哥等国地震保险作为财产保险的附加险提供，也由被保险人自愿选择投保。

2. 政府主导模式。在这种模式下，政府通过颁布法律强制居民购买巨灾保险，或者通过费率补贴等形式鼓励居民投保巨灾保险，政府还会为经营巨灾保险的保险公司提供再保险等方面的支持。美国国家洪水保险计划和新西兰地震保险属于典型的政府主导模式的巨灾保险制度。土耳其巨灾保险基金（TCIP）也是一种强制的巨灾保险，该基金收取的保费和投资收益都是免税的，保险公司的主要职能是代理销售。

3. 政府与市场合作模式。这种模式是指由政府和保险公司共同参与巨灾保险制度的建设和运营，政府通过立法对巨灾保险进行规范，保险公司负责巨灾保险的经营管理，政府再向保险公司提供 定的政策支持，且最后对巨大灾害损失进行分担。日本的地震保险属于典型的政府与市场合作模式的巨灾保险制度。法国的洪水保险也是由政府和市场共同承担的巨灾风险，政府所有的再保险公司向销售巨灾保险的商业保险公司提供无限担保的再保险。

（二）国外典型的巨灾保险产品概述

1. 英国的洪水保险。英国属温带海洋性气候，可能遭受洪灾的面积较广。在20世纪60年代初，政府与保险行业协会签订了一份"君子协议"：政府承诺建立有效的防洪工程体系，使保险损失控制在可以承受的范围之内；保险行业保证向位于洪灾风险区域的家庭和小型企业提供洪水保险。英国采用市场机制提供洪水保险；洪水保险业务全部由私营保险公司承担，投保人可以自愿选择投保。保险公司将洪水风险纳入标准保单的承保范围，即具有捆绑式特征，投保住宅保险时不能因当地洪水风险低而剔除洪水责任。因此，英国的洪水保险投保率高，保险成本低，避免了逆向选择。保险公司主要通过再保险把洪水风险分散。英国是世界上保险业最为成熟的国家之一，保险和再保险市场都非常发达，居民和企业都有较强的保险意识，所以市场主导的洪水保险体系运转自如。

2. 美国国家洪水保险计划。洪水是美国最严重的自然灾害之一，有2万余个社区易受洪灾。1968年美国国会通过了《全国洪水保险法》，次年制定了《国家洪水保险计划》，并建立了国家洪水保险基金，为此组建了联邦保险管理局（FIA），由其负责国家洪水保险计划的实施和管理。国家洪水保险计划既是美国的洪水保险计划，又是洪泛区管理计划。美国将改善洪泛区土地管理和利用与采取防洪减灾措施作为社区参加国家洪水保险计划的先决条件，再将社区参加国家洪水保险计划作为社区中居民参加洪水保险的先决条件。国家洪水保险计划只保居民家庭财产和小型企业的财产。按照1994年的《洪水保险改革法案》，国家洪水保险计划承保的最高限额为：居民住宅为25万美元，室内财产为10万美元。小型企业的非居住房屋为50万美元，室内财产为50万美元。在扣除免赔额后对于限额以内的赔偿责任全部由政府承担。商业保险公司只以自己的名义销售洪水保险单，并负责灾后理赔工作以获取一定的佣金。国家洪水保险基金的来源包括保费收入、政府拨款、投资收益等，该基金由联邦政府无限担保。当洪水保险基金不足以支付保险赔款时，可向财政部临时借款，日后再从基金中偿还。2005年卡特里娜飓风后累计支付洪灾赔款161.7亿美元，不仅使国家洪水保险基金多年来的结余全部耗尽，而且国会上调的信贷额度增至215亿美元。截至2011年1月31日，国家洪水保险计划的债务和利息高达177.75亿美元。

3. 日本地震保险。日本是世界上地震发生最频繁的国家之一。1964年发生的新潟大地震两年后，日本颁布了《地震保险法》，建立了由政府和保险公司合作的地震保险制度。首先是成立了由国内 19 家财产保险公司和东亚火灾海上再保险公司组成的地震再保险公司。地震保险作为火灾保险的附加险向家庭提供。保险公司在承保家庭地震保险业务后，全额向地震再保险公司分保，再由其统一向成员公司和政府办理转分保。由于地震可能造成的巨灾损失难以预见，保险公司和政府都不能无限制地承担风险，对每一次地震的赔款责任都有限额，这些限额由法律规定，每年度可以调整。一般情况下，750 亿日元以下的损失全部由地震再保险公司承担；750 亿日元至 13 118 亿日元的损失由原保险公司和地震再保险公司承担 50%，政府承担 50%；13 118 亿日元至 50 000 亿日元的损失，由原保险公司和地震再保险公司承担 5%，政府承担 95%。也就是说，损失越大，政府承担的责任比例越高。如果单次地震损失总额度超过最高赔偿限额，那么将按照最高赔偿限额与损失总额的比例进行赔付。日本地震保险的最大特色是其独特的再保险制度，地震再保险公司向政府进行巨灾超赔再保险。

二、中国巨灾风险管理体制现状

目前，我国巨灾风险管理体制具有"举国体制"特征，即是以政府为主体，以财政为支柱的风险管理体制。特别是在抢险救灾方面，均是以各级政府为主体，以军队、武警和民兵为突击力量，采用自上而下的纵向灾害管理体制。在灾后重建过程中，均以财政资源为主要资金来源，辅之以社会捐助、慈善和公益事业的力量。而保险这一市场化手段发挥的作用微不足道，在历次特大巨灾损失中，商业保险的补偿比例均不足 2%，如 2008 年 5 月 12 日的汶川大地震。相比之下，汶川大地震后 19 个对口支援省市共投入了资金 843.8 亿元，完成了对口支援项目 4 121 个。

从历史角度看，巨灾风险管理的举国体制符合我国巨灾保险制度滞后的国情，其优势在于集中力量抢险救灾，最大限度减少人员伤亡，加速灾后重建和生产生活恢复。但是，如何利用市场机制，发挥保险专业优势，减轻财政压力，建立政府和社会协同的灾害风险分担机制，仍是一件刻不容缓的大事。

在我国现行的企业财产保险条款中，基本险条款中把"洪水"从保险责任中剔除，但保留在综合险的保险责任中，而"地震"只可作为附加险承保。在家庭财产保险条款中，"洪水"一般属于保险责任范围，而"地震"则不属于保险责任范围。近年来，深圳市、云南省开展了巨灾保险制度试点。《深圳市巨灾保险方案》实行政府统保加商业保险的"分层保障"模式。第一层次是深圳市政府为居民统一向保险公司投保巨灾救助保险，保障内容是居民伤亡补贴及安置费用；第二层次是设立巨灾基金，以深圳市政府拨款和社会捐助方式筹集资金，用于巨灾救助保险赔付限额之上的补偿；第三层次是居民自愿向保险公司投保储金型巨灾保险产品。云南省巨灾保险制度先在楚雄地区试点，保险标的为农民房屋，保险责任是地震，保险费由财政和农民按比例分担。这两地巨灾保险制度的共同特点是：由政府主导，市场配合，保费由财政和居民分担。宁波、福州、苏州等地在试点巨灾保险时也采用政府购买公共服务的方式。

三、如何建立我国巨灾保险制度

2008 年汶川大地震发生之后，巨灾保险引起了保险业内外热议。2009—2010 年，国务院给金融系统布置了若干课题，其中分配给保险业的课题即为巨灾保险，由保监会牵头完成后将成果上报了国务院。中国人民财产保险股份有限公司结合长期积累经验，会聚业界与学界的研究力量，编写了一套《中国巨灾保险制度丛书》，借鉴国际经验，系统研究了我国建立巨灾保险制度的总体思路和实施方案。这里根据上述研究成果概述其总体思路和实施方案。

（一）建立巨灾保险制度应立法先行

1956 年美国国会通过了《联邦洪水保险法》，开启了联邦洪水保险制度。但该法规定由保险公司承担保险责任，政府不承担洪灾风险。争论持续十多年后，1968 年又通过了《全国洪水保险法》，次年制定了《国家洪水保险计划》，并设立了国家洪水保险基金。至此，政府主导的国家洪水保险计划才正式建立起来。1964 年日本新潟地震发生后，日本要求推行地震保险的呼声高涨，1966 年 5 月出台了《地震保险法》，地震保险制度才得以确立。1999 年 8 月 17 日土耳其西北部大地震造成 16 000 多人死亡。土耳其政府在世界银行帮助下颁布了一个强制地震保险计划法案，地震保险于 2000 年 9 月 27 日强制实行，位于市区内的所有住宅建筑物都必须投保。

目前我国巨灾保险制度的法律基础还比较薄弱。在我国法律体系中，尚没有建立针对巨灾保险的专门法律。在相关部门主导制定的各类法律法规中，关于巨灾保险的规定比较笼统，不具备可操作性。例如，2009 年 5 月 1 日实施的《中华人民共和国防震减灾法（修订）》只在第四十五条提及："国家发展有财政支持的地震灾害保险事业，鼓励单位和个人参加地震灾害保险。"唯一跨部门协调性法律《中华人民共和国突发事件应对法》也作了类似的表述。甚至连 2009 年 10 月 1 日实施的《中华人民共和国保险法》也未对巨灾保险相关事项作出专门规定。因此，我国要尽快制定颁布"地震保险法""洪水保险法"等巨灾保险法律，明确国家对建立巨灾保险制度的基本原则、总体规划、运行方式等。

（二）搞好巨灾保险制度顶层设计，确定政府主导、市场化运作模式

建立我国巨灾保险制度，首先应坚持政府主导，必要的财政资源投入是制度建设的前提和保障。我国现行的政策性农业保险也是以中央政府为主导，地方政府紧密配合，以各级财政支持为主的模式。政府对巨灾保险实行保费补贴、税收减免等措施，能够充分调动投保人的积极性，降低巨灾保险运行成本。当遇到特大巨灾，巨灾保险出现偿付能力问题时，需要中央政府作为最后再保险人。为此中央政府必须建立巨灾保险基金。

中国幅员辽阔，各地区在自然环境和经济发展方面有很大的差异，面对这些差异，切忌采用"一刀切"的方式，还要以省为单位建立巨灾保险基金，辅之以"全国统筹，中央支持"。而且，应针对不同灾因建立巨灾保险体系。例如，在福建、广东、浙江、江苏等地建立台风巨灾保险体系；在四川、云南、青海、河北等地建立地震巨灾保险体系；在长江中下游建立洪水巨灾保险体系等。

根据我国现阶段保险市场、再保险市场和资本市场的发展程度，通过在政府主导下的市场化运作来建设我国的巨灾保险制度是完全可行的。商业保险经过多年发展，在产品设计、风险评估、保险定价、风险控制等环节已积累了大量的实践经验，在承保、理赔、精算等领域也储备了技术和人力资源，适时推出巨灾保险已具备了条件。此外，在时机成熟时，保险

公司和再保险公司还可通过巨灾债券、巨灾期货、巨灾期权等将部分巨灾风险转移到资本市场。总之，必须建立一个包括国家和地方财政、本国保险业、国际再保险市场，甚至资本市场在内的，全方位、多层次的巨灾风险分散体系。

（三）分省建设，适度统筹巨灾保险基金

在巨灾保险制度建设的初期，宜以省为单位，建立不同灾因的巨灾保险体系。与此同时，中央政府建立国家巨灾保险基金，在全国范围内统筹巨灾保险基金，为省级巨灾保险制度提供保障，对欠发达地区省级巨灾保险基金实现转移支付功能。值得注意的是，统筹应当有一个度，为充分调动各省的积极性，应该"适度"。

（四）巨灾保险制度实施方案以"统分结合"为原则，分省、分灾因、分层、分步骤加以推进

"统分结合"是指在国家层面上制定一个总体规划和基本框架，建立"国家巨灾保险基金"。分省即以省为单位建立巨灾保险制度。分灾因是指按灾因分别建立巨灾保险制度。分层是指将巨灾风险在各个层级之间进行分散：通过免赔额和赔偿限额，要求投保人承担部分损失；再在保险公司与再保险公司、保险市场与资本市场、国内市场与国际市场、地方基金与中央基金之间分散或分担巨灾风险或损失。分步骤即先试点，后推广，先易后难。

以地震巨灾保险制度实施方案为例，应区分城市居民住宅和农村农民住房。企事业单位抵御地震风险能力较强，可以实行市场化运作。对于地震风险较为严重的地区，可开展单一的农村农民住房地震保险，保费支付上采用省、市、县级政府和农户共同出资方式，具体比例视各地情况而定。通过建立全国和省级农村农民住房地震保险基金来分散特大地震风险。至于城市居民住宅地震保险，也要设立两级地震保险基金，全国基金对省级基金进行支持和平滑，基金的筹集可参照住房公共维修基金的模式，部分来自居民。国家还要给予一定的政策支持，如税收优惠。在两级地震保险基金的基础上，市场化运作可采用保险方式，并采用共保、再保技术。

📎 **专栏**

我国试点建立巨灾保险制度 ∎∎∎

2013 年，中国保监会批复深圳、云南为我国巨灾保险首批试点地区，此后，两地加紧对制度框架的研究和设计。深圳市巨灾保险于 2014 年 6 月 1 日起正式实施。深圳市政府出资 3 600 万元向商业保险公司购买巨灾保险服务，最高每次灾害赔付达 25 亿元，该保险服务将用于巨灾发生时所有在深人员的人身伤亡救助和应急转移救助。深圳市巨灾保险制度由政府巨灾救助保险、巨灾基金和个人巨灾保险三部分组成。

第一部分：政府巨灾救助保险。由深圳市政府出资向商业保险公司购买，用于巨灾发生时对所有在深人员的人身伤亡救助和应急救助。

第二部分：巨灾基金。由深圳市政府拨付一定资金建立，主要用于承担在政府巨灾救助保险赔付限额之上的赔付。且巨灾基金具有开放性，可广泛吸收企业、个人等社会捐助。

第三部分：个人巨灾保险。由商业保险公司提供相关巨灾保险产品，居民自愿购买，主要满足居民更高层次、个性化的巨灾保险需求。

资料来源：新华网（http://news.xinhuanet.com/yzyd/fortune/20140710/c_1111557179.htm）。

· ·

2014年1月6日，原中国保监会相关负责人介绍，保监会正会同有关部委制订我国巨灾保险制度的具体实施方案。将按照"中央统筹协调、地方破题开局、行业急用先建"的"三条线，齐步走"战略加速推进，突破口初步确定为建立城乡居民住宅地震保险制度。

（五）建设巨灾保险数据库，开发巨灾模型

建立巨灾保险制度的一项基础性工作就是建设巨灾保险数据库，开发巨灾模型。2009年，中国保险行业协会的课题组已经编制发布了《巨灾保险数据采集规范》，下一步就是采集巨灾保险数据。巨灾保险数据包括三方面的数据：保单数据、承灾体数据、致灾因子数据。保单数据可以通过保险行业直接完成。对于承灾体的相关数据，还需要得到住房城乡建设部的支持。而对于致灾因子的数据采集，则需要地震局、水利部、气象局、农业农村部、民政部等政府部门的协助。为了有效地组织、存储和管理采集到的巨灾保险数据，需要建立巨灾保险数据库，实现数据的共享，保证数据的独立性，实现对数据的集中控制。

巨灾风险通常具有发生频率低、损失程度大，且风险本质复杂、难以预测的特性，因而保险公司在巨灾保险定价时很难用传统的精算方法来准确预测未来的巨灾损失，无法厘定合理的巨灾保险费率。为了解决这一难题，我国保险业应研制开发巨灾模型。巨灾模型是由三个模块组成：使用灾害模块模拟灾害的各种物理能量，如台风的风速、洪水的水深。工程模块主要通过易损性曲线把巨灾的物理能量和巨灾的破坏程度联系起来，如3米深的洪水可能造成建筑物50%的破坏。使用金融模块计算各种保险和再保险结构，并输出相应的净保费和超溢曲线等最终结果。

> 巨灾模型系统地整合了巨灾风险特征信息、地理信息系统信息、建筑工程信息与精算技术，并最大限度地利用有限的历史数据，借助计算机来模拟巨灾损失，估算出特定地域在一定时间内发生一定水平巨灾损失的概率，结合保单数据可以对巨灾损失进行测算，从而帮助保险公司进行巨灾保险合理定价。

尽管巨灾模型在20世纪80年代末就诞生了，但在保险业务中的广泛应用是在90年代中期以后。中国再保险集团引进了国际领先的巨灾模型，已在业务经营中得到了应用。巨灾的种类有异，发生的地点也不同，巨灾模型千差万别。巨灾模型开发是跨学科的复杂工程，需要来自自然科学、工程学、金融学和计算机等多个领域的人才合作才行。我国保险业必须组成这样的专家队伍，结合我国实际情况开发出各种巨灾模型。

本章重要概念

巨灾　巨灾风险　温室气体　洪水风险图　易损性　VaR　地震预测
《建筑抗震设计规范》　美国《国家洪水保险计划》　《深圳市巨灾保险方案》
巨灾保险数据库　巨灾模型

思考题

1. 简述巨灾风险的分类和特点。

2. 全球和我国巨灾风险和损失呈不断上升趋势的原因是什么？

3. 试以我国地震为例来说明巨灾风险的识别和衡量。

4. 为什么说洪水风险分析是编制洪水风险图步骤中的中心环节？洪水风险分析按照什么要求选择方法？

5. 概述洪灾频率和强度估计的一般方法。

6. 怎样根据 VaR 定义推算出 VaR 的计算公式？

7. 试以我国洪灾为例说明巨灾风险的损失管理。

8. 略论国外巨灾保险制度的主要模式及其典型产品。

9. 评述我国巨灾风险管理体制的现状，以及如何建立由政府主导、市场化运作的巨灾保险制度。

第十六章
危机管理

本章知识结构

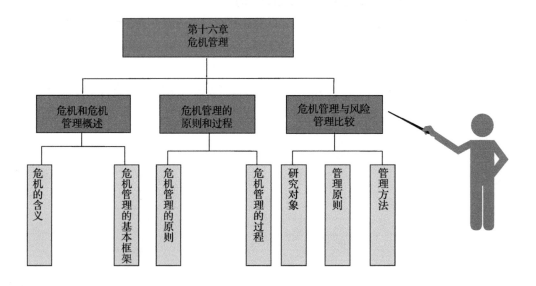

本章学习目标

● 了解危机的含义和危机管理的基本框架;

● 熟悉危机管理的原则和过程;

● 比较危机管理与风险管理的异同。

20 世纪 60—80 年代初,在西方国家兴起了一门独立学科——危机管理 (Crisis Management),危机管理成为管理学的一个分支。在我国 21 世纪初起也涌现了一批有关危机管理的译著和教材,并成为公共管理的一门核心课程。鉴于危机管理与风险管理这两门学科在研究对象、管理原则和方法等方面既有共通之处又有区别之处,本章就危机管理的框架和基础知识作扼要介绍,并与风险管理作一些比较,以扩大保险学专业学生的知识面。

第一节　危机和危机管理概述

一、危机的含义

（一）危机的定义

危机一词最初是一个医学术语，指人濒临死亡，处于生死之间的那种状态。后来这个词的含义不断扩大，适用政治、经济和社会、家庭等方面。学者们对危机的定义达100多种。1972年，危机管理研究的先驱C. F.赫尔曼给危机下了一个经典的定义：危机是威胁决策集团优先目标的一种形势，在这种形势中，决策集团作出反应的时间非常有限，且形势常常向令决策集团惊奇的方向发展。这是一种从决策角度定义的危机。另一种是从冲突角度定义危机，认为危机是和平进程的中断。危机是指一个组织、社会、国家或个人面临的突发性、严重的困境或紧急情况，通常具有高度的不确定性和破坏性，可能导致严重的负面后果。危机通常需要迅速和有效的应对，以避免或减轻潜在的损失或伤害。

（二）危机的特征

对危机的多种定义进行分析可以发现，危机一般具有以下基本特征。

（1）突发性，危机通常以突然的形式出现，往往没有预先警告或有非常短的预警时间。这种突发性使得组织或个人难以在危机发生前做好充分准备，从而增加了应对的难度，这也是危机的首要特征。如果突发事件性质比较严重或向性质严重方向发展，一般可归于危机范畴，如美国"9·11"恐怖袭击事件和2020年新冠疫情暴发。

（2）危害性，这是危机的本质特征。如果突发事件的危害程度较低，就难以被归入危机范畴。危机的危害性在于它对人们的正常工作和生活秩序造成破坏或威胁。危机的危害性决定了其潜在的影响范围和破坏程度，可能导致广泛的负面后果。

（3）紧迫性，这是指处理危机时间的紧迫性。危机往往需要迅速做出反应，因为延误可能导致损失加剧。决策者通常面临巨大的时间压力，需要在极短的时间内做出关键决策。

（4）不确定性，危机中信息往往是不完整的或模糊的，且情况可能会迅速变化。这种不确定性增加了决策的复杂性，使得预测危机的发展和后果变得困难。

（5）连锁性，危机往往会引发一系列次生危机或问题，导致情况进一步恶化。例如，经济危机可能引发社会动荡，或者自然灾害可能导致基础设施瘫痪。

（6）潜在的长期性，虽然危机本身可能是短期事件，但其影响可能是长期的。危机可能对经济、社会、环境等多个领域产生持续的负面影响，恢复和重建可能需要很长时间。

（三）危机的类型

1. 按照危机产生的原因可将危机划分为人为型和自然型危机。人为型危机指的是由人为行为或决策引发的危机，这些行为或决策可能是故意的、疏忽的或因错误而产生的。人为型危机通常涉及人的选择和行动，其后果可能对社会、经济或环境造成严重影响，例如，"9·11"恐怖袭击事件。

自然型危机指的是由自然现象引发的危机，这些现象通常是自然环境中的异常情况，不直接由人为行为引起。自然型危机通常难以预防，但可以通过预警系统和应急管理来减少其影响，例如，汶川大地震。

2. 按照危机影响范围可将危机划分为局部型和全面型危机。局部型危机指的是影响范围相对有限的危机，其影响通常局限于某一特定地区、组织或领域。局部型危机可能具有严重的短期后果，但其影响范围和严重程度通常较小，例如，小型的工业事故，地方性的自然灾害等。

全面型危机指的是影响范围广泛且深远的危机，其影响可能涵盖整个国家、地区或甚至全球。全面型危机通常具有高度的破坏性和长期的后果，对社会、经济、环境等方面产生深远的影响，例如，2008 年的国际金融危机。

3. 按照危机发生的领域可将危机划分为政治型、经济型和社会型危机。政治型危机指的是涉及国家、政府或政治体系的危机，通常由政治冲突、政府失效或政策失败引发。这类危机可能影响国家的政治稳定和治理能力，甚至导致国家结构的变化，例如，俄乌冲突。

经济型危机指的是对经济体系和市场造成严重冲击的危机，通常包括金融市场的崩溃、经济衰退或债务危机。这类危机会影响经济增长、就业和财富分配。

社会型危机指的是影响社会结构和社会稳定的危机，通常涉及社会不平等、社会动荡或公共安全问题。这类危机对社会的正常运作和人们的生活质量产生深远影响，例如，新冠疫情。

二、危机管理的基本框架

（一）危机管理的起源和发展

早期西方学术界对危机管理的研究主要集中在自然灾害方面，到 20 世纪 60—80 年代初形成了危机管理研究的第一个高潮，并在政治学和国际关系领域取得了突破性成果，出现了一批专著，如赫尔曼的《国际危机》、戴恩斯的《灾难中的组织行为》、科泽尔的《社会冲突的功能》等。20 世纪 60—80 年代初是世界上许多国家发生动荡的时期，如匈牙利事件、古巴导弹危机，美国国内的反战运动和民权运动、石油危机等。20 世纪 60 年代以后，社会科学各学科互相渗透的趋势也使危机管理研究中采用了政治学与经济学、管理学、社会学、心理学等学科相结合的研究方法，不再从哲学或者历史学角度着手，而且更多地采用定量研究、建立模型，甚至使用计算机手段。

20 世纪 90 年代中期以后，危机管理研究又掀起了第二个高潮。除继续开展传统的基础理论研究外，更侧重危机管理体制、危机控制方法、危机信息化管理、危机管理模型的设计等，即进行操作与技术层面上的研究。

1997 年亚洲金融危机、2001 年美国 "9·11" 恐怖袭击事件、2002 年的印度尼西亚巴厘岛爆炸、2020 年新冠疫情暴发等一连串危机，促使人们从多角度对危机管理进行研究。危机管理研究的主要角度有：（1）国际关系研究，特别是大国之间的关系，国际危机是危机管理研究的重点；（2）灾害事故研究，既包括对自然灾害的研究，又包括对重大意外事故的研究；（3）决策研究，决策论被认为是危机管理的一个分支；（4）管理研究，从行政管理角度研究决策者如何管理危机，偏重操作性、技术性的研究；（5）全面综合研究，运用多学科知识，对危机性质、产生原因、类型以及发展过程等进行全方位研究，并探讨危机管理体制。

（二）危机管理的定义

危机管理是指在危机发生前、发生时以及发生后，对危机进行有效应对和管理的一系列过程和行动。其目的是减少危机对组织、社会或个人造成的负面影响，保护生命和财产安全，恢复正常运营，并在危机过后总结经验，以提高未来的应对能力。综合危机管理学者们通过研究，把危机管理定义为政府或其他组织通过危机识别、预警、预防、应急处理、恢复、评估等措施，防止可能发生的危机，处理已经发生的危机，甚至将危机转化为机会，以保护公民的人身和财产安全，维护社会和国家安全。从这个定义可知，危机管理的主体是政府及其他组织；危机管理的重点是预防；危机管理的核心是对已经发生的危机进行应急处理，化解危机，防止损失扩大和事态升级；危机管理的善后处理阶段是恢复重建和调查评估。

（三）危机管理的四个阶段

由于可以把危机的发展过程分为潜伏、爆发、持续、消退四个阶段，相应地可以将危机管理也分为四个阶段：潜伏期的预警与预防，爆发期的应急处理，持续期的控制，消退期的恢复与评估。以上是按照危机管理的时间序列把危机管理分为四个阶段。

第二节　危机管理的原则和过程

一、危机管理的原则

（一）公共安全性原则

危机管理的根本目标是保障公共安全。突发危机事件会造成大量人员伤亡和严重的财产损失，使社会机制的正常运转遭到破坏。人身安全是最重要的安全。在突发危机事件应对中，应树立"以人为本"的理念，把抢救生命和保障人们的基本生存条件作为处理危机和开展救援工作的首要任务。同时，还应该最大限度地保护救援人员的生命安全。在保障人员生命安全的基础上，尽力保护国家和公民财产安全，及时抢救和抢修遭到破坏的生产与生活设施。

（二）及时性原则

危机具有突发性强、发展变化迅速的特征，时间因素约束是危机管理的最主要约束。一旦危机发生，就要在第一时间内作出反应，并迅速决策，果断采取措施，这样就能初步安定民众心理、维护社会秩序。如果行动迟缓，危机造成的损失态势就会势如决堤，一溃千里，给危机的控制和消除带来极大的被动性。我国 2008 年汶川大地震、2010 年舟曲特大泥石流灾害发生后，解放军部队在第一时间赶到现场抢险救灾就是贯彻危机管理及时性原则的最好范例。

（三）以防为主原则

该原则强调在危机发生之前采取预防措施，以减少危机发生的可能性或减轻其潜在影响。这个原则的核心在于通过前瞻性和主动的措施来应对潜在风险，从而保护组织、社会或个人的安全和利益。危机管理必须坚持以防为主的原则，将可能发生的危机事件扼杀在萌芽状态，将不可避免的危机所造成的损失减轻到最低限度。一是通过预测、预警、预控来防止危机事件的发生；二是通过预防措施使无法避免的危机事件所造成的损失减轻到最低限度。除了某些自然灾害外，几乎所有危机事件都是可以预防的。对于自然灾害通常采取一些直接预防措施，如建造防震建筑物、在汛期之前加固大堤。对于人为原因造成的意外事故可采取间接预防措施，如对公众进行火灾防范知识及安全逃生技能教育。

（四）分级管理原则

分级管理原则是危机管理中的一种策略，旨在通过不同级别的管理和响应措施来有效应对危机。该原则强调根据危机的严重性和范围，将管理和决策权分配到不同的层级，以确保资源的高效利用和管理的有效性。分级管理有两层含义：一是对危机本身的分级管理，即按照危机的等级进行分级管理。按照危机的危害程度把危机划分为不同等级，如将其分为一级、二级、三级和四级，分别用红色、橙色、黄色和蓝色标识，一级为最高级别，分别采取不同的应对措施。二是按照行政管理等级进行划分，分为中央和地方政府不同层次的管理。一般先由当地政府管理，即实行属地管理为主的危机管理体制。只有在当地政府解决不了危机时，才可请求上一级政府管理。一旦面临特大危机，影响全局利益，中央政府就会介入危机管理，但中央和地方政府仍各司其职。

（五）协同性原则

由于参与危机管理的人员来自社会各个方面，包括消防、地震、防洪、交通、通信、救护、医疗、物资、媒体等职能部门，以及军队、警察，甚至民间组织和志愿人员，需要建立跨部门的协调机构来统筹资源调配和统一行动，明确各部门的职责，实行合理分工，如决策、指挥、现场救灾、新闻宣传、后勤保障等分别由哪些部门或机构负责。有些大规模的、与国家利益密切相关的危机事件有时需要政府首脑负责组织协调，以保证调度应对危机所需的各种资源。

（六）依法行政原则

危机管理属于非常态决策和非程序决策，因此就必须赋予政府行政紧急权力，这些权力具有更大的权威性和优先性，政府平时不能采取的行政措施在紧急状态时可以行使。《中华人民共和国宪法》中一般规定紧急状态制度，并赋予政府行使行政紧急权力，另外紧急状态法规范行政紧急权力的行使，以做到依法行政。例如，自2007年11月1日起施行的《突发事件应对法》，一方面，授予政府应对突发事件可以采取的各种必要措施，另一方面，明确了权力行使的规则和程序，防止滥用权力，致使侵犯公民、法人和其他组织的权利。

二、危机管理的过程

（一）危机识别

危机识别是预防和应对危机事件的起点。危机识别应重点识别危机形成的环境条件、危机发生的原因和类型、危机发生的概率和损失程度、危机影响的范围等。危机识别的过程分为以下三个步骤。

1. 收集资料。资料收集工作是危机识别的基础，收集的资料既要多又要广，并力求真实和准确。收集资料的方法一般有问卷调查法、现场调查法、访谈法、实验模拟法、文献统计法等。

2. 资料整理。资料整理工作分为审查、分类和汇总三个阶段，对原始信息进行去粗取精、去伪存真的审查，按照一定标准将审查过的信息系统化、条理化，最后将分类后的资料和数据根据研究目的进行计算和汇总。

3. 预测分析。预测主要有定性和定量预测两大类方法，受资料和数据及统计方法的局限，危机预测较多地采用定性预测方法。

（1）定性预测法。定性预测法主要凭借个人经验和知识进行判断，常用的定性预测法有以下几种。

①头脑风暴法。采用小型会议的形式，将有关管理和预测人员召集到一起，向他们提出要预测的题目，让与会者大胆地讲出自己的想法，同时不准对他人的想法提出批评。通过信息交流，引起思维共振，产生组合效应，达到集体预测的目的。

②德尔菲法。这是由美国兰德公司首先采用的一种专家预测方法。首先确定要预测的危机，向有关专家寄发匿名调查表征求意见，组织者将所有的意见进行整理，然后反馈给各位专家，征求第二次意见。经过几轮的匿名反馈过程，专家意见基本趋向一致，组织者依此得出预测结果。

③电子会议法。这种方法将德尔菲法与计算机技术相结合，参与者通过电脑接收要预测的危机信息，然后将自己的预测意见输入电脑。经汇总后，再由参与者对各种意见进行讨论，最后经投票得出结论。

（2）定量预测法。定量预测法一般是运用统计、数学方法和计算机技术来预测危机事件，常用的方法有时间序列法、回归分析法、计量学模型等。美国学者史蒂文·芬克以危机发生概率和危机影响值为指标来预测危机事件，提出了一种定量预测危机的晴雨表方法。就危机发生概率而言，它处于 0 ~ 100%，并分为低度发生（0 ~ 50%）和高度发生（50% ~ 100%）两种类型。危机影响值可用 1 ~ 10 权数表示，并分为影响值小（低于 5）和影响值大（高于 5）两种类型。危机发生概率和危机影响值可根据以往资料和数据使用统计方法或主观判断方法得出。把危机发生概率和危机影响值表示在坐标轴上，就得到危机预测的简单模型，如图 16 - 1 所示。

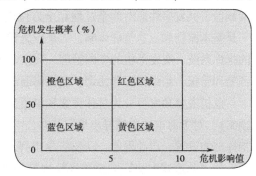

图 16 - 1 危机预测矩阵

如果危机进入红色区域，表明危机发生概率和影响值都较高，危害程度大，需要立即进行危机预警，并采取预防措施。如果危机进入橙色区域，表明危机发生概率较高，但危机影响值小，危害程度处于中间状态。如果危机进入黄色区域，表明危机发生概率较低，但危机影响值较大，需要密切提防。如果危机进入蓝色区域，表明危机发生概率和危机影响值都较小，相对比较安全。

（二） 危机预警

《突发事件应对法》按照突发事件发生的紧急程度、发展势态和可能造成的危害程度将其分为一级、二级、三级和四级。各类突发事件预警级别的划分标准将由国务院或者国务院确定的部门作出进一步规定。

> 危机预警是指根据有关危机的资料和数据预测危机的发生，并在危机发生前发出警报，使政府和民众提前了解危机状态，以便及时采取应对措施。

当代的危机预警系统是电子预警系统。电子预警系统包括信息收集子系统、信息加工子系统、决策子系统和警报子系统。对经由信息收集子系统收集到的有关危机风险源和危机征兆等信息，通过信息加工子系统进行整理、分类、识别和转化后传输决策子系统，由决策子系统决定是否发出危机警报和危机警报的级别，并向警报子系统发出指令。这就需要建立危机警报及其各个级别的临界点，即何种危机信息、达到何种水平可以发出危机警报，发出何种级别的危机警报。在具体决策中，系统根据指标水平决定突发事件是否达到危机警报的临界点，达到哪种危机警报级别的临界点。

（三） 危机应急预案

预案是行动的计划，危机应急预案制定危机发生后应对的总体思路和基本程序、方法，规定组织管理流程框架，应对策略选择标准以及资源调配的原则。《突发事件应对法》第二十六条规定：国家建立健全突发事件应急预案体系。国务院制定国家突发事件总体应急预案，组织制定国家突发事件专项应急预案；国务院有关部门根据各自的职责和国务院相关应急预案，制定国家突发事件部门应急预案。地方各级人民政府和县级以上地方人民政府有关部门根据有关法律、法规、规章、上级人民政府及其有关部门的应急预案以及本地区、本部门的实际情况，制定相应的突发事件应急预案。

《突发事件应对法》第二十八条规定了应急预案的内容：针对突发事件的性质、特点和可能造成的社会危害，具体规定突发事件应对管理工作的组织指挥体系与职责和突发事件的预防与预警机制、处置程序、应急保障措施以及事后恢复与重建措施等内容。可见，应急预案涵盖了突发事件应对的全过程和全方位内容。从功能上看，应急预案包含两大核心层次：一是基本原则和应急管理体制，二是应急预案的运行机制。应急管理体制包括突发危机管理的指挥系统、突发危机的资源管理、突发危机应对的社会网络等，应急预案的运行机制包括预警和警报、组织指挥和协调、危机沟通政策、媒体及形象管理、恢复与重建等。

危机应急预案可分为总体预案和单项预案两种。前者如《上海市灾害事故应急处理总体预案》，对上海市减灾领导小组及其办公室的职能，不同等级灾害事故发生时不同层次应急指挥部的设置、启动程序，以及应急指挥、保障和防范等作出了规定。后者如我国 1997 年颁发的《防震减灾法》规定破坏性地震应急预案主要包括下列内容：应急机构的组成和职责；应急通信保障；抢险救援人员的组织和资金、物资的准备；应急、救助装备的准备；灾害评估准备及应急行动方案。

（四） 危机决策

决策都是针对一定问题，为实现一定的目标，拟订并选择最优方案的过程。危机决策具有超前性、快速性、信息不对称等特点，是一种非程序化决策。危机决策权力高度集中，决策程序简化，决策者主要依靠自己的智慧和胆略审时度势，更多的是采用直觉决策，风险很大。在危机情景下，一种快速决策的简便流程是：（1）问题确认；（2）环境分析；（3）拟订和选择方案；（4）实施及反馈。

1. SWOT 分析法。SWOT 是 Strength、Weakness、Opportunity、Threat 四个英文单词的缩写，其含义分别是：强项、优势；弱项、劣势；机会、机遇；威胁、对手。SWOT 分析法是从企业战略管理中移植过来的方法，是快速确定行动战略的简便方法。在危机决策过程中，SWOT 分析法可作为一种环境分析工具。从整体上看，SWOT 可以分为两部分：第一部分为SW，主要分析内部环境；第二部分是 OT，主要分析外部环境。将内部优势与外部机会相匹配，可形成 SO 战略；将内部劣势与外部机会相匹配，可形成 WO 战略；将内部优势与外部威胁相匹配，可形成 ST 战略；将内部劣势与外部威胁相匹配，可形成 WT 战略。

2. V—C—S 模型。在完成了危机决策所面临的环境分析后，一种快速的选择方案的方法是 V—C—S 模型。该模型是指根据价值（Value）、能力（Capacity）、支持（Support）对决策方案作出最优选择。一个方案首先应有价值，即能实现决策目标，符合公共利益。其次，方案应具备实施能力条件，具备相应资源，否则不可行。最后，方案应具备支持条件，要得到受益对象的认可和执行人员的支持。只有符合这三个条件的方案才是可行的。

（五）危机预防

危机管理应当把预防放在首位。危机预防包括前述的危机识别、预警、应急预案等环节，还包括危机预控。危机预控是指根据危机识别和预警情况，对可能发生的危机事件进行预先的控制和防范，以防止危机发生，或者减轻危机发生后的危害程度。制订危机应急预案是危机预控的一项重要工作。危机预控可采用多种策略：

1. 排除策略。排除意即消除风险源。有些危机发生的诱因属于可控制因素，可以在危机发生前消除这些诱因。例如，移走易燃危险品就可消除火灾隐患。颁布安全管理规章制度、定期或不定期进行安全检查，都属于应用排除策略。

2. 缓解策略。在危机诱因不能完全被排除的情况下，通过各种缓解措施，尽可能减轻危机发生后的危害程度。例如，在建筑物内设置防火墙、建造防震建筑物，就是缓解策略的典型运用。

3. 转移策略。如果危机诱因难以排除或者缓解，就可以采取转移策略。危机转移是将危机的后果转移给第三方来承担，分为保险方式的转移危机和非保险方式的转移危机。保险方式的转移最适合损失频率低而损失程度大的风险，如作为巨灾保险的地震保险、洪水保险、核电站保险等，以及安全生产责任保险、人身意外伤害保险、医疗费用保险等，均可应用于危机预控。但是，商业保险公司一般只承保纯粹风险，而且要满足可保风险的多项条件。非保险方式的转移危机一般采用转移责任协议把危机后果转移给另一方来承担，如通过工程合同把工程事故责任转移给承包商来承担。

（六）危机处理

当突发危机发生时，必须应急处理，启动应急预案，采取抢险救灾措施，防止损失扩大和事态升级。危机处理的步骤是：

1. 隔离危机。当出现危机事件时，当务之急是采取果断措施隔离危险源，力争把危害隔离在最小范围内。危机隔离分为危害隔离和人员隔离。例如，当森林火灾发生时，立即切断火场，防止火灾蔓延，这属于危害隔离。又如，在"非典"期间，对与感染者有过接触的人群采取隔离观察措施，这属于人员隔离。

2. 及时发布公告安定民心。《突发事件应对法》对危机信息的报告和发布都作出了明确规定，政府处理突发事件时，应统一、准确、及时发布有关事态发展和应急处置工作的信息。公告应告诉公众：什么时间、什么地点发生了什么危机；危机目前的发展程度及发展趋势；组织正在或即将采取的措施等。这既满足了公众的知情权，又帮助公众知道如何防范和消除心理压力，有利于维护社会秩序和危机应急处理措施的顺利执行。此外，也可以通过大众传播媒体配合报道紧急救援工作的进展。

3. 建立一个跨部门、多职能的社会应对网络体系。危机处理时一般需要调动很多社会资源来整合资源优势，共同应对危机。当然在编制危机应急预案时就应建立社会应对网络体系，当危机事件发生后就启动社会应对网络体系的力量。社会整体危机的应对网络体系包括政府、非政府组织、企业组织、社会公众、国际组织等。我国正在加强城市应急联动系统建设。该系统是指将城市公安、交警、消防、急救、防洪、防震、公共事业等部门整合在一起，建立统一指挥调度平台，实现市民所有报警、急救、求助、投诉，只需拨打统一的服务电话号码就能得到相应的救助。我国第一套社会应急联动系统——南宁市城市应急联动系统已于2002年5月1日正式运行。

4. 确保后勤保障。在危机蔓延期，确保后勤保障非常重要。后勤保障工作的主要任务是获取和储备危机处理所需的各种资源，并合理配置资源。后勤保障工作包括人员抢救与工程救险、医疗救护与卫生防疫、交通运输保障、通信保障、电力保障、食品物资供应、灾民安置、应急资金供应等。作为危机管理主体的政府，在每年编制政府预算时应按照本级预算支出额的1%~3%设置预备费，用于当年预算执行中的自然灾害开支及难以预见的特殊开支。在危机事件发生后，危机管理部门有权紧急调集人员、储备物资、交通运输工具及相关设施、设备等，进行抢险救灾工作。

（七）危机恢复与重建

当危机事件得到有效处理或平息后，危机管理进入危机的善后处理阶段，即危机恢复与重建。危机恢复与重建也是危机管理中的关键阶段，旨在在危机发生后，迅速恢复正常运营，重建受损的资产和功能，并通过总结经验来提升未来的应对能力。这个过程不仅包括物质层面的恢复，还包括组织、社会和心理层面的重建。

1. 物质重建。在危机恢复期，政府及其他组织要尽快组织受灾群众进行生产自救；给予企业必要的经济援助，迅速恢复生产经营；恢复重建灾区基础设施；及时提供灾民临时住所和医疗服务；紧急调运民众生活日常用品和急需物品。物质重建不仅包括修复和恢复受损的建筑、设备和基础设施，还包括升级和改善现有的物质设施，以提高未来的抗风险能力。

2. 形象恢复。对于政府和企事业组织而言，危机带来的更多是形象受损、信誉丧失等无形损失。在危机恢复期中要挽回形象损失。对危机受害者给予补偿、及时将危机处理信息通知公众、积极与媒体沟通，都是恢复形象的有力举措。

3. 心理恢复。危机之后，尤其是在重大人身威胁灾难之后，会给人们带来心理上的压力，需要危机管理部门向社会公众或受害人提供心理恢复服务，诸如宣传教育、心理咨询，以释放危机压力，缓解或消除心理痛苦，增强人们对危机的心理承受能力和实际抵抗力。

（八）危机评估与发展

危机平息之后应对危机及危机管理进行评估，从中吸取经验和教训，并把握危机中的机会，把危机变成发展的新机会。危机评估首先是调查和分析引发危机的原因和危害性，其次是对危机管理的组织领导、预警、应急预案、决策、预防、危机处理措施、恢复与重建工作等各个环节进行评估，总结经验和教训。在危机评估的基础上，化危机为转机。通过危机可以发现危机管理的组织结构和运作中存在的种种缺陷，促使政府和企事业组织重新建立或完善危机管理体制与运作机制，并加强危机管理的法制建设。

危机评估与发展涉及对危机的全面识别、分析和评估，以制定和优化应对策略，确保危机管理的有效性。通过持续改进、演练培训、风险管理系统建设、沟通协调以及政策法规调整，可以提升危机管理的能力和水平，从而在未来的危机应对中表现得更为出色。

第三节 危机管理与风险管理比较

一、研究对象

比较研究对象首先要比较危机与风险这两个术语。风险的基本含义是损失的不确定性，而危机一般是指可能会带来严重破坏后果的突发事件。相对而言，风险是一个中性词，人们常常会说风险无所不在。风险的损失概率有高有低，损失程度有大有小。而危机总是与突发事件相联系，但突发事件并不一定是危机，突发事件可能造成的破坏后果可大可小，而危机可能带来的破坏后果总是较大的。换言之，危机与突发事件都具有突发性特征，但危机的危害性在影响范围和程度上都大，危机是突发事件的一种特例。

风险管理是应用一般的管理原理去管理一个组织的资源和活动，并以合理的成本尽可能减少灾害事故的损失和它对组织及其环境的不利影响。从这个定义分析，风险管理的主体是组织，即特定的企事业单位或家庭。危机管理的主体当然也包括组织，如企业危机管理，但它还包括政府，而且涉及公共利益的社会性危机的管理主体是政府，政府一般不会介入特定企业的风险管理活动。

风险管理也可简单定义为有关纯粹风险的决策，其中包括一些不可保的风险。危机的类型有人为型和自然型、政治型、经济型和社会型等，其中有不少危机并不是纯粹风险，即不属于风险管理的对象，如政治危机、经济危机、道德危机等。但是，自然灾害和意外事故都是危机管理与风险管理共同的研究对象，特别是重大风险或巨灾风险管理与危机管理几乎是同义词，但两者在管理原则和方法上还是有所区别的。

二、管理原则

危机管理原则包括公共安全性、及时性、以防为主、分级管理、协同性、依法行政等，这些原则都是由危机的突发性、危害性、紧迫性等特征所决定的。危机管理研究中采用政治学、社会学、心理学与经济学、管理学、公共行政学等学科相结合的研究方法。而风险管理遵循一般的管理原则，识别风险、衡量风险和选择适当的对付损失风险的方法。就企业风险管理而言，风险管理的目标和范围一般囿于企业内部。危机管理把公共安全视为根本目标，因为危机的危害性在影响范围和程度上足以威胁或破坏公共安全。危机社会应对网络包括各级政府及其职能部门、民间组织、企业组织、社会公众、国际组织等，危机管理的范围远大于风险管理。

危机管理以防为主的原则是与风险管理共通的，防损也是风险管理的一项重要职能。至于危机管理的分级管理、协同性原则，对风险管理来说也仅囿于组织内部。

三、管理方法

危机管理的过程与风险管理的程序是雷同的：编制危机应急预案与制订风险管理计划；危机识别和预测与风险识别和衡量；危机决策与选择对付风险的方法；危机处理与贯彻和执行风险管理的决策；危机恢复和评估与风险管理业绩的检查和评价。然而，危机管理与风险管理的方法或策略既有共同之处又有区别之处。危机识别和预防中采用的一些方法与风险管理的方法相同，如问卷调查法、现场调查法、预测危机发生概率和危机影响值、危机排除和缓解策略、危机转移策略等，特别是两者都可以采用保险方式和非保险方式的转移策略。由于危机管理的原则是保障公共安全、分级管理、依法行政等，所以危机管理的危机预警、应急预案、决策、处理、恢复与重建等阶段所采用的一些方法是与风险管理截然不同的，如电子预警系统、应急指挥系统、危机应对社会网络、媒体及形象管理、非程序化决策、后勤保障、心理恢复等。

风险管理中选择对付风险的方法有避免风险、损失管理（防损与减损）、非保险方式的转移风险、自担风险和保险，而危机管理中就没有自担危机这种方法，因为危机的危害性在影响范围和程度上超出了组织本身的承受能力，所以政府、其他组织和社会公众救援是必不可少的。在风险管理中，保险是对付风险的最重要手段，而迄今为止在对付危机方面保险还只是一种辅助手段。这就是危机管理与风险管理方法上的最大区别。

本章重要概念

危机　危机管理　头脑风暴法　德尔菲法　危机预警　电子预警系统
SWOT 分析法　V—C—S 模型

思考题

1. 简述危机的特征和类型。
2. 怎样按照危机的发展过程把危机管理分为四个阶段？
3. 简释危机管理的原则。
4. 怎样使用危机晴雨表方法预测危机的等级？
5. 我国《突发事件应对法》对应急预案的内容作了哪些规定？

6. 危机预防可采用哪些策略？

7. 概述危机处理的步骤。

8. 危机善后处理阶段侧重于哪几个方面的工作？

9. 从研究对象、管理原则和方法三个层面来比较危机管理与风险管理的异同。

第十七章
案例分析

本章知识结构

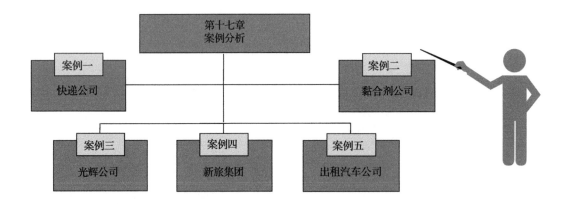

本章学习目标

● 运用第四章和第十一章部分知识对风险进行初步统计分析，并作出风险管理方案的选择。

案例一　快递公司

　　某快递公司在北京、上海、广州设立服务站，每个服务站雇用同等数目的快递汽车和驾驶员组成车队。公司为了减少费用，取消了车辆损失保险，而只投保了第三者责任险，也就是车辆损失险由车队经理自己承担。车队经理发现，在快递需求激增的季节，需要从外部雇用驾驶员（非车队固定带薪员工，与车队有临时合同关系的驾驶员），而在这种情况下，因费用问题给车队带来了冲击。表17-1是车队经理某年度在三个服务站的44次损失记录。

　　最近公司准备接受一项业务，即以信函形式在这三个城市发送一个新产品。在此之前，公司决定对过去的损失风险费用进行统计、分析。

表 17 −1　×年车队损失记录

损失费用（元）	驾驶员类型	地　点	月　份	损失费用（元）	驾驶员类型	地　点	月　份
100	员工	北京	4 月	1 780	代理	广州	4 月
1 650	代理	广州	12 月	1 500	代理	广州	5 月
200	代理	上海	6 月	280	员工	上海	5 月
375	员工	北京	8 月	2 450	代理	上海	1 月
4 000	代理	广州	1 月	200	员工	上海	8 月
350	代理	上海	9 月	190	代理	广州	11 月
575	代理	北京	8 月	390	员工	上海	9 月
264	员工	北京	4 月	2 700	代理	上海	6 月
300	员工	北京	6 月	464	员工	北京	10 月
145	员工	上海	4 月	160	员工	北京	7 月
1 000	代理	广州	4 月	122	员工	上海	7 月
750	代理	上海	7 月	2 500	员工	广州	1 月
240	员工	北京	10 月	2 850	代理	北京	12 月
220	员工	北京	9 月	300	代理	北京	11 月
3 750	代理	广州	2 月	1 000	员工	广州	11 月
865	代理	上海	3 月	140	员工	北京	9 月
145	员工	上海	5 月	3 600	代理	广州	12 月
120	员工	北京	6 月	110	员工	北京	3 月
1 700	代理	广州	10 月	125	员工	上海	8 月
2 300	代理	广州	2 月	500	员工	上海	10 月
350	员工	上海	7 月	1 700	员工	广州	2 月
432	员工	上海	10 月	150	员工	上海	6 月

该公司费用损失情况分析如下：

（1）损失范围在 100 ~ 4 000 元，平均损失为 1 078 元，71% 的损失在 1 000 元以下，82% 的损失在 2 000 元以下。

（2）从损失发生的地点看：上海发生损失的次数占 40%，而费用占 21.4%；广州发生损失的次数占 30%，而费用占 59.8%；北京发生损失的次数占 30%，费用占 18.8%。

（3）从驾驶员类型看：车队自己员工造成的损失费用占 22.2%，而有 77.8% 的费用损失是代理驾驶员造成的。

（4）图 17 −1 显示了不同地区和驾驶员类型费用变化幅度比较。从损失费用变化幅度看，不难发现广州的费用索赔最高，但其变化幅度最小。

（5）图 17 −2 显示了事故发生次数的时间分布情况，图 17 −3 显示了事故发生损失费用的时间分布。

通过以上分析，该公司得出以下结论。

（1）大多数损失费用均在 0 ~ 1 500 元。

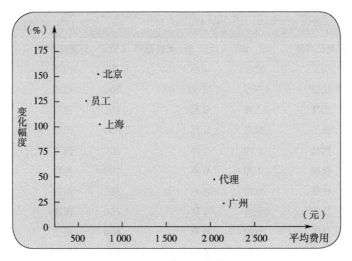

图 17 −1　费用变化幅度

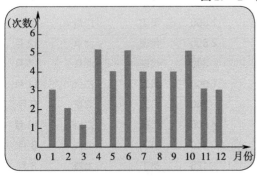

图 17 −2　发生次数的时间分布

图 17 −3　损失费用时间分布

（2）广州的事故发生次数量少，但索赔费用却很高，应调查清楚该地区的汽车数目以便进一步采取措施。

（3）代理驾驶员的事故发生数目虽少，但损失费用相当高，应对其使用程度加以控制。

（4）广州的大多数索赔来自代理驾驶员，必须调查该地使用了多少代理驾驶员，是否比其他两个服务站多。

（5）夏季事故发生频率高于冬季，但冬季索赔费用高于夏季，必须调查代理驾驶员的雇用时间，以考察这一点与事故次数和费用之间的关系。

这个案例只是对原始数据进行简单的统计技术分析，找出了索赔费用支出过高的地点和原因，进行了初步的风险识别，如果再结合法律、经济、行政、财务、保险因素，我们的风险处理过程便更完整。

案例二　黏合剂公司

假设你是一家黏合剂公司的风险经理，该公司是国内胶布和溶剂生产的领先企业，有员工 2 000 名，年营业额 3 亿元，40% 的产品出口。目前，该公司计划改进计算机系统。作为风险经理，公司征求你的意见，同时为你提供以下信息。

（一）公司房产

第一栋是一座三层的办公楼，板石结构、木土板、露天楼梯，该楼设有行政管理科、销售科、计划科、计算机中心及职工食堂，计算机中心位于顶层。

第二栋是化工厂房，砖石、混凝土结构，用来生产黏合剂原料，同时设有发电房、运输科及成品仓库，会计科、人事科及维修科也位于该楼。

第三栋是一座新楼，用来处理各种黏合剂及各溶剂和成品入罐、存库，因为该楼涉及处理可燃物，因此建筑材料、火力发电机、生产流程、人员安全方面的防火措施必须是高标准的，而在此过程中，又依赖于最先进的计算机控制的数据处理技术。

（二）计算机

计算机中心位于公司第一栋楼，该中心已建成多年，将由一个中级数据处理机发展成一个全方位的载线系统，有 30 个遥控终端，预计将容纳公司所有安装的机器。

该计算机处理的业务有：合同订单、发货、计划、存仓、预测、支付、管理信息及其他项目。公司三栋楼房办公用机通过地线与主机连接，国内销售办事处利用公用电话系统与主机联系，公司还计划在两年内将会计部门计算机与主机联网，因为目前会计信息是由一家计算机代理公司处理的。

公司针对计算机系统拟有一个严重事故恢复计划，在对该计划的评估中得到以下结论。

（1）每栋建筑对计算机磁盘及记录胶带的预防工作已相当充分。

（2）计算机载线系统的安装将导致计算机易受损程度的增加，特别是将该系统安置在一个具有可燃地板和隔墙、露天楼梯、食堂的建筑中。

（3）根据该计划，第一步工作是利用一个移动式建筑，在灾难发生几天内，由计算机主机生产商提供充分的替补计算机，并迅速移至这栋专门用来安置替补计算机的移动式建筑中，但是这一步已被有关公司提出质疑，原因是在紧急状况下计算机生产商无法提供替补计算机。

（4）计算机系统的使用能节省大量人力资源开支，这意味着如果不使用计算机，回到人工系统状态将会带来一大笔雇用及培训费用开支。

（5）一个全方位的计算机系统虽可被运用到许多职能部门，但也有局限性和费用过于昂贵等问题。

（6）计算机服务的连贯性似乎只能通过硬件复制达到。

根据以上结论，公司给出以下三种选择方案。

方案 1：在公司第二栋楼里安装一个计算机中心，这将要转移现有价值约 30 万元的计算机，购买价值 41 万元的新计算机，转移费用为 8.5 万元，还需配上防火机房。

方案 2：建议在第一栋楼旁边建一座楼，安置现有的和新购置的计算机系统，同时配上防火机房，新楼建筑费用为 35 万元，其他费用与方案 1 相同。

方案 3：建议在第三栋楼旁边建一栋新楼，其他与方案 2 相同，费用也与方案 2 相同。

原有的和新置的两个计算机系统必须距离很近，不然的话不方便平行操作。

初步了解以上信息后，作为风险经理，你会发现这或许不仅是一个纯计算机方面的问题，但仔细斟酌后，你必须针对以下问题提出意见和建议。

（1）计算机该安置于何处？

（2）如何保护计算机？

（3）载线生产系统的引入会带来什么新风险？

（4）与计算机有关的紧急状态下执行的行动方案。

（5）计算机转移过程中有何风险？

而要回答这些问题需要掌握以下信息。

（1）建筑物的火灾损失。

（2）计算机保护措施。

（3）计算机风险的评估。

（4）了解整个生产系统。

（5）应付火灾计划。

（6）计算机风险识别技术。

由以上几点可知，缺少任何一项我们都无法解决灾害出现时面临的问题，而这些问题的回答都依赖于风险经理通过对风险的识别、衡量，提出风险控制的决策意见。最后，风险经理选择了方案 2。尽管新楼建筑费用为 35 万元，但通过分析，一旦灾害出现，造成的损失将超过新楼建筑费用的数倍或数十倍。

案例三　光辉公司

光辉公司是一家工业镀膜公司，该公司采用一种特殊镀层工艺，使大多数物品表面（诸如木材、塑料、铝等）镀膜后坚固耐用。

该公司镀膜的工序大致如下：首先客户将需要镀膜的零件或产品送到光辉公司，然后产品被送入工厂传送带的钢槽内，传送带流经喷漆室，在那里镀层，镀层完毕后人工将钢槽抬开并放至石棉带上，传送带将流经一个高温、干燥的空气烘烤箱，以使镀膜变成坚硬的表面。此时，传送带会缓慢通过烘烤箱，一旦产品从烘烤箱内出来，就只剩下最后一道工序——冷却。烘烤箱上配有一个火罩，罩内有一个风扇，它在出现着火情况时会迅速抽掉氧气而灭火。

在过去几个月内，由于风扇没有正常工作，发生了几次小火灾，光辉公司产品部经理担心火灾会蔓延到其他地区，因此要求风险管理部门对火灾问题深入调查，考察烘烤箱引起的火灾向工厂其他地方蔓延的可能性，以及镀膜工序中的健康、安全问题。

针对火灾，风险管理部门经调查、分析发现以下问题。

（1）如果是镀膜着火，镀层温度过高或传送带速度减慢是主要原因。

（2）传送带上虽装有报警器，但操作人员一旦将传送带开得太慢时，报警器将失效。最近报警器一直发出错误警报信息，并有证据表明操作人员有时人为关掉报警器，除此之外便可能是电器或机械故障导致其失灵。

（3）烘烤箱上也安装有报警器，但当镀膜温度过高时，报警器也会失灵，从而导致操作人员在着火时无法及时作出反应。

（4）虽然当操作人员没有打开火罩内风扇或风扇工作不正常时，工厂总控制台应该亮警示红灯，但由于机械、电器、材料损坏，导致该红灯失效，那么火灾警示信息也没有得到及时传达，特别是风扇没有正常工作时，火灾发生的可能性大大增加。

通过以上分析，风险经理绘制出了事故树（见图 17-4），以说明火灾蔓延的原因。如果再结合其经验统计数据给出各个事件的概率，那么问题就更清楚，更有利于作出减少火灾风险发生的决策。

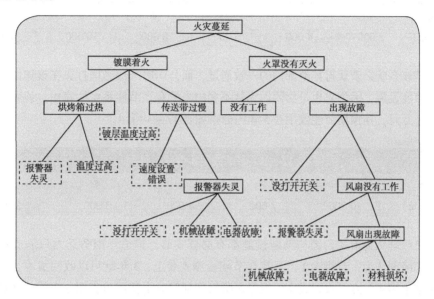

图 17-4 事故树

至于健康、安全问题，风险管理部门必须检验各种化学原料对人体的影响，以及过去的事故记录，并在化工专家的帮助下对工厂所使用化学原料提出新的建议和意见，以着眼于公司员工的长期人身安全。

案例四　新旅集团

新旅集团是我国经营餐旅业的公司，在我国各大城市设有宾馆，为旅游和商务人员提供便利的住房、休息、贸易会议场所。但是，最近几年该集团各宾馆发生盗窃案件的数目一直处于上升趋势，集团总经理认为这不仅仅是社会治安问题，还会直接损害企业的形象，长此以往下去必然导致营业额的下降，必须采取措施。于是，风险管理部门经理决定迅速建立一套完整的保安审查制度，并聘请高级保安顾问。

通过保安审查，风险管理部门经理发现问题来自钥匙和人员入口处的安全检查，特别是钥匙的伪造是发生盗窃的主要原因。因此，改变门锁的开启方式是减少盗窃最有效的途径。风险管理部门经理建议采用塑料卡式钥匙，它比传统的钥匙要安全得多，因为卡式门锁可由个人自主安排，任何被盗或遗失，对于盗贼来说是毫无价值的。

现在的问题是塑料卡式钥匙在财务上的可行性，保安顾问建议在大规模安装之前先在某个有代表性的宾馆试行，于是选择了位于广州市的一家宾馆。安装整套卡式门锁需 2 万元，使用寿命是 6 年，而系统安装后直接好处是减少盗窃，也就是减少投保的盗窃险中自负额的支付以及保安方面的服务费用，这些费用的节省在 6 年内分布如表 17 - 2 所示。

表 17 -2 节省费用年度分布情况

年　度	1	2	3	4	5	6
节省额 （元）	2 000	4 000	6 000	8 000	10 000	12 000

要安装该系统必须获得其他部门的一致通过，而公司房产部经理打算在该宾馆安装一个取暖照明节能设施，因为它也是集团内为数不多的未配有该节能系统的宾馆。该套系统安装费用也需 2 万元，其预期节能效用在 5 年内分布如表 17 - 3 所示。

表 17 -3 节能效用年度分布情况

年　度	1	2	3	4	5
节省额 （元）	10 000	7 000	4 000	3 000	2 000

集团总经理认为卡式门锁与节能设施都有必要安装，但迫于财务乏力只能支持其中一项。房产部经理认为，若将这 2 万元花在节能设施安装上，3 年就可以收回成本。而花在盗窃风险管理上需 4 年方可收回成本。况且风险管理部门对于费用节省额分布的估计是相当主观的，还不如完全投保。

这是一个公司面临两项有价值的选择时作出决策的典型例子，而此时，风险管理部门的计划显然处于劣势。风险管理部门经理必须拿出有说服力的论据来让决策部门支持自己的计划，我们来看风险经理是从何种角度来看问题的。

假设投资资产回报率是 10%，这两个计划的净现值见表17 - 4、表 17 - 5。

表 17 -4 房产部节能计划净现值				**表 17 -5 风险部卡式门锁计划净现值**			
年　度	净现金流量（元）	折现因子	现值（元）	年　度	净现金流量（元）	折现因子	现值（元）
0	-20 000	1.000	-20 000	0	-20 000	1.000	-20 000
1	1 000	0.909	9 090	1	2 000	0.909	1 818
2	7 000	0.826	5 782	2	4 000	0.826	3 304
3	4 000	0.751	3 004	3	6 000	0.751	4 506
4	3 000	0.683	2 049	4	8 000	0.683	5 464
5	2 000	0.621	1 242	5	10 000	0.621	6 210
合　计			1 167	6	12 000	0.564	6 768
				合　计			8 070

从现值累加中显而易见，风险管理部门的卡式门锁计划净现值高于房产部门节能计划净现值，这很能引起财务计划部门的注意力，使他们更偏向于选择风险管理部门的计划。

再从内部收益率的角度来看：

$$20\ 000 = 1\ 000\ (1 + i)^{-1} + 700\ (1 + i)^{-2} + \cdots + 2\ 000\ (1 + i)^{-5}$$

求得 $i = 13.08\%$ ，这为房产部门节能计划的内部收益率。

$$20\ 000 = 1\ 000\ (1 + i')^{-1} + 0\ (1 + i')^{-2} + \cdots + 12\ 000\ (1 + i')^{-6}$$

求得 $i' = 19.71\%$ ，这为风险管理部门卡式门锁计划的内部收益率。

很明显，$i' > i$，可见，从深层分析来看，风险管理部门的计划比房产部门的计划在财务上更有吸引力，更能体现投资效益。

案例五　出租汽车公司

某出租汽车公司专门出租汽车给私人，其业务网络遍及香港。4 年前，该公司又收购了广州一家出租汽车公司，从此业务范围触及广州。虽然在广州的业务规模不是很大，但从整体来看，整个收购行动是成功的。

当前，广州的汽车意外损失险已在广州保险市场投保。最近，财务主管发现，意外损失险的保费数额正在递增，而处理方法通常是由广州方面的公司先支付保费，然后将账单上交香港总部报销，报销的时间应在会计年度末，港元与人民币的汇率按报销日外汇汇率计算，预计今年保费是 20 万元人民币。

针对保费过高的问题，风险经理决定由全保改为广州方面公司自筹基金自保一部分，这也是香港地区长期采用的较为成功的做法。因此，风险经理首先考察了一些赔案，发现情况如右所示：

赔付额	频数
0 < 100	70
100 < 200	56
200 < 300	49
300 < 400	31

预计当年有 1 000 个赔案发生，那么预计赔款损失额计算方法如下：

$$预计损失 = \left(\begin{array}{l} \dfrac{0+100}{2} \times \dfrac{70}{70+56+49+31} + \dfrac{100+200}{2} \times \dfrac{56}{70+56+49+31} \\[2mm] + \dfrac{300+200}{2} \times \dfrac{49}{70+56+49+31} \\[2mm] + \dfrac{400+300}{2} \times \dfrac{31}{70+56+49+31} \end{array} \right) \times 1\ 000$$

$$= 170\ 000\ （元）$$

除此之外，还有外汇风险，如果按照在事故发生时，广州公司立即结案赔付，而在年度末上交账单给香港总部报销，那么这与支付保费没有多大区别，因为香港方面总部仍然得一次性在年度末支付赔款给广州方面，且要按当时人民币与港元汇率结账。根据专家预测，有50% 的可能会从 1.09 元人民币兑换 1 港元跌至 1.15 元人民币兑换 1 港元。有 40% 的可能仍然停止在 1.09 元人民币兑换 1 港元，有 10% 的可能是 1.05 元人民币兑换 1 港元。为了减少外汇风险损失，可以购买相当于预计赔付的现期港元或购买相同的以 1.15 元人民币兑换 1 港元的远期港元。

现在还有一个问题是自筹基金组织的许可问题，它必须取得广州有关机构的注册登记许可证，这个证件的申请费用是 5 000 元人民币，而且只有 50% 的可能成功地取得许可证。

针对以上情况，公司主管要求风险经理对新增加的风险拿出处理方案，风险经理认为这是一个决策问题，即可采取许多行动方案，而每个行动方案将出现不同概率的结果。因此，得到决策树（见图 17 – 5）。

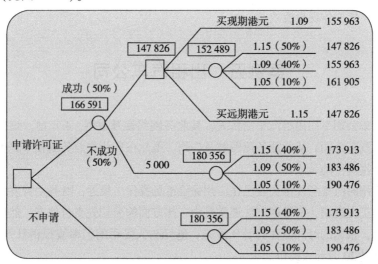

图 17 – 5　决策树

由决策树可见，采取申请许可证的做法较为有利。因此，决策树在处理结构性复杂问题方面显得清晰明了，同时此案例也帮助读者对外汇风险有一定了解。

参 考 文 献

［1］宋明哲. 风险管理［M］. 台北：中华企业管理发展中心，1984.

［2］阿瑟·威廉姆斯，理查德·M. 汉斯. 风险管理和保险［M］. 陈伟，等译. 北京：中国商业出版社，1990.

［3］陈秉正. 公司整体化风险管理［M］. 北京：清华大学出版社，2003.

［4］田玲. 巨灾风险债券运作模式与定价机理研究［M］. 武汉：武汉大学出版社，2009.

［5］宋明哲. 风险管理新论：全方位与整合［M］. 台北：五南图书出版公司，2012.

［6］王银成. 巨灾保险制度研究［M］. 北京：中国金融出版社，2013.

［7］秦德智. 洪水灾害风险管理与保险研究［M］. 北京：石油工业出版社，2004.

［8］卢涛. 危机管理［M］. 北京：人民出版社，2008.

［9］肖鹏英. 危机管理［M］. 广州：华南理工大学出版社，2008.

［10］Mark R. Greene, Oscar N. Serbein. Risk Management：Text and Cases［M］. Reston, VA：Reston Publishing Company, Inc., 1978.

［11］George L. Head, Stephen Horn II. Essencials of Risk Management Volume III［M］. 2nd. Insurance Institute of America, 1991.

［12］Emmett J. Vaughan. Fundamentals of Risk and Insurance［M］. 5th. Hoboken：John Wiley & Sons, 1989.

［13］Gordon C. A. Dickson. Risk Management［M］. the Chartered Insurance Institute, 1991.

［14］Erik Banks. Alternative Risk Transfer：Integrated Risk Management through Insurance, Reinsurance and the Capital Markets［M］. Hoboken：John Wiley & Sons, Ltd., 2004.

［15］Harold D. Skipper, W. Jean Kwon. Risk Management and Insurance Perspectives in a Global Economy［M］. London：Blackwell Publishing Ltd., 2007.

［16］George E. Rejda. Principles of Risk Management and Insurance［M］. New Jersey：Prentice Hall, 2011.

21 世纪高等学校金融学系列教材

一、货币银行学子系列

★货币金融学（第六版）　　　　　　朱新蓉　冀志斌　主编　　89.00 元　2024.08 出版
（"十二五"普通高等教育本科国家级规划教材/国家精品课程教材·2008）

货币金融学　　　　　　　　　　　　张　强　乔海曙　主编　　32.00 元　2007.05 出版
（国家精品课程教材·2006）

货币金融学（附课件）　　　　　　　吴少新　　　　　主编　　43.00 元　2011.08 出版

货币金融学（第二版）　　　　　　　殷孟波　　　　　主编　　48.00 元　2014.07 出版
（普通高等教育"十五"国家级规划教材）

现代金融学（第二版）　　　　　　　张成思　　　　　编著　　69.00 元　2022.08 出版
　　——货币银行、金融市场与金融定价

货币银行学（第二版）　　　　　　　夏德仁　李念斋　主编　　27.50 元　2005.05 出版

货币银行学（第三版）　　　　　　　周　骏　王学青　主编　　42.00 元　2011.02 出版
（普通高等教育"十一五"国家级规划教材）

货币银行学原理（第六版）　　　　　郑道平　张贵乐　主编　　39.00 元　2009.07 出版

金融理论教程　　　　　　　　　　　孔祥毅　　　　　主编　　39.00 元　2003.02 出版

西方货币金融理论　　　　　　　　　伍海华　　　　　编著　　38.80 元　2002.06 出版

现代货币金融学　　　　　　　　　　汪祖杰　　　　　主编　　30.00 元　2003.08 出版

行为金融学教程　　　　　　　　　　苏同华　　　　　主编　　25.50 元　2006.06 出版

中央银行通论（第三版）　　　　　　孔祥毅　　　　　主编　　40.00 元　2009.02 出版

中央银行通论学习指导（修订版）　　孔祥毅　　　　　主编　　38.00 元　2009.02 出版

商业银行经营管理（第二版修订版）　宋清华　　　　　主编　　50.00 元　2021.08 出版

商业银行管理学（第六版）　　　　　彭建刚　　　　　主编　　80.50 元　2023.09 出版

（国家级一流本科课程配套教材/普通高等教育"十一五"国家级规划教材/国家精品课程教材·2007/国家
　　精品资源共享课配套教材）

商业银行管理学（第四版）　　　　　李志辉　　　　　主编　　76.00 元　2022.03 出版
（普通高等教育"十一五"国家级规划教材/国家精品课程教材·2009）

商业银行管理学习题集　　　　　　　李志辉　　　　　主编　　20.00 元　2006.12 出版
（普通高等教育"十一五"国家级规划教材辅助教材）

商业银行管理　　　　　　　　　　　刘惠好　　　　　主编　　27.00 元　2009.10 出版

现代商业银行管理学基础　　　　　　王先玉　　　　　主编　　41.00 元　2006.07 出版

金融市场学（第三版）　　　　　　　杜金富　　　　　主编　　55.00 元　2018.07 出版

现代金融市场学（第四版）　　　　　张亦春　　　　　主编　　50.00 元　2019.02 出版

中国金融简史（第二版）　　　　　　袁远福　　　　　主编　　25.00 元　2005.09 出版

（普通高等教育"十一五"国家级规划教材）

货币与金融统计学（第四版）	杜金富	主编	48.00 元	2018.07 出版

（普通高等教育"十一五"国家级规划教材/国家统计局优秀教材）

金融信托与租赁（第六版）	王淑敏　齐佩金	主编	59.00 元	2024.07 出版

（普通高等教育"十一五"国家级规划教材）

金融信托与租赁案例与习题	王淑敏　齐佩金	主编	25.00 元	2006.09 出版

（普通高等教育"十一五"国家级规划教材辅助教材）

金融营销学	万后芬	主编	31.00 元	2003.03 出版
金融风险管理	马昕田	主编	40.00 元	2021.06 出版
金融风险管理	宋清华　李志辉	主编	33.50 元	2003.01 出版
网络银行（第二版）	孙　森	主编	36.00 元	2010.02 出版

（普通高等教育"十一五"国家级规划教材）

银行会计学	于希文　王允平	主编	30.00 元	2003.04 出版
互联网金融	万光彩　曹　强	主编	50.00 元	2022.01 出版

二、国际金融子系列

国际金融学	潘英丽　马君潞	主编	31.50 元	2002.05 出版
★国际金融概论（第六版）	孟　昊　王爱俭	主编	59.00 元	2024.08 出版

（国家级一流本科课程配套教材/"十二五"普通高等教育本科国家级规划教材/国家精品课程教材·2009）

国际金融（第四版）	刘惠好	主编	66.00 元	2022.11 出版
国际金融概论（第四版）（附课件）	徐荣贞	主编	48.00 元	2022.01 出版
★国际结算（第七版）（附课件）	苏宗祥　徐　捷	著	70.00 元	2020.08 出版

（普通高等教育"十二五"国家级规划教材/2012—2013 年度全行业优秀畅销书）

各国金融体制比较（第五版）	白钦先	等编著	78.00 元	2021.09 出版
国际金融（第二版）	周　文　漆腊应	主编	43.00 元	2021.04 出版
国际金融管理	鞠国华	主编	43.00 元	2020.01 出版

三、投资学子系列

投资学（第四版）	张元萍	主编	63.00 元	2022.04 出版
证券投资学	吴晓求　季冬生	主编	24.00 元	2004.03 出版
证券投资学（第二版）	金　丹	主编	69.00 元	2022.08 出版
证券投资学	王玉宝	主编	38.00 元	2018.06 出版
现代证券投资学	李国义	主编	39.00 元	2009.03 出版
证券投资分析（第二版）	赵锡军　李向科	主编	35.00 元	2015.08 出版
组合投资与投资基金管理	陈伟忠	主编	15.50 元	2004.07 出版
投资项目评估（第三版）	李桂君　宋砚秋　王瑶琪	主编	60.00 元	2021.06 出版
项目融资（第三版）	蒋先玲	编著	36.00 元	2008.10 出版

四、金融工程子系列

金融经济学教程（第三版）	陈伟忠　陆珩瑱	主编	56.00 元	2021.11 出版
衍生金融工具（第二版）	叶永刚　张　培	主编	53.00 元	2020.07 出版
衍生金融工具	王德河　杨　阳	编著	38.00 元	2016.12 出版
现代公司金融学（第三版）	马亚明	主编	59.00 元	2021.08 出版
金融计量学	张宗新	主编	42.50 元	2008.09 出版
数理金融	张元萍	编著	29.80 元	2004.08 出版
金融工程学（第二版）	沈沛龙	主编	63.00 元	2023.02 出版
金融工程（第二版）	陆珩瑱	主编	59.00 元	2024.09 出版

五、金融英语子系列

金融英语阅读教程（第五版） （北京高等教育精品教材）	沈素萍	主编	69.00 元	2022.10 出版
金融英语阅读教程导读（第四版） （北京高等学校市级精品课程辅助教材）	沈素萍	主编	23.00 元	2016.01 出版
保险专业英语	张栓林	编著	22.00 元	2004.02 出版
保险应用口语	张栓林	编著	25.00 元	2008.04 出版

注：加★的书为"十二五"普通高等教育本科国家级规划教材。

21 世纪高等学校保险学系列教材

保险学概论（第二版）　　　　许飞琼　　　　　　　主编　79.00 元　2024.06 出版
保险学概论学习手册　　　　　许飞琼　　　　　　　主编　39.00 元　2019.04 出版
经典保险案例分析 100 例　　　许飞琼　　　　　　　主编　36.00 元　2020.01 出版
保险学（第二版）　　　　　　胡炳志　何小伟　主编　29.00 元　2013.05 出版
风险管理与保险　　　　　　　孔月红　高　俊　主编　39.50 元　2019.10 出版
保险精算（第三版）　　　　　李秀芳　曾庆五　主编　36.00 元　2011.06 出版
　　（普通高等教育"十一五"国家级规划教材）
人身保险（第二版）　　　　　陈朝先　陶存文　主编　20.00 元　2002.09 出版
财产保险（第六版）　　　　　许飞琼　郑功成　主编　56.00 元　2020.12 出版
　　（普通高等教育"十一五"国家级规划教材/普通高等教育精品教材奖）
财产保险案例分析　　　　　　许飞琼　　　　　　　编著　32.50 元　2004.08 出版
海上保险学　　　　　　　　　郭颂平　袁建华　编著　34.00 元　2009.10 出版
责任保险　　　　　　　　　　许飞琼　　　　　　　编著　40.00 元　2007.11 出版
再保险（第二版）　　　　　　胡炳志　陈之楚　主编　30.50 元　2006.02 出版
　　（普通高等教育"十一五"国家级规划教材）
保险经营管理学（第二版）　　江生忠　祝向军　主编　49.00 元　2017.12 出版
保险经营管理学（第二版）　　邓大松　向运华　主编　42.00 元　2011.08 出版
　　（普通高等教育"十一五"国家级规划教材）
保险营销学（第四版）　　　　郭颂平　赵春梅　主编　42.00 元　2018.08 出版
　　（教育部经济类专业主干课程推荐教材）
保险营销学（第二版）　　　　刘子操　郭颂平　主编　25.00 元　2003.01 出版
★风险管理（第六版）　　　　许谨良　　　　　　　主编　55.00 元　2024.09 出版
　　（"十二五"普通高等教育本科国家级规划教材）
保险产品设计原理与实务　　　石　兴　　　　　　　著　24.50 元　2006.09 出版
社会保险（第五版）　　　　　林　义　　　　　　　主编　49.00 元　2022.08 出版
　　（普通高等教育"十一五"国家级规划教材）
保险学教程（第二版）　　　　张　虹　陈迪红　主编　36.00 元　2012.07 出版
利息理论与应用（第二版）　　刘明亮　　　　　　　主编　32.00 元　2014.04 出版
保险法学　　　　　　　　　　李玉泉　　　　　　　主编　53.50 元　2020.08 出版

注：加★的书为"十二五"普通高等教育本科国家级规划教材。